U0924509

二十一世纪普通高等院校实用规划教材·经济管理系列

金融学(货币银行学)

何　翔　主　编

董琳娜　副主编

清华大学出版社

北　京

内 容 简 介

本书严格按照教育部关于普通高等院校金融学课程教学基本要求进行编写。全书分 14 章，阐述了货币与货币制度、信用、金融环境与经济运行、利息与利息率、商业银行与存款创造、货币供给、货币需求、中央银行与货币政策、通货膨胀与通货紧缩、金融风险与金融监管等内容。本书可作为高等院校财经专业及其相关专业的基础教材，也可作为成人教育和在职人员的培训教材。

图书在版编目(CIP)数据

金融学(货币银行学)/何翔主编. —北京：清华大学出版社，2017（2022.6 重印）
(二十一世纪普通高等院校实用规划教材·经济管理系列)
ISBN 978-7-302-45139-6

Ⅰ. ①金… Ⅱ. ①何… Ⅲ. ①金融学—高等学校—教材 ②货币银行学—高等学校—教材 Ⅳ. ①F830 ②F820

中国版本图书馆 CIP 数据核字(2016)第 231439 号

责任编辑： 陈立静
装帧设计： 刘孝琼
责任校对： 吴春华
责任印制： 杨 艳
出版发行： 清华大学出版社
网 址： http://www.tup.com.cn, http://www.wqbook.com
地 址： 北京清华大学学研大厦 A 座 **邮 编：** 100084
社 总 机： 010-83470000 **邮 购：** 010-62786544
投稿与读者服务： 010-62776969, c-service@tup.tsinghua.edu.cn
质量反馈： 010-62772015, zhiliang@tup.tsinghua.edu.cn
课件下载： http://www.tup.com.cn, 010-62791865
印 装 者： 三河市龙大印装有限公司
经 销： 全国新华书店
开 本： 185mm×230mm **印 张：** 23.75 **字 数：** 515 千字
版 次： 2017 年 1 月第 1 版 **印 次：** 2022 年 6 月第 7 次印刷
定 价： 46.00 元

产品编号：067225-01

前　　言

随着全球经济一体化与金融全球化的发展，我国金融改革从 2007 年以来呈现出快速发展的势头。现有的金融类教材大都一定程度地存在着金融理论知识滞后于金融改革现状的问题，迫切需要更新。因而，江西农业大学南昌商学院经济系教师经过五年多的研究，着手编写了这本金融学课程教材。

本书以培养应用型经济与金融人才为原则，以在保证基础理论知识系统性的基础上进一步提升系列教材的实用性和针对性为宗旨，严格按照教育部关于普通高等院校金融学科教学的基本要求编写。

本书力求改变现有教材涉猎内容过多的现状，减少相近教材内容上的交叉和重复，不再涉及国际金融中的汇率和国际收支方面的内容，不再讲授证券投资学中的资产定价的内容，不再涉猎金融工程学中金融创新的内容，不再介绍发展经济学中金融深化和金融抑制等内容。在有限的学时内，使教学内容更加突出和明确，从而优化了课程结构，提升了教学的针对性，使教材更加具有实用性。

本书添加了近年来金融改革的最新内容，添加了银行业从业人员资格考试和经济师专业技术资格考试的相关内容，添加了国际金融业监督管理机构对银行业、证券业、保险业监管的最新要求与内容，添加了国际国内金融改革与实践的相关案例，使教材更具适用性和针对性。

本书由江西农业大学南昌商学院何翔老师任主编，董琳娜老师任副主编。经济系余春根主任、吕飞副主任、杨君老师、于盈老师等在本书的编写过程中给予了大量指导和帮助，在此表示诚挚的谢意。本书的编写工作还得到了江西农业大学南昌商学院各位老师的大力协助，在此一并表示谢意。

由于编者水平有限，编写时间仓促，书中难免存在一些疏漏和错误，恳请各位专家学者批评指正。

编　者

目　录

导　言

亚当·斯密在其著作《国民财富的性质和原因的研究》中说："慎重的银行活动，可增进一国产业。但增进产业的方法，不在于增加一国资本，而在于使本无所用的资本大部分有用，本不生利的资本大部分生利。"除了亚当·斯密述及金融活动的地位外，卡尔·马克思也在《工资、价格和利润》一文中用非常通俗的语言阐述了金融系统在经济体系中的重要作用："由于有了广泛的、集中的银行系统，只需要少量的通货，就能周转同等数目的价值，就能办理同等的或数量更大的交易。例如，在工资方面，英国工厂工人每星期把自己的工资付给商店老板，商店老板每星期把这些钱送交银行家，银行家每星期把这些钱交还工厂主，工厂主再把这些钱付给自己的工人，如此循环不已。由于有这套机制，一个工人的年工资假定为52英镑，只要用一个索维林，就这样每星期周转一次，便可支付了。但是，这种机制即使在英格兰，也不如在苏格兰那样完善；并且并不是到处都一样完善的，所以我们看到，例如有些农业区域，与纯工业区域相比，却需要更多的通货才能周转少得多的价值额。"

现代经济学家格利(John G. Gurley)和肖(Edward S. Shaw)也指出，经济发展是金融发展的前提和基础，而金融发展则是推动经济发展的动力和手段。随着社会进步与经济的发展，金融在人们的生活中发挥着越来越大的作用。人们对金融是现代经济的"核心"这一观点已经达成共识。

一、金融是现代经济的核心

(一)货币的重要性

货币对我们个人来说是多多益善的。不仅在商品经济社会的今天，早在古代，钱的作用就被人们所认识。钱的魅力在很多巨著中已有深刻的描述。中国晋朝一位隐士鲁褒写了篇《钱神论》，其文略曰："钱之为体，有乾坤之象。内则其方，外则其圆。其积如山，其流如川。动静有时，行藏有节……亲之如兄，字曰孔方。失之则贫弱，得之则富昌。无翼而飞，无足而走。解严毅之颜，开难发之口。钱多者处前，钱少者居后……钱之所在，危可使安，死可使活；钱之所去，贵可使贱，生可使杀。是故忿争非钱不胜，幽滞非钱不拔，怨仇非钱不解，令问非钱不发。……死生无命，富贵在钱……达穷开塞，振贫济乏，天不如钱。"无独有偶，英国剧作家莎士比亚在《雅典的泰门》一剧中写道："金子！……只要有这一点点，就可以使黑的变成白的，丑的变成美的，错的变成对的，卑贱变成尊贵，老人变成少年，懦夫变成勇士。"当然，这些描述已经超过了经济的范畴。说明货币的重要性，是基于经济并远超于经济的。

(二)金融对现代的经济发展起着巨大的推动作用

金融就是货币资金的融通，就是货币的分配和运行机制的总和。每一次货币的分配和再分配，都代表着社会财富分配和社会生产力的配置。每一笔货币资金的运转，都是和生产力相联系的。经济发展的历史明确地表明，每一次经济发展的高潮都伴随着金融制度、金融过程以及金融功能向高级化和复杂化演变，而每一次金融整体水平的提升，都使经济运行的某些环节更为平滑。

金融对现代经济发展的推动作用主要体现在：第一，通过金融运作的特点，如提供货币促进商品生产和流通、提供信用促进资金流通、提供各种金融服务便利经济运作等，为经济发展提供条件。第二，通过金融的基本功能促进储蓄转化为投资，为经济的发展提供资金支持。第三，通过金融机构的运营节约交易成本，促进资金融通。合理配置资源，提高经济发展的效率，资金的数量、流向及利率水平等直接影响着实体经济的发展结构和速度。第四，通过金融业自身的产值增长直接为经济发展做出贡献。主要发达国家 20 世纪 60 年代时，金融业产值占国民生产总值的比例大约为10%，到20世纪90年代初已上升到15%～20%，是第三产业中增长最快的行业，直接增加了国民生产总值，提高了经济发展水平。

金融渗透到国民经济的生产、分配、交换、消费的各个环节，渗透到国民经济的各个部门。经济关系日益金融化，经济关系越来越表现为债权债务关系、股权股利关系和风险保险关系，社会资产日益金融化。

(三)金融宏观调控是经济增长的稳定器

货币政策是支配力量，它是现有的最重要的起稳定作用或破坏作用的政策。1993－2001年，美国历史上出现了罕见的经济增长期。年均经济增长率达 4%，失业率平均为 4%，通货膨胀率平均为 2%。布鲁金斯学会的研究人员说：“经济景气扩大，其 1/3 的功绩是克林顿总统的贡献，其余的 2/3 是艾伦・格林斯潘(Alan Greenspan)和民间的力量。”

艾伦・格林斯潘曾连任五届美联储主席，是掌控着美国经济命脉的实权人物。人们对他的赞誉无以复加，说他是美国的“经济沙皇”、华尔街的“教父”、美元帝国的“掌门人”。在克林顿换届选举时，有人说“谁当总统都无所谓，只要让艾伦当美联储主席就成”。在许多经济学家看来，格氏对经济的作用远远超过克林顿或国会里的任何人。这种情况被称为“世界格林斯潘化”——全球事务的管理正在发生微妙但关系重大的变化，世界大国的经济越来越多地由中央银行家而不是当选的政治领导人掌管。同样，在其他国家，非选举产生的高度独立的中央银行家也是经济发展的关键。

二、金融是把双刃剑

约翰・穆勒曾说过，货币如同其他种类的机械一样，在它出了毛病的时候，才会产生

其本身明显的和独立的影响。金融在急剧提升其对经济体的资源配置能力与效率的同时，也迅速提升与积累它自身的系统性风险。货币在方便交换的同时，也使买卖脱节成为可能，这种情况的发展如果超过一定限度就会出现危机。一方面，银行信用使企业的生产规模可以突破自有资本的限制，从而提高了生产的社会化程度；大型企业利用信用提供的优惠贷款不断巩固地位，兼并中小企业，加速资本的集中与积累，但同时又促进了垄断。银行信用可以重新配置社会各个部门的资金，从而调节部门结构。另一方面，信用的过紧过松，配置失当，又可能破坏部门间的适当比例，导致经济失调，影响国民经济发展。

(一)金融总量失控出现通货膨胀或紧缩，导致社会供求失衡，危害经济发展

在 20 世纪 30 年代的世界性经济危机中，银行倒闭，通货紧缩，从而需求锐减，产品滞销，工厂关门，失业增加的现象比比皆是。随后，20 世纪 40 年代始，通货紧缩又让位于通货膨胀，这给人们带来了新的烦恼，特别是那些收入和财产按货币计算比较固定的人们更是惶惶不可终日。对国家来说，通货紧缩使需求减少，失业增加，轻微的通货膨胀曾有利于这一问题的解决。但其效力愈来愈低，而且通货膨胀愈演愈烈，宽松的货币政策使西方陷入物价和工资螺旋式上升的困境，20 世纪 70 年代竟出现失业与通胀并存的局面，通货膨胀变成了一种心理问题。于是，中央银行调转船头，严格控制货币发行量和实行高利率政策。20 世纪 90 年代，当我们的政策大炮还在瞄准通货膨胀这个幽灵的时候，人们又面临新的危险——世界又一次陷入物价螺旋式下降的经济萧条之中。

(二)金融泡沫的形成和破灭加速经济的膨胀或收缩

1970 年之前，国际外汇交易大约是实物贸易的 6 倍，而 20 世纪 90 年代中期的外汇交易额是全世界进出口总额的 60 倍。在全球每天 2 万亿美元的交易额中，只有 2%与实物生产交换有关。全球证券市场在过去的十年中价格上涨 7～10 倍，大大脱离实体经济的增长速度和业绩。如果说股票债券这些金融原生工具还有相当部分与现实资本保持一定联系的话，那么金融衍生工具交易则是摆脱现实资本而只与经济状况有关的虚拟资本，其交易成了一种纯粹的符号运动。它具有加速膨胀收缩甚至破灭的特性。①

日本 20 世纪 80 年代的金融泡沫就是一个典型的例子。

日本 20 世纪 80 年代超低利率引起的金融扩张，从 1986 年 1 月到 1987 年 2 月短短一年间，日本连续 5 次调低贴现率，致使大量过剩资本流入股市房地产市场；加之经济的恢复、企业效益的提高，使证券收益率上升。1986 年，日本长期国债期货交易规模超过称雄世界十年之久的芝加哥商品交易所；1987 年，股票交易规模超过纽约股票市场的东京证券交易所成为世界规模最大的证券交易所。1988—1990 年期间，资产价格飞涨：日经股票价

① 李方. 金融泡沫论[M]. 上海：立信会计出版社，1998.

格指数从 1985 年年底的 13 000 点，上市公司市场总价值的 277 兆日元(占 GDP 的 82%)，急剧上升到 39000 点，市值 600 兆日元(占 GDP 150%以上)；土地资产总值达 15 万亿美元，是国土面积比日本大 25 倍的美国国土资产总值的 4 倍。资产膨胀的速度令人瞠目结舌，完全脱离国民经济的发展速度。1989 年 12 月，日本政府才将法定利率提高到 4.25%，1990 年 3 月和 8 月再次分别提高到 5.25%和 6%，市场对此做出强烈反应，日经指数跌破 20000 点，地价大幅下降；1992 年 4 月 1 日，日经指数跌破 17000 点心理大关。之后日本银行为稳定股价刺激投资，贴现率调到 3.25%仍无法制止股价下跌。同年 8 月跌至 14822 点，较 1989 年最高点 38915 点跌去 60%。至此，日本金融泡沫崩溃。①

(三)金融危机先于经济危机并加速经济危机

20 世纪 70 年代以后，特别是 90 年代以来，货币金融因素在经济危机的形成中起着越来，越重要的作用。20 世纪 90 年代世界经济的几次大的波动，几乎都是由货币金融因素引起的。1992 年欧洲经济动荡是由英镑危机而引致的欧洲货币危机引起的；1994 年墨西哥的经济衰退也是由于本国货币汇率大幅贬值冲击资金、债券、股票、期货期权等金融市场而造成的对实体经济的重创；1997 年亚洲国家经济的衰退，更是由亚洲金融危机引起的。根据国际金融学家金德尔伯格的看法，金融危机同经济危机一样具有周期性，往往先于经济危机并加速经济危机的爆发。

在过去的 20 年里，全球各国发生近百次大小不等的金融波动、震荡与危机，各国为医治创伤要付出其 1/5～1/4 的年国民生产总值。亚洲金融危机使韩国人均 GDP 下降 40%，从 1996 年年底的 10610 美元下降为 1997 年的 6000 美元。马来西亚原总理马哈蒂尔说：“这场危机使我们过去十年辛辛苦苦积累下来的财富丧失殆尽。”马来西亚人均国民生产总值倒退 10 年；泰国倒退 12 年；印尼盾对美元贬值 82%，其他相关国家货币贬值 30%～40%。有关经济体股票市值下跌 1/2～2/3。全球国民生产总值增长率下降 1/3。严重的金融危机使金融体系崩溃，进而演变为经济危机、社会危机与政治危机。希特勒的上台与当时德国严重的通货膨胀不无关系；亚洲金融危机使苏哈托下台，瓦解了印尼政府；2001 年 12 月经济危机也使得阿根廷政府在两周内四换总统。据国际货币基金组织统计，2002 年阿根廷经济增长-10%(当年全球经济增长率为 2.8%)，失业率高达 20%。可见，金融危机的破坏力并不亚于核武器，金融安全成为国家安全的重要组成部分。

(四)金融霸权更加剧了全球经济的动荡

今天，世界上所有的经济发达国家，无不力图抢占现代金融的制高点。前美国政治学会会长、哈佛大学战略研究所所长亨廷顿(Samuel Huntington)，在其著作《文明冲突与重建

---

① 王伟旭，曾秋根. 警惕美国的第二次阴谋[M]. 北京：人民日报出版社，2003.

世界秩序》中提出了西方文明控制世界的14个战略要点。其中，第一条是“控制国际银行系统”；第二条是“控制全部硬通货”；第五条则是“掌握国际资本市场”。20世纪70年代末，以格拉斯为首的一批美国左派经济学家首先提出了“金融霸权”的概念，所谓金融霸权是指以大银行家和大机构投资者为核心的金融寡头及其政治代表，通过控制货币资本或其他信用工具，利用金融衍生物及垄断金融行业来控制经济活动，并以此牟取暴利或实现其他政治、经济目的的一种社会关系。

金融霸权通过控制国际资本流动、进行国际金融投资以及操纵各种国际经济组织，不仅可以改变一国的产业结构，对各个部门的经济发展起着决定性作用，还会促成泡沫经济的形成，降低政策的效力并影响政府的行为。从对国际经济影响看，金融霸权控制国际资本流动的直接后果是加剧国际经济发展的不平衡性，金融霸权会通过各种形式从发展中国家抽走极为稀缺的资金，同时又会扭曲发展中国家的经济增长模式，使其经济与社会失衡加剧，最终导致南北国家经济差距不断扩大。

可见，金融是一个国家的经济命脉，金融已经成为社会经济的核心。学习货币金融学是掌握剖析经济问题的入门钥匙。

三、货币金融学的产生、发展及演变

20世纪以前，商品货币占主要地位，货币信用在经济中的地位尚不突出，货币、银行未能纳入当时以实物分析为主的古典经济学框架中。随着商品货币化、经济信用化程度的提高，对货币信用的研究渐渐形成传统货币信用理论，例如“货币金属论”“货币名目论”“信用媒介论”“信用创造论”等，但主要围绕货币信用的职能与作用展开，并且认为货币仅仅是便利商品交换的媒介，是覆盖在实物经济上的一层“面纱”，与产出、就业、收入等无内在联系，从而形成了古典经济学的“两分法”与“货币面纱观”，货币信用理论无法融入传统经济学的主流中。

随着银行业的发展和国际经济交往的扩大，出现了银行理论和国际收支理论。到20世纪初，西方国家才在上述货币金融理论的基础上，结合信用实务与银行业务，单独建立起以银行为中心，以货币、信用、银行和国际金融关系为研究对象的货币银行学，代表作是1914年美国学者和银行家霍斯华茨(J.H.Holdsworth)的《货币与银行》(*Money and Banking*)。

货币银行学学科形成后，随之而来的金本位制的崩溃，特别是1929—1933年世界性经济危机的爆发，各国先后实行了不兑现的信用货币制度，这使得货币信用和银行在经济中作用的发挥获得了广阔的空间，并开始形成了货币、信用银行相互渗透，紧密结合的真正意义上的金融范畴。

1936年凯恩斯的《就业、利息与货币通论》被称作经济学的一场革命，在货币金融学发展史上也具有划时代的转折意义。在凯恩斯看来，货币不仅是一种交换媒介，而且是一种资产。他将货币资产融入实际经济中，指出货币对就业、产出、收入等实际经济有重要的作用，从而填平了货币与实物的“两分”，奠定了货币经济理论的基础，创立了以货币经济为特征的宏观经济学。其理论认为，货币对实际经济是非中性的，主张通过国家财政政策和货币政策干预经济，实施对宏观经济的调控。

凯恩斯之后，弗里德曼提出“唯有货币最重要”的现代货币数量论，将货币供求、货币政策纳入货币银行学体系，使货币理论纳入主流经济学体系，成为经济理论不可分割的一部分。20 世纪五六十年代，直接融资发展迅速，金融市场上的金融工具不断创新，新的金融机构不断涌现，极大地震撼了原来以银行间接金融为中心的传统货币银行学框架体系，于是在教科书里，加入金融市场的内容；20 世纪六七十年代形成以研究发展中国家金融问题变化的“发展金融理论”，如“金融深化论”“金融压抑论”；到了 20 世纪八九十年代，金融工程学兴起。该学科以现代金融理论为基础，以数学模型为分析方法，兼收经济学、投资学、数学、工程学等学科的交叉科学，设计开发和运用新型金融工具，从而创造性解决金融问题。金融的研究领域从宏观引向微观，从理论探讨转向实际应用。1997 年金融危机使金融全球化金融监管成为重点。

所以，货币银行学已“名不符实”。一方面，随着直接金融比重加大，金融结构从以银行为中心转向了市场；另一方面，研究对象也发生了变化：从货币扩大到包括非货币的金融工具(票据、债券、股票、期货、期权)在内的全部金融工具；从狭义的信用形式(商业信用、银行信用、国家信用)扩大到更广泛的金融市场(货币市场、资本市场、外汇市场、黄金市场)；从单一的银行扩大到包括非银行金融机构(信托、证券、保险、租赁)在内的全部金融机构；从纯粹以货币数量为管理内容的货币政策扩大到包括全部金融工具、金融机构、金融市场的金融管理。以银行为中心定位的学科框架难以兼容在全球经济金融化、金融自由化、金融一体化形势下所出现的金融工具多样化、金融机构多元化、金融市场国际化、金融政策复杂化和金融工程产业化。学科名称扩大为《货币经济学》或《货币银行金融市场学》或《货币金融学》。[①]

① 王维安. 货币银行学的困惑与革命[J]. 金融参考，1999(7).

第一章　货币与货币制度

【教学目的与要求】

本章教学的目的在于使学生了解货币的起源和货币形态的变迁，理解货币的本质和货币的职能，掌握货币制度的历史演变过程和货币制度的内容，重点掌握在不同货币形态下货币如何发挥其职能及货币制度的类型。

【重点与难点】

- 货币的起源与货币形态的变迁。
- 货币的职能(不同货币形态下的职能为难点)。
- 货币制度构成要素。
- 货币制度的类型(难点)。

【引导案例】

战俘营里的货币

“二战”期间，在纳粹的战俘集中营中流通着一种特殊的商品货币：香烟。当时的红十字会设法向战俘营提供了各种人道主义物品，如食物、衣服、香烟等。由于数量有限，这些物品只能根据某种平均主义的原则在战俘之间进行分配，而无法顾及每个战俘的特定偏好。但是人与人之间的偏好显然是不同的，有人喜欢巧克力，有人喜欢奶酪，还有人则可能更想得到一包香烟。因此这种分配显然是缺乏效率的，战俘们有进行交换的需要。

但是，即便在战俘营这样一个狭小的范围内，物物交换也显得非常不方便，因为它要求交易的双方恰巧都想要对方的东西，也就是所谓的需求的双重巧合。为了使交换能够更加顺利地进行，需要有一种充当交易媒介的商品，即货币。那么，在战俘营中，究竟哪一种物品适合做交易媒介呢？许多战俘营都不约而同地选择香烟来扮演这一角色。战俘们用香烟来进行计价和交易，如一根香肠值 10 根香烟，一件衬衣值 80 根香烟，替别人洗一件衣服则可以换得两根香烟。有了这样一种记账单位和交易媒介之后，战俘之间的交换就方便多了。

香烟之所以会成为战俘营中流行的“货币”，是和它自身的特点分不开的。它容易标准化，而且具有可分性，同时也不易变质。这些正是和作为“货币”的要求相一致的。当然，并不是所有的战俘都吸烟，但是，只要香烟成了一种通用的交易媒介，用它可以换到自己想要的东西，自己吸不吸烟又有什么关系呢？我们现在愿意接受别人付给我们的钞票，也并不是因为我们对这些钞票本身有什么偏好，而仅仅是因为我们相信，当我们用它来买东西时，别人也愿意接受。

(资料来源：http://bbs.pinggu.org/thread-3652576-1-1.html，人大经济论坛)

【思考讨论】

问题：作为货币的商品需要什么特征？

(提示：作为货币的理想材料应具有如下特性：第一，容易标准化；第二，做货币的材料必须是可分的；第三，做货币的材料应携带方便；第四，做货币的材料必须稳定，不容易变质。由于金银等贵金属基本能满足以上要求，所以世界各国不约而同地选择金银作为充当货币的材料。)

第一节 货币的起源和形态变迁

一、货币的产生——货币是商品交换的产物

(一)货币是商品经济内在矛盾发展的产物

在人类社会初期，并不存在商品交换，也不存在货币。

商品是为了交换而生产的劳动产品。由于社会分工，商品生产者的劳动，是社会总劳动的一部分，具有社会劳动的性质，但由于生产资料和劳动产品的私有制，商品生产者的劳动直接表现为私人劳动，私人劳动与社会劳动的矛盾是商品经济的内在矛盾。只有通过交换，才能解决这一基本矛盾。

同时，商品是价值和使用价值的统一体，具有价值和使用价值两个属性，使用价值是商品的自然属性，价值是商品的社会属性。对生产者有意义的是自己劳动产品的价值，而这种价值只能在交换过程中通过另一种商品表现出来。

(二)货币是商品价值形式发展的结果

商品的价值表现形式称为价值形式。

价值形式经历了由低级到高级的发展过程，即由简单的偶然价值形式，经过扩大的价值形式、一般价值形式，最后达到货币价值形式。

1. 简单的(或偶然的)价值形式

1) 简单(或偶然的)价值形式的含义

这种价值形式表现为一种商品的价值简单地、偶然地由另一种商品表现出来，是价值形式发展过程的原始阶段，与人类最初的商品交换相适应。

2) 价值的表现形式

1 只羊(相对价值形态)= 2 把石斧(等价形态)。

3)　价值形式的含义

1只羊与2把石斧进行交换，1只羊的价值通过2把石斧的使用价值表现出来。1只羊与2把石斧进行交换后，凝聚在羊商品上的私人劳动、具体劳动、使用价值就转变为社会劳动、抽象劳动、价值。

2. 扩大的(或总和的)价值形式

1)　扩大的(或总和的)价值形式的含义

一种商品的价值由多种商品来表现的价值形式称为扩大的或总和的价值形式。

2)　价值的表现形式

1只羊= {
2把石斧
5斤盐
1担小麦
5尺麻布
或一定数量的其他商品
}

3. 一般价值形式

1)　一般价值形式的含义

一般价值形式下，所有商品的价值都由同一商品来表现，这种商品就是一般等价物。由一般等价物衡量一切商品的价值，说明商品的价值在质上是相同的，在量上也是可以比较的。

{
2把石斧
5斤盐
1担小麦
5尺麻布
或一定数量的其他商品
} = 1只羊

2)　一般价值形式的特点

价值形式的等式关系的位置调换了。

从内容上看，已发生了本质变化。即商品交换由物物交换转变为由一般等价物作媒介的间接的商品交换，这是货币的原始形态。

一般等价物具有排他性、垄断性、独占性的特点。

商品价值的表现形式在一定时间、一定地点是统一的，在不同的时间和地点仍然不统一、不固定。

4. 货币价值形式

1)　货币价值形式的含义

货币价值形式是指一切商品的价值都由一种特殊商品来表现的价值形式，这种固定地

充当一般等价物的特殊商品就是货币。

2) 货币价值的表现形式

1只羊 2把斧头 5斤盐 5尺麻布 1担小麦	=半两黄金或一定数量的其他商品

3) 货币价值形式的特点

它是商品价值形式最后发展阶段。

与一般等价物没有本质区别，区别在于充当一般等价物的商品固定在黄金上。

从货币产生的过程以及最终结果来看：货币是固定地充当一般等价物的特殊商品，它体现一定的生产关系。

准确地理解货币要把握以下两点。

第一，货币是商品，具有商品的共性。

商品价值形式的发展表明：货币是在商品交换过程中从一般商品中分离出来的，是用来交换的劳动产品，具有商品的共性即价值和使用价值。它既是价值的凝结体，又具有使用价值，能够满足人们的某些需要。这是货币与一切商品相交换的基础。(比如，一方面，黄金和其他商品一样，是用来交换的劳动产品，是价值的凝结体；另一方面，它也能满足人们某些方面的需求，如作装饰品等，具有使用价值。)

第二，货币不是一般商品而是特殊商品。

其特殊性表现在货币取得了一般等价物的独占权，任何商品都不能与其并列。

(1) 货币能够表现一切商品的价值。其他商品是以各种各样的使用价值的资格出现的，其价值必须由交换中的另一商品来表现。货币是以一切商品的价值的表现者出现的，换句话说任何商品，只要能够交换到货币，则它的私人劳动就转变为社会劳动，具体劳动就转变为抽象劳动，价值就得到了实现。所以，货币是表现一切商品价值的材料。

(2) 货币具有与一切商品直接交换的能力。一般商品具有的是具体的各种各样的使用价值，不能与一切商品直接交换，货币作为一般等价物，获得了一般的社会性的使用价值，是人们普遍接受的物品，拥有货币就意味着能够换取各种商品，获取任何一种使用价值，所以，货币具有和一切商品直接交换的能力。

二、货币形态——从实物货币到存款货币和电子货币

货币形态是指货币的存在形式，是指货币是用什么材料制作的。

货币的发展大体上经过了实物货币、金属货币、可兑换的信用货币、不可兑现的信用货币、存款货币和电子货币等形态。货币形态的变化，是不断适应社会生产的发展过程，同时也是消除前一种货币形式无法克服的缺点的过程。

(一)实物货币

1. 实物货币的定义

实物货币也叫商品货币，是以劳动产品、自然物充当一般等价物。它是最早的货币形态。

2. 实物货币的产生

在人类社会初期，交换的目的是满足某种生产和生活的需求，所以作为交换媒介的商品必须具有价值和使用价值，并是足值货币。马克思说："最初充当货币的商品——即不是作为需求和消费对象，而是为用它再去交换其他商品而换进来的商品，是最经常地作为需求的对象换进来的，即进行流通的商品；……因而在当时社会组织下最能代表财富，是最普遍的供求的对象，并且具有特殊的使用价值。如盐、毛皮、牲畜、奴隶。"

知识扩充：早期的实物货币，一般近海地区多用海贝和盐，游牧民族多用牲畜、皮革，农业区多用农具、布帛等。中国古代商周时期，牲畜、粮食、布帛、珠玉等都充当过货币，而以贝壳最为流行。

这种货币文化也渗透到了中国的汉字中。许多与财富有关的汉字，其偏旁都从"贝"字，如货、财、贫、贱等。而且从货币一词来看，古汉语中曾是两个不同的概念，货指珠、贝、金、玉等，币指皮、帛。货在春秋战国才有了货币的含义，但无货币一词，货币一词大概是在唐代以后才出现的。中国民间称货币为钱，钱本来是古代农具，形如铲，还有一种农具镈，形如锄，均用以铲地除草。这种农具在黄河流域被作为货币。

3. 实物货币的特点

(1) 足值货币。

(2) 具有不可克服的缺陷。形式各异，大小不一，不易分割，不便携带，价值含量小而体积大。此时的货币，刚脱胎于普通商品，主要特征是能代表财富，是普遍的供求对象，而不是理想的货币币材。比如农具、牲畜分割后其价值大大降低。

(二)金属货币

1. 金属货币的定义

金属货币是指以金属作为货币材料，充当一般等价物的货币。

2. 金属货币产生的原因

(1) 金属矿藏的发现和开采。

(2) 第二次社会大分工。手工业从农业中分离出来。各种金属出现了，许多熔炼技术的发明使金属在交换中逐步成为主要对象，经常进入流通过程，从而使金属成为币材。

(3) 金属具有实物货币不可替代的优越性。价值比较稳定、易于分割、保存，便于携带等。

3. 金属货币的演化

1) 由贱金属到贵金属的演变

货币金属最初是贱金属，多数国家和地区使用的是铜。贱金属与初步发展起来的商品经济是相适应的，但后来存在货币材料与生产资料、生活资料争夺原材料的问题，而且由于价值量的降低，不适应大宗交易。随着贵金属的开采和冶炼技术的提高，于是币材由铜向银和金过渡。到19世纪上半期，世界上大多数国家处于金银复本位货币制度时期。

2) 从称量货币到铸币的演变

金属货币最初是以条块状流通的，每次交易时要称其重量估其成色，这时的货币称作称量货币。英镑的"镑"，五铢钱的"铢"都是重量单位，从中可以看出称量货币的踪迹。称量货币在交易中很不方便，难以适应商品生产和交换发展的需要。随着社会第三次大分工——商人阶层的出现，一些信誉好的商人就在货币金属块上打上印记，标明其重量和成色，进行流通，于是出现了最初的铸币，即私人铸币。当商品交换突破区域市场的范围后，金属块的重量和成色就要求有更具权威的证明，于是国家便开始管理货币，并凭借其政治权力开始铸造货币，于是经国家证明的、具有规定重量和成色的、铸成一定形状的国家铸币出现了。

知识扩充：中国金属货币的发展情况。中国在殷商时代就出现了以铜为币材的铜铸币，但是各地又有区别。齐燕地区流通刀币，形如刀，是由生产工具和武器演变而来的；魏、赵、韩地区流通布币，形如铲，是由农具"钱"和"镈"演变而来的；秦国流通环钱，圆形圆孔，形如纺轮；楚国流通蚁鼻钱，形如海贝。秦始皇统一中国后，统一了货币，诏令天下，一律使用圆形方孔的"半两"钱，为下币，每枚重半两即十二株，用以小额交易；以黄金为上币，以实际重量计算，用于大宗买卖。秦始皇的"半两"铜钱，是中国有统一形式、统一重量的统一铸币制度的开始，并一直影响到清代制钱。清朝中后期才出现了银铸币，一直流通到1933年结束。

(三)可兑换信用货币

1. 可兑换信用货币的定义

可兑换信用货币是指在市场上代替金银货币流通并可随时兑换金属货币的货币形态。

2. 可兑换信用货币产生的原因

(1) 生产和流通扩大了，而金属尤其是贵金属产量有限。

(2) 远距离的大宗交易携带金属货币不方便。

(3) 金属货币磨损后仍能充当一般等价物，并不影响流通，这表明可以用象征的货币符号来执行流通手段职能。

3. 可兑换的信用货币的特征

其特征为：①与商品实体形态完全分离；②可与金属货币自由兑换；③可与金属货币同时流通。

4. 可兑换信用货币的发展

早期的银行券是为代替金银流通并作为兑换金银的凭证而存在的，金额、样式都不固定，后来为了便于流通，统一了样式，但仍可以兑换金银。具体情况如下。

商人将金属货币存放于货币商人处，如钱铺、银行，由其开出汇票进行支付，钱铺、银行见到汇票要求提现时，可以兑换为金属货币。当钱铺、银行拥有了大量的金银货币作保证时，又以此为信用开始发行自己的银行券。最初是在一张空白字据上临时填写金额，后来演变为印制好的不同面额的钞票。于是银行券就成为银行发出的代替金银货币流通的可以随时兑现的信用货币。19 世纪下半期，各国可兑换金币的银行券广泛流通。但是此时的银行券仍旧是金的符号，以金为后盾，代替金币进行流通，流通中仍有大量的金币充当货币。

银行券的出现是货币币材的一大转折，它为后来的不兑现纸币的产生奠定了基础。

(四)不兑现信用货币

1. 不兑现信用货币的定义

典型的不兑现信用货币是政府纸币或者说是原始意义上的纸币，它是指与银行券同时流通的，以国家政权为后盾的、由国家发行的强制流通的纸质货币。如美国曾经发行的绿背钞。

2. 不兑现信用货币的特征

与银行券相比，不兑现信用货币与贵金属没有比价关系，也不能自由兑换金银，也不代表任何货币商品，即它以国家信用为基础，表现出强制流通的不可兑现的特征。

知识扩充：不兑现信用货币的沿革

(1) 当初的可兑换货币演变为临时不兑换货币。世界上最早出现的纸币是中国北宋年间的“交子”。当时四川用铁钱，分量重，流通不便，一些富商联合发行了“交子”，代替铁钱流通，并负责兑现。后来富商衰败，兑现困难，改为官办发行。起初政府控制发行数额，维持兑现，但是后来为弥补国库亏空，发行数额越来越大，以致严重贬值。元朝发行的“中统元宝钞”，开始时一度可以兑现，但很快停止，大部分时间实行纸币流通制度。

这些不兑现纸币的发行，虽然靠政府的作用，在一定时期发挥了货币的职能，但是由于发行无度，宝钞的数量太大，最终又给商品流通造成极大的混乱。

西方国家也曾发行这种政府纸币，如美国的“绿背钞”。但是一般数量较少，流通的信用货币仍以银行券为主。银行券在战争期间一般不兑现，如英国英格兰银行的银行券，在1797年拿破仑战争时期变为不可兑现，直到1821年才恢复兑现；第一次世界大战期间，又变为不可兑现，1925年才恢复兑现。这种战争时期银行券的不可兑现的事实，为银行券走向完全不可兑现提供了可能。

(2) 不兑现信用货币的流通。在20世纪30年代，经济大危机的冲击使得多数国家放弃了金本位制，银行券不再兑现金币，完全纸币化，流通中的货币完全被纸质的不兑现信用货币所取代，货币商品退出货币流通的历史舞台。

3. 不可兑现信用货币的意义

不兑现信用货币突破了货币商品形态对经济发展的制约，提供了一个政府调控经济的手段，所以说是货币发展历程中的重大飞跃，正如有人所言：“在英国，1931年是货币史的界标，因为它不仅标志着在和平时期撤销可兑换钞票，而且几乎可以肯定地看到可兑换钞票的废止。”

(五)存款货币和电子货币

进入20世纪50年代以来，现金流通(纸币和铸币)逐渐减少，存款货币成为重要形式。

存款货币表现为银行账户上的存款余额，存户需要支付时可签发支票，直接通过银行账户的转账达到结算目的。这种存款货币的流通以银行信用为基础，仍属信用货币；但货币的概念扩大了，就是说货币不仅包括铸币或现钞，也包括可转账的活期存款，并且将不能随时转账的定期存款和储蓄存款称为“准货币”。存款货币的出现使货币形式突破了实体货币的概念，将货币由有形变为无形。

知识扩充：以存款货币为基础的支票转账结算与原有的各种交易方式相比，有较大优势，但仍有一些劣势。以美国为例，20世纪80年代中期，银行每年要处理8万亿美元左右的约300亿张支票，1984年处理支票的成本大约是60亿美元，而且这些成本仍在上升。

20世纪70年代以来，随着商品经济高度发展和现代科学技术的运用，出现了电子货币，如信用卡、电汇业务簿。电子货币又叫“电子资金传送系统”。这种系统是在顾客用款场所装置终端机，并与银行电脑中心连接，通过系统运作将交易金额自动记入收付双方在银行的存款账户。由于存款储存于电脑，比传统的活期存款安全、便捷。这种系统的发展，会使实在的货币材料退出历史舞台，导致现金的消失。但是，电子货币变化的仅仅是货币形态，而货币的功能并未发生改变。

第二节　货币的职能

一、价值尺度

1. 货币的价值尺度

当货币用来表现商品价值并衡量商品价值量大小时，执行价值尺度的职能。

货币在执行价值尺度的职能时，本身应该有刻度。用术语来表示就是说应该有价格标准。它是货币发挥价值尺度职能的前提。

那么，什么是价格标准呢？

对于金属货币，价格标准是指货币单位所包含的货币金属重量；对于没有内在价值的纸币，价格标准是指货币单位所代表的价值量。在实践中，价格标准是有历史继承性的。即金属货币流通时期的价格标准对纸币的价格标准有着重要影响。

货币执行价值尺度的结果表现为价格。价格是商品价值的货币表现。商品价值是内在属性，价格是外在属性。

2. 货币执行价值尺度的特点

它是观念上想象的货币，不一定是现实的货币。

3. 价格和价格标准的区别与联系

区别：①价格是商品所包含社会必要劳动量的货币表现；而价格标准是代表货币单位金属量，来衡量货币金属本身的量的多少或代表货币单位价值量大小的，是衡量货币自身价值的。②在金属货币流通时期，货币作为价值尺度是单位普通商品价值量与货币单位商品价值量的对比；在纸币流通时期，是单位普通商品价值量与货币单位包含价值量的对比。价格标准是人为规定的，通常由国家法律加以确定。③商品价格随着劳动生产率的变化而变化，而价格标准是随着国家法律的调整而调整。

联系：价格是商品价值的货币表现，是货币发挥价值尺度职能的结果，而货币是依靠价格标准来发挥价值尺度作用的，价格标准是为货币发挥价值尺度职能服务的。

二、流通手段

1. 货币的流通手段

在商品交换中，当货币作为交换媒介，实现商品的价值时执行流通手段的职能。

以货币作为媒介的商品交换叫作“商品流通”。

2. 货币执行流通手段的特点

(1) 必须是现实的货币。即交易双方必须一手交钱一手交货、等价交换，买卖行为才能完成。比如，我们在商店买商品时，不可能不付出代价就获得商品。

注意：这里的现实货币可以是有形的货币，也可以是无形的货币。

(2) 不一定是十足价值的货币。货币作为交换媒介时仅仅是一种交易的媒介，作为商品所有者出售商品、换取货币，其目的是用货币去换取自己所需要的商品，只要货币能够购得自己所需要的商品，货币本身是否有价值对商品所有者来说并不重要。这种客观事实，使得历史上足值、不足值、甚至于无价值的货币都可以执行流通手段的职能。

3. 货币执行流通手段的作用

改变了商品交换的方式(由 W—W 变为 W—G 和 G—W)，解决了物物交换的局限性，使商品交换实现了买和卖的分离，便利了商品交换的进行，促进了商品流通的发展。

4. 货币执行流通手段的局限性

由于改变了物物直接交换的运动方式，使买卖分离开来，隐藏着发生经济危机的可能性。因为，货币作为商品交换的媒介，把买和卖分离开来，使买和卖成为两种独立的行为。有的生产者出卖了自己的商品后并不马上购买，因为一些生产者不买，另一些生产者就不能卖，形成买卖脱节的现象，这种现象不解决，就有可能引起经济危机。所以西方有些学者认为：货币作为一种交换媒介的存在是一般非均衡和非自愿失业的根源。

三、贮藏手段

1. 货币的贮藏手段

当货币暂时退出流通领域而处于静止状态时，货币执行贮藏手段的职能。

2. 贮藏货币的原因

货币贮藏的实质在于积累和保存价值。

(1) 对社会公众来说，人们已经普遍认识到货币是一般等价物，货币是价值的化身，可以用来换取自己需要的任何商品，货币又是社会财富的象征，积累了货币就等于保存了社会财富。

(2) 对于生产者来说，货币贮藏还是保证社会再生产持续不断进行的必要条件。

3. 货币贮藏的方式、特点和作用

金属货币条件下，货币贮藏的方式是窖藏货币，其特点是足值货币，具有蓄水池的作用。

因为，金银本身具有价值，是社会财富的一部分或社会财富的代表，最适合于贮存价值和积累财富。足值的金属货币的贮藏手段职能具有自发地调节货币流通的作用。当流通中的商品减少，需要的货币量减少时，多余的金属货币就会退出流通领域被人们贮藏起来(因为如果货币不退出，普通商品的价格会上升，导致货币金属价值降低，购买商品吃亏)；当商品流通量增加，需要的货币增加时，贮藏的货币又会自动投入流通领域成为流通手段(因为如果没有货币进入流通，普通商品的价格会下跌，意味着货币金属价值上涨，购买商品合适，自然诱导货币苏醒进入流通)。所以，贮藏货币就像蓄水池一样，自发地调节着流通领域中的货币量，使它和商品流通的需要量相适应。所以，在金属货币制度下，贮藏货币的方式是窖藏方式，并且是足值的货币。

在现代货币制度(纸币制度)的条件下，贮藏货币的方式、特点和作用已经发生了变化。

贮藏方式：一是货币沉淀；二是银行存款；三是利用金融资产贮藏价值。

特点：不足值货币。

贮藏作用：第一，货币沉淀所占比例不大，没有实际意义。持币人将货币保存起来，时间超过一年不动用，本质上就是窖藏货币，但是由于现代货币不是足值货币，这种窖藏已经没有实际意义，所占比例不大。第二，银行存款没有“蓄水池”的作用。货币存入银行，从持币人的角度看，退出了流通领域，但是银行会运用这笔资金发放贷款，从整个流通领域看并没有退出。所以，不具有蓄水池的作用。第三，现代货币贮藏的前提条件是要求货币的币值保持相对稳定。现代货币不是足值货币，但是本质上是一般等价物，是社会财富的一般代表，从个体来看，仍然可以发挥价值贮藏的功能，但是其前提条件是必须保持币值的相对稳定。第四，货币并不是价值贮藏的唯一手段。在现代经济生活中，人们可以利用金融资产贮藏价值。

四、支付手段

1. 货币的支付手段

当货币作为独立的价值形式进行单方面转移时，货币执行支付手段的职能。这一职能是流通手段的延伸。

货币支付手段的产生源于商业信用。有的商品生产者为了买到商品愿意提前付款，有的商品生产者为了尽快把商品卖出去，愿意先卖商品后收款，这就是赊买赊卖。这时，货币的收付已同商品的买卖在时间和空间上发生了分离，不再是货币执行流通手段时一手交钱一手交货的买卖，而是货币进行单方面的价值转移，执行支付手段的职能。

在商品经济进一步发展之后，产生于商业信用的货币支付手段职能，广泛运用于各种非商品买卖引起的货币支付，如租金、税金、工资、信贷收支、水费、电费、电话费等。

2. 支付手段的意义和局限性

意义：克服了流通手段的局限性，加速了货币周转，节约了流通费用。

局限性：扩大了商品经济的内在矛盾，使得货币在执行流通手段职能时孕育的经济危机有了进一步发生的可能。因为赊买赊卖使许多生产者互相欠债，形成债务链条，只要有一个商品生产者欠债不还，不能按期还账，就会引起连锁反应，破坏整个商品交换的信用关系，发生经济危机。

思考：假如货币没有支付手段职能，你的生活会有哪些不便？

知识扩充：世界货币与国际货币

货币越出国境，在世界市场上发挥一般等价物的作用时，把它称为世界货币。它在国际范围内执行价值尺度、流通手段、贮藏手段和支付手段的职能。

在金属货币制度下，作为世界货币，要求货币本体以条块的形式按实际重量发挥职能，不能使用在国内流通的铸币和价值符号，因为不同的国家有不同的价格标准和铸币形态，不被其他国家认可和接受。世界货币的作用：①国家间的支付手段，用以平衡国际收支逆差。②国家间的购买手段，用以从国外购买商品。③国家间转移财富的手段，用以实现财富的转移，如战争赔款、对外援助、输出资本、慈善事业等。

作为世界货币是以贵金属为条件的。

现代纸币制度下的信用货币不是世界货币，一些发达国家的货币，如美元、英镑、瑞士法郎等曾经广泛地作为国际结算的主要手段，它们并不是世界货币，应该被称为国际货币，发挥世界货币的作用。

能力拓展：思考货币职能之间的相互联系。

(提示：货币作为一般等价物，它能表现一切商品的价值，因而它具有价值尺度的职能；因为它能与一切商品相交换，因而具有流通手段职能。没有上述两种职能，货币就不能成为货币。因此，马克思说，货币“首先是作为价值尺度和流通手段的统一，换句话说，价值尺度和流通手段的统一是货币”。货币的支付手段职能是随着商品信用交易的发生而发生的，但在进行信用交易时，首先，货币要发挥价值尺度的职能，其后，还有价值的实现，所以货币的支付手段职能和价值尺度、流通手段职能的关系密不可分的。正是由于货币能执行流通手段和支付手段职能，人们才愿意保存货币，才有贮藏手段职能。同时，贮藏意味着一种潜在的流通手段和支付手段。)

第三节 货币制度

一、货币制度的概念及内容

1. 货币制度的概念

货币制度大约出现在16世纪。货币制度简称“币制”，是指一个国家以法律形式规定

的本国货币的流通结构和组织形式，它由国家有关货币方面的法令、条例等综合构成。

2. 货币制度的构成要素

1) 规定货币材料

即规定一国货币的本位币用什么材料制成，它是整个货币制度的基础，也是货币制度最基本的要素。

货币本位币的材料决定着货币制度的类型。比如，规定用黄金作为本位币的材料就是金本位制度，规定用白银作为本位币的材料就是银本位制度，规定用纸币作为本位币的材料就是纸币本位制度。

注意：以什么样的材料作为本位币币材，不是任意规定的，要受经济发展水平和生产力的制约。

2) 规定货币单位

货币单位是国家法律规定的货币计量单位，包括两方面的内容。

(1) 规定货币单位的名称。目前，世界上货币单位的名称有一百多种，其中用元的较多。据统计，用“元”作货币单位名称的有50多个国家。按照国际惯例，货币名称与货币单位是一致的。但人民币是例外，如人民币的货币单位是“元”，货币的名称是“人民币”。国外一些人，把人民币称为中国元，在2005年的全国政协会议上，有政协代表建议改“人民币”为“中国元”。

(2) 规定货币单位的价值。货币单位的价值是指货币单位所含的货币金属重量。在1973年以前通过规定货币含金量来表示货币的价值，1973年以后，各国都相继取消了货币的含金量。如美国的货币单位为美元，根据1934年1月的法令规定，1美元含纯金0.888671克；中国长期流通白银，1914年北洋政府颁布的《国币条例》规定货币单位名称为“圆”，含纯银23.977克，合0.648两。1973年后布雷顿森林体系解体，货币单位就慢慢与金属重量脱钩了。

3) 规定各种通货的铸造、发行和流通程序

通货就是流通中的现金，包括主币和辅币。

(1) 主币。主币也叫本位币，是一个国家的基本通货，是按照国家规定的货币单位和货币金属铸造的货币。其特点如下。

第一，在金本位和银本位制度下，主币的名义价值和实际价值一致，是足值货币。在现代货币制度下，已经无此特点。

第二，主币可以自由铸造，自由熔化。这种自由铸造是指公民有权把货币金属送到国

家铸币厂铸成本位币，不受数量多少的限制。铸币厂代铸货币，不收或只收取少量的铸造费。在流通中磨损超过重量公差的主币不准投入使用，但是可向政府指定的单位兑换新币。这一特点的意义在于：可以保证本位币金属无限制地成为价值尺度，无限制地执行支付手段和流通手段的职能；可以保证本位币的名义价值和实际价值一致；可以保证本位币自发地适应客观流通的需要量。在现代货币制度下，已经无此特点。

第三，主币具有无限法偿能力。国家法律赋予主币在一切交易、支付活动中，不论数额大小，出售者和债权人均不得拒收。现代货币制度下，仍然保留了这一特点。

(2) 辅币。辅币即辅助通货，是主币以下的小额通货，供日常零星交易与找零使用。其特点如下(现代货币制度下仍有下列特点)。

第一，名义价高于实际价值，是不足值货币。

第二，不能自由铸造，自由熔化，由国家统一铸造，铸币收入归国家所有，是财政收入的主要来源。

第三，是有限法偿货币。

在纸币本位制下，纸币的发行权由国家货币管理当局所垄断，主币和辅币的名义价值都高于其实际价值，所以，无限法偿与有限法偿的区分已无意义。

4) 准备制度

准备制度也叫黄金储备制度，通常指一个国家所拥有的金块和金币的总和，是一国货币稳定的基础。这一制度规定把贵金属集中到国库和中央银行，主要用途如下。

第一，将其作为世界货币的准备金，即用来作为国际支付手段的准备金。

第二，作为时而扩大时而收缩的国内金属货币流通的准备金。

第三，作为支付存款和兑换银行券的准备金。

在金属货币流通条件下，金准备最初为十足的金准备，以后由于黄金数量不足，也以一定数量的证券作为准备金。在现代货币制度下，金准备的后两项用途已消失了。由于黄金的地位下降，所以它与外汇储备一起作为国际支付准备金。

二、货币制度的演变

近代世界各国实行的货币制度多种多样，总体可以分为金属本位制度和纸币本位制度两大类。前者与一定量的金属保持比价关系，分为银本位制、金银复本位制、金本位制三种类型；后者与金属没有比价关系，不能兑换金银，又称不可兑现的信用货币制度。所以，货币制度又分为银本位制、金银复本位制、金本位制、不可兑现的信用货币制度四大类型。

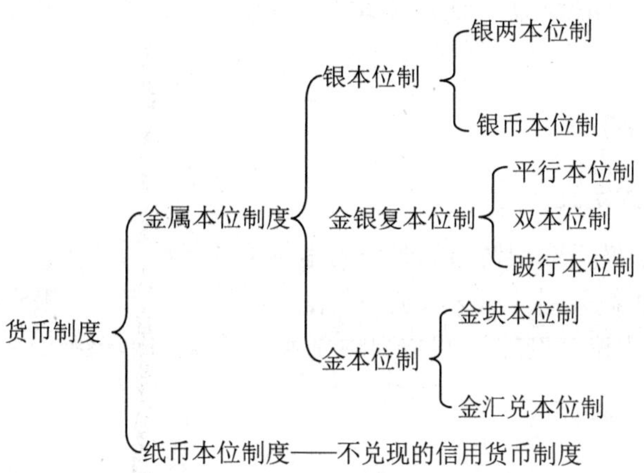

(一)银本位制

银本位制是历史上出现最早、实施时间最长的一种货币制度。

1. 银本位制的定义

以白银为货币金属，以银币为本位币，称为银本位制。与以后实行的金银复本位制对比，又称银单本位制。

2. 银本位制的特点

(1) 规定以白银为货币金属，白银享有无限法偿能力。

(2) 银币可以自由铸造和熔化，并规定了银币的重量、成色、形状及货币单位。

(3) 白银和银币可以自由输出和输入。

3. 银本位制的局限性(缺点、被放弃的原因)

(1) 价值不稳定。由于白银储藏量较丰富，19 世纪以后开采技术提高快、白银的产量急剧上升，导致其价格下降。而作为一种货币金属，只有当其价值能保持相对稳定时，才适合充当货币材料，才能保证货币价值的稳定性，白银价格不断下跌的趋势说明白银的价值并不稳定，银本位制不是理想的货币制度。

(2) 白银体重价廉。在大宗交易时往往要携带大量的白银，既不方便又不安全，局限性很大。

(3) 白银价格不稳定，各国的银价不一致，波动大，导致汇率不稳定，一定程度上阻碍了国际贸易的发展。

商品经济的发展需要价值含量更高，更稳定，携带更方便的货币。16 世纪，随着新大陆的发现，墨西哥和秘鲁丰富的银矿及巴西丰富的金矿先后被开采出来。16—18 世纪，欧洲国家纷纷建立金银复本位制度。但是到20世纪初，中国、印度、墨西哥等少数国家仍采用银本位制。

(二)金银复本位制

1. 金银复本位制的定义

金银复本位制是金铸币和银铸币同时作为本位币的货币制度。它于1663年由英国开始实行，随后欧洲各国纷纷采用。在这种货币制度下，法律规定：金银两种铸币都是本位币，都可以自由铸造(跛行本位制例外)，可以自由兑换，都是无限法偿货币。

2. 金银复本位制的种类

1) 平行本位制

平行本位制是金银两种金属货币均按各自所含的实际价值流通的货币制度。也就是说：在这种货币制度下，金银两种货币的比价由市场上这两种货币金属的比价决定。

平行本位制的缺点是：使市场上的同种商品出现了金币价和银币价两种价格，随着市场上的金银比价的频繁变动，用金币和银币表示的商品的两种价格也随时处于波动之中，给商品交易带来许多麻烦。所以，平行本位制不是稳定的货币制度。

2) 双本位制

双本位制是国家以法律形式规定金银两种货币的固定比价，并要求按法定比价进行流通的货币制度。

双本位制也不是理想的货币制度。因为这种货币制度虽然克服了平行本位制下“双重价格”的缺陷，但是由于违背了价值规律，又产生了“劣币驱逐良币”的现象。在双本位制下，官方的金银比价与市场上金银的比价平行并存，官方比价弹性小，市场比价弹性大，当市场比价发生变化而官方比价没有及时调整时，就会引起金币和银币的实际价值与名义价值相背离，从而使实际价值高于名义价值的货币被收藏、熔化，退出流通领域，而实际价值低于名义价值的货币充斥市场，市场上实际只有一种货币在流通。市场价格为实际价值；官方价格为名义价值。

在货币流通中，名义价值高的货币排斥实际价值高的货币的现象叫“劣币驱逐良币”规律。这种规律最早由英国财政学家汤姆斯·格雷欣发现、提出并上书英国女皇改革铸币制度，又称格雷欣法则。

举例：当市场上的金银比价变化为1∶16，而官方比价未调整，仍为1∶15时，人们会把金币熔化成条块状，到市场上用1∶16的比价兑换成白银，把白银铸成银币，再按1∶15的官方比价兑换成金币，如此循环一圈，就可以得到一份白银的利润。结果流通领域只有一种市场价格低而国家法定价格高的货币在流通，实际上并不是双行本位制。

3) 跛行本位制

跛行本位制是金银复本位制向金币本位制过渡的一种货币制度。

为了克服双本位制下“劣币驱逐良币”的现象，许多国家实行了跛行本位制。在这种货币制度下，金币和银币仍然同为本位币，仍然按法定比价流通和兑换，都具有无限法偿能力，但是只有金币可以自由铸造，银币则不能自由铸造。由于限制银币自由铸造，这样银币的价值不是取决于金属银而是取决于金属金，银币本位币的地位大打折扣，银币成为金币的附属货币，起辅助作用。在这种货币制度下，两种货币的地位不平等，所以，叫跛行本位制。

(三)金本位制

在金银复本位制下，存在两种本位货币，即存在两种一般等价物，但一般等价物的重要特征是排他性，因此它是一种有缺陷的货币制度，是货币制度的倒退，阻碍了经济发展。在条件具备的情况下，由英国率先实行金单本位制。

1816 年英国颁布法令宣布实施金本位制，德国、法国、比利时等欧洲国家紧随其后，相继实行金本位制，1897 年俄国、日本宣布实行金本位制，1900 年美国也宣布黄金为唯一的本位币金属，这时资本主义国家差不多都实行了金本位制。当时的中国、印度仍是银本位制。

金本位制又叫金单本位制，是指以黄金作为本位币的一种货币制度，主要形式包括金币本位制、金块本位制和金汇兑本位制。

1. 金币本位制

1)　金币本位制的定义

金币本位制是以黄金为货币金属的一种典型的金本位制。由英国于 1816 年宣布实行，历经近百年。

2)　金币本位制的特点

(1)　金币可以自由铸造、自由熔化、无限法偿，其他金属货币限制铸造、有限法偿，从而保证了黄金在货币制度中的主导地位，使金币的价值与其面额价值相一致，足值的金属货币能够自发地调节流通中的货币量。

(2)　辅币和银行券等价值符号可以自由兑换金币。各种价值符号可以按面额规定的价值随时兑换金币，确保了各种价值符号能够稳定地代表一定量的黄金进行流通，从而保证了价值符号流通的稳定，不致出现通货贬值(价值符号相对稳定)。

(3)　黄金可以自由输出和输入，黄金是足值货币，只要各国货币单位按其所含黄金折算成一定的比价，就可以自由输出和输入，以结算国际收支差额，有利于国际贸易往来，稳定汇率(汇率相对稳定)。

(4)　金准备全部是黄金。

3)　金币本位制的优点

(1)　金币本位制是相对稳定的货币制度，其币值的稳定便于计算产品成本、价格和利

润，促进了资本主义生产和商品流通的发展。

(2) 币值的稳定又使债权债务的利益不受通货贬值的影响，促进了信用制度的发展。

(3) 各国通货以黄金为基础，外汇行市相对稳定，黄金能自由地发挥世界货币的职能，为国际贸易的顺利进行提供了前提条件。

但随着资本主义社会固有矛盾的加深和世界市场的进一步形成，金币本位制的基础地位受到了严重威胁。

4) 金币本位制瓦解的原因

(1) 由于各国经济发展的不平衡引起世界黄金存量分配极不平衡。到1913年年末，美、英、法、德、俄五国占有世界黄金存量的2/3，使很多国家货币流通的基础缩小，金币自由铸造与自由流通的基础受到冲击，动摇了这些国家货币制度的基础。

(2) 价值符号对金币自由兑换的可能性被削弱。资本主义国家为瓜分世界准备世界战争，大肆增加价值符号的发行，使黄金准备减少，兑换出现危机。

(3) 黄金在国家间的自由转移也受到很大限制。主要资本主义国家为了本国垄断资本的利益，实行关税壁垒和贸易保护政策，对黄金输出和输入实行限制，使黄金流动保持对外汇率稳定和调节国际收支的作用削弱。

(4) 到了20世纪，在高科技工业发展过程中，大量地以黄金为材料，由本身具有价值的黄金充当货币是社会财富的浪费。

(5) 经济发达时期，要求货币的供应量增加，并且有供给弹性，但黄金的产量不能相应地快速增长，加之第一次世界大战的爆发，许多国家放弃了金币本位制，战后只有美国恢复了金本位制，各国相继实行了没有金币流通的变相的金本位制度，即金块本位制和金汇兑本位制。

2. 金块本位制

1) 金块本位制的定义

金块本位制又称生金本位制，是指国内不铸造、不流通金币，而流通代表一定重量黄金的银行券，黄金储存于政府，银行券只能按一定条件向发行银行兑换金块的金本位制。

2) 金块本位制的特点(即与金币本位制的区别)

(1) 黄金虽然作为本位币，但在国内不流通，不再铸造，只有纸币流通，纸币或银行券仍是金的符号，规定含金量。

(2) 金块本位制打破了金币本位制下银行券与黄金的自由兑换，这时，黄金由政府集中储存，居民按本位币的含金量在达到一定数额后可兑换金块。如英国1925年规定银行券与金块一次兑换数量不少于1700英镑；法国1928年规定一次至少兑换215000法郎，这样高的限额对于大多数人来讲是达不到的。

金块本位制减少了对货币黄金的需求，减少了对黄金的发行准备要求，暂时缓解了黄金短缺与商品经济发展之间的冲突，但是，并未从根本上解决问题。在1924—1928年期间，

英、法、荷兰、比利时等国实行金块本位制，但在 1929—1933 年世界经济危机期间及以后，这些国家相继放弃了这种币制，实行不兑现的信用货币制度。

3. 金汇兑本位制

1)　金汇兑本位制的定义

金汇兑本位制也称虚金本位制，是指国内只流通银行券，而银行券可以按政府规定的汇率自由地兑换成另一采用金币或金块本位制国家的货币，再兑换该国黄金的一种货币制度。

2)　金汇兑本位制的特点

(1)　国内流通银行券并且规定其含金量，但无金块或金币可供兑换，禁止金币的铸造与流通。

(2)　中央银行将黄金和外汇存在另一实行金币本位制和金块本位制的国家，并规定了本国货币与该国货币的法定兑换比率。

(3)　居民可按法定兑换比率先用本国货币兑换该国货币，然后再向该国兑换黄金。

实行金汇兑本位制的国家实质上是使本国货币依附在一些经济实力雄厚的外国货币上，处于附庸地位，因而货币政策受经济实力强的国家的牵制，同时附庸国家向其大量提取外汇准备或兑取黄金也会影响后者的币值稳定。

3)　金汇兑本位制与金块本位制的相同点

(1)　在两种货币制度下，货币单位都规定了含金量，国内只流通银行券，没有金铸币流通。失去了货币自发调节流通需要量的作用，币值自动保持相对稳定的机制也不复存在；银行券不能自由兑换黄金，削弱了货币制度的基础。

(2)　节省了黄金的使用，使经济的发展摆脱了黄金数量的限制。

(3)　都没有足够的货币发行准备，货币的价值经常波动，仍然是很不稳定的货币制度。

金块本位制和金汇兑本位制都是残缺不全的金本位货币制度。

第一次世界大战之前，殖民地国家如印度、菲律宾等实行金本位货币制度；第一次世界大战后，德国、意大利、奥地利、中国、波兰等国家实行这种货币制度。第二次世界大战结束前夕，在美国的新罕布什尔州布雷顿森林召开的国际货币会议上确立的“布雷顿森林体系”，实际上是一种全球范围的金汇兑本位制。这一体系规定了各国货币与美元挂钩、美元与黄金挂钩、以美元为中心的货币制度，把各国货币都变成了美国货币的依附。直到 1973 年，由于美国宣布与黄金脱钩，金汇兑本位制才正式停止。

1929—1933 年世界经济危机的风暴彻底摧毁了这种残缺不全的金本位制，迫使经济学家放弃了自发调节经济的思想而主张国家干预经济，于是资本主义各国先后实行了纸币制度——不兑现的信用货币制度。

(四)不兑现的信用货币制度(纸币本位制度)

自20世纪30年代以来，各国普遍实行这种制度。

1. 不兑现的信用货币制度的定义

不兑现的信用货币制度是指以不兑换黄金的纸币或银行券为本位币的货币制度。

它是货币制度演进过程中质的飞跃，突破了货币商品形态的桎梏，而以本身没有价值的信用货币作为流通中的一般等价物，在这种货币制度下黄金量不再是确定货币币值及两种货币汇率的标准。

2. 实行不兑现货币制度的原因

1) 金属货币本位制本身具有不可克服的缺陷

金属货币制度，特别是金单本位制，虽然具有稳定性的优点，但是其缺陷也是致命的。

(1) 金属货币制度需要足够的贵金属作为货币发行准备和货币流通基础。随着经济的发展，贵金属贮藏量和产量的有限性与商品生产和流通规模不断扩大的矛盾日益尖锐。尽管实行部分准备金制度可以在一定程度上缓和这一矛盾，但不能从根本上消除这一矛盾。人类社会的商品生产和商品流通规模远远大于贵金属的存量总和。社会经济发展在客观上要求有一种不受自然资源限制，并可以调节其数量的灵活而又有弹性的货币供给制度。金本位制度下货币需求受黄金开采能力的限制，纸币因其材料来源充足而成为人们选择的对象。

(2) 在金属货币制度下，一国经济受国外影响太大。在金银可以自由输出、输入的时候，各国经济密切相关。在实行金汇兑本位制时，各国为了维持汇率稳定，必须调整其国内的经济政策和经济目标。这些不利于一国实行独立的经济政策。这也是各国放弃金属货币制度的重要原因。同时，由于资本主义各国的政治经济发展极度不平衡，在第一次世界大战的冲击下，黄金分配极度不平衡，主要集中在美国，多数国家黄金不足，使其难以维持黄金对内的自由铸造、向上熔化以满足流通的需要，也难以维持黄金的向上输出、输入，从而保证固定汇率制度。

(3) 黄金本身是社会财富，由其充当一般等价物，流通费用高，是社会财富的巨大浪费。以纸币作为货币材料，纸的价值含量很低，即使有了磨损，也不会造成社会财富的巨大浪费，而且更便于携带、保管等。这些，都是金属货币所不及的。

当然，纸币与存款货币和电子货币相比，在支付速度、交易成本方面处于劣势，所以纸币也将终究被淘汰。

3. 不兑现的信用货币制度的特点

(1) 货币由不兑现银行券和银行存款构成，都是信用货币。不兑现银行券由国家授权

中央银行垄断发行，具有无限法偿能力，体现着对持有者的负债，银行存款体现着对存款者的负债，都体现着信用关系。

(2) 信用货币都是通过银行放款投入流通领域中的，与金铸币通过自由铸造投入流通领域有了根本的区别。

(3) 黄金已退出国内流通领域。信用货币不能兑换黄金，也不规定含金量，不与任何金属货币保持等价关系，货币发行不以金银做准备，不受金银数量的约束。

(4) 国家对通货的管理成为经济正常运行的必要条件。在不兑现的货币制度下，银行放松银根，信用货币投放过多，则通货膨胀产生；银行收缩银根，则通货紧缩。由于此时黄金对货币流通量的自发调节作用已不复存在，因此为使货币流通量适应经济发展的需要，必须由国家对银行信用加以调控。

不兑现的信用货币——纸币，代替黄金成为本位币，黄金完全退出货币流通，这种现象称为黄金的非货币化。但黄金由于在历史上曾经起着非常重要的作用，有发达的交易市场，所以仍然是各国真实的储备资产。纸币作为价值符号取代金属货币，但纸币并不是货币形式的终结，前已述及电子货币是继纸币革命后货币形式的又一次重大变革，它的流通不需要借助任何有形的实物，而是依靠光波、电波进行信息传递和处理并且发挥着货币的各种职能。

三、人民币与中国内地的货币制度

人民币是中华人民共和国国内唯一自由流通的货币，独占内地货币市场并由中国人民银行统一发行和管理。

(一)人民币的产生

人民币是在我国革命战争时期根据地货币的基础上产生的。最早的根据地货币是 1927 年 1 月湖南平民银行发行的临时兑换券。各根据地货币在支援革命战争、发展解放区经济、开展对敌斗争、稳定金融物价等方面起到过积极的作用。全国解放前夕，为了适应迅速发展的政治、军事、经济发展需要，迫切需要统一货币市场，于是在中国人民银行 1948 年 12 月 1 日成立伊始，就发行了人民币，与此同时陆续收回各解放区货币，禁止金银、外币的计价流通，收兑肃清了国民党政府发行的金元券、银行券等各种货币，使人民币成为唯一合法流通的货币，从而统一了货币市场。1955 年 3 月 1 日中国人民银行又发行了新人民币，收兑旧人民币，从此各机关、团体、企业及个人的一切货币收支、账簿记载及国际清算，均以新人民币为计量单位，从而巩固了人民币在我国唯一合法流通的地位。

(二)人民币的性质

人民币作为货币发挥着一般等价物的作用。

1. 人民币是一种信用货币

(1) 从发行程序看，人民币是通过收购金银、外汇或通过信贷程序发行的，是经济发行，其发行量是根据社会生产和商品流通的客观需要决定的，其流通量随生产和流通规模而伸缩。

(2) 从信用关系看，人民币的发行是中国人民银行的负债，是社会公众索取价值的凭证，人民币的持有人是债权人，这种信用关系的消除通过特殊的兑换方式实现，即国家保证以相对稳定的价格供应商品和劳务，人民币持有人以稳定的价格得到相应的商品和劳务而得以“兑现”。

2. 人民币的内涵是商品价值符号

即人民币没有法定含金量，也不能自由兑换黄金，人民币币值和商品价值及价格密切联系，人民币币值与商品价格变化成反比，而和商品价值总量变化成正比。

3. 人民币是信用货币，也有可能转化为纸币

只要出现财政赤字，就有可能强制发行人民币，而人民币过量发行，必然导致币值下跌，发生通货膨胀，这时人民币就可能转化为不兑现纸币(从理论上看，是没有商品物资对应、多余部分，但在实践中无法区分哪一部分是纸币，哪一部分是信用货币)。

综上所述，人民币是在一定条件下可能转化为纸币的信用货币，是在流通中发挥一般等价物作用的价值符号。

(三)人民币的兑换性

货币的兑换性是指一种货币兑换成别种货币或支付手段的能力。按货币可兑换的程度可分为自由兑换货币、有限度可兑换货币、不可兑换货币三种，实践中常有可自由兑换货币、有限度的可兑换货币、不完全自由兑换货币、完全自由兑换货币之分。

(1) 可自由兑换货币是指国际货币基金组织的成员国对国际收支经常项目下交易的资金支付和转移不加限制，不实行歧视性货币安排或多重汇率制，并随时有义务按别国要求换回其经济往来中的结存本国货币。

(2) 有限度的可兑换货币是指依货币持有者身份、交易方式、资金用途、支付方式等方面，把本国货币兑换成外币的可能性限制在一定范围内。比如非居民(境外居民)可自由兑换、区域性自由兑换、国际收支经常项目自由兑换、资本转移自由兑换、定期限额自由兑换等。

(3) 不完全自由兑换货币是仅指国内所有厂商和公众能够自由地、不受限制地用本国货币在本国从金融机构购买外汇。

(4) 完全自由兑换货币是指一国货币不仅能在国内自由地转化为其他货币，而且在国外、在国际外汇市场上也能自由地转化成其他货币，不论持有本国货币者是本国人或外国

人，不论是贸易业务或非贸易业务，不论是经常项目或资本项目都可以进行兑换。

我国人民币已实现经常项目下可自由兑换，人民币的目标是逐步成为完全自由兑换货币。

1. 成为完全自由兑换货币的条件

(1) 政府要有充足的国际储备。

(2) 必须有强大的国力支持和高度的经济开放。

(3) 必须有宏观金融的稳定和汇率的稳定。

(4) 必须有比较完善的金融市场。

(5) 必须有微观经济方面的配套机制等。

而我国目前尚不具备上述条件。

2. 实现人民币自由兑换的前期准备

(1) 进一步放开和理顺价格，强化企业产权改革，没有企业经营的市场化和高效化就不可能有真正稳定的人民币自由兑换。

(2) 健全货币稳定机制和财税控制机制，加深金融和财税体制改革，这是确保人民币自由兑换后经济和金融稳定的条件。

(3) 培育短期货币市场，这是实行宏观金融调控的重要手段。

(4) 形成合理的汇率，使人民币的汇率在过渡期中尽可能地由市场供求关系决定，从而使人民币汇率水平恰当。

(四)我国的货币制度

我国的货币起源于商代。在秦统一币制之前存在着各种不同的货币形态和货币体系。秦对我国货币制度的突出贡献在于统一了混乱的货币形态和货币单位，即推出了历史上使用的方孔铜钱，但并没有统一铸造权和发行权。

我国历史上的币制主要以银铜本位制为主。日常交易用铜钱，大宗交易用银两，黄金有时也用作支付或被储藏，金银以金属重量计值。由于银两成色不同，重量不一，造成交易困难，同样也限制了交易、流通范围。

随着外国金融侵入，外国银元流入，1933 年国民党政府宣布“废两改元”，公布《银本位币铸造条例》，银两制退出历史舞台，健全了银本位制，银元成为中国的本位货币。当时的银元可以自由铸造，具有无限法偿能力，银元重 62. 6971 克，其中银占 88%，铜占 12%，1935 年 11 月又宣布实行“法币改革”，废止了银本位制，于是银元货币制度结束。“法币政策”规定：中央银行、交通银行、中国农业银行发行的钞票为法币，禁止银元流通，法币可以兑换外汇，其实这是一种典型的金本位制下的金汇兑本位制。

随着抗日战争的爆发，法币兑换外币受到限制，我国的货币制度演化为纯纸币制度。

1948年12月中国人民银行成立并发行人民币，自此形成了我国具有社会主义性质的货币制度。

人民币的货币单位为“元”，主币面额为100元、50元、10元、5元、3元(1964年停止流通)、2元、1元七种，辅币纸质面额为5角、2角、1角、5分、2分、1分六种。其中，1元面额的主币和辅币均有纸币和金属硬币两种类型。

从1999年10月始，我国正式发行1999年版的新币，新币中增加了20元的主币。

人民币的发行权属于国家，国家授权中国人民银行具体组织实施货币发行业务。

人民币是我国的法定通货。按规定我国严禁金、银、外币计价流通，金、银、外币作为国际储备金，由国家集中保管，主要用来平衡国际收支。

知识扩充：货币制度与国家主权的关系

从货币形态和货币制度的演进过程中，会发现货币制度与国家制度之间存在着非常密切的关系。

国家对货币制度的管理主要出于两个方面的利益考虑。一方面是货币作为公用事业所带来的间接利益。货币的使用有利于商品的交易，促进市场规模的扩大和生产能力的提高，增强国家的实力。另一方面，随着铸币的产生，政府可以依靠自身的信誉，发行不足值的价值符号，如劣质铸币、兑现和不可兑现的信用货币，这样就会带来直接的铸币税收入。国家为了获取这两种收益，便垄断货币的发行权，并将货币制度作为国家主权的一项内容，禁止其他人对货币制度进行干预。由于国家组织结构和行为方式的改变，货币制度也随之发生了相应的变迁。特别是受到经济的、技术的方方面面的影响，货币的范畴也开始改变。商业银行存款货币构成现行货币的主体，侵蚀了国家货币发行的垄断权。加之电子货币、网络银行的出现，都会削弱国家垄断货币发行权的能力，因此，国家适应变化了的外部形势，不再强调货币的国家主权特征，在保证中央银行控制基础货币发行的基础上，同其他经济主体分享货币发行的收益。

货币制度超越了国家主权。在经济全球化浪潮的冲击下，为了适应经济发展，一些国家组织了区域经济联盟，并将货币发行权交给区域中央银行，如欧盟的欧洲中央银行、西非的货币联盟、中非货币联盟等，这样，货币制度和国家主权之间的关系进一步分离。

就中国货币制度来说，“一国两制”丰富了货币制度和国家主权关系的内容。由于多种社会制度并存，与之相适应的货币制度也应该是多种形态并存。随着香港、澳门以及台湾问题的解决，中国的货币制度可能会呈现人民币、港币、澳币和台湾的货币在不同区域共同流通的“一国多币”的特征。

本 章 小 结

本章从商品经济内在矛盾入手，揭示了货币的起源和本质，通过讨论货币本质、固有

的职能、质与量的规定性以及货币制度的演变，从而把握货币这个经济金融领域最基本、最重要的经济事物的历史与逻辑的联系，对货币有一个较为全面的认识。

(1) 货币是市场经济最重要的经济要素之一，是商品生产和商品交换的产物，是在长期的商品生产和商品交换过程中，逐渐从商品世界中分离出来的、固定地充当一般等价物的特殊商品，货币是价值形式发展的结果。价值形式的发展经历了简单的价值形式、扩大的价值形式、一般价值形式、货币形式等四个阶段。

(2) 从货币的产生过程可以看出，货币是商品，但货币不是普通的商品，是固定地充当一般等价物的特殊商品，并体现一定的社会生产关系，这就是货币的本质。

(3) 货币的职能是指货币本质所决定的内在功能。在现代经济生活中，一般认为货币具有五种职能。这五种职能是价值尺度、流通手段、贮藏手段、支付手段和世界货币。

(4) 货币层次划分的依据是流动性。流动性是指金融资产不受损失并及时转化成现实购买力的能力。

(5) 币材决定货币制度类型。从币材变化的过程可以看出，货币制度主要经历了金属货币本位制和信用货币本位制两个阶段。金属货币本位制又可以划分为三类典型的货币制度，即银本位制、金银复本位制和金本位制。

本 章 习 题

1. 简要回答货币的本质。
2. 简要回答货币作为支付手段具有的特征。
3. 简要回答信用货币取得世界货币职能的一般条件。
4. 货币制度及其构成要素。
5. 简述货币制度的类型。
6. 简要回答金币本位制的特点。
7. 什么是劣币驱逐良币？
8. 简要回答本位币的特点。
9. 简要回答银行券和现代信用货币的区别？
10. 简要回答我国的人民币制度？

第二章 信 用

【教学目的与要求】

本章主要介绍信用与信用工具、利息与利率的基本知识。通过教学活动，目的是使学生能够在了解信用的产生和发展的基础上，深刻理解并掌握信用、利息与利率的含义；信用的形式、信用工具的划分与特征；信用与利率对经济的作用等内容，重点掌握信用工具的种类及信用在经济中发挥的重要作用。

【重点与难点】

- 信用形式。
- 信用工具的种类及特点。
- 信用对经济的影响。
- 信用工具的种类。

【引导案例】

小企业融资方式

企业描述：小型高科技企业，生产的通信电源技术含量高，专业性强，性能优良，产品主要销售给国内大型通信设备制造商。

融资需求：由于该公司正处于起步阶段，研发资金投入较大，而公司规模小，自有资金有限，在扩大生产经营方面受到较大的阻碍。又由于该公司在行业中处于弱势，谈判和议价能力较弱，无法从其购货商和供应商处获得优惠的价格，经营成本居高不下，公司业务难以实现较大的突破——该公司面临资金瓶颈。

该公司管理者也意识到问题所在，但由于公司刚刚起步，规模小，效益尚未显现，且没有可供抵押的固定资产，因此，在融资方面频频碰壁。

转机：经业内人士介绍，该公司老板得知工行有专门针对中小企业的融资产品，与工行进行了接触。

工行的解决方案：工行了解了该公司的融资需求和经营特点后，向其推荐了应收账款融资业务，即公司可以将其对购货商的应收账款转让给工行，工行按照应收账款的金额给予一定比例的融资。该项业务无须企业提供额外的抵押担保，并且在企业供货后就可以得到融资，在购货商到期支付货款后再归还融资，整个过程既快捷又方便，企业可以放心地使用融资资金进行原材料采购和扩大经营，而无后顾之忧。

融资收获：今年 3 月份尝试着做了第一笔应收账款融资业务，金额 200 万元。之后，

又陆续在工行办理应收账款融资业务，融资金额不断扩大，累计融资金额达3000万元，融资余额超过1000万元，成为工行首家应收账款融资余额超1000万元的中小企业。

融资感受："我一开始将信将疑，几乎不敢想象工行这么大的银行居然也有这么贴近中小企业的融资服务。后来发现工行的服务完全超出我的预期，资金很快就到了公司的账户，而且工行也没有额外的条件和要求。"接受记者采访时，这家企业的老板对工行充满感激地说。

(资料来源：http://wenku.baidu.com/view/16a75327f1858d049649c3)

【思考讨论】

问题：以上融资属于什么信用形式？有什么特点？

(提示：银行信用是银行等金融机构通过吸收存款、发放贷款的方式，以货币形态对企业提供的信用。银行信用是在商业信用基础上产生和发展起来的。银行信用与商业信用相比较，具有以下特点：第一，银行信用是以货币形态提供的信用。由于货币是一般等价物，具有一般的使用价值，因而银行信用突破了商业信用方向的局限性。第二，银行信用的债权人与债务人分别是银行等金融机构和从事商品生产、商品流通的企业。第三，银行信用是以银行等金融机构为中介的信用，它属于间接信用。由于银行等金融机构信誉较高，可通过吸收存款将社会再生产过程中大量闲置的货币及其货币资本聚积起来，再通过发放贷款运用出去，这就大大突破了商业信用规模的局限性。第四，在产业周期各阶段上，银行信用的动态与产业资本的动态是不相一致的。这主要是由于货币资本的变动与产业资本的变动不一致所造成的，这在经济危机时期表现得尤为明显。)

第一节 信用的产生和发展

一、信用的含义

经济学意义上的信用从属于商品货币的经济范畴。信用是一种借贷行为，是以偿还和付息为条件的、单方面的价值转移，是一种价值运动的特殊形式。

理解信用概念要把握以下几点。

(1) 信用是一种借贷行为，信用关系即债权债务关系。

(2) 在信用活动中出让的是使用权，并不出让所有权。有借有还是其重要特征。

(3) 信用是价值的单方转移，不是对等转移，所以它是价值运动的特殊形式。

二、信用的产生

信用产生的基础——商品交换和私有制的出现。

(一)原始社会末期，贫富分化，产生了信用

如果没有剩余产品、没有交换，就没有信用。

原始社会末期社会分工出现，有了剩余产品，有了商品交换；私有制的出现产生了贫富差别，贫者为了生存就要向富者借贷，信用由此产生。

(二)商品、货币占有的不均衡

商品货币关系的发展，使商品、货币在各个生产者之间分布不均衡，出现了商品需要卖，但拥有货币的人不需要买，而需要商品的人却没有货币，商品交换无法进行的情况。为解决这一问题，出现了赊购赊销的方式，即商品赊卖者或货币贷出者成为债权人，商品赊购者或货币借入者叫债务人，二者发生了债权债务关系，双方达成了到期归还并支付利息的协议，这便是典型的信用关系。

三、信用的发展

(一)高利贷信用

高利贷信用是人类历史上最古老的信用形式。

1. 高利贷信用的定义

高利贷信用是最早出现的信用形式，它是以获取高额利息为目的的借贷行为，是广泛存在于奴隶社会和封建社会的一种最古老的生息资本形式。

2. 高利贷信用的产生

原始社会末期，私有制产生，出现贫富分化，大量财富被少数家族占有，而大多数不占有生产资料的家族，为维护生产和生活被迫向富有的家族借贷商品和货币，在当时剩余产品有限，可贷放出去的资财较少而需要者较多的情况下，借入者只有付出高额利息才能获得自己所急需的商品和货币，于是高利贷产生了。

高利贷在奴隶社会和封建社会得到广泛的发展，其根源在于上述社会形态是自给自足的小生产经济占统治地位。小生产经济是个人拥有简单的生产资料，以家庭为单位，从事简单劳动，极不稳定，任何微小的自然灾害或意外打击都可能击垮他们的简单再生产，为维持简单再生产和极其低下的生活，有时也为支付苛捐杂税、地租，小生产者必须去借高利贷而无法考虑能否承受高额利息。除小生产者外，奴隶主和地主也是高利贷的借者，所不同的是奴隶主和地主不是为了满足再生产的需要或增加生产资料去借，而是为了满足他们荒淫腐化的生活或为巩固其统治地位，比如修建豪宅、豢养武士、雇佣保镖、购置武器装备等。马克思曾指出：“榨取贫苦小生产者的高利贷是和榨取富有大地主的高利贷携手

并进的。”而后者总是靠加强剥削来弥补他们在高利贷中的损失。

3. 高利贷的债务人与债权人

高利贷的债务人：小生产者、奴隶主、封建主。

高利贷的债权人：商人、宗教机构、职业军人、奴隶主和封建主。首先是商人，特别是从事货币兑换的商人，他们专门从事货币兑换、保管和汇兑等业务，手中经常集聚大量的资财，是高利贷的主要发放者。其次是寺院、教堂、修道院等宗教机构利用善男信女的施舍和富有者资财的寄存也发放高利贷。再次是奴隶社会和封建社会的统治者，如职业军人依靠战争掠夺大量财富，如官吏通过巧取豪夺获得大量资财发放高利贷。此外，奴隶主和封建主依靠残酷剥削手段得来的财富未消耗前也利用高利贷进行超经济剥削。在自然经济占优势，货币关系不发达阶段，高利贷主要是实物形式的借贷，随着商品经济货币关系的发展，出现了货币形式以及货币实物混合形式。

4. 高利贷信用的特点

通过上述分析，可以总结高利贷信用的特点如下。

(1) 利息率高。高利贷信用的年利率一般在30%以上，100%～200%也较常见，甚至没有最高限制。高利贷的利息率没有最高限额，其原因有三方面：一是受到统治阶级的支持和保护，因为发放高利贷者本身就是统治者。二是高利贷的借者是为了获得必不可少的购买手段和支付手段，不是为了获得追加资本。如果是为了获得追加资本，借者考虑到无利可图，就不愿意借了。三是商品经济的不发达使货币供给紧张，货币供应愈紧张，人们对货币的需求愈大，为高利率的形成提供了条件。

(2) 非生产性。高利贷资本的来源不是社会再生产过程中暂时闲置的资本，而是靠掠夺剥削而来的社会生产以外的财富。从高利贷的用途看，奴隶主和封建主是为了满足奢侈的生活和巩固统治，小生产者则是为了维持生存而不是再生产。

(3) 保守性。高利贷极高的利息率使通过高利贷借得的资本不是主要用于生产，因为生产所得无法支付高额利息，而其非生产性又使生产不能快速发展，甚至破坏生产力。虽然高利盘剥积累了大量财富是促进资本主义生产方式形成的主要因素，但它依附于小生产经济，维护旧的生产方式，破坏生产力，阻碍高利贷资本向产业资本转化，因而是保守的、寄生的。

5. 高利贷信用的作用

高利贷不是新的生产方式的推动者，而是旧的生产方式的维持者，但是高利贷也有积极的历史作用。

(1) 高利贷信用促进了自然经济的解体和商品货币关系的发展。由于高利贷主要是货币借贷，迫使小生产者到市场上出卖劳动产品以支付高利贷本金和利息，同样迫使奴隶主和封建主把剥夺而来的产品拿到市场上出售，因而促进了自然经济的解体和商品货币关系的发展。

(2) 高利贷为资本主义生产方式的产生提供了两个必备条件。一是高利贷使小生产者、奴隶主和封建主成为无产者，为资本主义生产需要大量的雇佣劳动创造了条件。二是积累了大量资财成为资本主义生产方式的货币资本。因此到了封建社会末期，建立资本主义生产方式的各种条件已经具备时，高利贷成为发展新的生产方式的一种手段。随着新兴资产阶级的产生，反对高额利息率、支持扩大再生产的呼声愈烈。当资本主义的信用组织出现，资本主义银行产生后，高利贷信用终被资本主义信用替代。

思考：1. 高利贷会永远消失吗?

提示：①生产力发展的多样性；②正式借贷渠道的约束；③地下经济活动；④危机时期；⑤金融管理的滞后(发展中国家)。

2. “利率高就是高利贷”，你同意这种看法吗?

(二)现代信用

现代信用产生的标志是借贷资本的出现和形成。在产业资本的循环过程中，一方面必然形成一部分暂时闲置的货币资本，即形成了可以贷放出去的资本；另一方面也存在临时补充资本的需要，即需要借贷。

1. 借贷资本的产生——暂时闲置货币资本的形成

首先，固定资本在周转过程中其价值逐渐地、部分地被转移到产品中。转移到产品中的固定资本以提取折旧基金的方式积累，直至固定资产更新为止，因而在固定资产更新以前，固定资本表现为闲置的货币资本。其次，流动资本在再生产过程中由于种种原因也会出现暂时闲置。比如商品出卖所得销售收入，在没有立即购买原材料、燃料和辅助材料之前和在未支付工资以前，均会成为闲置的货币资本。最后，当用货币形式所积累的利润在没有作为资本来追加投资之前以及在未支付股息和纳税之前也表现为闲置。

这些闲置的资本，停止执行资本的职能，与资本的特征相矛盾。贷放出去获取收益是闲置资本的客观需求。

2. 在社会化大生产过程中，有借入货币资本的客观要求

首先，在再生产过程中，当企业需要更新固定资产而其折旧基金的提取尚未达到足够数量的情况下需要借入一部分资本；其次，为维持产业资本的正常周转，需要临时借入资本以补充自有流动资金的不足，如季节性、临时性地大量购买原材料、燃料和辅助材料等；最后，当积累资本的数额不能满足投资需要而又想扩大生产规模时也需要借入资本。

在市场经济条件下，获取更多的利润是生产经营者共同的追求，这样就使资金盈余者与资金短缺者联系在一起，形成借贷关系，于是暂时闲置的货币资本便转化为借贷资本。

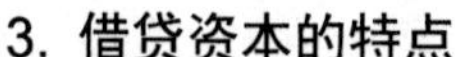

3. 借贷资本的特点

(1) 借贷资本是一种商品资本。当资金盈余者将其货币资本贷放给资金短缺者时，是将这部分资本当作“商品”出卖的。借贷资本同普通商品一样具有使用价值，但与普通商品的使用价值不同的是：普通商品一经消费其价值也随之消失，而借贷资本的使用价值被消费之后带来了利润，其价值不但能保留下来，而且会增值，即产生利息。

(2) 借贷资本是所有权资本。借贷资本虽然是商品资本，但在出卖时，只是出卖其使用权，而不是其所有权。资金盈余者拥有借贷资本的所有权而有权向资金借入者收取利息。

(3) 借贷资本具有特殊的运动形式。产业资本的运动依次采取货币资本、生产资本、商品资本和货币资本四种形式，即

$$G\text{—}W\left\{\begin{array}{l}A\\ \cdots P\cdots W'\text{—}G'\\ PM\end{array}\right.$$

其中，G 代表货币，W 代表商品，A 代表劳动力，PM 代表生产资料。

商业资本的运动采取货币资本、商品资本和货币资本三种形式，即 G—W—G'。

借贷资本的运动形式只采取货币资本一种形式，即 G—G'。

从运动公式可看出：借贷资本具有双重支付双重回流的特点。

四、信用的作用

在商品货币关系日益发达的现代经济社会，信用发挥着愈来愈重要的作用，具体表现在以下几个方面。

(一)筹集资金的作用

信用的基本特征一是偿还，二是付息。资金的所有者只暂时让渡其使用权，信用可以不断地把小额、分散、闲置的资金积少成多，续短为长，变死为活，变货币收入为货币资金，变消费基金为积累基金，投入生产经营，促进社会再生产规模不断扩大。

思考：“收入”与“资金”的不同。

(二)配置资金的作用

信用从形式上看是将资金从暂时闲置者手中调剂到资金短缺者手中，实际上是对资金的重新配置，这个配置不改变资金所有权，只改变资金的实际占有权和使用权，并以偿还付息为条件，提高了资金的使用效率，达到充分利用资金的目的。配置资金的途径一是借助于金融市场，二是依靠银行信用。

思考：除信用可以实现资金重新配置外，还有哪些重新配置资金的手段？信用配置资

金与它们有什么不同?

(提示：财政手段、捐助手段)

(三)节省流通费用的作用

(1) 信用工具的使用节约了流通中的货币。信用使一部分交易通过赊购赊销或债权债务的方式相互抵消而结清；闲置的货币资本通过银行再贷放出去进入流通，使货币流通速度加快，节约了流通货币的使用量。

(2) 信用货币代替了实体货币的流通，大大降低了社会交易成本。

(3) 信用加快了资本形态的变化，使社会再生产过程加快，减少了占用在商品储存上的资本，节省了保管费、运输费等费用，使节省的费用投入生产领域，促进了经济发展。

(四)宏观调控的作用

信用的发展为国家用经济手段调控经济创造了条件。

(1) 在信用的基础上形成了由中央银行、商业银行和其他金融机构组成的金融体系，它是调节宏观经济的有机体。

(2) 信用的发展创造出多种信用工具，成为中央银行调控经济的主要手段。

(3) 国家通过银行信用规模的收缩和扩张，有效控制社会的货币流通量，使货币供给量与需求量一致，实现对总量的调控，同时运用利率杠杆，调整信贷方向，实现对经济结构的调节。

辩证地看，信用也有消极的作用，如盲目贷款、任意扩大信用规模导致国民经济发展过热和通货膨胀等，因此政府必须加强金融宏观调控，避免其消极的作用。

第二节　信 用 形 式

一、商业信用

1. 商业信用的定义

商业信用是指企业之间相互提供的与商品交易直接联系的信用，有赊销赊购商品、预付贷款、分期付款、延期付款、经销、代销等形式，主要表现是商品赊销赊购或预付货款。

2. 商业信用的特点

(1) 商业信用的债权人和债务人都是企业(即主体是企业或厂商)。商业信用主要是以商品形式提供的信用，因此债权人和债务人都是从事生产或流通活动的生产经营者。对债权人来说，商业信用使它尽快地实现了商品的销售，完成了商品“惊险的跳跃”；对于债务人来说，通过商业信用解决了资金不足的问题，买到了原材料或商品，保证了再生产的顺

利进行。

(2) 商业信用所贷放出去的是商品资本(它处于产业资本循环过程中的最后一个阶段)，而不是暂时闲置的货币资本。当企业把商品赊销出去时，商品买卖行为结束了，但由于没有收回货款，买卖行为实质上转变为借贷行为，形成货币形式的债权债务关系(借者归还货款并支付利息)。这种行为没有从再生产过程中分离出来，是产业资本运动的一部分。

(3) 商业信用与产业资本的动态一致。由于商业信用和处于再生产过程的商品资本的运动结合在一起，所以，商业信用的规模在产业周期各阶段与产业资本的周转动态是一致的。经济繁荣，生产和商品流通扩大，商业信用规模也随之扩大，反之则缩小。

3. 商业信用的局限性

商业信用的特点决定了它的存在和发展具有一定的局限性。

(1) 商业信用的规模和数量受企业资本量的限制。因为商业信用在企业之间进行，只能在它们之间对现有资本进行再分配，而不能在此之外再获得追加资本。而从个别大厂商来看其以延期付款方式出售的商品，也并非它的全部资本，只能是它暂时不用于再生产过程中的那部分资本，主要是再生产过程最后阶段的商品资本和可以出售的半成品。

(2) 商业信用有比较严格的方向性限制。商业信用是以商品买卖为前提的，比如纺织工业中，织布厂、印染厂、纱厂之间可以相互提供商业信用；又如生产钢材的企业只能与机器制造企业之间发生信用关系，一般不能与纺织企业建立商业信用关系。

思考：如果把商业信用定义为赊销、赊购和预付货款形式，是不是只能按棉花商——纺纱厂——织布厂——印染厂——服装加工厂提供商业信用，不能反向提供呢？(是可以的)

(3) 商业信用的信用能力有局限性。商业信用发生在两个相互了解的企业之间，尤其是卖方一定要了解买方的支付能力和信用能力，在两个没有交易、互不往来、缺乏了解的企业之间不会发生商业信用。

(4) 商业信用的管理和调节有局限性。商业信用是在众多的企业之间发生的，经常形成一条债务链，如果某一个企业到期不能偿还债务，就会引起连锁反应，触发信用危机。而国家调节机制对商业信用的控制能力又十分微弱，商业信用甚至对中央银行调节措施的反应完全相反，如中央银行紧缩银根，使银行信用的获得较为困难时，恰恰为商业信用活动提供了条件。只有当中央银行放松了银根，使银行信用的获得较为容易时，商业信用才可能相对减少。

由于上述局限性，决定了商业信用不能完全满足社会经济发展的需要，随着商品货币经济的进一步发展，另一种信用形式——银行信用产生了。

二、银行信用

1. 银行信用的定义

银行信用是银行和各类金融机构以货币形式进行的借贷活动，主要表现形式是吸收存款和发放贷款，以及开出汇票、支票、开立信用账户、发行货币等。

2. 银行信用的特点

银行信用是在商业信用的基础上发展起来的，它突破了商业信用的局限性，比商业信用更适应社会化大生产的需要，对资本主义商品经济的发展起着巨大的推动作用，标志着资本主义信用制度更加完善。与商业信用相比，银行信用的特点如下。

(1) 银行信用发生在银行与企业、政府、家庭和其他机构之间。(与商业信用相比信用的主体不同)

这一特点突破了商业信用关系和信用方向的局限性。银行可将货币资金提供给任何一个需要资金的部门和单位，又由于银行信息的广泛性，使任何企业和个人都可以与银行建立借贷关系。由于银行信用是以货币形态提供的信用，可以不受商品流转方向的限制，因此能向任何企业、任何机构和个人提供信用。

(2) 银行信用是以货币形式提供的信用(与商业银行相比信用的客体不同)。银行贷放出去的已不是在产业资本循环过程中的商品资本，而是从产业资本循环过程中分离出来的暂时闲置的货币资本和社会各阶层的货币收入和储蓄。银行信用所动用的资本，不仅限于产业资本循环中的资本，也不仅限于企业手中的资本，而是超出了这个范围。

这一特点可以克服商业信用规模和数量上的局限性。银行信用可以广泛地动用社会上一切闲置的货币。

(3) 在产业周期的各个阶段上，银行信用动态与产业资本动态不完全一致。银行信用所利用的资本是生产过程中暂时闲置的资本，与商业资本相对立，和产业资本的动态不一致。例如当经济衰退时，会有大批产业资本不能用于生产而存入银行作为借贷资本；在经济繁荣时，生产发展，商品流通扩大，对商业信用的需求增加，对银行信用的需求也增加，但是这时银行信用由于需求增加，利息会提高，资金供应可能紧张。而在危机时期，由于商品生产过剩，对商业信用的需求会减少，但对银行信用的需求却有可能增加，此时，企业为支付债务，避免破产，有可能加大对银行信用的需求。

三、国家信用

1. 国家信用的定义

国家信用是以国家(政府)为主体借助于债券向国内外筹集资金的借贷活动。通常国家信

用的债务人是国家(政府)，债权人是购买债券的企业和居民等，但有时国家也以债权人的身份有偿让渡筹集的部分社会财力用于生产建设和公共事业。

国家信用与商业信用、银行信用的不同在于它与国民经济生产和流通过程没有必然的联系，因而利用国家信用动员出来的资金被国家所掌握和利用，发挥着特殊的作用。国家信用主要与国家财政和国家的货币政策有直接关系。因为现代经济的特点之一就是国家债务在不断地增长，几乎各国都存在这一特点，即赤字预算。赤字预算的目的大部分国家是为了发展经济和维持国家机器的正常运转，而弥补赤字的主要手段就是发行公债，所以发行公债是国家信用的主要方式。

国家公债主要依靠金融机构来发行，推销的对象主要是银行、股份公司和个人，也可以通过银行向各类投资基金进行销售。

2. 国家信用的特殊用途

(1) 调剂政府收支不平衡的手段。在一个财政年度内，常常发生收支不平衡的现象，如从整个财政年度看，财政收支是平衡的，但有可能出现上半个财政年度支大于收、下半个财政年度收大于支的情况，对于财政年度内收支暂时不平衡的问题，国家往往借助于发行国库券来解决。

(2) 弥补财政赤字的重要手段。第二次世界大战以来，西方各国普遍利用财政赤字扩大需求，刺激生产发展，进入 20 世纪 80 年代以来，我国也一再出现财政赤字，因而各国均需要依靠发行公债来弥补财政赤字。所不同的是，目前西方国家的财政支出主要用于军事和行政费用支出，而我国发行公债的目的主要是弥补建设性资金的缺口。

(3) 调节经济的重要手段。随着国家信用的发展，各国中央银行依靠买进和卖出国家债券来调节货币供应，影响金融市场货币供求关系，从而达到调节经济的目的，这便是通常所讲的中央银行公开市场业务的主要内容。

我国于 1950 年 1 月开始发行人民胜利折实公债，用于恢复经济；1954 年至 1958 年发行经济建设公债，用于筹集第一个五年计划建设项目的资金。此后奉行“既无内债，又无外债”的指导思想，在相当长的时间内不发行公债。改革开放后，1998 年又开始发行国库券，此后年年发行，规模不断扩大。

知识扩充：利用国家信用必须注意的问题。

(1) 防止造成收入再分配的不公平。在国家信用中，能够大量购买国债的纳税人便可获得较多的国债利息收入，他们可以得到收入再分配，而未能购买国债的纳税人便得不到这部分再分配收入。有些资本主义国家发行的国债面额很大，剥夺了中小投资者获得收入再分配的机会，从而造成收入再分配的不公平。

(2) 防止出现赤字货币化。所谓赤字货币化，是指政府发行国债弥补财政赤字，如果向中央银行推销国债，而中央银行又无足够的资金承购，此时，中央银行就有可能通过发

行货币来承购，从而导致货币发行过度，处理不好便会引发通货膨胀。

(3) 防止国债收入使用不当，造成财政更加困难，陷入循环发债的怪圈。

四、消费信用

1. 消费信用的定义

消费信用是由工商企业、商业银行以及其他金融机构以商品货币或劳务的形式向消费者个人提供的一种信用形式。

在前资本主义社会，商人向消费者个人用赊销方式出售商品时，已产生了消费信用，但直到20世纪40年代，消费信用规模依然不大。从20世纪40年代后半期开始，消费信用逐渐发展起来。20世纪60年代是消费信用高速发展的年代。因为一是凯恩斯需求管理思想得到认同，各国大力鼓励消费信用，以消费拉动生产；二是战后经济增长快而稳定，人们收入有较大幅度提高，对消费信用的需求旺盛，厂商和金融机构也因人们收入水平提高，减少了对消费风险的顾虑，敢于以积极态度提供消费信用，从而使消费信用有了长足的发展。

2. 消费信用的形式

消费信用按性质来说有两种类型：一种类似于商业信用，由工商企业以赊销或分期付款方式向消费者提供商品或劳务；另一种属于银行信用，由银行等金融机构以信用贷款或抵押贷款的方式向消费者提供贷款。所以说消费信用是一种混合信用形式。

从形式上看，消费信用与商业信用和银行信用无本质区别，只是它们的债务人不同。不管生产企业和流通企业以赊销方式提供商品或劳务，还是金融机构以放款方式提供贷款，它们都是以房屋住宅、汽车、家用电器等耐用消费品为对象，债务人都是购买耐用消费品的消费者。

消费信用的具体形式如下。

(1) 延期付款。延期付款是指零售商对消费者提供的信用，即以延期付款方式销售商品。

发达国家一般采用信用卡方式提供。信用卡是由银行或其他机构发给具有一定信用的顾客的一种赋予信用的证书，消费者可凭卡在承接该卡的各个商业服务部门赊购商品和其他劳务，再由银行定期同顾客和商店进行结算。这种业务对银行而言，可以同时收取顾客的利息和商店的佣金；对商业部门而言，可以扩大营业额，增加利润；对顾客而言，可以获得较多的方便和安全。

(2) 分期付款。分期付款一般属于中期信用。即购买者先交付首次付款额约定的货款，其余金额按合同规定加息支付，在货款付清之前，消费品的所有权仍属卖方，如果消费者不能按期付款，则其所购商品将被收回，而已支付的款项也将被没收。比如，美国一般规

定，购买一辆汽车，第一次付款额为车款的10%～20%，其余部分可按固定比例在12个月甚至48个月内分期付清。

(3) 消费贷款。消费贷款是指银行及其他金融机构采取信用放款方式或抵押放款方式，对消费者提供的信用，即信用贷款和抵押贷款。信用贷款无须任何抵押品，而抵押贷款通常需要消费者以所购的商品或其他商品作为担保品。

3. 消费信用的作用

第二次世界大战以来，消费信用在西方发达国家发展十分迅速，特别是分期付款方式的增长更为突出。据估算，美国20世纪80年代中期分期付款总额已达到4770亿美元，而1945年只有25亿美元，战后40年大约增加190倍。消费信用迅速增长对资本主义经济的影响是巨大的。

(1) 消费信用的发展扩大了需求，刺激了经济发展。消费者提前享受了当前尚无力购买的消费品(如住房、小汽车、家具等)。这种消费信用惊人地扩大了需求。比如，在20世纪90年代初，西方小轿车年消费量在600万～800万辆，倘若不采取分期付款的方式，销售量至少要减少1/3。而汽车工业每年消耗的钢铁，在美国占总产量的1/8，铝占总产量的1/2，橡胶占总产量的3/5。可见汽车工业的发展对整个经济增长所起的作用，而汽车工业增长又是消费信用发展的结果。

(2) 消费信用的发展又为经济增加了不稳定因素。消费信用的盲目发展，使一部分人陷入沉重的债务负担之中，在美国，平均月工资的1/4要用来偿还各种消费信贷的本息，通常是借新债还旧债。这种情况加剧了社会的不稳定因素，在经济繁荣时期，借贷关系发展，靠消费信用方式使商品销量扩大。在萧条时期，贷者和借者都会减少这种借贷数额，使商品销售更加困难，从而使经济更加恶化。

五、股份信用

股份信用是股份公司以发行股票的方式筹集资金所体现的一种信用形式。股票集资体现的是一种财产所有关系而非债权债务关系。

思考：股东与股份公司之间是信用关系吗?

(是。虽然信用关系是债权债务关系，但它们之间是一种所有权关系，把公司看作法人，通过发行股票筹资是公司法人对全体股东的一种内部负债。)

(一)股份公司的特点

(1) 股份公司的资本所有权和经营权在形式上是分离。股东即所有者一般不直接经营，而是邀请经理经营，经理虽有支配实际资本的权利，但没有所有权。

(2) 股份公司筹集资金后，投资者不必具体参与生产经营的过程，而只是获得股息和分红收入，这一点类似于存款者的存款取息。

(3) 投资者若需要现金，可以随时出售股票，所以具有很强的流动性。

(4) 股份公司的存在以信用关系的普遍发展为前提条件。随着信用关系的发展，存款取息已不能满足投资者的要求，股份公司就利用信用集中社会资金，通过发行股票的方式将各种闲置的资金聚集起来用于需投入巨额资金的领域，使通过银行的间接投资变为直接投资。

(二)股份信用的组织形式

股份信用的组织形式是股份公司。

股份公司按其股东对公司的负债是否承担连带清偿责任分为股份有限公司、股份无限公司和股份两合公司。

1. 股份有限公司

它是其股东对公司的负债只以自己的股金为限，不承担连带清偿责任的组织。

这类股份公司的数量最多、规模最大。

2. 股份无限公司

它是其股东对公司的负债承担连带无限责任的组织，即当公司的资本不足清偿其债务时，公司的债权人可以要求公司的股东清偿债务。

这类公司并不像股份有限公司那样普遍，但也存在。

3. 股份两合公司

它是兼有股份有限公司和股份无限公司双重性质的组织，即在公司的股东中，既有对公司的负债承担无限责任的，也有对公司的负债承担有限责任的。由于需要协调负有限责任与无限责任股东之间的权责利的关系，因而这类公司没有得到普遍发展。

从一级市场发行和购买股票的活动去考察，股份信用使资源重新得以配置。从二级市场股票的流通来看，买卖有价证券是虚拟资本的运动，并不反映真实资本的增加，只会导致收入的再分配，因此股份信用具有调整分配、消费关系的意义。

六、合作信用

合作信用是信用领域中的一种合作经济形式。

12—14 世纪，威尼斯和热那亚的一些商人为开展海外贸易，摆脱高利贷盘剥和货币经营业的垄断，组成“信用组合”，这是当时资产阶级反对高利贷的手段之一。合作信用的组织形式是信用合作社。合作信用的原则是：自愿结合、自我服务、民主管理、权利平等，广泛合作、按贡献分配。这是成立于 1895 年的国际合作联盟组织规定的。我国对信用合作

社提出的“组织上的群众性，管理上的民主性，经营上的灵活性”，就是对该原则的具体运用和概括。

七、租赁信用

(一)租赁信用的概念

租赁信用是指出租设备和工具收取租金的一种信用形式。在物品出租期间，物品的所有权仍归出租人所有，而承租人有使用权。租赁信用有两个最基本的关系人，即出租人和承租人。租赁信用是一种古老的信用形式，但在第二次世界大战以后，现代租赁的发展速度非常快。

(二)现代租赁飞速发展的原因

(1) 第二次世界大战后，美国军用工业面临着向民用工业的转化，这就意味着需要更新机器设备，但在当时由于设备投资过剩和工资过高，造成了成本增高、利润下降的局面，降低成本成为当务之急，如果企业继续用传统的设备更新的方式，比如购买新设备来淘汰旧设备就不合算了。

(2) 第二次世界大战后，企业很难筹集到足够的中长期资金，又不可能依靠自有资金和借款来解决更新设备所需要的大量资金。

(3) 第二次世界大战后，因为科学技术的飞速发展，机器设备等固定资产更新加快，一些资本家难以适应。

在此背景下，一些大商业银行附属的租赁公司开始购买机器设备(如大型电子计算机、飞机、轮船以及先进机器等)，给需要的资本家使用，收取租金。租金一般高于同期银行利率。租赁期间，承租人不得中途解约，否则要赔偿损失。租赁期满，承租人可以归还所租设备，也可以作价承购这些机器设备。1952 年，美国国际租赁公司成立，标志着现代租赁体制的确立和现代租赁业务的开始，现代融资租赁产生了。

(三)租赁信用的种类

租赁的种类很多，从出租人购置物件的资金来源和付款对象看，有直接租赁、转租赁和回租租赁；从出资人购置物件的出资比例看，有单一租赁和杠杆租赁，从税收角度看，有享受减税等税收优惠的真实租赁和没有税收优惠的销售式租赁。从租赁目的及投资回收特点来看，有经营性租赁和融资性租赁。

1. 经营性租赁

经营性租赁是一种短期租赁，适用于企业短期使用设备的需要，是一种不完全付清的租赁。这种租赁方式，出租人除了提供设备外，还提供特别的维修和保险等服务。这种租赁方式主要适用于专业性较强、技术较先进、需特殊保管和维修、承租人自行维修保养有困难的物品，所以租赁费一般较高。这种方式租赁的物品始终归出租人所有，并承担所有权的一切利益和风险。其特点如下。

(1) 租赁合同可以中途解约。

(2) 出租人在一个租期内只能收回部分投资，需要通过对不同承租人的多次出租才能收回全部投资。

(3) 设备大多为通用设备，适用范围广，技术更新换代的周期也短，设备由出租人根据市场情况自主判断购买。

(4) 租赁期内，出租人负责设备的维修、保养并承担设备过时的风险。

(5) 租金高于融资性租赁。

2. 融资性租赁

融资性租赁也称金融租赁。它是指当企业需要添置设备时，企业不是向银行申请借款购入设备，而是委托租赁公司根据企业的要求购入所需设备，企业再从租赁公司那里租用设备，从而达到以“融物代替融资”的目的。融资租赁主要具有以下特点。

(1) 涉及三个关系人：出租人、承租人和供货商，并涉及两个或多个合同，如租赁合同、设备买卖合同等。

(2) 由于租赁设备是出租人按承租人的要求购置的，因此承租人要对设备的性能、老化风险以及维修保养等负责，不能以上述理由拖欠或拒付租金。

(3) 出租人可在一个租期内完全收回投资并盈利，融资租赁的设备通常只适用于承租人，因此，出租人要通过对承租人在一个连续不断的租期内收回全部投资。

(4) 租赁合同不得中途解约，租赁期间，设备的所有权和使用权分离。租赁期满，承租人对设备有留购、续租和退租三种选择。通常承租人向租赁公司交付少量的租赁物件的名义货价，获得设备的所有权。

金融租赁公司经营的业务有：用于生产、科研、办公、交通运输等动产、不动产的租赁、转租赁、回租租赁业务；上述租赁业务所涉及出租物的购买业务，出租物残值和抵偿租金产品的处理业务；向金融机构借款及其他融资业务；通用设备的经营性租赁业务；国际融资性业务等。

融资租赁案例 1

机床出售回租

融资租赁作为一种融资融物相结合的特殊融资方式，在固定资产投资特别是企业技术更新改造中可以发挥其独特功能，是现今除银行贷款和证券之外的又一重要融资方式，对于促进企业的发展意义非常重大。

一、项目情况

四川 CZ 机床集团有限公司(以下简称“承租人”)是一家从事加工中心、数控机床、大型数控专用加工设备和普通铣床的开发、生产和销售的数控制造公司。承租人现数控机床在国内市场占有率为 8%，普通产品在国内占有率为 35%，已成为西南地区最大的立式加工中心、国家大型一档企业、二级企业、国家机电工业重点骨干企业、省制造业信息化示范企业，是自贡市机电行业的龙头企业，已成为我国数控装备主要制造商之一。

二、融资状况

前期承租人通过银行或担保公司进行融资，可是由于以下原因未能获得相应贷款：①融资额度较大，受宏观调控影响，银行信贷总量与旺盛的企业融资需求相比存在一定的缺口，造成企业贷款难；②无任何不动产抵押，从银行等信贷机构融资需要一定比例的抵押物，对于承租人来说无法达到银行标准，落实资金困难。

三、租赁解决之道

经金控租赁公司调查发现：承租人所拥有的数控机床设备属于典型的独立、可移动且二手设备市场成熟的通用设备，适合运用融资租赁中的出售回租方式进行融资。另加上企业本身资产规模雄厚，产品销售属行业前列，有较强的盈利能力，其集团规模实力即可抵消大部分风险。因此，金控租赁公司在不需要承租人提供任何抵押物的前提下，双方确定了融资租赁方案：由承租人提供价值 2880 万元的设备作售后回租，融资 2000 万元，租赁期内，设备所有权属于金控租赁公司，承租人使用该设备，按季向金控租赁公司支付租金；3 年后租赁期满，设备所有权以残值 1000 万元转移给承租人。

四、经验总结

截至目前，承租人还款正常，与业务人员初期对承租人的调查分析相匹配。

通过对该案例的深入分析，金控租赁公司不难发现，很多企业都不同程度地存在一些闲置资产，比如，设备、厂房等。这些资产的闲置，不仅不能产生经济效益，而且占用了大量的资金，势必会造成企业流动资金的不足。为了盘活这部分资产，可以通过融资租赁公司，采取出售回租的方式将资产盘活。

融资租赁案例 2

机电设备直租

电线电缆的应用面广，目前，中国已成为世界电力线缆生产的第三大国，并且每年以 20%的速度增长。但是，电缆设备作为一种成套设备，其制造技术具有工艺性强、专业面广、上下工序衔接紧密等特点。与国外企业相比，我国线缆设备制造技术仍然存在很大差距，主要表现在生产效率低，自动化程度不高、能耗较大、在线检测不全、可靠性差等，这些问题已经成为制约我国线缆设备行业发展的关键技术难题。

一、承租人经营状况

德阳 DJG 机电设备有限公司是专业从事电线电缆成套设备研发和制造，是吸收了原“东

方电工”的大量机器设备以及优秀的技术人才而设立的，公司拥有专有技术，并有自己的研发中心，多项技术获得专利，是由国家科技部审批通过的“高新技术企业”，也是四川省电工专用设备行业唯一一家省级“企业技术中心”。2008年，公司购地100亩，并于2010年修建了自己的标准厂房、研发中心，以及办公大楼等，各种硬件设施配套齐全，并拥有近4000万元的生产设备，2011年，公司总资产达1.5亿元，销售收入上亿元，净利润1000多万元，在德阳同行业中，年产值3000万元以上的企业有4～5家，而只有承租人公司能够提供从原材料到成品线缆制造的成套装备，而其他几家只生产部分单机。公司所生产的铝合金系列市场占有率为80%，其他系列为10%。

二、承租人的难题

由于公司所拥有的近4000万元的生产设备，大都是原“东方电工”遗留下来的设备，购买时间较长，自动化程度不高，公司新建厂房后，急需购买一批自动化程度较高的机器设备来满足公司发展需要，设备金额为1119万元，由于刚修建了厂房和办公楼，资金非常紧张，公司没有足够的资金来购买设备，公司已通过土地和厂房以及部分设备抵押从银行贷款4000万元，公司再无抵押物，再从银行贷款基本不可能，公司的发展遇到了前所未有的困难。

三、金控租赁公司为企业解决了困难，提供了良好的融资方案

通过在与××设备中介商的沟通中了解到承租人目前有购买设备的需求，但由于资金紧张，不能全款支付，再通过与承租人进行沟通并进行实地了解，公司目前是有订单，有技术，有人才，有厂房，有经验，缺设备，而这种情况恰好与金控租赁公司的设备融资租赁业务不谋而合，双方很快达成合作意向，金控租赁公司为承租人提供了以下融资方案。

通过直接租赁的方案为其提供1119万元的设备租赁，其中客户首付20%，保证金10%，租赁期限为3年，每月支付租金，担保方式为关联公司担保以及实际控制人提供无限连带责任担保。

四、融资租赁的优势

1. 承租人只需自筹30%，获得设备使用权和收益权，最终得到发展

由于该承租人刚建好厂房，没有足够的资金来全款购买设备，通过融资租赁这种方式，承租人只需花1/3的钱(自筹30%)获得百分之百的设备使用权和收益权，通过每月还租的方式(每月还款28.6万元)，3年共付1009万元，三年后获得设备所有权，使公司得到正常发展。

2. 设备通用性强，无须设置抵押物

此次拟租赁设备均为机加工设备(主要为车床、铣床、刨床、镗床等)，数控化程度高，通用性强，二手市场活跃，易处理，无须设置抵押物。通过融资租赁方式，承租人无须再提供抵押物，将可获得融资，与银行相比，大大降低了融资门槛。

3. 租赁公司通过拥有物权控制风险

由于此批设备为新购，租赁公司拥有设备所有权，并将设备租赁款直接付给设备厂商，

并按照采购合同进度付款，一方面保证了资金的用途只用于购买设备，另一方面保证了设备的按时到位，从而保证了承租人的正常经营，也保证了租金的正常还款。

综上，金控租赁公司对通用类设备以及直接租赁项目的操作模式，切实解决了中小企业融资难的问题，使企业用少部分资金解决了大问题，并通过物权控制风险，最终使企业和金控租赁公司得到双赢。

(资料来源：http://mt.sohu.com/20150627/n415752830.shtml，搜狐公众平台财经)

八、国际信用

1. 国际信用的定义

国际信用也称国际信贷，是指国家(或地区)间发生的借贷行为，它是国际经济关系的重要组成部分，并对国际经济贸易关系有重要的影响。

2. 国际信用的类型

1)　国际商业信用

国际商业信用是指出口商用商品形式以延期付款的方式向进口方提供的信用，包括来料加工和补偿贸易。

(1)　来料加工。来料加工是指由出口国企业提供原材料、设备零部件或部分设备，在进口国企业加工，成品归出口国所有。进口国企业从原料和设备中扣留一部分作为加工费。

(2)　补偿贸易。补偿贸易是指由出口国企业向进口国企业提供机器设备、技术力量、专利、各种人员培训等，联合发展生产和科研项目，待项目完成或竣工投产后，进口国企业可将该项目以产品或以双方商定的其他办法偿还出口国企业的投资。

2)　国际银行信用

国际银行信用是进出口双方银行为进出口商提供的信用，分为出口信贷和进口信贷。

(1)　出口信贷。出口信贷是指由出口方银行提供贷款解决一方资金周转需要。由于在进出口贸易中，交易规模都比较大，买方经常会没有足够的资金偿还出口商的货款，此时，如果出口商以赊销方式提供商品，而不能及时收到货款，就会使出口商的资金周转发生困难，为了鼓励本国出口商增加出口，出口方银行便向进口商(或进口方银行)或出口商提供贷款。出口信贷又分为卖方信贷和买方信贷。卖方信贷是出口方银行向出口商提供的信贷。买方信贷是出口方银行直接向进口商(或进口方银行)提供贷款。这种贷款是有指定用途的，必须用于购买本国出口商的货物。如果是直接向进口商提供贷款，通常需要由进口国一流银行提供担保。

(2)　进口信贷。进口信贷分两种。一种是由进口方银行提供贷款，解决买方资金需要，以支持本国进口商购买所需要的商品或技术等。另一种是指本国进口商向国外银行申请贷款，如果进口商是中小企业，往往还要通过进口方银行出面才能取得这种贷款。

不管是出口信贷还是进口信贷，其提供的金额一般只占该项进出口贸易总额的 85%，这是因为国际贸易中一般要求进口商预付 15%定金。

3) 政府间信用

政府间信用是指国与国之间相互提供的信用。一般由政府和财政部出面进行借贷，这种借贷利率较低，期限较长，条件较优惠，具有友好往来性质，通常用于非生产性支出。个别附带有政治条件。

4) 国际金融机构信用

国际金融机构信用是指世界性或地区性国际金融机构为其成员国所提供的信用。

全球性国际金融组织包括国际货币基金组织，国际复兴开发银行(世界银行)及其下属的国际开发协会、国际金融公司。区域性金融机构主要有亚洲开发银行、阿拉伯货币组织、泛美开发银行、非洲开发银行等。

国际货币基金组织贷款是国际货币基金组织向其成员国政府提供的中长期和短期性质的贷款，其目的在于帮助成员国平衡国际收支、稳定汇率和促进国际贸易的正常发展。

世界银行贷款是指世界银行对其成员国政府提供的长期开发性贷款。目前，它只对发展中国家提供贷款；其贷款领域很广，包括工业、农业、交通运输、电力、电信、供水排水、教育、旅游、人口计划、城市发展等方面；贷款要专款专用，只限于世界银行批准的专门项目；贷款规模大，通常在数十亿美元以上；利率低，一般都低于市场利率；期限长，短的几年，长的 30 年，平均为 7 年，还有 4 年左右的宽限期。

国际开发协会贷款是指国际开发协会对其贫穷的成员国政府提供的长期性贷款。一般期限可长达 50 年，利率低，只收 0.75%的手续费。国际金融公司贷款是指国际金融公司对其成员国中的私人企业发放的贷款。一般贷款期限可长达 50 年；采用相当于市场利率的固定利率。

国际金融公司贷款是指国际金融公司对其成员国中的私人企业发放的贷款。贷款期限一般为 7～12 年，宽限期为 3 年；采用相当于市场利率的固定利率。

区域性国际金融机构贷款是指区域性国际金融机构为使本地区国家的经济和社会得到发展，对其成员国经济和社会发展项目提供的贷款。我国是亚洲开发银行的成员国，也是非洲开发银行的成员国。

外国政府贷款是指一国政府利用国库资金向另一国政府提供的优惠性贷款。这种贷款一般是由某一发达国家向某一发展中国家提供，其利率较低，期限较长，具有双边援助性质。但一般贷款金额不大，有一定的附加条件，如规定采购限制，即借款国必须将贷款的全部或一部分用于向贷款国购买设备和物资，有时还带政治附加条件。

第三节 信 用 工 具

一、信用工具的概念

信用工具是以书面形式发行和流通、借以保证债权人或投资人权利的凭证。

信用工具也称金融工具，是证明债权债务关系的合法凭证，是资本或资金的载体，借助这个运载工具实现资金或资本由供给者手中转移到需求者手中，它是重要的金融资产，也是金融市场上重要的交易对象。

二、信用工具的特征

1. 偿还性(返还性)

除股票外，其他信用工具的债权人或投资人都可按信用凭证所记载的应偿还债务的时间，到期收回债权金额。而投入到股票上的资金则可通过随时出卖股票而收回。商业票据和债券等信用工具一般均注明发行日至到期日的期限，即偿还期。

具体到信用工具的持有人——债权人来说，实际的偿还期应从持有人得到信用工具之日开始计算至到期日止。比如，某种 1980 年发行的公债，公债券上注明是 2000 年到期，从发行之日起算偿还期为 20 年；但是如果某人 1990 年购买这种公债，那么对这个人来说，这张公债券的偿还期只有 10 年。

注意：只有两种信用工具没有明确的偿还期，一是活期存款单，二是股票。

2. 流动性

流动性是指信用工具迅速变卖为现金而不致蒙受损失的能力。理论上讲，对信用工具的所有者来说，随时可以将信用工具在金融市场上进行转让，获得现款，收回投放在信用工具上的资金，但实际操作中要受具体国家或地区的金融市场发达程度的影响而定。显然能随时出卖而换回现金的信用工具流动性强，更受持有者欢迎，如资本主义国家的国库券和银行活期存单等，而在短期内不易脱手的信用工具则流动性较差。信用工具在变卖时要受市场波动影响，要承担较大的风险。一般来说，流动性与偿还期成反比，与债务人的信用成正比。即偿还期越长，流动性越差，而债务人的信用越好，流动性便越强。

3. 风险性

风险性是指信用工具的本息遭受损失的可能性，也就是说本金和预期收益的安全保证程度。

任何一种信用工具的本金和预期收益都存在着遭受损失的可能性，风险大体上分为两类，一类是信用风险，即债务人不履行契约，不按事先约定归还本息，不履行应尽义务。这类风险的大小，既与债务人的信用有关，也与信用工具的类别有关。如债券、股票风险不相同，普通股与优先股也存在风险差别；另一类风险是市场风险，即市场因种种原因出现波动而导致信用工具下跌的风险。如，市场利率上升，股票价格会下跌，股票持有者的利益会受到损伤。一般而言，信用工具的风险性与偿还期成反比，与流动性成正比，与债务人的信用及实力成正比。

4. 收益性

信用工具能定期或不定期地给债权人或投资者带来收益。信用工具的收益有两种。一种是固定收益，如债券、存单，在券面上就载明了利率；另一种是即期收益，如股票，其收益大小没有事先确定，只能取决于发行股票的公司的盈利水平以及股票市场上的价格水平。例如，一张 100 元的股票在股息为 10%，银行利息率为 5%的情况下，可卖为 200 元。这时可以为所有者带来一笔收益，收益的大小通过收益率来反映。

信用工具的偿还性、流动性、风险性、收益性之间呈现一定的相逆关系，某一信用工具在一定情况下很难同时具备上述几个特征。如股票的风险大，债券的风险小，但股票的收益率却较债券要高。因而作为投资者，必须根据自己的投资目的、财务状况、心理承受能力以及对市场的分析预测能力，选择不同的金融工具，形成最佳的资产组合。

三、信用工具的分类

(一)按发行者的地位划分

按发行者的地位划分，可分为直接信用工具和间接信用工具。

1. 直接信用工具

直接信用工具是指非金融机构如工商企业、个人和政府发行和签署的商业票据、股票、公司债券、抵押契约等。

这些信用工具，是用来在金融市场进行借贷或交易的。

2. 间接信用工具

间接信用工具是指金融机构所发行的银行券、大额可转让存单、人寿保险单、各种借据和银行票据等。

这些信用工具，是由融资单位通过银行和信用机构融资而产生的。

(二)按金融市场交易的偿还期划分

按金融市场交易的偿还期划分，可分为长期信用工具和短期信用工具。

1. 长期信用工具

长期信用工具也称为资本市场信用工具，如公债券、股票等。

2. 短期信用工具

短期信用工具是货币市场上的信用工具，如国库券、商业票据、可转让存单、同业拆借等。

长期与短期划分没有一个绝对的标准，目前一般把 1 年以下期限的信用工具称为短期信用工具，1 年以上期限的信用工具称为长期信用工具。西方一般把 1 年以下的货币市场交易的对象称为 “准货币”，这是由于其偿还期短、流动性强、随时可变现而近似于货币之故。

(三)按是否拥有所投资产的所有权划分

按是否拥有所投资产的所有权划分，可将信用工具分为债务凭证和所有权凭证。

1. 债务凭证

债务凭证表明发行者对持有者的负债，到期必须对持有者还本付息。

2. 所有权凭证

所有权凭证是指持有者获得了一定资产的所有权而非债权，所以无权索要本金，但有权通过出售证券收回本金。所有权凭证只有股票一种。

如果按发行的地理范围划分，信用工具又有地方性、全国性和世界性之分。

四、主要的信用工具

(一)支票

1. 支票的概念

支票是活期存款的存款人通知银行从其账户上以一定金额付给票面指定人或持票人的无条件支付命令书。

2. 支票的分类

支票按是否记载受款人(收款人)的姓名分为记名支票和无记名支票。记名支票，银行只能对支票上所指定的人付款。记名支票必须经持票人背书银行方能付款。无记名支票，银行可对支票的任何持票人付款。

支票按支付方式可分为现金支票、转账支票和保付支票。现金支票，可以用来支取现款。转账支票，只能用于转账，不能提取现款，常在票面用两条红色平行线来表示，故又称划线支票、平行线支票或横线支票。保付支票，票面上注明“保付”字样，由银行保证付款，不会发生退票。

注意：支票被存款人从银行提取现款时，只是一种普通的信用凭证，而当支票被用来向第三者支付款项时，它就不再是简单的信用凭证，而成为代替货币发挥流通手段和支付手段职能的信用货币。由于支票通常不是用于提取现款，而是用以转移活期存款账户上的款项，因此支票的流通大大地节约了现金。

经济发展初期，银行券流通比较广泛，随着银行事业的发展，支票流通很快发展起来，而且占有很大比重。在信用制度发达的国家，绝大部分交易和债权债务关系，都利用支票转移存款予以结清。

(二)汇票

1. 汇票的概念

汇票是债权人发给债务人，命令他人支付一定金额给持票人或第三者的无条件支付命令书。汇票按签发单位的不同分为商业汇票和银行汇票。由于汇票是由债权人发出的，必须在债务人承认兑付后才能生效，所以经过承兑的汇票，叫承兑汇票。

2. 汇票的特点

(1) 汇票必须注明三个当事人，即发票人、收款人和付款人。发票人自己可以为收款人，也可以指定第三者为收款人。

(2) 汇票经过承兑才生效，这主要指商业汇票的承兑期限由交易双方商定。

(3) 汇票可以转让，即承兑的商业汇票持票人可将未到期的定期汇票向银行办理贴现，或以票据抵押的形式进行融资，也可以在汇票上背书后转让，以便相互抵清债务或采购商品。

(4) 汇票的偿付性。即期汇票见票后立即偿付；远期汇票则要等汇票到期经提示后才能偿付，经提示后如果偿付要求遭到拒绝，则取得拒付证书后，即可向承兑人、发票人、背书人等行使追索权。

(5) 汇票的要式，是指汇票的形式和内容都有一定的法律规定。如在汇票上要注明“汇票”字样，货币金额，发票年、月、日，“三个当事人”及住址，发票人盖章，汇票的付款日期，无条件支付等。

3. 汇票的种类

按出票人不同，汇票分为商业汇票和银行汇票。

1) 商业汇票

商业汇票属商业票据，由债权人向债务人签发或债务人委托银行签发，经债务人或其

委托银行签字承兑，在约定日期由后者支付一定金额给收款人或持票人的一种商业票据。

根据承兑人的不同，商业汇票分为“商业承兑汇票”和“银行承兑汇票”。

商业承兑汇票是由企业做出承兑的汇票，银行承兑汇票是由银行做出承兑的汇票，两种承兑汇票均可在同城和异地使用。银行承兑汇票以银行信用作保证，大大提高了商业票据的信用能力。

2) 银行汇票

银行汇票属银行票据，是由银行签发的一种汇款凭证，即由汇款人将款项交当地银行，银行收妥款项后，由银行签发给汇款人，持往异地由指定银行办理转账结算或向指定银行提取款项的票据。银行汇票所使用的凭证是汇票委托书和银行汇票结算凭证，其主要规定是：银行签发的汇票一律记名，经背书可以转让，不准涂改和伪造，汇票日期和金额必须大写；银行汇票付款期为一个月，如银行汇票逾期，汇入行不予受理；银行汇票一般用于贸易和非贸易结算、资金调拨以及私人汇款业务；银行汇票可开成即期汇票，也可开成远期汇票。银行远期汇票一般在西方国家和国际贸易中使用。

(三)本票

本票是由出票人签发并在约定日期无条件支付一定金额给受票人的一种信用凭证。本票只有两个当事人，由发票人本人付款，所以本票无须承兑即可生效。

1. 本票的种类

按照出票人的不同，本票可分为商业本票和银行本票。

1) 商业本票

商业本票是企业因临时需要，在货币市场上筹措短期资金时发行的一种票据。企业发行商业本票需经银行、信托公司保证，并交付保证费，以维护票据信誉，保证费用依据企业信用状况决定，商业本票到期，应按票面金额全数偿还。

2) 银行本票

银行本票是由银行签发的，以出票银行本身为付款人，承诺见票或在票据到期日无条件向受款人支付一定金额的票据。

银行本票的信用建立在发票银行的信用基础之上，有信用保证，具有通货作用，所以受到债权人的欢迎。它还可以减少现金的收付、清点工作，极大地提高了金融机构的工作效率，也为个人和日常经济活动提供了方便。

2. 本票的五个特点

(1) 本票是单名票据，只需发票人签名盖章，保证到期即付，属于承诺支付凭证。

(2) 本票是融通票据，发票人发票的目的在于解决短期周转资金需要，与特殊交易行为无关。

(3) 本票是市场票据，在市场上公开发行流通，一般无特定的销售对象。

(4) 本票是无担保票据，其发行流通无担保，完全靠发票人的信誉，因而不是任何人都可以签发的。

(5) 本票也有法定的要式。

(四)债券

1. 债券的定义

债券是由债务人签发的，证明债权人有按约定的条件取得固定利息并收回本金的权利凭证。

债券体现了债权债务关系，债券持有人是债权人，债券发行者是债务人。在债券未到期以前，持有者若需要资金，通常可以在流通市场上出售，使之转化为现款。债券的市场价格通常称为债券行市，它取决于债券的市场供求关系和市场利率的变化。

2. 债券的分类

根据债券发行的主体不同，可以分为政府债券、公司债券和金融债券。

1) 政府债券

政府债券是国家(政府)的信用工具，是政府为筹集资金而发行的债务凭证，包括公债券、国库券和地方债券。

(1) 公债券。公债券是政府承担还款责任的债务凭证。政府发行公债的目的是弥补财政赤字。由于它直接以中央政府的信用为担保，通常被认为没有风险。公债的偿还期一般都在 1 年以上，1～10 年的为中期公债，10 年以上为长期公债。一般政府发行的公债，票面上都印有政府偿还债务期限、利息率，并在公债上附有息票，持有人可按期领取利息。

(2) 国库券。国库券也是一国政府发行的债务凭证，与公债没有本质区别，主要是偿还期限不同，发行目的不同。国库券通常为 1 年以内的短期债务凭证，发行国库券的目的在于解决财政年度内先支后收的矛盾。国库券一般不记名，票面一般只有本金金额，不写利息率，出售时按面额打折扣发行，其折扣金额，按发行时国库券的利息率计算，到期政府按票面金额足额还本。例如，国库券的票面额 1 万美元，6 个月到期，如按九七折发行，那么购买这张国库券只需付 9700 美元。到 6 个月时，可凭这张国库券领取 1 万美元。持有者可收益 300 美元，实际是按年息率 6.186%获取利息。政府发行国库券主要用于解决财政年度内先支后收的矛盾。但是，由于可以不间断地连续发行，国库券成了公债的变形。国库券是各个货币市场上的主要交易工具，因为它具有安全性高、期限短、风险小的特点。在二级市场上的交易也十分活跃，变现非常方便。

(3) 地方债券。地方债券是由地方政府发行的债券，如在美国，州政府可以发行债券。其目的是满足地方财政的需要，或集资兴办地方公共事业。地方债券主要用地方税收支付

利息，其性质和中央政府债券无本质区别，但信誉不如后者高。

2) 公司债券

公司债券是企业向外借债的一种债务凭证。发行债券的企业出售债务凭证，向债券持有人做出承诺和保证，在指定的时间，按票面规定还本付息。

公司债券是企业资金来源之一，其期限一般较长，如10年、20年。企业发行债券都有明确的目的和用途。由于公司债券的流动性和安全性均不及政府债券和金融债券，因而利息率较高。企业发行债券的手续比发行股票简单、灵活。如果采取私募发行办法，甚至不用报主管机关批准、审核。在通货膨胀的情况下，企业只按票面规定还本付息，等于把通货膨胀的损失转嫁到持券人身上。但是发行公司债券也有缺点，比如，费用较高，推销需要一定时间，不如银行贷款可以立即取得所需要的资金等。

各国对发行公司债券都有一些限制性规定。比如，对企业发行公司债券额度的限制规定，这个额度一般最多不得超过企业现有资产与现有负债相抵后的净资产额。如果企业过去发行的公司债券有违约或推迟支付利息的情况，一般不准再发行新的公司债券。

3) 金融债券

金融债券是由银行等金融机构发行的债券。银行等金融机构除通过吸收存款、发行大额可转让存单等方式形成资金来源外，经批准，还可以发行债券的方式来获得资金。

(1) 根据债券的偿还期限，可以分为短期债券、中期债券和长期债券。通行的划分是1年以下的为短期债券，1～10年的为中期债券，10年以上的为长期债券。

(2) 根据债券是否有担保，可以分为担保债券和信用债券。担保债券也称抵押债券，它是以某种抵押品(如土地、房屋建筑、设备等)为担保而发行的。当债务人不能按期支付利息和本金时，持有人可以将抵押品出售。信用债券则完全是凭发行者的信用发行的，没有任何担保。为保护投资者的利益，信用债券的发行人要拥有较高的资信。

(3) 根据债券的利率是否固定，可以分为固定利率债券和浮动利率债券。固定利率的债券在债券的整个期限内，利率是固定不变的，利息将按此利率支付。对发行者和投资者来说，虽然成本和收益的计算比较方便，但有一定的风险。当市场利率变化时，其中的一方将遭受损失。如果利率上升，受损失的是债券的持有者；而利率下降时，债券的发行者将吃亏，因为他本来可以更低的利率在市场上获得资金。浮动利率债券则可以避免这一缺点，因为其利率会定期(如3个月、半年)随市场利率的变化而进行相应的调整。

(4) 根据债券的利息支付方式，可以分为息票债券和折扣债券。息票债券是一种附有各期息票的债券，上面载有附息的时间和金额，持有人到期时，可凭息票领取利息，俗称“剪息票”。此息票也可转让。折扣债券是采取折价发行的债券，其利息体现在债券面值与出售价格的差价上。

(五)股票

1. 股票的概念

股票是股份公司发给股东以证明其投资入股的资本额并有权获得股息的书面凭证，是资本市场上借以实现长期投资的工具。

股票的持有者既是股份公司的股东也是股份公司的所有者，他们在法律上有参加企业管理的权利。股票持有人无权向企业要求撤回股金，但可以把股票转让(出卖)给他人。股票的发行可以由发行人自行发行或推销，也可以由银行及证券公司包销或代销。

2. 股票的种类

股份企业根据自己的需要，可以发行不同的股票。

1) 按股票权益不同分为普通股票和优先股票

(1) 普通股票。它是股票中最普遍和最主要的形式。普通股票的持有者获得的股息随着股份公司利润的变动而变动。其权利主要有：

① 经营参与权。这一权利主要通过股东大会来行使，并反映在股东的选举权、被选举权、发言权和表决权上。

② 盈余和剩余财产的分配权。当公司盈利时，股东有权取得相应的股息，但在分配次序上，要在支付工资、借贷款项、债券利息、法定公积金和优先股股息之后。

③ 优先认股权。当企业增发普通股票时，现有的股东可优先购买新发行的股票，以维持他们在该企业的持股比例，保持其对企业原有的控制权。也可以出售认股权，收取一定的费用后，把认股权交给其他人行使。如果认为认股无利可图，也可以不认股，使认股权过期失效。

(2) 优先股票。它是一种股东有优先于普通股分红和优先于普通股资产求偿权的股票。此种股票的股息收益一般是事先确定的。比如，一张100元的优先股票，以8%的股息率付给股息，那么，这张股票每年固定收入8元，无论公司经营好坏，利润高低，都可按这个固定的比例领取股息。这个股息必须在普通股票得到股息收入以前获取。而且，当股份公司破产清理时，这种股票的求偿权在普通股票之前。但在一般情况下，优先股票的持有人不能参与企业的经营管理，也没有像普通股票持有人那样的认股权，尤其不能分享企业获取的高额利润。同时由于股息率是固定的，在通货膨胀条件下，对优先股票持有者十分不利。

优先股票有累积性和非累积性之分。累积性股票可以把每年支付的股息累积下来，到一定时间后一起支取。非累积性股票每年支付的股息不能积存到下年，股份公司每年必须如数偿清股息。

普通股股票是标准股票，优先股股票是介于债券和股票之间的一种信用工具。

2)　按股票票面是否记名分为记名股票和不记名股票

记名股票是指将股东姓名记载于股票票面和股东名册的股票。其他人不得行使股权，不得私自转让所有权，转让时要办理“过户”手续。不记名股票，是指股票票面不记载股东姓名的股票。可以自由转让，不需要过户，只需向受让人交付股票，受让人即取得股东资格。

3)　按票面有无金额记载分为额面股票和无额面股票

额面股票是指股票票面记载每股金额。无额面股票票面则不记载所代表的每股金额，只标明每股所占公司资本的比例。

4)　按持股主体又分为 A 股和 B 股

这是目前我国发行股票特有的划分方法。A 股是以人民币标明面值，以人民币认购和进行交易，是供国内投资者买卖的股票。B 股又称人民币特种股票，是指以人民币标明面值，以外币认购和进行交易，专供其他国家和港、澳、台地区的投资者买卖的股票。

五、金融衍生工具

衍生工具即指从原生资产(股票、债券货币等)派生出来的金融工具。衍生工具以合约的形式出现，其价值取决于原生工具的变动情况。以下对几种主要的工具进行介绍

(一)金融期货

金融期货是指交易双方在固定场所(期货交易所)以公开竞价的方式成交后，约定在未来某一日期以确定的价格买卖标准数量的某种金融商品的合约，包括利率期货、股票指数期货及货币期货。

利率期货是指在将来某一特定时间，将某一特定的金融工具以预先确定的价格进行买卖的合约。这种期货由于是为了避免短期利率变动风险而买进现货卖出期货或卖出现货买进期货，所以称利率期货。

股票指数期货是一种以股票价格指数作为标的物的期货合约，其目的是避免市场上的系统性风险。由于交易的对象是衡量各种股票价格变动水平的无形的指数，所以其价格是由指数乘以一个人为规定的每点价格形成的，而不是像其他期货合约那样以期货自身的价值为基础。

货币期货是以某种货币作为标的物的期货合约，其目的是避免汇率变动的风险。即买卖双方在交易所内根据成交单位、交易时间标准化的原则，按固定价格买卖远期外汇。

(二)金融期权

金融期权是一种赋予期权的持有者(期权的买方)在某一未来日期或在这日期到来之前按议定的价格买卖某种金融工具(货币、利率、债券、黄金等)的权利(而非义务)的合约。

期权的买方要向期权的卖方支付一笔费用(期权费)作为获得这一权利的代价。当合约约定期权的买方有按议定价格购买一笔资产的权利时，此期权称看涨期权(或买入期权)；反之，当合约约定期权的买方有按议定价格卖出一笔资产的权利时，此期权称看跌期权(或卖出期权)。

期权是一种权利而不是义务，对期权的买方来说，可以在对自己有利的时机行使期权，也可以不行使，即期权买方可以根据价格变动决定是否进行交易，当价格变化对他有利时，就可以要求对方进行交易，否则就可以放弃期权，而按市场价格买进或卖出，此时他损失的只是期权费。而期权的卖方只有应期权买方的要求进行交易的义务，而没有要求期权买方进行交易的权利。

期权合约具有保值的功能，但和具有同样功能的远期合约及期货合约相比，由于期权的买方可以对行使期权加以选择，所以灵活性较大；并且在有限的风险下(即期权费)，拥有获得无限利润的机会。

(三)互换协议

互换是一种交易双方商定在一定时间以后交换支付的合约。主要有货币互换和利率互换两种。

货币互换一般指交易双方针对具体数量的两种货币进行交换(如一定数量的美元换等值的期限相同的英镑)，并按合同的约定条件在到期时购回原来的货币。如果期限较长，将涉及利息的支付，即交易双方要向对方支付所购入货币的利息。

利率互换是交易双方针对相同币种债权或债务的不同形式的利率进行的交换。与货币互换不同的是，利率互换只涉及利息支付，而不涉及本金。互换可以是某种货币(债权或债务)的固定利率和浮动利率的对换(两笔债权或债务的本金价值、到期日与付息日均相同)，也可以是两笔浮动利率的对换。

(四)远期利率协议

远期利率协议是交易双方在未来某一时间对某一具体期限的存款支付利率的合约。交易的其中一方想通过此合约使自己免受未来利率上升的损失，而另一方则要使自身免受未来利率下跌的损失。协议中对本金只规定一个数量，到期时根据当时的市场利率与协议利率的差别，由一方向另一方支付利率的差额，而不交换本金。如果市场利率高于协定利率，

远期利率协议的买进者将从卖出者那里收取差额，也可以理解为卖方向买方赔偿利率上升的损失；反之，如果市场利率低于协定利率，卖出者将从买进者那里收取差额，等于买方向卖方赔偿利率下降的损失。

本章小结

在现代经济社会，信用关系已成为一个无时不有、无处不在的基本要素，不仅企业单位之间普遍形成信用关系，而且家庭个人生活也离不开信用，现代经济可以称为信用经济。现代经济离不开信用，离开了信用，整个经济运行就会出现障碍。利息与利率是社会信用活动的基础。利率水平的高低、利息的多少，对整个经济活动会产生广泛的影响。因此，要对市场机制有一个全面的了解，要对信用活动有一个更加深刻的认识，就必须研究利息和利率。本章主要介绍信用的本质、信用工具的种类、各种融资方式等。

(1) 经济学中的信用是指商品和货币的所有者(即贷者)把商品或货币的使用权暂时让渡给商品或货币的使用者(即借者)，到期偿还并支付一定利息的价值运动形式。它是一种特殊的价值运动形式，是以支付利息为条件的借贷行为，从属于商品货币经济的范畴。信用关系的成立应具备四大要素，即信用主体、信用标的、信用载体和信用条件。

(2) 信用形式就是信用关系表现出来的具体形式，主要有商业信用、银行信用、国家信用、消费信用、国际信用、民间信用等主要形式。其中，商业信用是信用制度的基础，银行信用是信用制度的主体。

(3) 信用工具是指资金供求双方进行资金融通时所签发的各种具有法律效力的凭证，也称为金融工具。信用工具随着信用关系和信用形式的发展而不断发展和创新。信用工具一般具有偿还性、流动性、风险性和收益性四个特征。

(4) 信用工具种类繁多，而且随着金融创新，信用工具也在不断地发展和创新，主要可分为货币市场的信用工具、资本市场的信用工具、金融衍生工具等形式。

(5) 信用工具的市场价格是指信用工具在金融市场上买卖的价格，又称为信用工具行市。虽然信用工具绝大部分都有面值，但有相当部分信用工具在交易中均有不同于面值的行市，并且不同的信用工具其价格确定方式也不相同。

本章习题

1. 如何理解现代经济是信用经济？
2. 商业信用的特点及其局限性。
3. 银行信用的特点。

4. 信用有哪些主要形式？如何理解银行信用同商业信用之间的关系？
5. 信用工具有何特性？它们之间有何关系？
6. 股票与债券有何区别？
7. 国家信用的作用有哪些？
8. 消费信用在日常生活中有哪些应用？

第三章　利息与利息率

【教学目的与要求】

本章重点介绍利率的种类以及名义利率和实际利率的关系，引导学生自主查阅储蓄的利率弹性和投资的利率弹性资料。

【重点与难点】

- 利率的种类。
- 复利的计算。
- 名义利率和实际利率的关系。

【引导案例】

当心陷阱　巧用时间沙漏下的复利魔力理财

一叶落而知天下秋。大自然用自己的语言讲述四季更替的故事，人们也从冷暖交替中体悟到时间的前行。相传在古老的黄帝时期，聪明的人类就已发明了沙漏来记录时间，使时间的流逝得以被具象化。

数千年后的今天，人们对时间的认识更加深刻，时间被赋予了更多含义，最常见的就是“时间”和“金钱”之间被画上等号，也就是通常所说的“复利”。那么，这个被爱因斯坦称为“世界第八大奇迹”的复利究竟是什么？通俗而言，复利就是连本带利的利滚利，也就是说如果每年都能保持一定水平的收益率，若干年后就能获得非常可观的财富增长。以下两个案例，能进一步帮助我们理解时间是一种财富。

案例一：A 每年投资 1000 元，坚持 10 年，假设年收益 5%，10 年后连本带息可获 13206.79 元。若不考虑复利因素，则仅有 12750 元，两者的差额 456.79 元就是复利带来的额外收益。

案例二：B 每年投资 500 元，坚持 20 年，假设年化收益率仍是 5%，20 年后连本带息可获 17359.63 元。

A 和 B 投入的本金都是 10000 元，最大差异是投资期限不同，A 投资 10 年，而 B 投资 20 年，最后结果是 B 远远胜出，收益比 A 多 4252.84 元。这就是时间的威力。

然而，复利也藏有“陷阱”。上述两个案例看上去很好，实际上基于的前提是每年都有一定的正收益，“雪球”才能越滚越大。但现实中，长期投资每年都能保证获得稳定的正收益，是不太切合实际的幻想，即便是存银行、买国债这种看似正收益的无风险投资，如果将通胀因素考虑在内，也有可能是负收益，更不用说投资基金、股票等风险资产了。所以，更普遍的情况是，很多时候我们不得不面对投资收益的归零，甚至是投资本金的损失。再来看两个案例，能进一步帮助我们理解这种复利的“陷阱”。

案例一：C投入本金10000元，投资10年，每年稳定获取10%的收益，10年后连本带利可获25937.42元。

案例二：D投入本金10000元，同样投资10年，前9年每年获取15%的收益，但最后一年因投资失误损失30%，10年后连本带利共获得24625.13元。

我们看到，尽管D在前9年里，每年都比C多获取5%的收益，但最后一年的损失却使最终收益比C落后1312.29元。由此可见，投资损失对于复利的影响是巨大的。

所以，复利具有魔力，如果忽视它，它就会如同沙漏中的沙子一般黯然逝去。但复利的魔力必须基于良好的风险把控，也许时间可以如同沙漏一般恒定地流逝，但“恒定”两个字绝对不属于投资市场，当你期待获得如同过山车上升般的收益时，也要做好准备承受有可能骤降所带来的损失，一旦发生，复利的威力也将荡然无存。

(资料来源：今日早报，http://nb.people.com.cn/GB/200877/14138327.html)

【思考讨论】

问题：在这个故事中，你所能了解到的单利和复利有什么区别？

(提示：利率是经济中最受关注的一个经济变量，与日常生活息息相关，并会对经济的健康发展产生重大影响。它不仅影响着消费、储蓄等家庭个人经济行为，还影响工商企业发行债券、向银行借款、投资等经济决策。经过几个世纪的探索和研究，西方经济学界已形成了一套阐明利息产生及其本质、论证利率的确定、分析利率决定因素对利率水平影响的理论。各学派的观点见解各异，往往又基于一定的利息本质观。因此，首先应分析利息的本质。)

第一节　利息的性质

利息，从其形态上看，是货币所有者因为发出货币资金而从借款者手中获得的报酬；从另一方面看，它是借贷者使用货币资金必须支付的代价。利息实质上是利润的一部分，是利润的特殊转化形式。

关于利息的性质，自古以来颇多争论。人们曾经为利息应不应该存在开展了历时几千年的争议。贷款取息曾一度被视为“丑恶”“罪行”“耻辱”，甚至于通过立法禁止放款取息。为什么古人有如此偏颇的态度呢？这是因为他们所针对的借贷行为不是由于投资，而是由于消费建立起来的。即债务人把他们借入的钱花掉的就花掉了，什么也不能取得，所以他们所归还的只能是他们所花掉的。如果要他们支付利息，就等于要求他们归还所没有得到的东西。在古代的学者看来，金钱本身并不能产生果实，也不会生育任何事物，所以，取得超过借给别人使用的金额是不能容许的，而且是不公正的。由于利息的多少取决于时间的长短，因此，古代的学者认为利息是对时间的支付，而时间是众人共有的财产，

是上帝公平地赐给众人的。当高利贷者对时间索取报酬时，他既欺骗了邻人，也欺骗了上帝。但是，不管有多少人反对贷款取息，但是从不曾有一个时间或一个地方没有利息存在。

随着资本主义经济的产生和发展，消费借款越来越不如有收益的投资借款那样重要，因为投资有收益，所以对这样的借款要求付息就成为顺理成章的事了。而对于贷款人来说，借款人把钱用于投资或用于消费，不存在任何区别。因此，贷款人通常总是要求借款人支付利息。那么，利息究竟是什么呢？利息为什么应该存在呢？

在这一问题上，许多经济学家都有他们自己的答案。这里简要介绍几个有影响的经济学家的观点。

一、配第的“使用权报酬”说

威廉·配第是英国古典政治经济学的创始人。他认为，利息是因暂时放弃货币的使用权而获得的报酬。贷者把货币贷出去后，无论自己怎样需要货币，在到期前是无法收回的，这就给贷者带来了事实上的损失。为了弥补这种损失，贷者理所当然要获得报酬，这就如同出租土地可以收取租金——地租一样，出租货币也同样应该收取租金——利息。

二、西尼尔的“节欲”说

西尼尔是英国资产阶级经济学家。他认为工资是工人劳动的报酬，利润是资本家节欲的报酬。工人放弃自己的安逸和休息而去劳动，这就作了牺牲，工资就是这种牺牲的报酬。资本家拥有货币资财，他本来可以用于个人消费，因此得到享乐和满足，但他放弃了，即他作了牺牲，利润就是对这种牺牲的报酬。而利息作为总利润的一部分，所以利息是借贷资本家节欲的结果。

三、克拉克的“边际生产力”说

克拉克是19世纪末20世纪初美国著名的经济学家。他认为一般劳动和资本共同生产，都受一个关于生产力递减的经济规律所支配，即当劳动量不变而资本相继增加时，每增加一个资本单位所带来的产量依次递减，最后增加一个单位资本所增加的产量就是资本边际生产力。利息就取决于边际生产力的大小。

克拉克认为，在这一系列资本单位中，任何一个所有者所得的利息，不能超过最后一个单位的产量。假若第一个单位所有者所要求的利息超过了最后一个单位的产量，企业家就不使用这个单位的资本，而用最后一个单位来代替它。最后一个单位的资本所增加的产量决定了利息的标准。每一个单位的资本能给它的所有者带来和最后一个单位的资本的产量相同的收益，但是不能给它的所有者带来比这更多的收益。因此，利息就取决于资本边际生产力的大小。

四、庞巴维克的“时差利息”说

庞巴维克是奥地利经济学家。他从人的主观评价和时间因素来解释利息。他把社会上的财货分为满足当前需要的“现在财货”(即消费)和满足未来需要的“未来财货”(即生产资料和劳动)。他认为，人们对现在财货的评价通常要大于未来财货，因为现在财货能优先满足人们的需要。这种由于现在和未来不同两个时间的主观评价不同而带来的价值上的差异，就是“价值时差”。当物品所有者延缓对物品的现在消费而转借给他人消费时，就要求对方支付相当于价值时差的“贴水”，这种“贴水”就是利息。

庞巴维克认为，利息不过是时间的价格，它是在等价交换中未来物品所有者付给现在物品所有者的价值时差的贴水，它根源于人们对同种等量现在物品和未来物品评价的差异。而利息量的大小，以未来物品距离现在的时间长短为转移，时间长，价值时差就大，利息就高；反之则反是。以货币形态表示，这种贴水就是利息，也就是说，利息产生于人们对现在物品的评价大于对同类同量的将来物品的评价，也即产生于人们因“时差”而发生的主观评价上的差异。

五、费雪的“人性不耐”说

人性具有偏好现在就可提供收入的资本财富，而不耐心等待将来提供收入的资本财富的心理。不耐程度取决于收入及性格特征，如：①是否关注未来或目光短浅；②是否意志薄弱或高度自制；③有否随便花钱的习惯；④强调生命的短促或预期长寿；⑤是否关怀家人在他死后的幸福或自私；⑥是否盲目追求时尚。

不耐程度低的人具有较低的时间偏好，不耐程度较高的人具有较高的时间偏好。在存在借贷市场的情况下，不耐程度高的人倾向于借债，而不耐程度低的人倾向于放款，这些活动如果进行得充分的话，将降低高度的时间偏好并提高低度的时间偏好，一直到大家在共同的利率下都达到了某一中间地带为止。因此，他认为利息是不耐的指标。

一个人预期自己未来收入特别多，他就可能以较多的未来收入来换取较少的现在收入，两者的差额就是利息。现在物品与未来物品的交换是通过货币市场的借贷和证券市场的买卖来实现的。在这一交换过程中，公众的时间偏好便影响着利息的多少和利率的高低。如果人们对现在物品的偏好比较强，那么他们对利息的要求就比较高，利率也就比较高；反之，如果人们对现在物品的偏好比较弱，愿意以较少的现在收入来换取较多的未来收入的意愿比较强，那么他们对利息的要求就比较低，利率自然也就比较低。

六、凯恩斯的“灵活偏好”说

凯恩斯是当代西方经济学界最有影响的经济学家。他认为所谓利息，乃是在一特定时

期内，放弃周转灵活性的报酬。人们有以货币形式保持财富的心理倾向，即持有货币这种流动性最强的财富形式的偏好。流动性偏好的强弱程度，取决于保持货币而得到的效用与放弃货币而得到的收益的比较。因此，利息就成了一定时期内放弃流动性的报酬。灵活偏好愈强，对货币的需求就愈大，从而只有在更高的利率水平上，人们才愿意放弃这种持有货币的灵活性。

七、马克思的“剥削论”

马克思在批判和继承古典经济学派的利息理论基础上建立并形成了完整的利息理论体系。马克思认为利息不是产生于货币的自身增值，而是产生于它作为资本的使用，从而揭开了利息的面纱。

1. 利息来源于利润

借贷资本家把货币作为资本贷放出去后，由职能资本家使用，或作为资本从事生产，或作为商业资本从事流通，其结果都能生产出利润(平均利润)。生产或流通过程结束后，职能资本家归还所借资本，并把利润的一部分支付给借贷资本家，作为使用借贷资本的报酬。

2. 利息只是利润的一部分而不是全部

因为对于借入者来说，借贷资本的使用价值，就在于它会替他生产利润，而利润不能全部归入借入者，否则，他对于这种使用价值的让渡就什么也不要支付了。

3. 利润不过是剩余价值的转化形态，所以利息只是对剩余价值的分割

马克思认为，利息不是直接以剩余价值为前提，而是直接以利润为前提，利息本身只是被归入特殊范畴、特殊项目内的一部分利润。这里所说的“特殊范畴”“特殊项目”的利润是指平均利润。利息直接以利润为前提，而平均利润是在相当长的时间和相当大的空间范围内形成的。所有这些都使得借贷资本的利息增加了一层色彩，只有透过这层色彩，才能容易辨认出利息是剩余价值的转化形式。

4. 剩余价值是资本家全体(借贷资本家与职能资本家)对雇佣工人的剥削

这一结论的自然传递机制是：利息直接来源于利润，利润又只是剩余价值的转化形态，而剩余价值本身又体现了一种剥削关系，因而，利息也就不可避免地体现出剥削关系。

第二节 利率的种类

利率表示一定时期内利息量与本金的比率，通常用百分比表示，按年计算则称为年利率。其计算公式是：利息率= 利息量/(本金×时间)×100%。

一、年率、月率、日率

年利率、月利率、日利率是按计算利息的期限单位划分的。年利率是以年为单位计算利息；月利率是以月为单位计算利息；日利率是以日为单位计算利息，通常叫作“拆息”。在中国，习惯上，年息、月息和拆息都用“厘”作单位，如年息 5 厘、月息 4 厘、拆息 2 厘等。虽然都叫“厘”，但表示的意义不同。年息的厘是指 1%，月息的厘则指 0.1%，拆息的厘则指 0.01%。民间也有用“分”作单位的，分是厘的 10 倍。例如，月息 3 分，就是指 3%。

二、单利与复利

单利是指在计算利息额时，不论期限长短，仅按本金计算利息，所生利息不再加入本金重复计算利息。其计算公式为

$$I=P\times i\times n \tag{3-1}$$

$$F_1=P+i\cdot P=P(1+i)$$

$$F_2=F_1+i\cdot P=P(1+i)+i\cdot P=P(1+2\cdot i)$$

$$F_n=P(1+n\cdot i)$$

式中：I——利息；

P——本金(现值)；

F——本利和(期值)；

i——利息率；

n——期限。

例如，某人存款 10000 元，存款年利率为 10%，存期 3 年，存款应得利息为

$$I=10000\times 10\%\times 3=3000(元)$$

单利的现金流量如下：

第一年年末：$F_1=P+10000\times 10\%=11000$(元)

第二年年末：$F_2=F_1+10000\times 10\%=11000+10000\times 10\%=12000$(元)

第三年年末：$F_3=F_2+10000\times 10\%=12000+10000\times 10\%=13000$(元)

复利是指在计算利息额时，要按一定期限，将所生利息加入本金再计算利息，逐期滚算，俗称“利滚利”。其计算公式为

$$I=P(1+i)^n-P \tag{3-2}$$

$$F_1=P+i\cdot P=P(1+i)$$

$$F_2=F_1+i\cdot F_1=F_1(1+i)=P(1+i)(1+i)=P(1+i)^2$$

$$F_n=P(1+i)^n$$

如上例，按复利计算，3 年到期后存款人应得利息：

$$I=P(1+i)^n-P=13310-10000=3310(元)$$

复利的现金流量如下：

第一年年末：$F_1=10000+10000\times10\%=11000(元)$

第二年年末：$F_2=F_1+F_1\times i=11000+11000\times10\%=12100(元)$

第三年年末：$F_3=F_2+F_2\times i=12100+12100\times10\%=13310(元)$

三、名义利率和实际利率

在纸币流通条件下，由于纸币代表的价值量随纸币数量的变化而变化，故当流通中的纸币数量超过市场上的货币需要量时，单位纸币实际代表的价值量必然下降，于是就产生了纸币的名义价值与实际价值之分，而利息的计算是以货币额来表示的，因而也出现了名义利率与实际利率之别。

名义利率即以名义货币表示的利率，如存贷款利率、各种债券所载明的利率，甚至于官方公布的利率。作为贷款人，更关心的不是名义价值的高低，而是剔除物价变动因素后的实际利率，或是消除货币本身价值变动影响后，实际货币的真实购买力，这才是借款人因使用资金而支付的真实成本。

实际利率有两种计算方法：

设 i=实际利率，r=名义利率，p=同期物价变动率(或通货膨胀率)

(1) 较常见和通用的，但较为粗略的方法是：

$$i=r-p \tag{3-3}$$

所以，在不存在通货膨胀的条件下，名义利率等于实际利率。

例如，我国 2003 年一年期存款利率为 2.25%，通胀率为−3%，则实际利率为 5.25%。即 2.25%−(−3%)。若外国利率为 4.50%，则资金流入，对人民币造成贬值压力。

(2) 当物价变动较为剧烈时，简便的计算方法会高估实际利率，则应采用较为精确的计算方法。计算公式如下：

$$i=\frac{1+r}{1+p}-1=\frac{r-p}{1+p} \tag{3-4}$$

例如，某人一年前向银行借款 10000 元，借期 1 年，利率 10%，即一年后连本带利归还 11000 元。如果这一年内物价上涨 5%，则第一种计算方法：实际利率 $i=r-p$=10%−5%=5%；第二种计算方法：

$$i=\frac{r-p}{1+p}=\frac{10\%-5\%}{1+5\%}=4.7619\%$$

为什么会出现差别呢？原因在于第一种方法只考虑了本金的贬值，而忽视了利息的贬值。这一年内物价上涨率为 5%，所以还款时 10500 元只相当于一年前的 10000 元，这样借款人实际支付的利息不是 1000 元，而是 500 元，另 500 元被物价上涨给“吃掉”了，而现年所支付的利息也相当于去年的 476.19 元，故实际利率为 4.7619%。

四、市场利率与官定利率

市场利率是借贷双方通过竞争而形成的利息率，它是借贷资金供求状况变化的指示器，灵敏而频繁地变动着，如同业拆借利率、国库券利率、短期商业债券利率等货币市场工具的利率。

官定利率是指一国政府通过央行确定的各种利息率，如再贴现率、再贷款利率。在现代经济中，利息率不再完全随资金供求状况自由波动。国家可以通过央行确定的利率来调节资金供求，进而调节市场利率水平。因此，官定利率在整个利率体系中处于主导地位，它代表政府货币政策的意向。

官定利率与市场利率有着密切的关系。市场利率随官定利率的变化而变化，但市场利率又受借贷资金供求状况等一系列复杂因素的影响，并不一定与官定利率的变化相一致。市场利率是制定官定利率的重要依据，因为市场利率非常灵敏地反映借贷资金的供求状况。国家可以根据货币政策的需要和市场变化的趋势调整官定利率，从而调节经济。

五、存款利率与贷款利率

存款利率是指客户在银行或其他金融机构存款所取得的利息与存款额的比率，其高低直接决定了存款的利息收益和金融机构的融资成本。存款利率随存款种类和期限而变动。

贷款利率是银行或其他金融机构发放贷款所收取的利息与贷款本金的比率。其水平高低直接决定借款企业的成本和金融机构的收益。贷款利率越高，银行和其他金融机构的利息收入越多，企业成本越高，留利越少。

存、贷款利率关系密切。利差直接决定了金融部门的经营状况，存款利率的高低直接影响银行集中社会资金的规模，进而对贷款资金的供求状况和贷款利率产生影响；贷款利率高低直接影响贷款规模。

六、固定利率与浮动利率

固定利率是指利息率不随借贷资金的供求状况而波动，在整个借款期间固定不变。其优点是计算简便，在借期较短或市场利率变化不大的条件下可采用。但在借期较长或市场利率变化较快时，借贷双方可能要承担利率变化的风险。

浮动利率，即利息率随市场利率的变动而定期调整。调整的期限及作为调整基础的市场利率种类，在借款时议定。例如，欧洲货币市场的浮动利率，调整期限为三个月或半年，调整时以银行间三个月或半年的拆放利率为基础。

浮动利率在计算上较为复杂，但利息与供求状况紧密结合，可减少借贷双方的利率风

险，故中、长期借贷多采用此种利率计息。

专栏 3-1　买房必看：固定利率房贷和浮动利率房贷，何去何从？

固定利率房贷，指在一定期间内，贷款利率保持不变的人民币个人住房贷款。

浮动利率房贷，指房贷利率采取浮动制，中长期贷款利率根据央行的基准利率变化及时调整的人民币个人住房贷款。

自央行降息以来，选择浮动利率房贷的朋友着实享受到了利率下调的优惠，但在买房前我们普通人可能并不是很清楚如何去选择，更多的是听取了银行的建议。实际上，目前我们国家个人房贷主要以浮动利率为主，大多数借款人与银行签订的房贷合同都是浮动利率的，也就是说，央行每一次升息，借款人的月供就要有相应的增加；反之，则会有相应的减少。而欧美国家主要推行以固定利率为主的住房抵押贷款制度，根据美国抵押贷款银行家协会的统计数据，在美国的购房者中，有近八成的人选择利用固定利率抵押贷款来锁定未来利率变动可能带来的风险。我国建设银行、光大银行、招商银行等多家银行也已面向市场推出该产品，这些产品在期限档次上主要分为 3 年期、5 年期和 10 年期。

相比浮动利率，固定利率房贷可以帮助购房者防范利率风险，规避今后利率变动时引发的利息支出的不确定性，因此通常情况下固定利率房贷的利率水平要高于浮动利率房贷。但选择固定利率房贷不一定能省钱，除非在未来一段时期内市场普遍对利率看涨。小编建议，是否选择固定利率房贷，可以通过以下几个方面来衡量：一是要判断未来的利率水平是否处于升息通道；二是仔细考虑自身的收入情况；三是申请第二套以上住房贷款的，可以考虑用固定利率贷款来锁定中长期住房贷款利率，避免利率和通货膨胀风险。

(资料来源：　360 http://www.rong360.com/gl/2015/01/28/64240.html)

七、差别利率与优惠利率

差别利率是指针对不同的贷款种类和借款对象，实行不同的利率。如按期限、行业、项目、地区等设置不同利率。差别利率可调节国民经济结构，如对国家支持发展的行业、地区和贷款项目实行低利率贷款，而对长线和经济效益不好、经营管理水平差的企业实行高利率贷款。

优惠利率是大银行向自己最可靠的、信誉最好的大顾客提供贷款时所收的利率。在我国是对国家支持的贷款种类和借款对象实行较低的利率，如对出口商实行优惠利率贷款，以促进本国产品的出口。

八、基准利率

基准利率是指在整个利率体系中起主导作用或核心作用，并能制约和影响其他利率的基本利率，可以起到“牵一发而动全身”的作用。基准利率具备两个特征：一是基准利率

必须是货币市场上的某种市场利率；二是中央银行必须对其有很强的控制力。

美国以同业拆借市场利率即联邦基金利率作为基准利率。美联储主要通过公开市场业务等政策工具调节基准利率，影响宏观经济(详细内容见第九章的货币政策)。大多数国家以再贴现率为基准利率。目前我国中央银行的基准利率包括再贷款利率、再贴现利率和存款准备金利率，如表 3-1 和表 3-2 所示。

表 3-1　金融机构人民币存款基准利率(2015 年 10 月 24 日更新)

单位：年利率%

调整时间	活期存款	定期存款					
		三个月	半年	一年	二年	三年	五年
1990.04.15	2.88	6.30	7.74	10.08	10.98	11.88	13.68
1990.08.21	2.16	4.32	6.48	8.64	9.36	10.08	11.52
1991.04.21	1.80	3.24	5.40	7.56	7.92	8.28	9.00
1993.05.15	2.16	4.86	7.20	9.18	9.90	10.80	12.06
1993.07.11	3.15	6.66	9.00	10.98	11.70	12.24	13.86
1996.05.01	2.97	4.86	7.20	9.18	9.90	10.80	12.06
1996.08.23	1.98	3.33	5.40	7.47	7.92	8.28	9.00
1997.10.23	1.71	2.88	4.14	5.67	5.94	6.21	6.66
1998.03.25	1.71	2.88	4.14	5.22	5.58	6.21	6.66
1998.07.01	1.44	2.79	3.96	4.77	4.86	4.95	5.22
1998.12.07	1.44	2.79	3.33	3.78	3.96	4.14	4.50
1999.06.10	0.99	1.98	2.16	2.25	2.43	2.70	2.88
2002.02.21	0.72	1.71	1.89	1.98	2.25	2.52	2.79
2004.10.29	0.72	1.71	2.07	2.25	2.70	3.24	3.60
2006.08.19	0.72	1.80	2.25	2.52	3.06	3.69	4.14
2007.03.18	0.72	1.98	2.43	2.79	3.33	3.96	4.41
2007.05.19	0.72	2.07	2.61	3.06	3.69	4.41	4.95
2007.07.21	0.81	2.34	2.88	3.33	3.96	4.68	5.22
2007.08.22	0.81	2.61	3.15	3.60	4.23	4.95	5.49
2007.09.15	0.81	2.88	3.42	3.87	4.50	5.22	5.76
2007.12.21	0.72	3.33	3.78	4.14	4.68	5.40	5.85
2008.10.09	0.72	3.15	3.51	3.87	4.41	5.13	5.58
2008.10.30	0.72	2.88	3.24	3.60	4.14	4.77	5.13
2008.11.27	0.36	1.98	2.25	2.52	3.06	3.60	3.87

续表

调整时间	活期存款	定期存款					
		三个月	半年	一年	二年	三年	五年
2008.12.23	0.36	1.71	1.98	2.25	2.79	3.33	3.60
2010.10.20	0.36	1.91	2.20	2.50	3.25	3.85	4.20
2010.12.26	0.36	2.25	2.50	2.75	3.55	4.15	4.55
2011.02.09	0.40	2.60	2.80	3.00	3.90	4.50	5.00
2011.04.06	0.50	2.85	3.05	3.25	4.15	4.75	5.25
2011.07.07	0.50	3.10	3.30	3.50	4.40	5.00	5.50
2012.06.08	0.40	2.85	3.05	3.25	4.10	4.65	5.10
2012.07.06	0.35	2.60	2.80	3.00	3.75	4.25	4.75
2014.11.22*	0.35	2.35	2.55	2.75	3.35	4.00	——
2015.03.01	0.35	2.10	2.30	2.50	3.10	3.75	——
2015.05.11	0.35	1.85	2.05	2.25	2.85	3.50	——
2015.06.28	0.35	1.60	1.80	2.00	2.60	3.25	——
2015.08.26	0.35	1.35	1.55	1.75	2.35	3.00	——
2015.10.24	0.35	1.10	1.30	1.50	2.10	2.75	——

注：*自 2014 年 11 月 22 日起，人民银行不再公布金融机构人民币五年期定期存款基准利率。

表 3-2　金融机构人民币贷款基准利率(2015 年 10 月 24 日更新)

单位：年利率%

调整时间	六个月以内(含六个月)	六个月至一年(含一年)	一至三年(含三年)	三至五年(含五年)	五年以上
1991.04.21	8.10	8.64	9.00	9.54	9.72
1993.05.15	8.82	9.36	10.80	12.06	12.24
1993.07.11	9.00	10.98	12.24	13.86	14.04
1995.01.01	9.00	10.98	12.96	14.58	14.76
1995.07.01	10.08	12.06	13.50	15.12	15.30
1996.05.01	9.72	10.98	13.14	14.94	15.12
1996.08.23	9.18	10.08	10.98	11.70	12.42
1997.10.23	7.65	8.64	9.36	9.90	10.53
1998.03.25	7.02	7.92	9.00	9.72	10.35
1998.07.01	6.57	6.93	7.11	7.65	8.01

续表

调整时间	六个月以内(含六个月)	六个月至一年(含一年)	一至三年(含三年)	三至五年(含五年)	五年以上
1998.12.07	6.12	6.39	6.66	7.20	7.56
1999.06.10	5.58	5.85	5.94	6.03	6.21
2002.02.21	5.04	5.31	5.49	5.58	5.76
2004.10.29	5.22	5.58	5.76	5.85	6.12
2006.04.28	5.40	5.85	6.03	6.12	6.39
2006.08.19	5.58	6.12	6.30	6.48	6.84
2007.03.18	5.67	6.39	6.57	6.75	7.11
2007.05.19	5.85	6.57	6.75	6.93	7.20
2007.07.21	6.03	6.84	7.02	7.20	7.38
2007.08.22	6.21	7.02	7.20	7.38	7.56
2007.09.15	6.48	7.29	7.47	7.65	7.83
2007.12.21	6.57	7.47	7.56	7.74	7.83
2008.09.16	6.21	7.20	7.29	7.56	7.74
2008.10.09	6.12	6.93	7.02	7.29	7.47
2008.10.30	6.03	6.66	6.75	7.02	7.20
2008.11.27	5.04	5.58	5.67	5.94	6.12
2008.12.23	4.86	5.31	5.40	5.76	5.94
2010.10.20	5.10	5.56	5.60	5.96	6.14
2010.12.26	5.35	5.81	5.85	6.22	6.40
2011.02.09	5.60	6.06	6.10	6.45	6.60
2011.04.06	5.85	6.31	6.40	6.65	6.80
2011.07.07	6.10	6.56	6.65	6.90	7.05
2012.06.08	5.85	6.31	6.40	6.65	6.80
2012.07.06	5.60	6.00	6.15	6.40	6.55
2014.11.22*	5.60		6.00		6.15
2015.03.01	5.35		5.75		5.90
2015.05.11	5.10		5.50		5.65
2015.06.28	4.85		5.25		5.40
2015.08.26	4.60		5.00		5.15
2015.10.24	4.35		4.75		4.90

注：* 自 2014 年 11 月 22 日起，金融机构人民币贷款基准利率期限档次简并为一年以内(含一年)、一至五年(含五年)和五年以上三个档次。

专栏 3-2 关于我国基准利率的争论

在我国经济转轨现阶段的市场利率体系中，究竟应当选择何种利率作为基准利率，国内理论界看法并不一致。多数学者倾向于选择国债利率作为基准利率，但也有些学者分别建议选择再贷款利率、再贴现利率或银行同业拆借利率等作为基准利率。那么，在我国转轨现阶段，究竟何种利率适于作为央行货币政策操作的基准利率？这是一个涉及货币政策有效性的非常现实性的问题。下面试对各种利率作为基准利率的合理性和可行性逐一做出分析。

一、再贷款利率

有些学者认为我国的再贷款利率才是基准利率。他们认为，再贷款是我国中央银行向金融机构直接提供资金的最重要途径，其利率的升降直接影响金融机构的融资成本，进而影响各种存贷款利率，因此，应视再贷款利率为基准利率。

其实，从理论上分析，视再贷款利率为基准利率缺乏根据。首先，再贷款利率就其形成的特征性质而言，不适合作为基准利率。如前所述，基准利率的一个重要特征是，它是一种市场利率，本质上由市场力量形成，而我国的再贷款利率是一种法定利率，金融机构之间的交易不能对其产生直接影响，再贷款利率不具备基准利率的基本特征。其次，在开放经济下，再贷款利率并非一定是能在整个利率体系中起主导作用或核心作用的利率，央行通过外汇占款的渠道向社会投放的货币资金占央行向社会投放的全部货币资金的一定比例，特别是对外开放度大的国家，或者开放的各国在国民经济运行的一定格局下，央行通过外汇占款的渠道向社会投放的货币资金可能占相当大的比例，甚至可能还是主渠道。显然，此时再贷款利率并不是能在整个利率体系中起主导作用或核心作用的利率。就此而言，再贷款利率也不应被视为基准利率。

二、再贴现利率

也有不少学者认为我国的基准利率是再贴现利率。但实际上再贴现利率同样也不适合作为基准利率。首先，不难理解，再贷款利率不宜作为基准利率的理由，部分地适用于再贴现利率。其次，更重要的是，以再贴现利率作为基准利率，必须要有较完善的票据市场；二是金融机构以再贴现方式作为最后的途径向中央银行获取资金，在这个过程中，中央银行主要是起“最后贷款人”的作用，并且其信号功能远大于对商业银行的融资功能。遗憾的是，我国目前尚不具备这两个条件。虽然我国自 1995 年《票据法》颁布以来，票据市场有了可喜的发展，但姑且不谈完善程度如何，仅从规模上看，还是发展不够充分。进一步看，现实中我国金融机构也并未将再贴现视为最后的融资手段。其实，我国票据市场目前的发展状况，也内在地决定了各金融机构无法将再贴现视为最后的融资手段。

从理论上分析，就市场经济一般而言，以再贴现利率作为基准利率还有一个很大的缺陷，就是央行在货币政策调控过程中可能始终处于被动地位，力不从心，“能把马儿牵到河边，却不能强迫马儿饮水”。央行有时煞费苦心地将再贴现利率降低到一个合意的水平，商业银行等各金融机构却可能并不理会央行这一调整，缺乏扩大再贴现规模的意愿，这便使央行货币政策的传导在相当程度上趋于失效。

三、国债利率

相当多的学者认为应选择国债利率作为基准利率。他们普遍认为，在现代金融市场中，由于国债的发行主体是国家，其信用度高，发行量大，流通性好，变现能力强，且产品期限结构较为合理，因此适宜作为基准利率。学者们还论证道：各国金融市场的参与者一般都以此利率作为基准利率，如在美国，三个月和六个月期的短期国库券利率就被视为发债人举债时定价的基准利率。在资本资产定价模型中，也将国债收益率作为无风险利率，其他品种的金融资产的定价是在这种无风险资产利率的基础上加计若干个基点(即风险补偿收益)生成的。

我们认为，上述论证是混淆了中央银行进行宏观金融调控所选择的基准利率和金融市场上的微观主体给金融资产定价时所选择的基准利率的区别。中央银行宏观调控意义上的基准利率要求能受到央行强有力的控制，要求除央行控制外尽量不受其他非市场因素的直接影响，而国债利率则不具备这一特征。例如，美国三个月的短期国库券利率的确是金融市场上的基准利率，但该利率受美国国债余额大小、国债流通状况、联邦财政收支状况、外国政府和机构的购买及持有额的变化等许多美联储无法控制的非市场因素的影响，美联储可以在一定程度上调节和影响三个月短期国库券利率，但不具备对该利率足够的控制力。因此，国债利率本质上并不适合作为中央银行宏观调控意义上的基准利率，只不过是金融市场上的微观主体给金融资产定价时所选择的基准利率。

就我国当前而言，政府发行的国债主要是中长期国债，缺乏流动性，不便用于央行的公开市场操作，而且国债利率尚未形成合理的收益率曲线和期限结构，因此，在我国，国债利率就不适合作为中央银行宏观调控的基准利率了。当然，毋庸置疑，在我国，国债利率应该作为金融市场上各微观主体给其他债券(固定收益证券)品种发行定价的基准利率，同时也应作为央行密切关注的重要经济、金融指标之一。

四、银行同业拆借利率

许多学者认为，应当选择银行同业拆借利率作为央行宏观调控的基准利率。银行同业拆借利率包括两种，一种是银行同业头寸拆借利率，期限较短，在国外大多是指无抵押的银行同业隔夜拆借利率，它是银行同业间买卖超额准备金(储备资产之一)所形成的利率，在美国通常称为联邦基金利率；另一种是银行同业短期拆借利率，期限相对较长，例如在我国是指拆借时间在4个月以上一年以内的利率。通常人们关注的、被视为央行货币政策调控基准利率的银行同业拆借利率是指前一种拆借利率。

银行同业拆借利率具备了基准利率应具备的所有特征：它反映和影响着金融市场上银根的松紧变化，制约或主导着整个利率体系中的所有其他利率；它是货币市场上的一种市场利率；特别难得的是，由于央行是整个金融系统储备资产唯一的最终提供者，央行无论是通过国外净资产或国内信贷哪一条渠道向金融系统提供储备资产，都将会影响金融系统

的超额准备金和银行同业拆借利率，所以在这个市场上央行具有很强的控制力。可见，银行同业拆借利率相比而言最适于选作央行货币调控的基准利率。

在发达市场经济国家的实践中，央行往往选择银行同业拆借利率作为基准利率。例如美联储实施货币政策调整时，一般都会宣布将联邦基金利率即银行同业拆借利率上调或下调多少个基点；欧洲中央银行的货币政策操作也是引导银行同业拆借利率朝着目标利率范围(上下限)变化。

那么在我国，将银行同业拆借利率作为央行宏观调控的基准利率是否合适呢？不难发现，我国自1996年6月放开银行同业拆借利率以来，至今该利率已基本上完全实现了市场化，而该利率在我国整个利率体系中的主导作用和央行对该利率较大的控制力则不容置疑，因此可以说，将我国银行同业拆借利率视为央行宏观调控的基准利率是合理的。不过我们不要忘记，由于我国全社会金融资产的90%掌握在商业银行手中，而商业银行资产的70%以上是贷款，同时商业银行的存贷款利率都没有市场化，这就使得目前阶段我国银行同业拆借利率对商业银行存贷款利率的影响大打折扣。为此，我国央行现阶段不得不以货币供应量作为货币政策中间目标，而不是以利率作为货币政策中间目标；将货币政策的操作目标主要锁定为商业银行的超额准备金，而不是锁定为银行同业拆借利率，这就使得银行同业拆借利率即便被视为基准利率，在我国目前也是有名无实。

可见，在市场经济下，就本质而言，央行选择银行同业拆借利率作为基准利率方为理性选择。当然，在我国转轨现阶段，央行将银行同业拆借利率选择为基准利率，条件尚不够成熟。在我国，银行同业拆借利率要真正发挥基准利率的作用，有待于整个利率体系的市场化，有待于央行金融间接调控体系的完善，有待于央行的中间目标和操作目标实现从数量型向价格型的转变。

(材料来源：吕江林，汪洋. 我国货币调控基准利率选择，http://d.wanfangdata.com.cn/Periodical/whjr200404001)

第三节 利率的结构

金融市场存在着各种各样的金融工具，在某一时点，其利率各不相同，利率之间的这种差异称为利率结构。影响利率结构的因素很多，如违约风险的大小(违约风险越大的金融工具利率越高)、市场性的强弱(市场性强的工具易于交易流通，不易因交易而受损失)、税收的高低(税率越高，则利率越高)等。利率的结构理论主要研究不同利率之间的关系及影响因素。

一、利率的风险结构

利率的风险结构是指期限相同的债券或贷款在违约风险、流动性和所得税规定等因素

作用下各不相同的利率间的关系。新古典综合派认为，造成利率差异的主要原因在于债权人所承担的风险大小不同，因而其获得的收益率也不同。他们用利率的风险结构理论来解释期限相同的各种债券利率之间的关系，认为期限相同的各种债券利率不同的原因主要有以下三个。

(一)违约风险

违约风险或信用风险是指债券发行人无法按时支付利息和本金的风险。由于利息是在信用活动中债务人对债权人提供借贷资金的报酬，而在合同到期时，借款人有可能违约，即不能履约全部支付规定的利息和本金，这就成为债权人所要承担的违约风险，这种风险将影响债券或贷款的利率。

一般来说，债券的违约风险与利率是同方向变动的。发行主体不同的债券，违约风险也不同。公司债券的违约风险要大于政府债券，因此，公司债券的利率会高于政府债券。这种由违约风险产生的利率差额，被称为“风险升水”，是指人们为持有某种风险债券所需要获得的额外利息。具有违约风险的债券通常有正值的风险升水；违约风险越大，风险升水也越大。

(二)流动性风险

流动性风险是指资产在必要时难以迅速转换成现金而且将使持有人遭受损失的可能。资产的流动性大小通常用其变现成本来衡量，其变现成本等于变现的交易佣金加上买卖价差。其他因素不变时，资产的流动性越大，就越受欢迎，因为流动性大的资产容易迅速出手，而且变现的费用低廉，因此，人们总是偏好资产的流动性，而尽量避免流动性风险。不同的债券，流动性风险也不同。债券的流动性风险不同，利率就会存在差别。一般来说，债券的流动性与利率是反方向变动的，流动性风险与利率是同方向变动的。国家债券的流动性风险小于企业债券，是造成国债利率低于企业债券的重要原因。这种由流动性风险产生的利率差额，被称作“流动性升水”。因此，国家债券利率和企业债券利率之间的差额不仅反映了违约风险，还反映了流动性风险。

(三)税收风险

在税法规定利息所得要交税的国家里，税率的高低直接决定了债权人纳税后的可支配收益。纳税债券的税后收益率为：税后收益率=税前收益率×(1−边际税率)。在期限和风险相同的条件下，由于不同种类的债券所得税特别是边际税率不同，导致了债券税后收益率的差异，这种差异也是通过利率的高低反映出来，税率通常与税前利率是同方向变动的。

以上分析可见，利率的风险结构主要受违约风险、流动性风险和税收因素的影响。在其他因素不变时，一般来说，债券的风险升水随着违约风险和流动性风险的增加而增加；

债券的税前利率与税率同方向变动。

二、利率的期限结构

不同期限的利率之间的关系称为利率的期限结构。收益率曲线就是用以描述不同期限的债券之间利率的关系，或者说是债券的期限与利率之间的关系。债券的期限越长，债券的利率越高，收益曲线向上倾斜，称为正收益曲线，如图 3-1(b)所示，这种情况在现实中最常见。债券的期限越长，债券的利率越低，收益曲线向下倾斜，称为负收益曲线，如图 3-1(c)所示。各种期限的同种债券其利率相同，则形成水平收益曲线，如图 3-1(a)所示。

是什么原因从根本上左右着利率期限结构的形成和变化？目前西方金融理论界对这个问题说法不一，主要有三种看法：期限结构预期说、流动性补偿说和市场分割说。

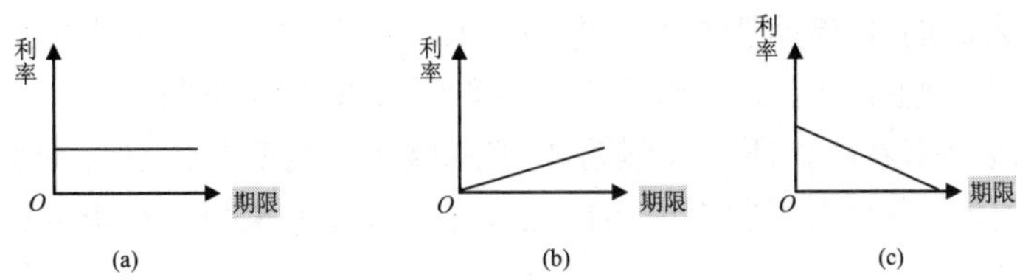

图 3-1　收益率曲线

(一)期限结构预期说

这是目前流传最广，最易为人们所接受的一种利率期限结构理论。它认为利率的期限结构是由人们对未来市场利率变化的预期决定的，且长期利率等于当期短期利率与预期的未来短期利率的几何平均数。

该理论假设：①投资服从于利润最大化原则；②投资者对证券期限无特殊偏好，各种期限可完全替代；③买卖证券没有交易成本；④绝大多数投资者都可准确预测未来利率，并根据这些预期指导投资行为。

假设某人有 1000 美元，打算进行 2 年期的债券投资，他有两种选择，一是购买一张 2 年期债券，二是购买一张 1 年期债券，待收回本息后再用 1000 美元购买另一张 1 年期债券。换言之，他可以一次持有一张 2 年期债券，也可以分两次连续持有 1 年期债券。他应选择哪种投资方式才能取得更多收益？

假设当时利率期限结构为：1 年期债券收益率为 9%，2 年期为 10%。这样如果买入 2 年期债券，到第二年年末可获得 200 美元的利息收益(为方便叙述采用单利)。

如果想两年各买一张 1 年期债券，则第一年利息收入肯定是 90 美元，但第二年利息无法知道，只能在预期的基础上进行决策。

假定投资人预期第二年市场利率将上升，一年期收益率将升至 12%，则其两年投资收益总额将达到 210 美元(90+1000×12%=210)，这比购买一张利率为 10%的 2 年期债券要多收益 10 美元。在这种预期的基础上，投资人选择连续两年购买 1 年期债券。

相反，如果他预期第二年利率不变，1 年期债券利率仍将是 9%，连续两次购买 1 年期债券的预期收益总额只能是 180 美元(90+90)，比一次购买一张 2 年期债券少收益 20 美元。根据这个预期，投资人肯定会选择购买一张 2 年期债券。如果他预期第二年 1 年期债券收益率将为 11%，则预期收益总额都是 200 美元，如何选择就没有什么差别了。

假设债券市场上所有 2 年期投资人都按预期方式从事投资活动，则认为第二年 1 年期债券收益率将高于 11%的人会分两次投资 1 年期债券，而认为第二年 1 年期债券收益率将低于 11%的人会投资于 2 年期债券，这时的市场是均衡的。

但如果市场利率看升，所有两年期投资人都预期第二年 1 年期收益率将高于 11%，那么那些人都会去购买 1 年期债券，没有人愿意购买 2 年期债券，这将迫使 2 年期债券发行人提高债券收益率吸引投资人，假定提高至 11%，这就形成了新的利率期限结构。在新的收益曲线上，认为新的 1 年期债券收益将高于 12%的人才会去分两次投资，反之，预期收益率将低于 12%的人则投资于 2 年期债券，债券市场重新达到平衡。

反过来，市场利率看降，所有人预期 1 年期债券收益率不会超过 11%，则无人购买 1 年期债券，1 年期债券发行人不得不提高自己债券的收益率来吸引投资人使债券的利率期限结构调整到新的均衡点。

所以，该理论分析方法的出发点是通过对下一年 1 年期利率的预期来确定 2 年期利率水平(认为长期债券利率是现行短期利率和未来短期利率的均值)。在上例中，现行 1 年期利率为 9%，预期第二年为 11%，则现行 2 年期债券的均衡利率为 10%[(9%+11%)÷2=10%]。2 年期的债券利率等于 1 年期债券利率和预期的一年以后的 1 年期债券利率的平均数。n 年期债券的年利率为

$$i_{nt}=\frac{i_t+i_{i+1}^e+i_{i+2}^e+\cdots+i_{i+n-1}^e}{n}$$

式中：i——到期收益率；

n——期数；

t——时间。

由此我们可以看出，如果 1 年期债券的利率上升，那么 2 年期债券的利率也会跟着上升。根据预期说来解释收益率曲线的形状，正收益率曲线是由“短期利率将上升”的预期决定的，预期未来的利率高于现行的利率；负收益曲线是投资人预期短期利率将下降而形成的，预期未来利率低于现行利率，其均值必然低于现行利率；平收益曲线和拱收益曲线也是同样道理，前者说明预期未来利率等于现行利率，后者说明对未来利率的预期先升后降。通过这一理论将不同期限债券的利率有机地联系在一起，解释了不同期限债券利率的同向波动，但它忽视了投资于债券或类似票据上的内在风险，无法解释为什么长期债券利率会高于短期债券利率。为了克服这个缺点，人们又提出了流动性理论加以解释。

(二)流动性补偿说

流动性补偿说又称作流动性升水或流动性报酬理论，简称 LP 理论。这一理论同意预期说“对未来利率的预期决定利率的期限结构”这一结论，但否认关于市场参加者对持有长期债券和连续持有短期债券没有任何主观偏好的假设。该理论认为短期债券的流动性较强，二级市场活跃，价格波动较小，因此比长期债券吸引力大。这样，长期债券的发行人要吸引投资人就必须提供一个高于现行利率和预期未来利率的均值的收益率，用超过部分来弥补长期债券流动性不足的缺点，补偿持有长期债券人所承担的相应风险。这样，远期利率除了包括预期信息因素之外，还包括了流动性风险因素，期限越长的证券，流动性升水也越高。长期利率取决于市场对未来短期利率预测的平均值加上该种债券由期限决定的流动性升水。公式为

$$i_{nt}=\frac{i_t+i_{t+1}^e+i_{t+2}^e+\cdots+i_{t+n-1}^e}{n}+l_{nt}$$

因此，根据该理论，长期利率应等于现行短期利率和预期未来利率的均值加上一个流动性补偿额。由于流动性补偿额总是一个正数，因此，即使人们预期短期利率水平不变，收益曲线也是上升的，即为正收益曲线；平收益曲线表示对短期利率的预期略有下降；负收益曲线则说明预期未来的短期利率将大大低于现行短期利率，以至于不但抵消不了流动性补偿额，而且导致收益曲线下降。

(三)市场分割说

市场分割意味着短期证券和长期证券不可互相替代，投资者不能在这两种证券之间进行转移。原因在于投资者可能对某种期限的债券具有特殊的偏好，或某些机构投资者的负债结构决定了他们在短期债券和长期债券之间的选择。例如，人身保险公司总是投资于长期证券资产，以同其较大比例的长期负债相匹配；商业银行总是投资于短期证券资产，以同其较大比例的短期负债相匹配。因此投资者通常不在长期证券和短期证券市场寻求替代。

根据市场分割理论，某一时点收益曲线的形状是由那时各市场的相对供求决定的，即短期利率和长期利率是由各自市场的供求决定的。相对于短期证券市场来说，长期证券市场的需求小于供给，长期证券利率将高于短期证券利率，在这种情况下，收益曲线是一条向上升的曲线；反之，长期证券市场的需求大于供给，长期证券利率将低于短期证券利率，在这种情况下，收益曲线是一条向下降的曲线。

分割市场理论对市场是完全分割的假设过于苛刻和理想化，且它无法解释不同期限债券利率的同向波动。

第四节 利率的决定及其理论

一、西方利率决定理论

西方利率决定理论主要有古典学派的储蓄投资理论(也称均衡利率理论)、凯恩斯学派的流动性偏好利率理论、新古典学派的借贷资金理论和新古典综合学派的IS-LM模型。

(一)古典学派的均衡利率理论

古典学派在利率决定问题上的储蓄投资理论(均衡利率理论)，也称为“真实的利率理论”。它是从资本的供给和需求两方面来分析利率的形成和决定的。古典学派承认利息是等待的代价，等待和延期消费形成储蓄，构成资本的供给，利率是“等待”或“延期消费”的补偿。利率越高，意味着这种补偿越大，人们就越愿意延迟其消费，即增加储蓄。因此，储蓄是利率的增函数。

$$S=S(i),\ \mathrm{d}S/\mathrm{d}i>0$$

与资本供给对应的是资本的需求。资本的需求取决于投资的预期报酬率和利率的比较，只有预期报酬率大于利率的投资才有利可图。当利率降低时，预期报酬率大于利率的机会增多，从而投资需求将增大。所以投资是利率的减函数。

$$I=I(i),\ \mathrm{d}I/\mathrm{d}i<0$$

式中：S——边际储蓄倾向；

I——边际投资倾向；

$\mathrm{d}S/\mathrm{d}i$——求一阶导数；后面同理。

古典经济学家认为，既然储蓄和投资都是利率的函数，那么将它们结合起来就可以决定利率。储蓄代表资本的供给，投资代表资本的需求，利率则是资本的租用价格。正如商品的供求决定均衡价格一样，资本的供求决定了均衡利率。$I>S$资本供不应求，利率上升；$I<S$资本供过于求，利率下降。I、S两因素交互作用与均衡决定了利率的水平。

利率和商品价格一样，具有自动调节功能：当$I>S$时，利率上升，从而S增加，I下降，恢复平衡；反之亦然。因此，经济不会出现长期供求失衡。

图3-2中S代表储蓄，为向上倾斜的曲线，是利率的增函数；I代表利率的投资函数，是一条向下倾斜曲线。两曲线的交点E表示储蓄与投资相等，其决定的利率称为均衡利率(i^*)。在这个利率水平下，每个资金需求者可如数获得贷款，每个资金供给者可满足所有借款需求。若投资不变而储蓄曲线S因储蓄量增加而右移至S'，均衡利率就由i^*降至i_1，变动的利率又使储蓄与投资趋于平衡。如果利率水平高于均衡点，产品市场表现为供大于求。如果利率水平低于均衡点，投资就会大于储蓄，促使利率上升，直到投资和储蓄相等。

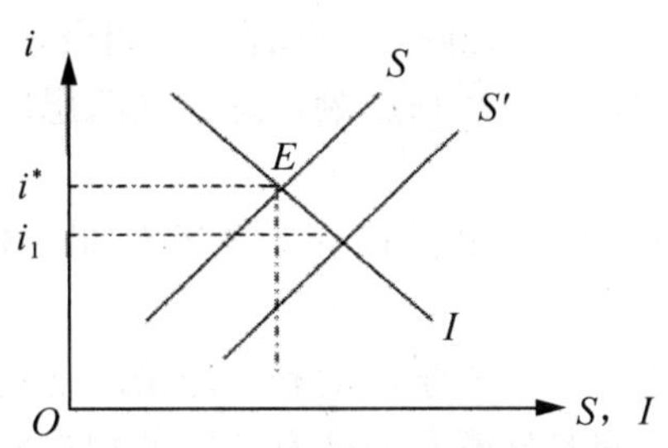

图 3-2　古典利率理论

(二)凯恩斯的流动性偏好利率理论

与古典学派相反，凯恩斯的利率理论纯粹是一种货币理论。他认为利率与实质因素、节欲和生产率无关，不取决于储蓄投资，而取决于货币量的供求关系。货币供给为外生变量，由中央银行直接控制。货币需求则是一个内生变量，由人们的流动性偏好决定。而人们的流动性偏好动机有三：交易动机、预防动机和投机动机。

如果以 L_1 表示为交易动机与预防动机而保有货币的货币需求，以 L_2 表示为投机动机而保有货币的货币需求，则 $L_1(Y)$为收入 Y 的递增函数，$L_2(i)$为利率 i 的递减函数，L 表示货币总需求量，则

$$L=L_1(Y)+L_2(i)=L(Y,i)$$

凯恩斯认为，均衡利率就取决于货币需求与货币供应的交互作用。如果人们的流动性偏好加强，货币需求量大于货币供给量，利率便上升；相反，当人们的流动性偏好减弱，货币需求量小于货币供应量时，利率便下降。当人们的流动性偏好所决定的货币需求量与货币管理当局所决定的货币供给量相等时，利率便达到均衡水平。这种利率决定过程可用图 3-3 表示。

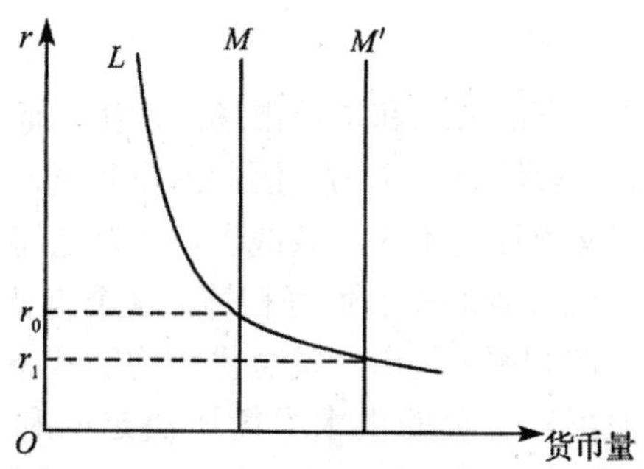

图 3-3　流动偏好利率理论

图 3-3 中的货币供应曲线 M 因由货币当局决定，故为一条直线；L 是由流动性偏好决定的货币需求曲线，两线的相交点决定利率。但 L 越向右越与横轴平行，表明当 M 线与 L

线相交于平行部分时，由于货币需求无限大，利率将不再变动，即无论增加多少货币供应，货币都会被储存起来，不对利率产生任何影响，这就是凯恩斯利率理论中著名的“流动性陷阱”说。

当利率降到一定水平时(债券价格高涨)，所有人都预期债券会跌价，故抛出债券，持有货币，这时流动偏好成为绝对。

凯恩斯的利率理论虽然纠正了古典学派的利率理论忽视货币因素的偏颇，但自己却又陷入了另一种绝对性之中，他将与储蓄和投资有关的各种实质因素完全排斥在利率的决定之外，把利率问题简单地等同于货币问题，这显然也是不恰当的。

(三)可贷资金利率理论

“可贷资金论”是由新剑桥学派的罗伯逊(D.H.Robertson)首倡的。该理论一方面继承了古典学派用储蓄和投资来决定利率的观点，另一方面又肯定了货币因素在利率决定中的作用。

可贷资金论者认为，传统理论把利率的决定因素局限于实物市场而认为利率高低与货币无关的观点是不对的，而凯恩斯完全否定实物市场因素对利率形成的作用也是片面的。罗伯逊认为利率水平取决于借贷资金的供求，而借贷资金的供求既有实物市场的因素，又有货币市场的因素，既有存量又包括流量，因此研究利率理论必须突破货币领域的框框，打开实物市场的界限，并将存量和流量综合在一起进行考察。

1. 可贷资金的供应与需求

可贷资金的供应主要由两部分组成：储蓄 S 及银行体系创造的新增货币量ΔM。可贷资金的总供给 $F_s=S+\Delta M$，它与利率呈同方向变动关系。可贷资金的需求也由两部分组成：投资 I 和新增的货币需求ΔH。借贷资金的总需求 $F_d=I+\Delta H$，它与利率呈反方向变动关系。

2. 利率的决定与变动

由于 F_s 和 F_d 的均衡取决于商品市场和货币市场的均衡，而商品市场均衡的决定因素是 I 和 S，货币市场均衡的决定因素是ΔM 与ΔH，因此两市场同时均衡是不容易的，在图 3-4 中表现为 I 与 S、ΔM 与ΔH 的交点往往不在一条线上，二者之间经常存在着差额。但在二者的差额间总可以找到一个点，使二者的差额恰好相等，这个点就是使 F_d 与 F_s 相等的借贷资金供求的均衡点 E，此点决定的利率 i^*是借贷资金供求均衡状态下的市场利率。

从图 3-4 不难看出，由可贷资金的供求平衡所决定的利率并不一定能保证 $I=S$ 或 $\Delta M=\Delta H$。在 i^*水平下，$I>S$(资本求过于供)，而$\Delta H<\Delta M$(货币供过于求)，这显然对国民收入和经济活动产生扩张性的推力，而使利率 i 无法保持稳定。只有当国民收入增加，从而 S 和 H 向右移动，使货币市场和商品市场均衡时，一个稳定的均衡利率才能建立。可见，新古典学派的可贷资金论虽然克服了古典学派的储蓄投资论忽视货币因素的缺陷，但如果不

同时兼顾收入因素在利率决定中的作用，则依然是不完善的。

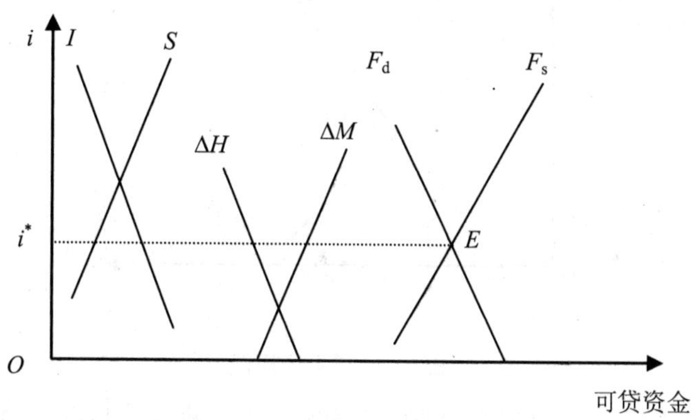

图 3-4 可贷资金利率决定

(四)IS-LM 模型(新古典综合学派利率理论)

从上述三种利率理论可看出，“古典”利息理论和凯恩斯利息理论分别从实物市场均衡和货币市场均衡来说明利率的决定，可贷资金试图把这些结合起来，但又忽视了收入对利率的影响，因而都无法真正确定利率水平。为了弥补上述缺陷，英国经济学家希克斯和美国经济学家汉森，综合了这些理论，并将实物方面影响收入和利率的因素考虑进去，从而使利率和收入在投资、储蓄、流动性偏好及供给等四个因素的相互作用下同时得到决定，这就是 IS-LM 模型，它把利息理论推向了新的高度。

IS 曲线表示商品市场均衡(储蓄与投资相等)的利率与收入水平的组合；IS 曲线向下倾斜是因为在所得增加时，储蓄也相应增加，为了使储蓄与投资相等，利率必须下降。

LM 曲线表示货币市场均衡(货币供求相等)的利率与收入水平的组合。LM 曲线向上倾斜，是因为所得增加，货币需求量也会增加。而货币供应量又是既定的，为了使货币供求均衡，利率必须上升，以减少各经济单位对剩余货币或闲散资金的需求。

IS 曲线与 LM 曲线的交点 *E*，就是同时使商品市场与货币市场达到均衡时的利率与收入的组合。此点所决定的利率 i^*称为“均衡利率”，所决定的收入 y^*为“均衡收入”。无论 IS 曲线或 LM 曲线，任何一条都不能单独决定全面均衡状态下的收入和利率水平。只有使货币市场、商品市场同时达到均衡，利率和收入才能确定。

IS-LM 模型如图 3-5 所示。

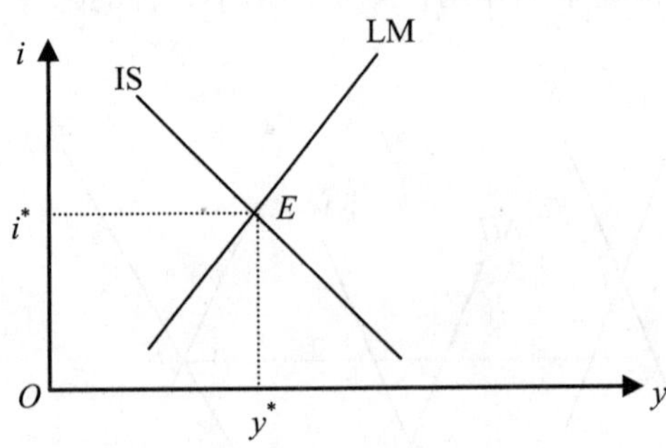

图 3-5　IS-LM 模型

因为 IS-LM 模型不仅涉及利率的决定，同时也涉及收入的决定；不仅涉及货币市场，同时也涉及商品市场，所以该理论不仅仅是关于利率决定的理论，同时也是关于整个国民经济运动的理论。因此，该理论作为对资本主义货币经济进行宏观分析的工具，正是古典经济和凯恩斯理论的结合，即新古典综合学派理论的精髓。

总体上看，反对和批评者为少数，大多数认为它是利率决定的主要理论，是一般均衡分析的理想工具，具有精致、朴素的特点。

(五)弗里德曼关于货币供给与利率变动的理论

表面上货币供给对利率的影响似乎很简单，因为，根据流动性偏好利率理论，货币供给的增加会导致货币供给曲线的右移，从而导致利率下降，但弗里德曼认为这种结果只是初期的，称为“流动性效应”，又叫“第一循环效应”。

但在国民经济没有实现充分就业之前，货币的增加可以通过多种渠道引起需求的增加，从而引起实际国民收入的增加，进而使货币交易需求增加。根据上面的分析，这将使利率上升。货币供给的增加还会引起价格水平上涨，价格水平的上升会使人们对货币的需求上升，从而使利率上升。此为“收入与价格水平效应”，即“第二循环效应”。

当物价因货币供给增加而上升时，人们往往会形成物价继续上升的预期，这种预期的通货膨胀同样会导致利率进一步上升。此为“预期通货膨胀效应”或“第三循环效应”。

事实上，货币供给对利率的影响就可以归纳成上述四种效应：流动性效应、收入效应、价格水平效应、预期通货膨胀效应相互作用的结果。虽然四种效应都会对利率发生作用，但是作用的时间有所不同。

一般来说，流动性效应的作用是比较快的。在流动性效应发挥作用之后，随着货币供给的增加所导致的产出和价格的上升开始慢慢地发挥影响。所以说，价格水平效应和收入效应的作用有一个时滞。预期通货膨胀效应的快慢取决于人们形成预期的方式及理性与否。如果人们形成的是适应性预期，那么预期通货膨胀效应的作用就会比较晚；如果人们形成

的预期是比较理性的，那么预期通货膨胀效应就会在货币增加后立即起作用。

二、马克思的利率决定论

利息量的多少取决于利润总额，利率取决于平均利润率。

马克思认为：既然利息只是平均利润的一部分，那么平均利润“本身就成为利息的最高界限”。一般来说，职能资本家向借贷资本家支付的利息不可能超过平均利润或等于平均利润，否则，职能资本家便无利可图，甚至赔本。至于利息的最低界限，不会等于零，否则借贷资本家就会因无利可图而宁愿把货币贮藏起来。所以利息总是在平均利润与零之间摆动。

利息率的高低取决于两个因素：一是利润率；二是总利润在贷款人和借款人之间进行分割的比例。如果这个比例是固定的，则利息率随利润率的上升而上升，但如果总利润量一定，利息的变动则与职能资本家留下的那一部分利润的变动成反比，即利息多，剩留利润便少；利息少，剩留部分便多。

三、影响利率水平的因素

(一)经济周期

借贷资本的供求决定某一时点的利率水平在借贷资本市场上的变化。如果资本的供给大于需求，则有利于借入者，不利于贷出者，利率的发展趋向为低；相反，则利率发展趋向为高。如生产周期的各阶段，随借贷资本供求关系的变化，利率水平高低不同：萧条阶段，生产流通萎缩，职能资本家采取观望态度，投资锐减，借贷资本供大于求，利率水平落至低谷；复苏阶段，价格开始上涨，职能资本家的利润有所提高，生产流通逐步发展，但借贷资本仍然过剩，故利率高于萧条阶段，但仍然偏低；繁荣阶段，价格上涨，利润率升高，投机盛行，投资猛增，借贷资本需求加大，利率达到平均水平；危机阶段，商品价格猛跌，利润几乎等于零，对投资的要求几乎消失，但货币紧缺，职能资本家要偿还债务，不得不高利借钱，故利率升至顶峰。

(二)价格水平

价格水平的上升意味着货币的实际购买力下降，人们要完成相应的交易量所需持有的名义货币量就会增加。根据流动性偏好利率理论，货币需求的增加会引起利率的上升，因此价格水平的上升将导致利率上升。

(三)边际消费倾向

边际消费倾向上升意味着在人们的总收入中用于储蓄的部分将会减少，从而可贷资金

供给减少，结果使均衡利率上升。

(四)投资的预期报酬率

投资预期报酬率的上升会使投资需求增加，从而使可贷资金需求曲线右移，因此会引起利率的上升。

(五)政府的预算赤字

预算赤字往往是用发行政府债券向公众借贷的方式加以弥补，这种政府的借贷造成可贷资金需求增大，从而意味着利率的上升。

(六)预期通货膨胀率

利率随预期通货膨胀率的上升而上升的现象，又称“费雪效应”。

(七)预期利率

当人们预期未来利率将上升时，会使当前的利率上升。相反，当人们预期利率将下降时，将使当前利率下降。预期利率就像是一种能自我实现的预言：如果人们预期利率将上升，利率就会上升；反之亦然。其实，这一有趣的现象在金融市场上是非常普遍的。

(八)税率

税率下降，企业投资意愿加强，投资增加，对资金需求增加，促使利率上升。

(九)汇率

外汇汇率上升，即本币贬值，本国居民对外汇需求增加，本币相对充裕，利率有下降趋势；反之则反是。

此外，中央银行的货币政策，国际金融市场利率及一国的传统习惯和法律也会影响利率水平的高低。

第五节　利率的作用

一、利率是微观经济活动的重要调节器

(一)利率调节企业的生产和规模

利率对投资的影响是通过利率与资本边际效率的比较产生作用的。当利率高于企业的

资本边际效率时，企业就会缩小投资规模；当利率低于企业资本边际效率时，企业就会增加投资，扩大生产规模。因此，利率与投资成本成正比，与投资量成反比。并由此导致了经济的收缩和扩张。

(二)利率影响微观主体的消费和储蓄行为

传统理论认为，当利率上升时，即期消费和手持现金的机会成本加大，经济主体往往会推迟消费，增加储蓄；当利率下降时，经济主体要减少储蓄而增加即期消费水平。另一方面，当利率在储蓄方式间出现差异时，我们往往会倾向于选择利率较高的储蓄方式，比如当债券利率高于存款利率时，人们购买债券的欲望可能会大于存款欲望。

(三)利率通过影响人们的收入及其分配，从而从购买力上影响物价

例如，当利率上升以后，存款人收入增加而借款人收入减少。在资本利润率不变的情况下，高利率使生产和投资无利可图，企业家就会减少投资，缩小生产规模；由于减少了对生产要素的需求，工资和租金都会下降，导致总收入减少、社会消费能力下降，物价水平就会因社会购买力下降而下跌；同时，较高的货币利率使人们减少即期消费而增加储蓄，居民的现实购买力减少也会引起物价的下跌。如果利率下降，则会出现相反的状况。

(四)利率影响政府的筹资行为

利率的高低决定了政府筹资成本的大小。如果利率上升，就意味着政府举债的成本增大，政府只能相应提高其债券的利率，否则不足以吸引居民和企业购买国家的各种债券。

二、利率是联结宏观和微观经济的纽带

中央银行无法直接干预微观经济活动，它对宏观经济的调控须借助于货币供应量，而货币供应量对经济的影响是通过利率来传导的。例如，央行增加货币量后，首先影响的是利率，利率下降后，投资变得有利可图，于是人们的投资需求上升，投资支出增加，从而收入提高。随着收入的提高，消费支出也扩大，这些微观经济活动的增加，通过乘数效应作用于宏观经济总量，扩大了总需求量(总投资量和总消费量)，总收入量也随着上升。因此，从宏观到微观经济之间，利率既是纽带又是杠杆。

三、利率是反映经济态势的重要指标

通过利率的升降，可以反映资金供求的变化；通过国家控制的利率变动反映出国家宏观经济导向；通过各行业间利率的变动反映出产业结构、企业结构、产品结构的协调程度与变化趋势；通过地区间利率的变动反映出地区之间的资金布局及流向状况；通过国家间

的利率比较反映出国际经济发展趋势与国内的现实反差。总之，当前的经济形势和对未来的预期都可通过利率及时、灵敏、全面地反映出来。利率的这一信息反映功能为央行的宏观调节提供了条件。在现代经济中，利率的信息指导作用已高于其作为资金成本的作用。

四、利率影响国际经济活动

对开放型国民经济来说，利率的变动将对该国的对外经济活动产生影响。这种影响主要表现在两个方面：一是对进出口的影响；二是对资本输入、输出的影响。当利率水平较高时，一方面会使企业的出口竞争能力下降；另一方面由于生产规模缩小，出口量减少，又容易引起对外贸易的逆差。在国内利率高于世界市场利率时，较高的收益将吸引外国投资者，诱使外国资本大量输入国内。这虽然可以暂时缓解国际收支的逆差，但在高利率的情况下，外国资本迅速增加也会带来问题。使用这些外国资本的费用必须从不断创造的生产成果中支付，并且将占去本国部分消费资源。沉重的还本付息负担还会造成新的国际收支逆差。

利率变动对经济调节作用的大小取决于经济主体对利率变动的反应程度，进一步说，是取决于储蓄与投资对利率变化的灵敏度——储蓄的利率弹性和投资的利率弹性，而这一灵敏度的高低又取决于以下几个因素。

(一)资本状况

这里的资本状况指的是社会剩余资本的状况。如果存在着大量过剩资本，利率降低就会引起投资增加。但如果资本不足，尽管利率降低了，投资也难以增加。这里的资本状况，还指的是企业自有资本在其总资本中所占比率的高低。这一比率决定了企业对外部资金的依赖程度和对利率变动反应的强烈程度。企业自有资本比率低，对外部资金依赖程度就高，对利率变动的反应也就强烈。在这种情况下，政府利率政策的效果就明显。如果企业自有资本的比率高，利率变动对企业的影响就比较小，利率政策就难以达到预期的效果。

(二)居民的投资心理、投资意识

投资心理健康，投资意识强，则利率弹性就大；反之，利率弹性就小。

(三)金融市场的发达程度

在发达的金融市场，存在多种可供选择的金融形式，而且交易形式灵活，交易成本低廉，利率的变动会立即引起金融资产组合方式的变化；相反，金融市场不发达，只有少数几种可供选择的金融资产形式，并且交易成本高，利率变动就起不到什么作用。

(四)企业机制(包括金融企业)

如果企业具有完善的利益推动机制和风险约束机制，当利率变动引起借入资金成本发生变化时，企业必然会在风险大小和利益强弱之间进行权衡与选择，从而影响企业的投资行为，在这种情况下，利率就具有较丰富的弹性；相反，如果企业没有完善的利益推动机制和风险约束机制，利率的变动对企业的投资行为就不会产生作用。

(五)利率政策

如果政府长期采取低利率政策，利率变动幅度小，利息费用在企业经营成本或利率中所占比例太小，即借入资金成本过低，使那些即使资本边际效率较低的项目也有利可图，这时，企业考虑的首要问题是能否大量借入资金，而不是借入资金的利息负担，从而利率的变动只能对企业的货币需求产生微弱影响或根本没有影响，利率对投资的弹性就小；反之，利率的弹性就大。

(六)价格水平

如果价格水平普遍上扬，造成价格水平超过利率水平，实际利率为负利率，这时即使调整利率，只要其幅度赶不上价格上涨幅度，这种利率调整也不会对货币需求发生影响，从而利率弹性就小；反之，利率弹性就大。

五、利率变动影响经济的实证

利率是现代经济生活中最为敏感的指标器，是国家干预和调节国民经济的重要杠杆。各国中央银行根据经济形势及国家预定的经济目标，通过调整再贴现率等基准利率来影响市场利率和货币供给量，进而影响社会的投资和储蓄总额。

第二次世界大战后，西方各国为实现充分就业和经济增长，长期实行低利率政策。美联储贴现率一直很低，大部分时间贴现率在4%上下，在1954年4月至1959年4月这几年间，曾一度下降到1.5%的低点。在美联储低利率政策的影响下，美国商业银行的优惠利率也一直很低：1947—1951年为1.5%～3%，1957—1965年为3.5%～5%。低利率政策的确对经济发展起到了积极作用。整个20世纪50年代和60年代，美国实质平均GNP增长率都在4%上下，失业率与通胀率也不算高，如1956—1960年，失业率为5.2%，通胀率为2%。

英国为医治战争创伤，迅速恢复与发展国民经济，政府把经济增长和充分就业视为经济政策的主要目标，并采取了与美国相同的廉价货币政策。英格兰银行贴现率在1945—1951年间一直稳定在2%～2.5%，1952—1971年也只有3%～7%，这种低利率政策对借贷投资的资本家和大量发行债券的政府有利。其结果，对20世纪50～60年代的经济增长起了一定的促进作用。1959—1970年GNP增长率平均达7%左右，通胀率为3.3%，失业率为1.7%，以至于有些学者把这一阶段视为资本主义经济发展的“黄金时代”。

西方国家的低利率政策在20世纪50～60年代的确起到积极作用，但随着时间的推移，积极作用逐渐减弱，而副作用愈来愈大，引发和加剧了通货膨胀，形成了可怕的“滞胀”局面。为了医治“滞胀”，西方国家在1972年前后，转向高利率政策。如英国1972年英格兰银行最低贷款利率高达创纪录的9%，1973年更高达13%，高利率成为反通胀的主要工具。其间，通胀率从1974年的10.9%下降到1977年的6.5%，又从1980年的13.5%下降到1988年的3.9%。

进入20世纪90年代后，美国实行中性货币政策，即让利率水平保持中性，对经济既不起刺激作用，也不起抑制作用，从而让经济以自身的潜在增长率在低通胀下持久增长，实现了失业率4%，年均经济增长率4%，通货膨胀率2%的良性运行态势。(1997年、1998年和1999年，美国国内生产总值增长率分别为4.5%、4.3%和4.2%；1999年，美国的失业率只有4.1%，为30年来的历史低点；与此同时，通货膨胀率只有2.2%，亦为10年来的历史低点。)

我国1996年中央银行成功地运用利率调控宏观经济，取得了低通胀率和国民经济的“软着陆”。1996年年初，实行“适度从紧”的货币政策已取得明显成效，物价持续回落，为了防止在控制通胀时出现经济滑坡，中央银行两次下调存贷款利率，到1996年年底，物价涨幅为6.1%，经济增长率为9.7%。在运用利率工具时，利用基准利率进行利益引导，保持再贷款利率水平与商业银行同期法定贷款利率水平一样或略高的水平，以限制商业银行对再贷款的需求和鼓励归还再贷款。同时成功地引导市场利率水平，全国银行间同业拆借市场利率逐月平稳下降，从1996年1月的12.9%下降到12月的11.5%，与中央银行下调的利率方向一致。

1996年以来，针对中国宏观经济调控已取得显著成效、市场物价明显回落的情况，中国人民银行又适时先后七次降低了存贷款利率，在保护存款人利益的基础上，对减少企业，特别是国有大中型企业的利息支出，促进国民经济的平稳发展产生了积极影响。

随着中国经济开放程度的提高，国际金融市场利率水平的变动对中国利率水平的影响将越来越大，在研究国内利率问题时，还要参考国际上的利率水平。

专栏3-3　美国基准利率从1%降至历史最低点

美国联邦储备委员会(美联储)16日再出惊人之举，将联邦基金利率即商业银行间隔夜拆借利率从1%降至历史最低点——0至0.25%之间。这意味着美国已进入“零利率”时代，美联储几乎失去运用利率进行宏观调控的“传统手段”。如何拯救陷入衰退的美国经济，美联储和美国政府面临着严峻挑战。

美联储的近乎“孤注一掷”，既彰显了美联储决策层应对危机的决心和魄力，更反映了美国经济衰退的严重性。随着金融危机持续恶化并不断向实体经济扩散，美国经济陷入深度衰退已成必然。根据权威机构的判定，美国经济已于去年12月陷入衰退。一些经济学

家预测，今年第四季度美国经济将大幅收缩4%至7%。

面对严峻的经济形势，美联储不得不使出大幅降息这一“撒手锏”。但随着美国进入“零利率”时代，美联储也面临调控手段枯竭的困境。美联储表示，该委员会将“利用一切可以利用的工具”，避免美国经济陷入深度衰退。因此，前美联储官员劳伦斯·迈耶认为，这次大幅降息很可能是美联储调控经济由“传统手段”向“非传统手段”过渡的转折点。

所谓“非传统手段”，即在未来一段时间，美联储将充分发挥“最终借款人”的角色，通过创新融资工具，大幅向市场注资。换言之，美联储将充分发挥手中“印钞机”的功能。但大幅注资将加剧美联储的资产负债，并可能导致市场上美元泛滥并造成美元贬值。美元贬值或许在一定程度上有利于美国经济，但从全球市场看，势必加剧受金融危机冲击的其他经济体的困境，并使其他国家失去投资美国的信心。在全球化的时代，其他国家经济大幅下滑，美国也绝不可能独善其身。

按照美联储的决定，“零利率”政策将维持一段时间。对于美联储的举动，美国经济学家肯·梅兰认为，美国利率已非常低，降至“零利率”心理作用更大于经济效用，将会有助于振备市场信心。受降息鼓舞，当天纽约股市暴涨。但《华尔街日报》发表文章称，即使考虑到美联储的这剂猛药，美国经济前景依然“惨淡”。

在应对金融危机和经济衰退问题上，美联储和美国财政部一直在“联合作战”。但财政部最近发布的一系列重大举措并未能有效遏制经济下滑的态势，这迫使美联储不得不全力以赴。随着奥巴马上台，其大规模刺激投资和消费的“新政”可望付诸实施，可能对美联储形成有效配合。

从目前来看，“零利率”时代标志着美国经济正处于一关键节点。如果举措得当，美国经济可望由此逐步走出困境，或者避免陷入更长时间的萧条；但如果举措失当，则不仅不能挽救美国经济，相反，将拖累世界其他经济体的发展。何去何从，既是对美国决策层的考验，也是对世界经济的挑战。

(资料来源：http://news.sina.com.cn/w/2008-12-18/082214899386s.shtml)

第六节 我国利率体制改革

一、1979年以来我国利率改革的回顾

我国在1978年以前执行的是与计划经济相适应的高度集中的利率管理体制，一切利率种类和档次由国家制定。1978年之后，逐渐开始了利率改革的步伐。

(一)调整利率总水平

我国从20世纪50年代后期至70年代末推行低利率政策，适应了高度集中的计划经济

发展的需要。1978年开始兴起的经济体制改革，冲破了旧的利率体系赖以生存的条件。1979年4月1日经国务院批准，中国人民银行调整了城乡居民储蓄存款利率，结束了三十年来连续降低银行利率的历史。此后又根据经济形势变化发展的需要，多次调整银行储蓄存款利率、流动资金贷款利率和固定资产贷款利率，改变了我国利率机制长期僵化不变的格局，在一定程度上扩大了信贷资金来源，提高了资金使用效率。

(二)调整利率结构

在传统的计划经济管理体制下，利率不是调节经济的手段，而是单纯的经济核算工具。金融资产种类单一，利率结构无关宏旨。1978年开始的经济体制改革，改变了利率结构对经济影响的无为状态，利率结构暴露出种种弊端，如存贷利率倒挂，存贷利率不是按存期设置档次，而是按所有制性质确定等，故在利率改革过程中，注重合理调整利率结构，理顺利率体系内部关系，如丰富存款利率种类和档次，改变固定资产贷款利率低于流动资金贷款利率的不合理关系，清理、减少优惠利率项目，逐步遵循按期限管理、贷款利率略高于银行资金成本、转存款利率略高于银行存款平均利率的原则，设置和调整利率结构。

(二)改革利率管理体制

利率体制的种种弊端产生的重要原因之一，就是管理上的高度集权，机制上呆滞僵化。利率管理体制的改革，首先要从“放权”开始，如授权中国银行拟订并公布外币存贷款利率；予以信托投资公司存、贷款利率上下浮动20%的权力；允许信用社以接近市场利率的原则浮动贷款利率；允许专业银行和其他金融机构对流动资金贷款利率浮动20%；允许大额定期存单利率上浮10%等，并相应建立健全利率管理制度和法规。

经过改革，利率机制提高了灵活性，利率随经济周期上下波动，表现出与经济发展的很大相关性。但银行未跳出把利率作为一种强制性的经济手段来运用的这一圈子，利率对国民经济调节功能的发挥仍然不够充分，利率机制还没有成为宏观经济调节的手段，利率机制本身仍存在许多问题尚未解决。例如，利率管理体制缺乏弹性，以至于在一些边远地区，新的利率调整措施已经出台，而老的调整方案还未落实的现象；利率结构仍然存在不合理现象。在期限结构上，期限长短利率差别不明显；在风险结构上，尚未按贷款对象的实力、信誉等设置不同利率；在地区结构上，不分富裕地区与贫穷落后地区，都使用同一利率，加剧了地区经济发展的不平衡；在政策结构上，优惠利率的范围、条件没有统一规定，造成各部门、各地区、各行业竞相争取优惠利率，把优惠利率作为减少利息支出的途径或“扶贫”手段，偏离了重点倾斜的宗旨，助长了信贷扩张。

二、利率市场化的提出

1992年，党的十四大《关于金融体制改革的决定》提出，我国利率改革的长远目标是：

建立以市场资金供求为基础，以中央银行基准利率为调控核心，由市场资金供求决定各种利率水平的市场利率管理体系。

党的十四届三中全会《中共中央关于建立社会主义市场经济体制若干问题的决定》中提出，中央银行按照资金供求状况及时调整基准利率，并允许商业银行存、贷款利率在规定幅度内自由浮动。

2002 年，党的十六大报告提出：稳步推进利率市场化改革，优化金融资源配置。

党的第十六届三中全会《中共中央关于完善社会主义市场经济体制若干问题的决定》中进一步明确："稳步推进利率市场化，建立健全由市场供求决定的利率形成机制，中央银行通过运用货币政策工具引导市场利率。"

利率市场化的基本特点是中央银行不直接规定利率水平，也不制定任何利率变动界限，而是根据国民经济运行的实际状况与需要，通过再贴现率、存款准备金制度、公开市场业务来调节市场利率，而存贷款利率由各金融机构自主确定。我国利率市场化的总体思路是："先农村，后城市；先贷款，后存款；先批发长期，后零售短期；先外币，后本币"。

三、利率市场化进程

我国利率市场化主要是从 1996 年开始的。

(一)放开同业拆借市场利率

1996 年 6 月 1 日放开银行间同业拆借市场利率，取消了原按同档次再贷款利率加 2.88 个百分点确定同业拆借利率最高限的规定，由拆借双方根据市场资金供求状况自主确定拆借利率水平，中央银行只间接调控市场利率，为利率市场化改革迈出了实质性的一步。

(二)建立央行基准利率体系

1998 年 3 月改革再贴现率和贴现率生成机制，放开贴现和转贴现利率。此前，再贴现率在再贷款利率基础上最大下浮幅度不得超过 10%；贴现利率在同档次贷款利率上最大下浮幅度不超过 10%。由于贷款与再贷款利率变动不一致，出现贴现利率与再贴现利率倒挂现象。改革后，贴现利率和转贴现利率在再贴现利率的基础上加点生成，在不超过同期贷款利率(含浮动)的前提下由商业银行自定。再贴现利率成为中央银行一项独立的货币政策工具，服务于货币政策需要。

(三)中央银行公开市场操作的利率实现了市场化

1996 年 4 月中央银行开始施行以回购为主要形式的公开市场操作，其回购利率实行市场招标。虽然这一利率还不能像基准利率那样引导市场利率变化，但这一利率的形成是由市场根据资金供求决定的，不是中央银行单独制定的，能够在一定程度上起到间接调节商业银行对基础货币需求的作用。这一利率形成机制也是深化利率市场化改革的成果和进一步改革的条件。

(四)国债交易和发行的利率市场化

1997 年 6 月银行间债券市场正式启动，同时放开债券回购和现券交易利率。1999 年 9 月实现国债在银行间债券市场利率招标发行，改变了过去国债发行利率官方制定的局面，走出了国债利率市场化的第一步，奏响了利率市场化改革的又一重要乐章。

(五)进行大额长期存款利率市场化尝试

1999 年 10 月，人民银行批准中资商业银行法人对中资保险公司法人试办由双方协商确定利率的大额定期存款(最低起存金额 3000 万元，期限在 5 年以上，不含 5 年)，进行了存款利率改革的初步尝试。2003 年 11 月，商业银行农村信用社可以开办邮政储蓄协议存款(最低起存金额 3000 万元，期限降为 3 年以上，不含 3 年)。

(六)扩大金融机构贷款浮动权

1998 年 10 月，扩大金融机构对小企业贷款利率浮动幅度，由 10%扩大到 20%；农村信用社贷款利率最高上浮幅度由 40%扩大到 50%。1999 年 9 月，金融机构对所有中小企业贷款利率最高可上浮 30%。

(七)积极推进境内外币利率市场化

2000 年 9 月，放开外币贷款利率和 300 万美元(含)以上的大额外币存款利率；300 万美元以下的小额外币存款利率仍由中国人民银行统一管理。2002 年 3 月，中国人民银行统一了中、外资金融机构外币利率管理政策，实现中外资金融机构在外币利率政策上的公平待遇。2003 年 7 月，放开了外币小额存款利率管理，由商业银行自主确定。2003 年 11 月，对美元、日元、港币、欧元小额存款利率实行上限管理，商业银行可根据国际金融市场利率变化，在不超过上限的前提下自主确定。

(八)进一步扩大贷款利率浮动幅度

2004 年 1 月 1 日，中国人民银行再次扩大金融机构贷款利率浮动区间。商业银行、城市信用社贷款利率浮动区间扩大到[0.9, 1.7]，农村信用社贷款利率浮动区间扩大到[0.9, 2]，贷款利率浮动区间不再根据企业所有制性质、规模大小分别制定。扩大商业银行自主定价权，提高贷款利率市场化程度，企业贷款利率最高上浮幅度扩大到 70%，下浮幅度保持 10%不变。在扩大金融机构人民币贷款利率浮动区间的同时，推出放开人民币各项贷款的计、

结息方式和 5 年期以上贷款利率的上限等其他配套措施。同时，简化利率种类，完善个人住房贷款利率体系。

回顾 1996 年以来利率市场化改革的进程，中国人民银行累计放开、归并或取消的本、外币利率管理种类为 119 种。目前，中国人民银行尚管理的本外币利率种类有 29 种。今后，随着金融机构改革和利率市场化的稳步推进，中国人民银行将不断扩大金融机构的利率定价自主权，完善利率管理，并通过中央银行的间接调控，引导利率进一步发挥优化金融资源配置和调控宏观经济运行的作用。

自 2013 年 7 月 20 日起，中国人民银行决定全面放开金融机构贷款利率管制。

自 2015 年 5 月 11 日起，中国人民银行决定金融机构存款利率浮动区间的上限由存款基准利率的 1.3 倍调整为 1.5 倍。

自 2015 年 8 月 26 日起，中国人民银行决定放开一年期以上(不含一年期)定期存款的利率浮动上限，标志着中国利率市场化改革又向前迈出了重要一步

自 2015 年 10 月 24 日起，中国人民银行决定对商业银行和农村合作金融机构等不再设置存款利率浮动上限。

利率市场化是指金融机构在货币市场经营融资的利率水平由市场供求来决定。它包括利率决定、利率传导、利率结构和利率管理的市场化。实际上，它就是将利率的决策权交给金融机构，由金融机构自己根据资金状况和对金融市场动向的判断来自主调节利率水平，最终形成以中央银行基准利率为基础，以货币市场利率为中介，由市场供求决定金融机构存贷款利率的市场利率体系和利率形成机制。

专栏 3-4 美国的利率管理体制及利率自由化

一、Q 字条例与利率管制

20 世纪 30 年代以前美国的银行为了争夺存款，竞相提高利率，使银行的筹资成本不断增加，这样导致了大约 1/3 的银行倒闭，为了避免银行支付过多的利息而增加经营风险，国会通过了银行管制法，对银行的业务进行了许多限制，使银行吸收存款的成本降了下来。

Q 字条例是 1933 年美国国会授权美联储制定的利率法规，规定美联储的会员银行不能对活期存款支付利息，对储蓄存款和定期存款支付的利息率不得超过美联储和存款保险公司规定的上限。

Q 字条例实施以来，储蓄存款的最高利率为 2.5%。到 20 世纪 50 年代初，由于这个利率上限高于市场利率，这一时期银行业务没有受到影响。20 世纪 50 年代以后，商业银行由于受 Q 字条例的限制，存款利率低于其他金融机构的利率，大大影响了商业银行的筹资能力。1957 年，美联储将储蓄存款的最高利率从 2.5%提高到 3%。1961 年允许银行发行存款单，提高银行吸收存款的能力；1962 年 1 月 1 日，又把储蓄存款的最高利率提高到 4%，在以后的年代里又不断地提高利率，但 Q 字条例的限制仍然没有改变。Q 字条例限制了商业银行吸收更多资金，银行也难以满足工商企业日益增长的资金需求，这使得美国的商业银

行发展受阻。

二、自由化背景

20世纪60年代后期，一方面，美国通货膨胀加剧；另一方面，货币市场异军突起，出现“脱媒”现象。加之其他金融机构吸收资金和投资不受Q字条例的限制，投资收益率较高，吸引了大量的投资者，与商业银行争夺存款的竞争日趋激烈。但是银行存款利率仍然处于较低的水平，从而失去了吸引力。商业银行为了获得更多的资金，不得不到欧洲美元市场按很高的利率筹措资金，这种“高进低出”使商业银行面临不断亏损的境地。为了生存，商业银行开始了利率自由化的历程，可转让支付命令账户；自动转账服务；股金提款户——允许把该户的股金转移给第三者。这些方法使商业银行实际支付的利率早已超过Q项条例规定的利率。这种局面迫使监管当局——美联储逐步放松对存款利率的限制。

三、利率市场化的进程

1973年，美联储取消了10万美元以上存款利率的限制；

1978年，允许商业银行发行1万美元以上6个月期的储蓄存单，利率参照同期国库券利率；

1979年，允许4年期和30个月期的储蓄存单利率与中期国库券利率挂钩；

1980年，国会通过《存款机构和货币管制法》，承诺到1986年逐步取消存款利率上限的规定；

1981年，允许商业银行开设支付利息的支票账户，允许银行和储蓄机构设立不受Q字条例限制的储蓄账户；

1983年，允许商业银行发行按市场利率水平支付利息的超级可转让存单；

从1983年10月起，商业银行和储蓄机构可以自行决定1～30个月的存款利率。这样，80年代的利率自由化使50多年来的严格控制存款利率的体制成为历史。

利率放开以后，美国主要运用联邦基金市场利率和再贴现间接影响市场利率，形成了市场利率的有效机制，公开市场操作对利率的形成也有一定的影响。利率自由化的改革促进了金融机构的竞争，提高了金融运行的效率。但是，利率自由化也带来一些负面影响，导致了20世纪80年代和90年代银行业的危机。

(资料来源：http://bank.hexun.com/2014-12-12/171368843.html，
和讯网银行频道，银行家2014年第12期，)

本章小结

(1) 威廉·配第认为利息是暂时放弃货币的使用权的报酬；西尼尔认为利息是借贷资本家节欲的结果；庞巴维克认为是价值时差的“贴水”；费雪认为利息是“人性不耐”的指标；凯恩斯认为利息是放弃周转灵活性的报酬；马克思则认为利息是利润的一部分，是

资本家全体对雇佣工人的剥削。

(2) 利息率种类繁多：单利与复利；市场利率与公定利率；存款与贷款利率；固定利率与浮动利率；差别利率与优惠利率；名义利率和实际利率。

(3) 期限相同的各种债券，利率不同的原因在于：流动性风险、税收风险、违约风险；其他条件相同而期限不同的利率之间的关系称为利率的期限结构，解释其形成和变化的理论有预期理论、流动性理论和市场分割理论。

(4) 古典学派认为利率是由储蓄与投资之间的均衡来决定的；凯恩斯的流动性偏好理论则认为利率是由货币供求决定；可贷资金利率理论认为利率是由可贷资金的供求决定的；希克斯和汉森则认为利率是由商品市场与货币市场的共同均衡所决定的。此外，多种因素影响利率的变化。

(5) 弗里德曼认为货币供给对利率的影响存在三种效应：货币供给的增加导致利率下降的“流动性效应”；随价格水平的上升而使人们对货币的需求上升，从而使利率上升的“收入与价格水平效应”以及预期通货膨胀导致利率进一步上升的“预期通货膨胀效应”。

(6) 利率是微观经济活动的重要调节器，是联结宏观和微观经济的纽带，是反映经济态势的重要指标。利率的变动将对一国的对外经济活动产生影响。利率弹性的大小取决于多种因素。

(7) 我国利率体制改革的目标是建立市场化的利率机制，即国家控制基准利率，其他利率基本放开，由市场决定。

本 章 习 题

1. 如何正确理解利息的本质？
2. 利率有哪些种类？
3. 名义利率与实际利率有什么关系？
4. 利率有何作用？如何运用利率杠杆调节宏观经济？请举例说明。
5. 简述西方各主要学派的利率决定理论。
6. 影响利率水平的因素有哪些？
7. 什么是利率弹性？影响利率杠杆作用的因素有哪些？
8. 如何解释利率的期限结构？
9. 结合实际，谈谈我国运用利率杠杆的效果及利率市场化改革目标、原则与措施。

案 例 分 析

日本利率市场化进程

1997 年 4 月，日本大藏省正式批准各商业银行承购的国债可以在持有一段时间后上市

销售。经过17年努力，到1994年10月，日本已放开全部利率管制，实现了利率完全市场化。完成这一艰难而必要的金融自由化过程，日本大概经历了如下四个阶段。

1. 放开利率管制的第一步：国债交易利率和发行利率的自由化

日本经济在低利率水平和严格控制货币供应量政策的支持下获得迅速发展。但是，1974年之后，随着日本经济增长速度的放慢，经济结构和资金供需结构也有了很大的改变，战后初期形成的以“四叠半”(意为狭窄)利率为主要特征的管制体系已不适应这种经济现状了。日本政府为刺激经济增长，财政支出日渐增加，政府成为当时社会资金最主要的需求者。培育和深化非间接金融中介市场的条件已初步具备。1975年，日本政府为了弥补财政赤字再度发行赤字国债(第一次是1965年)。此后，便一发而不可收，国债发行规模愈来愈大。1977年4月日本政府和日本银行允许国债自由上市流通。第二年开始以招标方式发行中期国债。这样，国债的发行和交易便首先从中期国债开了利率自由化的先河。

2. 放开利率管制第二步：丰富短期资金市场交易品种

在1978年4月，日本银行允许银行拆借利率弹性化(在此以前，同业拆借适用于全体交易利率是基于拆出方和拆入方达成一致的统一利率，适用于全体交易参加者，并于交易的前一天予以明确确定)，6月又允许银行之间的票据买卖(1个月以后)利率自由化。这样，银行间市场利率的自由化首先实现了。

3. 放开利率管制的第三步：交易品种小额化

将自由利率从大额交易导入小额交易实现彻底的利率自由化是要最终放开对普通存贷利率的管制，实现自由化，如何在已完成利率自由化的货币市场与普通存款市场之间实现对接成为解决问题的关键。日本政府采取的办法是通过逐渐降低已实现自由化利率交易品种的交易单位，逐步扩大范围，最后全部取消利率管制。在这一过程中，日本货币当局逐级降低了CD(大额可转让存单)的发行单位和减少了大额定期存款的起始存入额，逐步实现了由管制利率到自由利率的过渡。

在存款利率逐步自由化的同时，贷款利率自由化也在进行之中。由于城市银行自由利率筹资比重的上升，如果贷款利率不随之调整，银行经营将难以为继。1989年1月，三菱银行引进一种短期优惠贷款利率，改变了先前在官定利率基础上加一个小幅利差决定贷款利率的做法，而改为在筹取资金的基础利率之上加百分之一形成贷款利率的做法。筹资的基础利率是在银行四种资金来源基础上加权平均而得，这四种资金来源是：①活期存款；②定期存款；③可转让存款；④银行间市场拆借资金。由于后两种是自由市场利率资金，所以，贷款资金利率已部分实现自由化。随着后两部分资金在总筹资中比重的增加，贷款利率的自由化程度也相应提高。

4. 放开利率管制的第四步：利率完全自由化

在上述基础上，日本实质上已基本完成了利率市场化的过程，之后需要的只是一个法律形式的确认而已。1991年7月，日本银行停止“窗口指导”的实施；1993年6月，定期

存款利率自由化，同年10月活期存款利率自由化，1994年10月，利率完全自由化，至此日本利率自由化画上了一个较完满的句号。

日本的利率自由化进程为其他国家的利率自由化提供了一个很好的样板。其基本特点可归纳为几个方面：①先国债、后其他品种；②先银行同业，后银行与客户；③先长期利率后短期利率；④先大额交易后小额交易。

试分析：日本的利率市场化进程对我国的借鉴意义。

第四章　金融机构体系

【教学目的与要求】

通过本章教学，使学生了解金融机构的基本含义与分类，了解中国金融机构体系的演变与发展历程，了解国际性金融机构体系的构成与功能；理解金融机构与一般经济组织之间的共性与特殊性；掌握金融机构的功能和中国现行的金融机构体系。

【重点与难点】

- 金融机构体系的界定。
- 我国的金融机构体系。
- 西方的金融机构体系。

【引导案例】

小型金融机构与存款保险制度建设

一、“推进存款保险制度建设，为小型金融机构创造公平竞争的环境。”

国务院办公厅印发了《关于金融支持经济结构调整和转型升级的指导意见》。央行行长周小川在全国小微企业金融服务经验交流电视电话会议上谈到落实中央和国务院的要求和部署时，做出上述表示。

周小川还谈道，要综合运用数量、价格等多种货币政策工具，充分发挥再贷款、再贴现和差别准备金动态调整机制的引导作用，对中小金融机构继续实施较低的存款准备金率，盘活存量，用好增量，增加小微企业的信贷资金来源。

二、存款保险制度箭在弦上?

周小川表示，要积极发展与小微企业金融服务需求相适应的小型金融机构。与大型金融机构相比，小型金融机构服务小微企业具有信息、成本等方面的优势。要放宽对民间资本设立金融机构的准入。

在大多数银行业人士看来，中小银行与中小企业“门当户对”，但发展中小银行需要有存款保险制度来保障。原因在于，如果没有存款保险制度做保障，中小银行与大型国有银行之间存在着不公平的竞争。

现阶段，中国尚未建立显性的存款保险制度。但国有大型银行享有国家信誉，作为其隐性担保；而中小银行则不具备上述优势，相对而言处于市场不公平的地位。从破解小微企业贷款难的角度看，建立存款保险制度事不宜迟。

一般而言，完成利率市场化的国家，大部分都建立了存款保险制度。而随着中国的利

率市场化进程的推进，各界对存款保险制度的呼声也越来越高。

2013 年 7 月 19 日，央行实质性推动利率市场化进程。央行公告称，经国务院批准，自 2013 年 7 月 20 日起金融机构贷款利率全面放开。

利率市场化推进将导致银行竞争加大，并大幅压缩利润空间。同时包括储户与贷款者都存在道德风险，即储户可能会忽视风险选择利率高的金融机构，而贷款者为获得贷款，不得不多投风险与收益均较高的项目，系统性风险将上升。

为了化解银行不良贷款增多和资产贬值带来的挤兑危机，建立存款保险制度确有必要，使银行管理有自我约束机制。而从决策层推动利率市场化的动作以及表态来看，推动存款保险制度的时机已经到来。

三、货币政策继续稳健

周小川还表示，将继续实施稳健的货币政策，保持合理的货币信贷总量，为小微企业的发展创造良好的金融环境。

央行统计数据显示，截至 2013 年 6 月末，主要金融机构及小型农村金融机构、外资银行人民币小微企业贷款余额 12.25 万亿元，同比增长 12.7%，增速比同期大型和中型企业贷款分别高 2.3 个和 1.9 个百分点。

从增量上来看，今年上半年人民币企业贷款增加 2.42 万亿元，其中小微企业贷款增加 1.03 万亿元，占同期全部企业贷款增量的 42.6%。

周小川还提出，2013 年要鼓励和引导金融机构加大对小微企业的信贷投入，实现“两个不低于”(全年小微企业贷款增速不低于当年各项贷款平均增速、贷款增量不低于上年同期水平)目标。

具体措施上，周小川称，要改进信贷政策实施方式，完善中小企业信贷政策导向效果评估，引导金融机构按照“有扶有控、有保有压”的要求，进一步扩大对小微企业的信贷投放。

与此同时，一方面，推动商业银行开展应收账款质押、动产质押等适合小微企业融资特点的金融产品和服务；另一方面，支持符合条件的商业银行发行专项用于小微企业贷款的金融债券。

截至目前，八家已经上市的全国性股份制银行均已发行，或者已公开表示有意发行小微企业金融债券。到 2012 年 10 月底，银监会已批复小微企业金融债 3195 亿元。

此外，周小川还提出，将稳步推进利率市场化改革，在更大程度上发挥市场在资源配置中的基础性作用，提高小微企业的信贷可获得性。

(资料来源：http://www.psbc.com/portal/zh_CN/Home/IndustryNews/40147.html)

【思考讨论】

问题：小型金融机构的改革对我们有什么启示？

第一节　金融机构的界定、种类与功能

一、金融机构的界定

1. 金融机构的含义

金融机构是指从事金融活动的组织，也被称为金融中介或金融中介机构。

2. 金融机构与一般经济组织的共性及特殊性

金融机构与一般经济组织的共性表现在：金融机构与一般经济组织的基本要素相同。如有一定的自由资本、向社会提供特定的商品(金融工具)和服务、依法经营、独立核算、自负盈亏、照章纳税等。

金融机构相较于一般经济组织，其特殊性表现在：

(1) 经营对象与经营内容的特殊性。一般经济组织的经营对象是具有一定使用价值的商品或普通劳务，经营内容主要是从事商品生产与流通活动；而金融机构的经营对象是货币资金这种特殊的商品，经营内容主要是货币的收付、借贷及各种与货币资金运动有关的金融活动。

(2) 经营关系与经营原则的特殊性。一般经济组织与客户之间是商品或劳务的买卖关系，其经营活动遵循等价交换的原则；而金融机构与客户之间主要是货币资金的借贷或投融资的信用关系，在经营中遵循安全性、流动性和盈营利性原则。

(3) 经营风险及影响程度的特殊性。一般经济组织的经营风险主要来自商品生产与流通过程，集中表现为商品是否产销对路。这种风险所带来的至多是因商品滞销、资不抵债而宣告破产，对整体经济的影响较小。而金融机构因其业务大多是以还本付息为条件的货币信用业务，故其风险主要表现为信用风险、挤兑风险、利率风险、汇率风险等。这一系列风险所带来的后果往往不局限于对金融机构自身的影响，而且可能会危及整个社会的再生产过程。

二、金融机构的种类

1. 按照业务性质和功能划分

按照业务性质和功能的不同，金融机构可分为管理性金融机构、商业性金融机构和政策性金融机构。

管理性金融机构是在一个国家或地区具有金融管理监督职能的机构，主要有中央银行、证监会、保监会等。

商业性金融机构是指以经营存放款、证券交易与发行、资金管理等一种或多种业务，

以追求利润为其主要经营目标，自主经营、自负盈亏、自求平衡、自我发展的金融企业，如商业银行。

政策性金融机构主要是指贯彻落实政府的经济政策的金融机构，如农业发展银行。

2. 按照业务内容划分

按照业务内容的不同，金融机构可分为银行类金融机构和非银行类金融机构。

银行类金融机构是指可以发行存款凭证的金融机构，如中央银行、商业银行、政策性银行等。

非银行类金融机构主要包括保险公司、证券公司、信托公司等。

3. 按照业务活动的地理范围划分

按照业务活动的地理范围不同，金融机构可分为国际性金融机构、全国性金融机构和地方性金融机构。

国际性金融机构主要是指业务活动跨越不同国家和地区的金融机构。

全国性金融机构主要是指业务活动的范围局限在一国范围之内的金融机构。

地方性金融机构主要是指业务活动的范围局限在某一地区的金融机构。

三、金融机构的功能

1. 提供支付结算服务

金融机构提供支付结算服务功能是指金融机构通过一定的技术手段和流程设计，为客户之间完成货币收付或清偿因交易引起的债权债务关系服务。

2. 促进资金融通

资金融通功能是所有金融机构都具有的基本功能。

3. 降低交易成本

金融机构利用筹集到的各种期限不同、数量大小不一的资金进行规模经营，可以合理控制利率、费用、时间等成本，使投融资活动能够最终以适应社会经济发展需要的交易成本来进行，从而满足不断增长的投融资需要。

4. 提供金融服务便利

提供金融服务便利功能是指金融机构为各部门的投融资活动提供专业性的辅助与支持性服务。

5. 改善信息不对称

信息不对称是指交易的一方对交易的另一方不充分了解的现象。金融机构可以改善信

息不对称的情况正是由于其具有强大的信息收集、信息筛选和信息分析优势。

6. 转移与管理风险

转移与管理风险的功能是指金融机构通过各种业务、技术和管理，分散、转移、控制或减轻金融、经济和社会活动中的各种风险。

第二节　中国金融机构体系的演变与发展

金融机构体系是指由相互联系、相互影响的不同金融机构所构成的有机整体。

一国的金融机构体系与该国一定时期的经济发展水平、基本的经济管理制度、社会公众对金融服务需求的变化、法律法规制度的演进和新技术发展变化有关。

一、中华人民共和国成立前的金融机构体系

国民党统治时期，我国形成了以四大家族为垄断核心的金融机构体系“四行二局一库”。

二、中华人民共和国金融机构体系的建立与发展

中华人民共和国金融机构体系的建立与发展大致可分为以下几个阶段。

1. 1948—1953 年：初步形成阶段

1948 年 12 月 1 日，在原华北银行、北海银行、西北农民银行的基础上建立了中国人民银行，它标志着我国新的金融机构体系的开始。

2. 1953—1978 年：“大一统”的金融机构体系

“大一统”模式是指：中国人民银行是全国唯一一家办理各项银行业务的金融机构，集中央银行和普通银行于一身，其内部实行高度集中管理，利润分配实行统收统支。

3. 1979 年至1983 年 8 月：初步改革和突破“大一统”金融机构体系

1979 年中国银行从中国人民银行中分设出来，作为外汇专业银行，负责管理外汇资金并经营对外金融业务；同年，恢复中国农业银行，负责管理和经营农业资金；1980 年我国试行基建投资“拨改贷”后，中国建设银行从财政部分设出来，最初专门负责管理基本建设资金，1983 年开始经营一般银行业务。这些金融机构各有明确分工，打破了中国人民银行一家包揽的格局。但中国人民银行仍然集货币发行和信贷于一身，不能有效地对专业银行和金融全局进行领导、调控与管理。因此，我国有必要建立真正的中央银行和商业银行相分离的二级银行体制。

1978 年 12 月，党的十一届三中全会召开，做出了把全党工作的重点转移到社会主义现

代化建设上来的战略决策。从1979年起，在机构体制上，打破了中国人民银行“大一统”的格局。中国农业银行、中国银行、中国人民建设银行(后为中国建设银行)先后从中国人民银行和财政部分设出来。1983年9月，国务院决定中国人民银行专门行使中央银行职能，明确规定中国人民银行是中国的中央银行，它对金融业实施监督和管理。同时，国务院决定成立中国工商银行。原中国人民银行办理的工商信贷和储蓄业务，由中国工商银行承担。

4. 1983年9月至1993年：多样化的金融机构体系初具规模

1984年1月1日，中国工商银行成立。我国在1994年形成了以中国人民银行为核心，以工、农、中、建四大专业银行为主体，其他各种金融机构并存和分工协作的金融机构体系。

5. 1994年至今：建设和完善社会主义市场金融机构体系的阶段

略。

三、中国现行的金融机构体系

目前，我国已经形成了由“一行三会”(中国人民银行、银行业监督管理委员会、证券业监督管理委员会、保险业监督管理委员会)为主导、大中小型商业银行为主体、多种非银行金融机构为辅翼的层次丰富、种类较为齐全、服务功能比较完备的金融机构体系。

1. 金融监督管理机构——一行三会

1) 中国人民银行

中国人民银行是我国的中央银行，是指专门制定和实施货币政策、统一管理金融活动并代表政府协调对外金融关系的金融机构，在我国金融机构体系中处于核心地位。中央银行的职能有三项，即发行的银行、银行的银行和国家的银行。

(1) 中央银行是“发行的银行”。它代表国家垄断货币的发行权，向社会提供经济活动所需要的货币，并保证货币流通的正常运行，维护币值稳定。

(2) 中央银行是“银行的银行”。中央银行只与商业银行和其他金融机构发生业务往来，不与工商企业和个人发生直接的信用关系。作为“银行的银行”，中央银行集中保管商业银行的存款准备金，并对它们发放贷款，充当“最后贷款者”。中央银行在与商业银行等金融机构进行业务往来时，其主要目的是维护金融稳定，调控宏观经济，而不是为了盈利。

(3) 中央银行是“国家的银行”。中央银行作为政府宏观经济管理的一个部门，由政府授权对金融业务实施监督管理，对宏观经济进行调控，代表政府参与国际金融事务，并为政府提供融资、国库收支等服务。

作为我国的中央银行，中国人民银行垄断人民币的发行权，管理人民币流通，是“发行的银行”；依法管理存款准备金、基准利率，对商业银行发放再贷款和再贴现，在金融机构出现风险时，根据情况实施必要的救助，防范和化解系统性金融风险，维护国家金融稳定，是“银行的银行”；依法制定和执行货币政策，持有、管理和经营国家外汇储备和黄金储备，负责监督管理银行间同业拆借市场和银行间债券市场、银行间外汇市场、黄金市场，负责建立和管理全国银行系统的征信系统，代表国家从事有关国际金融活动等，是“国家的银行”。

2) 中国银行业监督管理委员会

2003 年 4 月，中国银行业监督管理委员会成立。中国银行业监督管理委员会(简称银监会)的主要职责有：制定有关银行业金融机构监管的规章制度和办法；审批银行业金融机构及分支机构的设立、变更、终止及其业务范围；对银行业金融机构实行现场和非现场监管，依法对违法违规行为进行查处；审查银行业金融机构高级管理人员任职资格；负责统一编制全国银行数据、报表，并按照国家有关规定予以公布；会同有关部门提出存款类金融机构紧急风险处置意见和建议；负责国有重点银行业金融机构监事会的日常管理工作等。

3) 中国证券业监督管理委员会

1992 年 10 月，国务院证券委员会和中国证券监督管理委员会成立。1998 年 4 月，国务院证券委员会与中国证券监督管理委员会合并组成新的中国证券业监督管理委员会(简称证监会)。中国证监会是我国证券业的监管机构，根据国务院授权，依法对证券、期货业实施监督管理。

4) 中国保险业监督管理委员会

中国保险业监督管理委员会设立于 1998 年 11 月 18 日，是我国保险业的监管机构，专司全国商业保险市场的监管职能。

2. 商业银行体系

1) 国有控股大型商业银行

目前，我国国有控股大型商业银行有 5 家，分别是中国工商银行、中国农业银行、中国银行、中国建设银行和交通银行。

2) 股份制商业银行

目前，我国股份制商业银行有 12 家。12 家全国性股份制商业银行分别是中信银行、中国光大银行、华夏银行、中国民生银行、广发银行、平安银行、招商银行、兴业银行、上海浦东发展银行、恒丰银行、浙商银行、渤海银行。

3) 城市商业银行

城市商业银行最初称作城市合作银行，1998 年改用现名。

4) 农村商业银行和村镇银行

村镇银行目前的模式是以某家银行为控股股东，实行政府和个人入股成立，主要目的是抢占三线和四线城市或县域的资本市场。农村商业银行是地方国有银行，虽然是新兴的银行，但在借鉴其他国有商业银行的经验和模式下，其还是越来越向正规化发展。

5) 外资商业银行

外资商业银行是指在本国境内由外国独资创办的银行。它主要凭借对国际金融市场的了解和广泛的国际网点等有利条件，为在其他国家的本国企业和跨国公司提供贷款，支持其向外扩张和直接投资。

3. 政策性银行体系

政策性银行是指由政府发起或出资建立，按照国家宏观政策要求在限定的业务领域从事银行业务的政策性金融机构。

目前，我国政策性银行有 3 家，分别是国家开发银行、中国农业发展银行和中国进出口银行。

在资金运用方面，国家开发银行主要将资金投向国家基础设施、基础产业和支柱产业项目以及重大技术改造和高新技术产业化项目，中国农业发展银行则主要向承担粮棉油收储任务的国有粮食收储企业和供销社棉花收储企业提供粮棉油收购、储备和调销贷款，中国进出口银行主要是为成套设备、技术服务、船舶、单机、工程承包、其他机电产品和非机电高新技术的出口提供卖方信贷和买方信贷。

4. 信用合作机构

信用合作机构是一种群众性合作制金融组织，其典型的组织形式是信用合作社。信用合作社的本质是由社员入股组成，实行民主管理，主要为社员提供信用服务。

5. 金融资产管理公司

金融资产管理公司是在特定时期，政府为解决银行业不良资产，由政府出资专门收购和集中处置银行业不良资产的机构。

设立金融资产管理公司的目的有 3 个：第一，改善国有商业银行的资产负债状况，提高其国内外资信，同时深化国有商业银行改革，对不良贷款剥离后的银行实行严格的考核，不允许不良贷款率继续上升，从而把国有商业银行办成真正意义上的现代商业银行。第二，运用金融资产管理公司的特殊法律地位和专业化优势，通过建立资产回收责任制和专业化经营，实现不良贷款价值回收最大化。第三，通过金融资产管理，对符合条件的企业实施债权转股权，支持国有大中型亏损企业摆脱困境。

6. 信托投资公司

信托投资公司是以受托人身份专门从事信托业务的金融机构。其基本职能是接受客户委托，代客户管理、经营、处置财产。

7. 财务公司

我国财务公司是由大型企业集团成员单位出资组建，以加强企业集团资金集中管理和提高企业集团资金使用效率为目的，为企业集团成员单位提供财务管理服务的非银行金融机构。

8. 金融租赁公司

金融租赁公司是以经营融资租赁业务为其主要业务的非银行金融机构。所谓融资租赁业务，是指出租人根据承租人对租赁物和供货人的选择或认可，将其从供货人处取得的租赁物按合同约定出租给承租人占有、使用，向承租人收取租金的交易活动。

9. 汽车金融公司

汽车金融公司是指提供汽车消费信贷及其他与汽车相关的金融服务的机构。

10. 证券机构

证券机构具体包括证券交易所、证券登记结算公司、证券公司、证券投资咨询公司、投资基金管理公司等。

11. 保险公司

保险公司是收取保费并承担风险补偿责任，拥有专业化风险管理技术的金融机构组织。

第三节　国际金融机构体系

国际金融机构有广义和狭义之分。广义的国际金融机构包括政府间国际金融机构、跨国银行、多国银行集团等；狭义的国际金融机构主要是指各国政府或联合国建立的国际金融机构组织，分为全球性国际金融机构和区域性金融机构。本节主要介绍狭义的国际金融机构。

一、全球性国际金融机构

目前，全球性国际金融机构主要有国际货币基金组织、世界银行集团和国际清算银行。

1. 国际货币基金组织

国际货币基金组织是为协调国家间的货币政策和金融关系，加强货币合作而建立的国际性金融机构。

其宗旨是：通过成员国共同研讨和协商国际货币问题，促进国际货币合作；促进国际贸易的扩大和平衡发展，开发成员国的生产资源；促进汇率稳定和成员国有条件的汇率安排，避免竞争性的货币贬值；协助成员国建立多边支付制度，消除妨碍世界贸易增大的外汇管制；协助成员国克服国际收支困难。

2. 世界银行集团

世界银行集团由世界银行、国际金融公司、国际开发协会、国际投资争端处理中心、多边投资担保机构五个机构构成。

3. 国际清算银行

国际清算银行是西方主要发达国家中央银行和若干大商业银行合办的国际金融机构。

二、区域性的金融机构

1. 亚洲开发银行

亚洲开发银行是西方国家与亚洲太平洋地区发展中国家合办的政府间的金融机构。其经营宗旨是通过发放贷款、进行投资和提供技术援助，促进亚太地区的经济发展与合作。

2. 非洲开发银行

非洲开发银行是由非洲范围的国家政府和区域范围以外的国家政府合办的互助性国际金融机构。其宗旨是为成员国经济和社会发展提供资金，促进成员国的经济发展和社会进步，帮助非洲大陆制定发展的总体规划，协调各国的发展计划。

3. 泛美开发银行

泛美开发银行是由美洲及美洲以外的国家联合建立、主要向拉丁美洲国家提供贷款的金融机构。其宗旨是集中美洲各国财力，对中、南美洲发展中成员国的经济和社会发展提供资金和技术援助。

4. 亚洲基础设施投资银行

亚洲基础设施投资银行(Asian Infrastructure Investment Bank，简称亚投行，AIIB)是一个政府间性质的亚洲区域多边开发机构，重点支持基础设施建设，成立宗旨在于促进亚洲区域的建设互联互通化和经济一体化的进程，并且加强中国及其他亚洲国家和地区的合作。总部设在北京。亚投行法定资本 1000 亿美元。

2013 年 10 月 2 日，习近平主席提出筹建倡议，2014 年 10 月 24 日，包括中国、印度、新加坡等在内 21 个首批意向创始成员国的财长和授权代表在北京签约，共同决定成立亚洲基础设施投资银行。

2015 年 4 月 15 日，亚投行意向创始成员国确定为 57 个，其中域内国家 37 个、域外国家 20 个。

2015 年 6 月 29 日，《亚洲基础设施投资银行协定》签署仪式在北京举行，亚投行 57 个意向创始成员国财长和授权代表出席了签署仪式。

2015 年 12 月 25 日，亚洲基础设施投资银行正式成立，全球迎来首个由中国倡议设立的多边金融机构。

2016 年 1 月 16 日至 18 日，亚投行开业仪式暨理事会和董事会成立大会将在北京举行。

亚投行初期投资的重点领域主要包括五大方向，即能源、交通、农村发展、城市发展和物流。

2016 年 2 月 5 日，亚洲基础设施投资银行正式宣布任命 5 位副行长。这 5 位副行长分别来自英国、德国、印度、韩国、印尼。

亚投行的治理结构分理事会、董事会、管理层三层。理事会是最高决策机构，每个成员在亚投行有正副理事各一名。董事会有 12 名董事，其中域内 9 名，域外 3 名。管理层由行长和 5 位副行长组成。

三、国际金融机构的作用与局限性

1. 国际金融机构的作用

(1) 维持汇率稳定。

(2) 对金融业的国际业务活动进行规范、监督与协调。

(3) 提供长短期贷款以调节国际收支的不平衡和促进经济发展。

(4) 积极防范并解救国际金融危机。

(5) 就国际经济、金融领域中的重大事件进行磋商。

(6) 提供多种技术援助、人员培训、信息咨询等服务，加强各国经济与金融的往来，推动全球经济共同发展。

2. 国际金融机构的局限性

国际金融机构的局限性主要表现在：一些国际金融机构的领导权被主要的发达国家控制，发展中国家的呼声、建议往往得不到重视；一些国际金融机构向发展中国家提供贷款时往往附加限制条件，而这些条件往往削弱了国际金融机构向发展中国家提供贷款的效果。

本章小结

本章了解金融机构的含义及其性质与职能、西方国家和我国金融机构体系的基本构成，掌握非银行金融机构的主要业务及其发展趋势，明确国际金融机构的宗旨及其基本概况。中国内地现行的金融机构体系如图 4-1 所示。

2012 年年末中国内地金融中介机构体系概览如表 4-1 所示。

中国金融机构从业人员概况如表 4-2 所示。

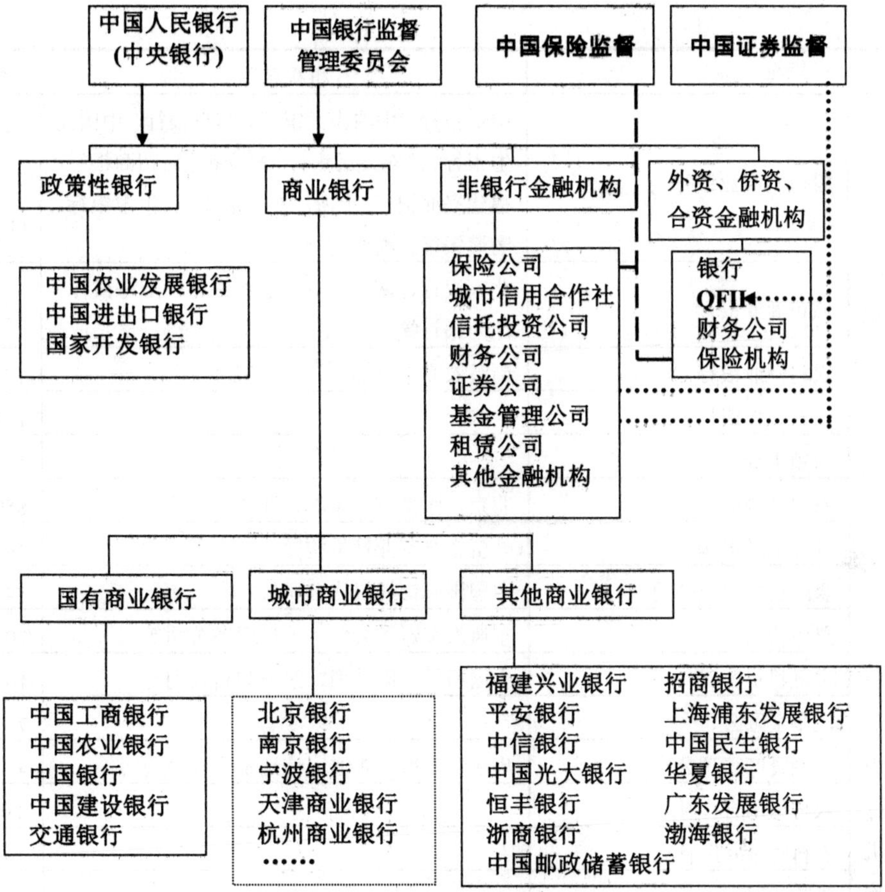

中国人民银行(中央银行)
中国银行监督管理委员会
中国保险监督
中国证券监督

政策性银行
商业银行
非银行金融机构
外资、侨资、合资金融机构

中国农业发展银行
中国进出口银行
国家开发银行

保险公司
城市信用合作社
信托投资公司
财务公司
证券公司
基金管理公司
租赁公司
其他金融机构

银行
QFII
财务公司
保险机构

国有商业银行
城市商业银行
其他商业银行

中国工商银行
中国农业银行
中国银行
中国建设银行
交通银行

北京银行
南京银行
宁波银行
天津商业银行
杭州商业银行
……

福建兴业银行　招商银行
平安银行　上海浦东发展银行
中信银行　中国民生银行
中国光大银行　华夏银行
恒丰银行　广东发展银行
浙商银行　渤海银行
中国邮政储蓄银行

图 4-1　中国内地现行的金融机构体系

表 4-1　2012 年年末中国内地金融中介机构体系概览

性　质			机构名称	数量(家)
融资类金融中介机构	银行	国有(控股)商业银行	中国工商银行股份有限公司	1
			中国农业银行	1
			中国银行股份有限公司	1
			中国建设银行股份有限公司	1
			交通银行	1
		政策性银行	国家开发银行	1
			中国进出口银行	1
			中国农业发展银行	1

续表

性质			机构名称	数量(家)
融资类金融中介机构	银行	股份制商业银行	中信银行、中国光大银行、华夏银行、中国民生银行、广东发展银行、平安银行、招商银行、福建兴业银行、上海浦东发展银行、恒丰银行、渤海银行、浙商银行	各 1 (12)
		城市商业银行	北京银行、南京银行、宁波银行、上海银行、江西银行等	124
		农村商业银行	南昌农商银行等	17
		农村合作银行		113
		村镇银行		19
		农村金融机构	北京、张家港、常熟、江阴商业银行等	8509
		外资金融机构	外资银行营业性机构	29
	非银行机构	金融信托投资公司	中国国际信托投资公司等	54
		财务公司	东风汽车财务公司、五矿财务公司等	70
		金融租赁公司	中国租赁有限公司、东方租赁公司等	10
		汽车金融公司		7
		金融资产管理公司	华融、长城、东方、信达资产管理公司	4
		农村信用合作社		8348
		农村资金互助社		8
		贷款公司		4
		城市信用合作社		42
		合资与外资独资财务公司		5
		邮政储汇局	中国邮政储汇局	1
投资类金融中介机构		证券公司	银河、申银万国、海通、国泰君安、南方、华夏等	106
		证券交易所	上海证券交易所、深圳证券交易所	2
		证券结算公司	中国证券登记结算公司	1
		基金管理公司	华安基金管理公司、富国基金管理公司等	54
保障类金融中介机构		财产保险公司	太平洋财产、华泰财产、永安财产保险公司等	47
		人身保险公司	中国人寿、新华人寿、泰康人寿保险公司等	46
		再保险公司	中国再保险公司	5
		保险集团		6
		保险资产管理公司		4

续表

性　质		机构名称	数量(家)
保障类金融中介机构	保险经纪公司		119
	保险代理公司		1688
	保险公估公司		250
	外资与合资保险公司	中意人寿保险公司、美国友邦保险分公司等	37
	全国社会保障基金管理机构		1
信息咨询服务类中介机构	证券评级机构		2
	证券投资咨询公司	北京新兰德证券投资咨询公司等	105
	资信评级机构	中诚信国际信用评级公司、上海资信公司等	50

注：表中数据引自《2012 年中国金融年鉴》《2012 年中国证券期货统计年鉴》。

表 4-2　中国金融机构从业人员概况

从业人员数	银　行	保　险	农 村信用社	城 市信用社	金融信托机构	财务公司	证券公司	租赁公司	邮政储蓄银行
1980	685483	7176	277244						
1985	924828	48527	370345						
1990	1421724	85712	517083	68687					
1995	1992984	122920	634245	143493					
1999	1960530	172892	642273	115432	80000	3280	92800	807	
2000	187800	193546	645899	107939					198106
2003	1776776	219678	675711	—	—	—	120000	—	203904
2004	1745120						78700		
2005	1543440		651664	33836	6267	3295		580	224843
2006	1938254		634659	19004	5015	3859		322	—
2007	2696760		716058	9367	5532	3921	58022	661	109403

注：表中数据引自相关年份《中国金融年鉴》《中国人民银行统计季报》《中国证券期货统计年鉴》。

本 章 习 题

1. 与一般经济组织相比，金融机构有哪些特殊性？
2. 简述金融机构的功能？

第五章 商业银行

【教学目的与要求】

通过本章教学，使学生在了解商业银行的产生和发展，商业银行的性质、职能和组织形式等内容的基础上，掌握商业银行开展的各项业务活动。理解商业银行的经营原则和资产负债管理的基本理论及方法，并能正确认识商业银行的信用创造功能，重点掌握商业银行的负债业务、资产业务和中间业务。

【重点与难点】

- 商业银行的性质和职能。
- 商业银行的经营原则。
- 商业银行的负债业务、资产业务和中间业务。
- 商业银行的信用创造原理。
- 商业银行资产负债管理的基本内容。

【引导案例】

巴林银行的破产

巴林银行集团是英国伦敦城内历史最久、名声显赫的商人银行集团，素以发展稳健、信誉良好而驰名，其客户也多为显贵阶层，包括英国女王伊丽莎白二世。该行成立于 1762 年，最初仅是一个小小的家族银行，后逐步发展成为一个业务全面的银行集团。巴林银行集团的业务专长是企业融资和投资管理，业务网络点主要在亚洲及拉美新兴国家和地区，在中国上海也设有办事处。到 1993 年年底，巴林银行的全部资产总额为 59 亿英镑，1994 年税前利润高达 1.5 亿美元。1995 年 2 月 26 日巴林银行因遭受巨额损失，无力继续经营而宣布破产。从此，这个有着 233 年经营史和良好业绩的老牌商业银行在伦敦城乃至全球金融界消失。目前该行已由荷兰国际银行保险集团接管。

巴林银行破产的直接原因是新加坡巴林公司期货经理尼克·里森错误地判断了日本股市的走向。1995 年 1 月，里森看好日本股市，分别在东京和大阪等地买了大量期货合同，指望在日经指数上升时赚取大额利润。谁知天有不测风云，日本阪神地震打击了日本股市的回升势头，股价持续下跌。巴林银行最后损失金额高达 14 亿美元之巨，而其自有资产只有几亿美元，亏损巨额难以抵补，这座曾经辉煌的金融大厦就这样倒塌了。那么，由尼克·里森操纵的这笔金融衍生产品交易为何在短期内便摧毁了整个巴林银行呢？我们首先需要对金融衍生产品(亦称金融派生产品)有一个正确的了解。金融衍生产品包括一系列的金融工具和手段，买卖期权、期货交易等都可以归为此类。具体操作起来，又可分为远期合约、远期固定合约、远期合约选择权等。这类衍生产品可对有形产品进行交易，如石油、金属、原料等，也可对金融产品进行交易，如货币、利率以及股票指数等。从理论上讲，金融衍生产品并不会增加市场风险，若能恰当地运用，比如利用它套期保值，可为投资者提供一个有效地降低风险的对冲方法。但在其具有积极作用的同时，也有其致命的危险，即在特定的交易过程中，投资者纯粹以买卖图利为目的，垫付少量的保证金炒买炒卖大额合约来获得丰厚的利润，而往往无视交易潜在的风险，如果控制不当，那么这种投机行为就会招致不可估量的损失。新加坡巴林银行的里森，正是对衍生产品操作无度才毁灭了巴林集团。里森在整个交易过程中一味盼望赚钱，在已遭受重大亏损时仍孤注一掷，增加购买量，对于交易中潜在的风险熟视无睹，结果使巴林银行成为衍生金融产品的牺牲品。

巴林事件提醒人们加强内部管理的重要性和必要性，合理运用衍生工具，建立风险防范措施。随着国际金融业的迅速发展，金融衍生产品日益成为银行、金融机构及证券公司投资组合中的重要组成部分。因此，凡从事金融衍生产品业务的银行应对其交易活动制定一套完善的内部管理措施，包括交易头寸(指银行和金融机构可动用的款项)的限额，止损的限制，内部监督与稽核。扩大银行资本，进行多方位经营。随着国际金融市场规模的日益扩大和复杂化，资本活动的不确定性也愈发突出。作为一个现代化的银行集团，应努力扩大自己的资本基础，进行多元化经营，做出合理的投资组合，不断拓展自己的业务领域，这样才能加大银行自身的安全系数并不断盈利。

(资料来源：http://baike.baidu.com/view/1210907.htm，百度百科，巴林银行倒闭事件)

【思考讨论】

问题：商业银行的经营管理原则及其相互关系？

(提示：安全性原则是商业银行经营管理的基础。是商业银行拥有的负债、资产、经营环境及经营条件免遭风险损失的能力。

流动性原则：商业银行其他资产转化成现金的能力，商业银行经营管理的手段。商业银行的经营性质决定了它必须保留足够的流动性以免陷入经营的困境。

营利性原则：商业银行获取利润的能力，是商业银行经营管理的目标。商业银行作为经营性的企业，获取利润既是其最终的目标，又是其生存的必要条件。

安全性原则、流动性原则及营利性原则之间的关系：

这三个原则又经常被称为商业银行经营管理的“三性”原则，它们之间存在既矛盾又协调统一的相互关系。

首先，三个原则之间是矛盾的：一般而言，安全性越高，则其营利性越低；而安全性越低，则营利性越高。长期贷款相对短期贷款而言，其安全性较低，但利率相对要高些，这是因为银行承担了更多的风险，就要有更多的收益来补偿。同样，如表外业务相对代理、结算等狭义的中间业务而言，风险较大，安全性低，但获取的手续费却相对高些。另外，流动性与营利性之间也存在矛盾关系。这一种矛盾关系与安全性与营利性的矛盾关系相似。一般而言，流动性越强的资产(如库存现金、国债投资、短期贷款等)，其收益性相对流动性弱的资产(如长期贷款、长期投资等)而言要低些。

其次，三原则之间又是协调一致的。安全性、流动性是营利性的前提。商业银行所处的是高风险的行业，稍不注重安全性，就可能会导致银行倒闭，更谈不上盈利。若商业银行片面追求营利性，大量的资金都用在高风险、低流动性的资产上，非常有可能使银行资金周转出现困难，使银行出现支付危机，最终导致银行的倒闭。因此，只有在充分实现安全性、流动性的前提下，商业银行才有可能实现盈利。当然，安全性、流动性不是最终目的，营利性才是最终目标。商业银行也不能片面追求安全性、流动性，如果银行没有盈利，或盈利水平远远低于行业平均水平，那么投资者就不会投资该银行的股票，银行得不到发展，存款人也会对银行失去信心，最终又导致银行资金来源不足，出现流动性问题和安全性问题。因此，“三性”原则是有机的统一体，商业银行不能有所偏见，只有充分兼顾三个原则，商业银行才能得以良好的发展。)

第一节　商业银行概述

一、商业银行的产生

(一)早期银行的产生

早期的银行是由货币经营业演变而来的。早期银行产生的过程：从经营货币兑换、保管和汇兑，演变为经营存款、放款和汇兑，实现了货币经营业到银行的转变。

在货币产生以后，随着商品交换的发展，出现了兑换、保管和借贷货币等经营货币的业务。在资本主义社会初期，封建割据，货币铸造分散，铸币的重量、成色不统一，为适应贸易的需要，必须进行货币兑换，因此，就逐渐分离出专门从事货币兑换的商人。他们最初只是单纯办理铸币的兑换业务，从中收取手续费。随后，经常往来于各地的商人，为了避免长途携带货币和保存货币的风险，把货币交给兑换商人保管，并委托他们办理支付、结算和汇款，向他们支付手续费。货币兑换商人因而聚集了大量的货币资财，他们就利用这些资财办理贷款业务(这时还不能称之为银行)。当货币经营者，发现被保管的货币有一个稳定的沉淀额，而且保管数量越大，沉淀额也越多，他们开始用这一部分放款(意味着由十足准备金变为部分准备金，这是银行业形成过程中一个重要标志)，而且为吸引客户存放货币，开始向托管人支付一定的货币(实际上相当于存款利息)，货币保管业务演变为存款业务。这样，货币兑换业就发展成为既办理兑换，又经营货币存款、贷款和汇款的早期银行了。

在古希腊和古罗马时代，已有委托存款、汇款及兑换货币等活动，但这些还只是货币兑换业性质。中世纪时期，地中海沿岸商业发达，一些专门经营货币业务的机构得到了很

大发展，银行业务逐渐兴起。早在 16 世纪，意大利就已出现了银行业，如 1580 年成立的威尼斯银行，1593 年成立的米兰银行等，以后，世界商业中心由意大利移至欧洲北部；至 17 世纪初，1690 年荷兰成立阿姆斯特丹银行，1621 年德国成立了纽伦堡银行，1629 年又成立了汉堡银行。

在英国，银行的产生与其他国家不同，它的早期银行是由金匠业发展而来的。

17 世纪中叶，英国的金匠业极为发达，金匠业拥有坚固的保险柜和其他安全措施，他们受顾客委托代为保管金银货币，签发保管凭条。还可按顾客的书面要求，将其保管的金银拨给第三者，省去顾客提现和支付的麻烦。同时，金匠业还利用自有资本发放贷款，以谋取高额利息。

在金匠业演变为银行业的过程中，完成了三个重要演变。

第一，金匠保管凭条演变为银行券。金匠业为保管金银货币给顾客签发的保管凭条，原只作为保管物品的证明，到期可据以提现。以后由于交易日益频繁，提现支付的金额和次数大量增加，为方便支付，节约费用，久而久之，人们就直接用保管凭条——金匠券进行支付。这样，金匠券逐渐演变为银行券。可见，保管凭条是银行券的原始形式。

第二，保管业务的划款凭证演变为银行支票。金匠业为开展保管业务，根据顾客的书面要求，为顾客转移保管的金银货币，顾客所签发的这种书面指令，只是一种划款凭证。第三者可据以支款。以后由于保管业务发展为存款业务，这种划款凭证也就随着演变为银行支票。

第三，十足准备金转变为部分准备金。金匠业起初对所收存的金银货币保有百分之百的现金准备，发放贷款完全利用自有资本。后来发现，应付顾客提现，并不需要经常保持十足的现金准备，可以其中一部分用于放款，赚取利息。于是十足的保证准备金制度，演变为部分准备金制度。这一转变，使早期银行具有信用媒介，增减货币量的功能。

(二)现代商业银行的产生

1. 现代商业银行的建立

现代商业银行的建立有两条途径：一条是高利贷性质的银行逐渐转变为资本主义商业银行；另一条则是按照资本主义经济的要求组织股份商业银行。这在英国表现得最为明显。

早期银行大都利息很高，规模不大，不能满足资本主义工商业的需要，客观上迫切需要建立起既能汇集闲置的货币资本，并能按适度的利息向资本家提供贷款的现代资本主义商业银行。

在英国，从早期银行中独立出一些专门在资本家之间从事信用中介的银行。但是从早期高利贷银行转变为现代银行的过程非常缓慢，直到 18 世纪末才完成。当时的贷款利率依然很高，年利率为 20%～30%。这种情况无法满足工商业的需求。17—18 世纪，新兴的资产阶级开展了反高利贷的斗争，要求以法律形式限制放款的利息水平，但由于信用被高利贷者垄断，降低利率的法令不会产生实际效果，于是，他们建立了一些股份银行。这种股份银行资本雄厚、规模大、利率低，逐渐发展成为资本主义商业银行的主要形式。

世界上第一家股份银行是 1694 年在英国伦敦创办的英格兰银行，它的贴现率规定为 4.5%～6%，大大低于早期银行业的贷款利率，英格兰银行的成立，意味着现代银行制度的建立，标志着高利贷在信用领域中的垄断地位已被动摇，这种股份银行逐步取代了旧式的、个别资本经营的银行，推动了资本主义经济的发展。

2. 现代商业银行的特点

现代商业银行具有三个特点。

(1) 利息水平适当。

(2) 信用功能扩大。早期银行只是简单的信用中介，现代商业银行除了接受存款、发放贷款外，还发行银行券，代客办理信托、汇兑、信用证、信托投资，购销有价证券等业务。

(3) 具备信用创造功能。现代商业银行是信用媒介机构和信用创造机构的统一，其中“信用媒介”早期银行也已具备，而“信用创造”则是现代商业银行最本质的特征。所谓“信用创造”功能，是指现代商业银行所具有的创造存款货币，并用以扩大放款和投资的能力，银行通过这一功能直接影响社会货币供应总量，影响贷款和投资的规模，从而影响币值的稳定。(详见本章商业银行的信用创造一节)。

二、商业银行的性质

现代商业银行是特殊的企业。可以从两个方面理解。

第一，银行与工商企业的经营目标相同，都是为了追逐利润，所以它们都是企业。

第二，与一般的资本主义工商企业不同，银行经营的对象不是普通商品，而是货币资本这个特殊商品，银行的活动处于货币信用领域，以信用方式与工商企业发生广泛的经济联系。正是由于现代银行是资本主义生产方式最精巧和最发达的产物，通过信用方式聚集和分配货币资本，具有调节社会经济生活的特殊作用，这就决定了银行在经济中的特殊地位。

三、商业银行的职能

商业银行的职能是由其性质决定的。它具有以下几种职能。

(一)充当信用中介

1. 信用中介的定义

银行一方面代表货币资本的集中，即贷出者的集中；另一方面代表借入者的集中。这

时它就是信用中介，这是银行最基本的职能。

银行通过吸收存款、动员和集中社会上一切闲置的货币资本，然后，又通过放款把这些货币资本贷给职能资本家使用，并从中承担风险，这样，银行实际成了货币资本的集中，贷出者和借入者之间的中介人。

2. 信用中介的意义

银行作为信用中介，可以克服资本家之间直接借贷的种种局限，如在资本数量，借贷时间、空间、期限上不易取得一致和不易了解借者资信等方面的局限性。银行通过信用中介职能对资本进行再分配，使货币资本得到充分有效的运用，加速了资本的周转，促进了生产的扩大。

(二)变居民的货币收入和储蓄为资本

把社会中各阶层的货币收入和储蓄变为资本，也是商业银行的重要职能，个人的货币收入是用来供个人日常消费的，储蓄则是为了供将来的消费，所以它们都不是资本。但是，通过银行把它们汇集起来贷放给企业使用，这些零星的货币就成为生产经营者用来从事生产和经营活动的资本，这样，非资本的货币就转化为资本。马克思曾经指出："小的金额是不能单独作为货币资本发挥作用，但它们结合成为巨额，就形成一个货币力量。"

(三)充当支付中介

银行办理各种同货币资本运动有关的技术性业务时，便充当支付中介。

由于银行具有较高的信誉和较多的分支结构，银行业务又与各个企业和部门有密切联系，因此，无论企业或个人都愿意委托银行保管货币、贵金属、有价证券，办理货币收付和转账结算等，这样，银行就成为社会的"出纳"和"账房"。银行通过账户为顾客办理货币结算，对于节约流通费用，加速资本的周转具有重要意义。

(四)创造信用流通工具

商业银行创造的信用流通工具主要是银行券和支票。

银行券是由银行开出的、并可随时兑现的、不定期的债券证券，是银行用来扩大信用业务的工具。支票是由客户签发，要求银行从其活期存款账户支付一定金额的付款凭证，也是银行的一种债务证券。借助于支票流通，银行可以超出自有资本和吸收资本的总额而扩大信用。银行借助银行券和支票的流通，扩大信用业务，并不是无限的，因为它要受银行本身现金准备状况和经济发展对信用的客观需要量的限制。

银行券和支票等信用流通工具进入流通界，代替很大一部分金属货币流通，这样，既节约了流通费用，又方便提供经济发展中需要增加的流通手段和支付手段，因而，银行这一职能的存在和发挥，促进了经济的发展。

四、商业银行的组织形式

各国商业银行的组织形式，大体上可以分为以下几种类型。

(一)单一银行制

1. 单一银行制的概念

单一银行制是指银行业务完全由一个银行机构(总行)经营，不设立任何分支机构的制度。目前仅美国银行采用这一体制，各州银行法禁止或限制银行开设分支行。主要原因是美国各州独立性很强，各州政府要保护其各自的利益。但是，随着经济的发展，地区经济联系的加强，以及金融竞争的加剧，美国金融业已一再冲破单一银行制的限制。许多州对银行开设分支结构的限制政策已有所放宽，例如根据各州不同的法律规定，有的州并不限制银行设立分支结构，有的州限定商业银行的分行只能在某一特定区域开设，有的州则完全禁止。

2. 单一银行制的优缺点

单一银行制在一定程度上限制了银行兼并和垄断，缓和了银行间的竞争和集中，也有利于协调地方政府和银行之间的关系，各家银行在业务上具有较大的灵活性和独立性，但单一银行制在限制竞争的同时，也限制了自身业务的创新和规模的扩大。

(二)分支行制

1. 分支行制的概念

分支行制是指银行机构除总行外，还可在其他地区设立分支结构。

其典型代表为英国。英国只有10家商业银行，其中规模较大的有4家，即巴克莱银行、米特兰银行、劳合银行、国民西敏寺银行，共有分支机构一万余家，总存款额占银行体系的70%。

2. 分支行制的优缺点

分支行遍布各地，容易吸收存款；便于分支行之间的资金调度，减少现金准备；放款分散于各分支行，可以分散风险。但分支行制会使银行业过分集中，不利于自由竞争。

目前多数国家均采用这种制度，我国的商业银行也主要采取这种组织形式。

(三)银行控股公司制

1. 银行控股制的概念

银行控股制也称集团银行制，即由某一集团成立一股权公司，再由该公司控制或收购

两家以上银行的股票，大银行通过持股公司把许多小银行置于自己的控制之下，这一制度在美国最为流行。

第二次世界大战后，美国商业银行为了冲破各种对设立分支行的限制，为了使银行业务多样化，银行控股公司迅速发展。银行控股公司有两种形式：一种是银行控股公司控制一家商业银行的股权，设立各种附属机构，开展多种非银行的金融业务，它多以大银行为主；另一种是银行控股公司控制两家以上商业银行的股权，便于银行扩展和进行隐蔽的合并，它多以中小银行为主。

2. 优缺点

银行控股公司制有利于扩大资本总量，增强银行的实力，弥补单一银行制的不足。但这种制度容易形成银行业的集中和垄断，不利于银行之间开展竞争。

(四)连锁银行制

1. 概念

连锁银行制是指由个人或集团控制两家以上商业银行的制度。它可以通过股票所有权、共同董事等法律所允许的其他方式实现。

2. 特点

连锁制的成员银行都保持其独立性，连锁银行是在禁止实行分支行制银行和多家控股公司的美国各州发展起来的，经营活动大都在较小地区，其成员多是小银行。它们一般环绕在一家主要银行的周围，其中的主要银行确立银行业务模式，并以它为中心，形成集团内部的各种联合。

随着国际银行业务的不断发展，又出现了多个国家的大银行合资设立跨国财团银行，从事大规模的国际资本投资活动。

思考：银行控股公司制、连锁银行制是当时的一种金融创新，你同意吗？

五、商业银行的业务经营原则

(一)商业银行经营的一般原则

营利性、安全性和流动性即三性原则。

1. 营利性

银行的经营动机是为了获取利润。获取利润是商业银行开展业务的核心或标准，利润水平是商业银行经营管理水平的表现，采取各种措施以获取更多的利润是商业银行的经营管理目标。合理调度头寸，把银行的现金准备压缩到最低限度；大量吸收存款，开辟资金来源，把这些资金用于能够获得较多收益的贷款和证券投资上，并尽可能避免呆账的损失；加强经济核算，采用先进技术设备，提高劳工效率，降低费用开支，不断增加业务效益。这是商业银行经营管理的必要措施。

2. 安全性

安全性是指使银行资产避免风险损失。因为银行贷款发放和证券投资存在着信用风险、市场风险和利率风险，有可能发生贷款本金和利息不能按时按量收回和证券损失的情况。如果出现这种情况必然影响存款不能按时按量兑付，从而引起客户减少存款，甚至出现挤兑现象，危及银行的经营。银行要加强对客户的资信调查和经营预测；银行资产在种类和客户两方面要做到适当分散，并与负债的规模保持一定比例；遵守国家法令，执行中央银行的金融政策和制度，取得国家的法律保护和中央银行的支持等。

3. 流动性

流动性是银行能随时应付客户提取存款的支付能力，保持流动性，即保持银行一定的清偿力，应付日常提现需要。

应付突然大量提现需要，保证银行信贷资金正常周转，以及银行业务顺利经营是极其重要的。商业银行或在资产方面保持流动性，或在负债方面保持较高的流动性，都能达到商业银行流动性的目标。在商业银行的资产构成中，可以随时用于偿付客户提取存款的库存现金和在中央银行的存款，其流动性最强，一般称为一线准备；在短期内可以变现的国家债券，其流动性较好，一般称为二线准备；长期贷款、不动产抵押贷款和长期债券需要较长时间收回资金，流动性最差。如果商业银行资产流动性较差，它必须做到能随时主动获得足够的负债(即资金来源)以满足客户提现的需要和随时扩大贷款规模的需要。

《中华人民共和国商业银行法》规定：“商业银行以效益性、安全性、流动性为经营原则，实行自主经营、自担风险、自负盈亏、自我约束。”

(二)银行业务经营的三项原则的关系

1. 三者联系密切

安全性是前提，只有保证了资金安全无损，业务才能正常运转。流动性是条件，只有保证了资金的正常流动，才能确立信用中介的地位，银行各项业务才能顺利进行。营利性是目的，银行经营强调安全性和流动性，其目的还是为了获得利润。

2. 三者的矛盾

(1) 营利性与安全性呈反方向变化。盈利水平高的资产，风险大，安全系数小，而较安全的资产，盈利水平却较低。

(2) 营利性与流动性也呈反方向变化。盈利高的资产流动性差，而流动性强的资产盈

利水平则较低。

(3) 安全性与流动性之间呈同方向变化，流动性强的资产安全性高，而流动性差的资产安全性低。因此，银行要满足营利性、安全性、流动性三方面的要求，就需要在经营管理中统筹兼顾、协调安排，实现三者之间的最佳组合。

六、我国商业银行的组织形式

我国商业银行的组织形式主要实行分支行制，地方性银行大部分实行单一银行制。目前我国商业银行从所有制形式上来看主要有如下几种。

(1) 国有独资的商业银行，这是我国现有国家银行的主体，主要有中国工商银行、中国农业银行、中国建设银行、中国银行，但都面临着体制改革问题，国有独资的局面将被打破。

(2) 以公有制为主体的股份制商业银行，主要有交通银行、中信银行、中国光大银行，华夏银行、招商银行、广东发展银行、福建兴业银行、平安银行、上海浦东发展银行、海南发展银行以及烟台、蚌埠住房储蓄银行等。

(3) 民营股份制的商业银行，是由私人企业集股组建为主的银行，有中国民生银行。

(4) 城市商业银行，其前身是城市合作银行，虽然冠以“合作”两字，但城市合作银行实际上仍属于股份制商业银行性质。改革开放后，我国的合作金融机构——城市信用社有了很大发展。1995 年国家提出在城市信用社基础上成立城市合作银行，1998 年又改建为城市商业银行。

(5) 中外合资银行，有厦门国际银行、青岛国际银行、中国国际金融有限公司等。

所有商业银行都必须接受中国人民银行和银行监督管理委员会的监督管理，国有独资的商业银行还要设立监事会。

第二节 商业银行的负债业务

商业银行的负债业务是指形成商业银行资金来源的业务，主要分为自有资本、存款业务和其他负债业务。

一、自有资本

银行自有资本包括财政拨给的信贷基金、银行成立时发行股票所筹集的股份资本、公积金以及未分配的利润。财政拨给的信贷基金是指在商业银行成立时，国家财政根据一定的比例拨给的铺底资金，它是我国商业银行最原始的资金来源。西方商业银行一般为股份制银行，成立时发行股票筹集资本，这种股份资本是西方商业银行最原始的资金来源，以后可以通过扩股和股息资本化来增加自有资本。

银行的自有资本一般只占银行负债的小部分(1986 年美国银行法令要求不少于 6%)，但是这部分自有资本是银行吸收外来资金的基础。因为银行拥有的资本越雄厚，越能得到存款人的信任，就可以吸收更多的存款。

二、存款业务

存款是银行接受客户存入资金，存款人可以随时或按约定时间支取款项的一种信用业务。这是银行的传统业务，在负债业务中占最主要的地位，约占负债总额的 70%以上。目前我国商业银行存款负债的比重要高于 70%。商业银行存款分为活期存款、通知存款、定期存款和储蓄存款。商业银行的最大特点是可以接受活期存款。

1. 活期存款

活期存款是不规定存款期限，存户可随时提取，银行有义务随时兑付的存款。银行发给存款人支票簿，存款人可用支票从银行提取现款，但更多的是用支票向第三者支付货款或偿还债务。由于活期存款可用支票随时提存，存取数量大，流通速度快，银行需付出大量的人力和物力，因此，绝大多数国家的银行对活期存款不付利息。在有些国家，甚至收取活期存款客户的手续费。我国商业银行目前对活期存款仍付给较低的利息。虽然活期存款客户经常不断提取存款，但同时也经常有新存款在补充，所以银行总是有稳定的活期存款余额，用于发放贷款。

参加活期存款的对象有工商企业、个人、政府以及外国客户等。他们把闲置资金作为活期存款存入银行不是为了获取利息，而是为了通过银行进行各种支付和结算。

2. 通知存款

通知存款是存款人在提取存款时，必须提前一定时间通知银行，以便银行准备资金，保证支付的存款。这项存款的利率一般高于活期存款而低于定期存款。

3. 定期存款

定期存款是有固定期限、到期才能提取的存款。

这种存款凭存单提取，存单不能转让。定期存款具有稳定性，是银行吸收外来资金中相对稳定的部分，可用于长期贷款业务，所以银行均给以较高的利息。存款户如因急需，要求提前提取时，须按规定提前通知银行方能提取，并减少利息。对提前支取的定期存款，我国是按活期存款支付利息。

在大多数国家，金融当局或银行工会都规定了存款利率的最高限额，银行通过提高利率来扩大存款的空间十分有限，银行主要以提供有效服务来吸收存款。各国现代化银行，均设有电子信息处理系统，使客户在存款和提款上尽量少花费时间。银行还装置了 ATM，

使客户可在 24 小时之内的任何时间提取一定数量的现金，还提供与存款、提款和付款有关的业务，包括国外兑现支票、本票、旅行支票、国内外汇款、国际存款、信用卡、电话转账等。第二次世界大战后，由于利息率的提高和 CD 的出现，活期存款占银行负债的比重急剧下降，而定期存款的比重却迅速上升。

4. 储蓄存款

储蓄存款一般是个人为了积存货币和取得利息收入在银行开设账户的存款。储蓄存款不使用支票，而是使用存折、存单和银行卡，手续比较简单。

储蓄存款有活期和定期两种。活期储蓄存款存取无一定期限，只凭存折、银行卡即可提取，存折一般不能流通转让，存户不能透支款项。

三、其他负债业务

其他负债业务主要是指商业银行向同业、中央银行、社会公众借款和在办理结算中占用的客户资金。

1. 同业拆借

同业拆借是指商业银行之间及商业银行与其他金融机构之间的短期资金融通。拆入资金的银行主要是用来解决临时资金周转的需要，故一般期限较短，多则七日、少则一日，甚至还有半日拆借，上午借下午还。我国同业拆借的期限一般则较长。同业拆借的利率水平一般较低。

同业拆借一般是通过各商业银行在中央银行的存款账户拆出或拆入，也可以采取同业存款，以及回购协议等形式。

2. 向中央银行借款

中央银行作为银行的银行，担负着向商业银行贷款的责任。商业银行向中央银行融通资金主要是通过再贴现和再贷款方式进行的。

再贴现是指商业银行将办理贴现业务所取得的未到期票据，转让给中央银行以获得中央银行贴现款的一种行为，也就是向中央银行办理再贴现。

再贷款是商业银行开出票据或以政府债券做抵押向中央银行取得的贷款。各国中央银行对再贷款限制较严，一般只允许用于商业银行临时调剂资金，而不能用于扩大银行资产规模，我国中央银行则根据不同时期的银行状况以及金融政策实行严控。

3. 发行金融债券

发行债券也是商业银行筹资的一种方式，用于弥补流动资本的不足，形成负债业务，这种筹资方式的好处是不需交纳存款准备金。自 1985 年以来，我国银行经中国人民银行批准也面向社会发行金融债券，为特定用途筹集资金。

4. 占用资金

占用资金是指商业银行在办理中间业务及同业往来过程中，临时占用的资金。

银行在办理汇兑、代收代付、代客买卖、代理投资等中间业务时，可以在收进款项和完成业务之间的这段时间内占用客户的资金；在同业往来过程中，如果出现应付款大于应收款的情况，也会占用他行的资金。虽然从每笔业务看，占用时间很短，金额不大，但从周转总额来看则非常巨大，因而也构成商业银行的一项重要资金来源。

第三节　商业银行的资产业务

一、放款业务

(一)根据偿还期限划分

放款根据偿还期限不同可分为活期放款、定期放款和透支。

1. 活期放款

活期放款是指放款期限未定，银行可以随时收回或借款人可以随时偿还的放款。

2. 定期放款

定期放款是指具有确定期限的放款，又可分为短期放款、中期放款和长期放款。短期放款规定在 1 年之内归还，用于满足企业短期流动资金不足或季节性资金需要。中期放款一般期限为1～5 年，通常在放款期限内分期偿还本息。长期放款一般指偿还期在 5 年以上的放款。

3. 透支

透支是银行允许存款户在约定的范围内，超过其存款余额签发支票予以兑现的一种放款，分为信用透支、抵押透支和同业透支三种。透支放款有随时偿还的义务，利息按天计算。

(二) 根据使用放款的经济内容划分

根据使用放款的经济内容不同，放款可分为经营性放款、有价证券经纪人放款和消费性放款。

1. 经营性放款

这种放款是指商业银行对工商企业经营活动过程中的正常资金需要而发放的放款，包

括工商业放款、农业放款和不动产抵押放款等。

工商业放款是银行对工商企业的放款。它在银行放款总额中所占比重最大，在我国，也是商业银行最主要的放款种类。工商业放款包括短期流动资金放款、长期流动资本放款和项目放款等。

农业放款是银行对农场或农民个人发放的用于生产的贷款。

不动产抵押放款是以建筑物和土地为抵押品的放款，主要包括住宅放款、工商农不动产放款等。这种放款目前在一些西方发达国家较为普遍，在美国，其比重已达到放款总额的 30%左右。但由于这类放款期限较长、流动性差，因而各国商业银行往往将其控制在一定的放款比例内。

2. 有价证券经纪人放款

它是指银行向专门从事证券交易的经纪人提供的放款。目的是解决证券交易过程中暂时资金短缺的需要。

3. 消费性放款

它是指银行对消费者个人发放的、用于购买耐用消费品或支付其他费用的放款。目的是解决个人用于购买汽车、家用电器、房屋等方面的资金需要。

消费性放款的发放有直接和间接两种。直接发放是消费者和银行直接发生借贷关系。间接发放是银行通过某一商业企业与消费者间接发生借贷关系，即银行可以放款给商店，商店将商品赊销给消费者，消费者根据协议分期付款。消费性放款按用途可分为汽车放款、住宅放款、高档耐用消费品放款、教育与学费放款、旅行放款等，可以分期偿还，也可以一次性偿还。另外，消费性放款也可通过信用卡透支发放。

(三)根据信用担保的性质划分

放款根据信用担保的性质可分为以票据、商品、股票、债券为担保的有担保放款和信用放款。

1. 以商业票据为担保的放款

它包括票据贴现和票据抵押放款。

1)　票据贴现

它是指客户将未到期的票据提交银行，由银行扣除自贴现日起至到期前一日止的利息而取得现款，票据到期时由贴现银行按票面额向票据的债务人收回款项。

银行办理票据贴现，须按一定的利率计算利息。这种利率称为贴现率。

未到期票据贴现付款额的计算公式为

贴现付款额=票据面额×(1−年贴现率×未到期天数÷365 天)

贴现业务与普通放款的比较：贴现实际上是一种特殊的放款。它与普通放款相比，不同之处表现如下。

普通放款是到期以后收取利息，贴现则是在贴现业务发生时从票据面额中预扣利息；放款期限较长，且常有转期情况，而贴现的票据期限一般较短，通常都是三个月到期，最长不会超过一年，到期即收回；放款的申请人即为银行的直接债务人，而贴现的申请人并非银行的直接债务人，票据的出票人、承兑人和背书人均应对票据款项负责；放款利率要略高于贴现率，这是因为贴现业务发生时，银行要按票据面额预扣利息将余额付给客户，银行的实际付款额要低于票面额，所以，贴现利率要低于放款利率。

2) 票据抵押放款

它是以各种票据为担保的放款，放款期限不得超过票据到期的期限。放款到期时，借款人应偿还放款、赎回票据；如不赎回，银行有权处置票据。在票据贴现时，银行付给持票人扣除的只是贴现利息，但在进行票据抵押放款时，银行为了避免借款人不赎回票据而遭受损失，其放款额总是低于票据的面额，一般为60%～80%。票据面额与放款额的差额通常称为“垫头”。

2. 商品抵押放款

它是以各种商品和商品凭证(如货运提单、仓库栈单)作抵押的放款。放款不能按期归还，银行可以出售抵押的商品，以补偿放款，银行放款时，垫头较大，商品估价大大低于市场价格，一般为商品市价的30%～50%，以防止商品跌价或销售发生困难而遭受损失。

票据业务和商品抵押放款业务的意义：均与产业资本循环过程密切联系，能加速资本的周转，促进生产的扩大。可使商品资本和票据债权转化为货币资本，如当商品暂时未能销售出去时，可以把商品抵押给银行取得放款；当商品还处于运送途中时，也可以把商品运送凭证抵押给银行取得放款。这样使资本从商品形态提前转化为货币形态。当商品以信用形式出售以后，企业可以获得票据，虽然票据可以作为信用货币而流通，但它毕竟有一定的局限性，这时持票人可以把票据提交银行贴现或抵押。这样票据业务也可使资本从票据债权形态转化成货币形态，以保证资本循环的连续进行。

3. 以股票或债券做担保的放款

这种放款在确定数额时也有垫头。证券投机商以有价证券做质押取得银行放款，运用这笔放款再去购买有价证券，然后再质押再购买，为有价证券的投机提供了大量的货币资本。他们用这些货币资本增加了对证券的需求，提高了证券的行市，从中获得投机利润。

4. 信用放款

它并无实物或有价证券做质押，通常仅由借款人出具签字的书面凭证作为保证。

这种放款不需客户用任何有价物作保证，使企业获得了追加资本，所以这种放款是资本放款。银行一般只对它所熟悉的借款人、并确信具有偿还能力，才提供信用放款，这种

放款利息率较高，并且附加一定的条件，例如，要求企业提供资产负债表，报告借款的使用情况，不得向其他银行借款等。银行通过这些措施加强对企业的监督和控制。

(四)根据成本定价划分

按成本定价方法划分，可分为固定利率放款和浮动利率放款。

1. 固定利率放款

它是客户根据借款时与银行约定的利率还本付息。对固定利率放款的理解就是在合同存续期间利率不做调整的放款。

2. 浮动利率放款

它分为两种，一种是对资信状况较好又与银行有长久合作关系的客户，一般实行优惠利率，即在银行放款基准利率基础上向下浮动；另一种是在市场利率不稳定的条件下为了使双方单方面承担利率风险，在放款合同有效期内约定利率调整期限，到期放款利率以基准利率为基础上浮或下浮。

二、投资业务

1. 投资业务的概念

商业银行的投资业务是指银行购买有价证券的业务活动。商业银行的投资业务与通常所说的投资不同。普通投资是指以资本从事工商业的经营活动，而银行购买的有价证券包括债券(国库券、公债券、公司债券)和股票。但对于购买股票，一般国家多加以限制或禁止，目前各国商业银行的证券投资主要用于购买政府债券。如美国近年来全国商业银行的投资总额中，联邦政府债券约占 60%，这主要是由于联邦政府债券比较安全可靠、期限较短、变现能力强。

商业银行购买有价证券，目的是从中谋取投机利润。商业银行在证券交易所中广泛进行投机活动，并对证券交易的经纪人进行贷款资助。据统计，纽约证券交易所内取得商业银行贷款的有价证券周转额超过 50%。证券投资的盈利有可能高于放款的收益。

商业银行投资业务有风险，因此银行必须加强对证券投资的管理，并运用各种投资方式注意回避和分散投资的风险，以确保获取利润。

2. 银行购买有价证券与放款的比较

二者极为相似，但也有不同。其表现为：①放款是银行应借款人的请求而发放；而投资则由银行以购买证券方式贷放。②放款一般在到期以后才能收回；而投资则可以随时将证券在公开市场出售收回。③放款一般用于生产经营活动，与产业资本循环发生联系；而投资一般用于证券投资活动，不和真实资本发生直接联系。

《中华人民共和国商业银行法》规定："商业银行在中华人民共和国境内不得从事信托投资和股票业务，不得投资于非自用不动产。"

第四节　商业银行的中间业务

中间业务是银行不需运用自己的资本，代替客户承办支付和其他委托事项而收取手续费的业务，主要包括汇兑业务、信用证业务、代收业务、同业往来、代客买卖业务、信托业务和租赁业务、代理融通业务、咨询和信息服务业务。

一、汇兑业务

1. 汇兑业务的概念

汇兑业务是银行代理客户把现款汇给异地收款人的业务。这种业务要使用特殊的汇兑凭证——银行汇票或支付委托书。这些凭证是承汇银行向另一银行或分支行发出的命令，命令后者向第三者支付一定数额的货币，银行汇票由银行交给客户，客户再将它寄给收款人，由收款人向汇票指定的银行取款。支付委托书是由承兑银行用邮信或电报直接通知另一银行，再由后者通知第三者取款。

2. 汇兑业务对银行的意义

银行经营汇兑业务可以占用客户的一部分资金，因为客户把款交给银行，银行再把款汇给异地的收款人，这中间总会有一段时间间隔。在这段时间内银行就可以占用客户的资金。虽然每笔款项可占用的数额不大，时间也短。但由于银行每天办理大量的汇兑业务，这笔占用的资金为数就颇为可观。

二、信用证业务

1. 信用证业务的概念

信用证业务是由银行保证付款的业务，可以解决买卖双方互不信任的矛盾。这种业务分为商品信用证和货币信用证两种。

商品信用证是银行应买方的要求，开给卖方的一种保证付款的凭证。在银行应买方的要求开出信用证时，信用证上开列买方购货所规定的条件，如货物的规格、数量、单价等，只要卖方按所列条件发货，就有权凭信用证要求银行付款。这种业务在异地采购，尤其在国际贸易中，使用非常广泛。

货币信用证是银行收取客户的一定款项后，开给客户保证在异地银行兑取相应现款的一种凭证。旅行者常使用这项特殊的汇兑，这样，他们可不必携带现金。

2. 信用证业务对银行的意义

银行经营信用证业务，可以从中收取手续费，并可以占用一部分客户资金。

三、代收业务

1. 代收业务的概念

代收业务是银行接受客户的委托，根据各种凭证代替客户收取款项的业务。

2. 代收的种类

代收业务的对象包括支票、票据、有价证券和商品凭证等。

代收支票款项是客户收到其他银行的支票，委托自己的开户银行代为收款。票据代收业务是银行接受客户的委托，负责收取票据款项；有价证券代收业务是客户把有价证券交给银行，委托银行代收利息与股息等；商品凭证代收业务是卖方把货物向买方运送出去以后，把有关发货的商品凭证交给银行，委托银行代收款项，在异地和国际贸易中广泛采用商品凭证代收业务，而且这种业务往往与放款业务有密切联系。当客户把凭证提交银行请求代收时，一般就能及时从银行取得贷款；当银行收回货款后，再用货款偿还贷款。如果客户请求代收时并没有申请贷款，银行就可以占用代收过程中的资金。

四、同业往来

同业往来是银行之间在进行各项业务时建立的往来关系。银行在办理汇兑、信用证、代收等业务时，需要在不同地区的两家银行进行，而这两家银行如果没有隶属关系，就需要事先订立契约并建立往来账户，通过这种账户办理相互委托的收付事项。在这种业务中，银行之间就要发生债权债务关系。由于这种业务具有相互性质，所以债券债务可以相互抵销。但抵销后总会有一定的差额。如果某银行这种差额表现为负债，就占用对方银行的资金。

五、代客买卖业务

代客买卖业务是银行接受客户的委托，代为买卖有价证券、贵金属和外汇的业务。银行在代理国家发行公债或代企业发行股票和债券时，可以从发行总额中获得一定比率的手续费。这种收入往往是非常可观的。银行办理这种业务时，常常与资产业务相结合，即银行先按一定的折扣把有价证券买进，然后再陆续卖出。

在现代经济中，代理买卖证券业务已超出中间业务的范围，成为投资银行资本运营的一种主要形式。

六、信托业务

1. 信托业务的概念

信托业务是银行受客户的委托，代为管理、营运、处理有关钱财的业务。

2. 信托业务的种类

这种业务按对象可划分为对个人和对社团、企业两个方面。

(1) 对个人的信托业务包括：代管财产、办理遗产转让，保管有价证券和贵重物品，代办人寿保险等。目前因旅游业发达，银行的信托业务还为委托人设计旅游路线，另外还代拟家庭预算，代办个人纳税等。

(2) 对社团企业的信托业务包括：代办投资；代办公司企业的筹资事宜，如股票、公司债券等的注册、发行及股息红利分发、还本等事宜；代办合并或接管其他企业；代管雇员福利账户和退休养老金的发放、业务咨询；代理政府办理国库券、公债券的发行、推销以及还本、付息等。

3. 信托业务的特点

银行经营信托业务一般只收取有关的手续费，至于在营运中获得的收入则归委托人所有。银行开展这项业务时，可把占用的一部分信托资金用于投资业务。

信托业务一般由专门的信托公司办理，但大的商业银行也没有信托部经营这种业务。

第二次世界大战后，信托业务发展极为迅速，其原因在于银行资产负债业务的联系面广，熟悉行情，信息渠道畅通，而且也和银行营运信贷资金密切相关。

同时由银行承办信托业务，较之个人之间的委托有许多优点，即银行要承担信誉和债务上的责任，集团评估决策，不单方面偏袒，应变能力强等。

银行承办信托业务，不仅可以把一部分信托资金留归自己使用，而且可以掌握大量企业股票，从而取得对一些企业的控制权。

《中华人民共和国商业银行法》规定：商业银行不得办理信托投资业务，但可以代理保险业务。

七、租赁业务

租赁业务是银行通过所属专业机构将大型设备出租给企业使用的业务。

这种业务一般是由银行所控制的分公司经营。租赁的范围包括飞机、船只、车辆、钻井平台、电子计算机和各种机电设备，目前甚至扩大到工厂。租赁的一般程序是，先由租户直接与设备制造厂商就设备的型号、规格、数量以及价格和交货日期等进行谈判，谈判结束后，租赁公司向设备制造厂商购买设备，所需资金由租赁公司负责；然后租户与租赁

公司签订租赁合同，与设备制造厂商签订维修、培训人员、更新部件等技术合同。厂商按合同向租户所在地发货，货到验收合格后，租期即开始。租户按合同规定，向租赁公司交纳的租金总额包括设备费、手续费和利息等。租期一般为 3～5 年，也有达 10 年的，租期中一般不得中途解约，租期结束后，承租人可续租、议购或终结租赁退回设备。

八、其他的中间业务

第二次世界大战后，商业银行开展了许多新的业务，如代理融通业务、咨询和信息服务业务、电子计算机服务、银行卡业务等。

1. 代理融通业务

代理融通是由商业银行代客收取应收账款，并向顾客提供资金融通的一种业务方式。这种业务产生于工商企业扩大销售与收回货款的需要，既有利于应收账款按时收回，又可解决赊销企业资金周转不灵的困难，因此极受客户的欢迎。

商业银行在办理此项业务时可以收取一定的手续费和融资的利息，因此是一项很有发展潜力的业务。

2. 咨询和信息服务业务

由于银行同各方面均有联系，对市场情况了解较多，所以企业经常咨询有关业务。因此，一些国家的大商业银行设立专门机构从事此项业务，包括企业资信评估，提供商品市场供需结构变化趋势，协助专业研究会计手续、结账办法、估算流动资金情况，分析成本，选择客户等。

3. 电子计算机服务业务

一些大的商业银行为了业务上的需要，广泛采用电子计算机办公。银行拥有的电子计算机除处理本身业务外，还向客户提供服务，包括向企业提供关于市场及投资的分析报告，电子银行、网上银行服务等。

4. 银行卡业务

银行卡是由银行发行、供客户办理存取款和转账支付的新型服务工具，包括信用卡、支票卡、记账卡、智能卡等。它是银行业务与高科技相结合的产物，使银行业务有了突飞猛进的发展。

实际上，除上述新业务外，银行为了拓展业务和获取利润，还向客户提供多方面的服务，如住宅及不动产管理业务，协助中小企业发展业务，协助开展国际贸易和国际投资业务，等等。

近年来，美国的商业银行还对住房、交通、公共设施、都市计划等方面，提供金融方面的合作，并对教育及职业训练的发展，给予多方面的支持。

过去银行只搞存、放、汇、投资等业务的传统已被打破，现代商业银行可在各方面提供服务，金融服务项目日益增多，成为所谓“充分服务的银行”，使之具有“金融百货公司”的性质。

第五节　存款的创造

一、几个重要的概念

1. 原始存款

原始存款是客户以现金存入银行形成的存款。银行在经营活动中，只需保留一小部分现金作为付现准备，可以将大部分现金用于放款。客户在取得银行贷款后，一般并不立即提取现金，而是转入其在银行的活期存款账户，这时银行一方面增加了放款，另一方面增加了活期存款。

2. 派生存款

银行用转账方式发放贷款、贴现和投资时创造的存款，即为派生存款。在信用制度发达的国家，银行的大部分存款都是通过这种营业活动创造出来的。可见。原始存款是派生存款创造的基础，而派生存款是信用扩张的条件。

3. 存款准备金与超额存款准备金

商业银行的存款准备金由它的现金库存和它在中央银行的存款两部分构成。现代各国的银行制度，一般均采用部分准备金制，因为如果是全额准备金制，则银行根本不可能利用所吸收的存款去发放存款。但是也不能无限制地运用存款，否则存款货币创造过多，会导致通货膨胀。因此，目前各国一般都以法律形式规定商业银行必须保留的最低数额的准备金，即法定存款准备金。准备金超过法定存款准备金的部分为超额准备金。

4. 法定存款准备金

法定存款准备金 R_d 是银行按照法定存款准备率(r_d)，对活期存款总额(D)应保留的准备金，用公式表示：

$$R_d = D \cdot r_d$$

超额准备金(E)，则是银行实有准备金(R)与法定存款准备金之差。其正值表示 R 的有余部分，负值则表示不足部分，用公式表示：

$$E = R - D \cdot r_d$$

法定存款准备率的高低，直接影响银行创造存款货币的能力。法定存款准备率愈高，

银行吸收的存款中可用于放款的资金愈少，创造存款货币的数量则愈小；反之，法定存款准备率越低，创造存款货币的数额越大。可见，法定存款准备率决定了银行创造存款的能力，与信贷规模的变化有密切关系，因此，许多国家的中央银行都把调高或降低法定存款准备率作为紧缩或扩张信用的一个重要手段。

二、存款的创造过程与原理

为了搞清存款创造的原理，先分析一种简单的情况——商业银行最大的信用创造。

(一)必需的假定

(1) 每家银行只保留法定存款准备金，其余部分全部贷出，超额准备金等于零。
(2) 客户收入的一切款项均存入银行，而不提取现金。
(3) 法定存款准备率为 20%。

(二)派生存款的创造过程

现假设 A 企业将 10000 美元存入第一家银行，该行增加原始存款 10000 美元，按 20%提留 2000 美元法定存款准备金后，将超额准备金 8000 美元全部贷给 B 企业，B 企业用来支付 C 企业货款，C 企业将款项存入第二家银行，使其准备金和存款均同额增加 8000 美元，该行提留 1600 美元法定存款准备金后，又将超额准备金 6400 美元贷给 D 企业，D 企业又用来向 E 企业支付货款，E 企业将款项存入第三家银行，该行又继续贷款，如此循环下去，如表 5-1 所示。

表 5-1　派生存款的创造过程

银行名称	存款增加数	按 20%应留法定准备金数	放款增加数
第一家银行	10000.00	2000.00	8000.00
第二家银行	8000.00	1600.00	6400.00
第三家银行	6400.00	1280.00	5120.00
第四家银行	5120.00	1024.00	4096.00
第五家银行	4096.00	819.20	3276.80
第六家银行	3276.80	655.36	2621.44
第七家银行	2621.44	524.20	2097.15
第八家银行	2097.15	419.43	1677.72
第九家银行	1677.72	335.54	1342.18
第十家银行	1342.18	268.44	1073.74
十家银行合计	5368.71	1073.74	4294.97
总计	50000.00	10000.00	40000.00

由表5-1可知，在部分准备金制度下，10000美元的原始存款，可使银行共发放贷款40000美元，并可使活期存款总额增至50000美元，活期存款总额超过原始存款的数额，便是该笔原始存款所派生的存款总额，银行的这种扩张信用的能力取决于两大因素，即原始存款数额的大小和法定存款准备率的高低，用公式表示如下：

$$\Delta D=\Delta P\cdot 1/r_{\mathrm{d}} \tag{5-1}$$

式中：ΔD——经过派生的活期存款总额的变动；

ΔP——原始存款的变动；

$\Delta D-\Delta P$——派生存款总额。

同时，从分析上式可知，活期存款的变动与原始存款的变动显然存在着一种倍数关系(K)，用公式表示：

$$\Delta D=\Delta P\cdot K \tag{5-2}$$

由式(5-1)得$\Delta P=\Delta D\cdot r_{\mathrm{d}}$

$$\therefore \quad K=\Delta D/\Delta P=1/r_{\mathrm{d}} \tag{5-3}$$

(三)存款货币的最大派生倍数为r_{d}的倒数

假定公式中ΔP为已知，则银行的贷款机制所决定的存款货币的最大扩张倍数为K，称为派生倍数。该倍数即是r_{d}的倒数。

派生倍数的含义：法定存款准备率越高，存款扩张的倍数值越小；法定存款准备率越低，扩张的倍数值则越大。

商业银行如果出现超额准备金，可用于发放贷款，同时创造出派生存款。但是如果法定存款准备金不足，商业银行或者紧缩贷款和紧缩投资，使其在中央银行的存款达到r_{d}的水平；或者向中央银行借款，向同业拆借，扩大原始存款等以增加实有准备金R的数额，导致货币供应量减少。

三、派生倍数的修正

前面分析的商业银行创造存款货币的能力，是在三个假定基础上进行的，信用创造取决于原始存款和派生倍数。但是在实际经济活动中，那三个假定是不存在的，派生倍数还会受种种因素的影响而大为缩减，因此必须做进一步的修正。

1. 第一个修正为现金漏损

前面为了叙述方便，我们对银行创造存款货币的过程曾做过简单的假定，即客户将收入的一切款项均存入银行系统，而不提现金。事实上，多数客户总会有提现的行为。如果在存款派生过程中某一客户提取现金，则现金就会流出银行系统，出现现金漏损(ΔC)，而

使银行系统的存款准备金减少，派生倍数也必然缩小，银行创造货币的能力下降。由于ΔC与ΔD有一定的比例关系，其现金漏损率为c'，这样存款额变动(ΔD)对原始存款变动(ΔP)的比率可以修正为

$$K=\Delta D/\Delta P=\frac{1}{r_{\mathrm{d}}+c'} \tag{5-4}$$

2. 第二个修正为超额准备金

前面曾假定银行将超额准备金全部贷出，但实际上，银行的实有准备金总会多于法定准备金，会有一定数额的超额准备金(E)尚未贷出。

前面提出，法定存款准备金等于存款总额乘以法定准备率，即$\Delta R_{\mathrm{d}}=\Delta D\cdot r_{\mathrm{d}}$，超额准备金($\Delta E$)也常和$\Delta D$有一定的比例关系，其系数为$e$，则

$$\Delta E=\Delta D\cdot e$$

这样存款额的变动由于 e 的存在，必使银行创造存款的能力削弱，从而引起派生倍数的变动为

$$K=\Delta D/\Delta P=\frac{1}{r_{\mathrm{d}}+c'+e} \tag{5-5}$$

3. 第三个修正为活期存款转为定期存款

企业持有的活期存款中，也会有一部分转化为定期存款，因为有的国家对活期存款和定期存款规定了不同的法定存款准备率，一般来说，定期存款法定存款准备率低，活期存款法定存款准备率高。因此，银行要按定期存款(D_{t})的法定存款准备率(r_{t})提留准备金，从而影响存款的派生倍数(K)。定期存款准备金($r_{\mathrm{t}}\cdot D_{\mathrm{t}}$)同活期存款总额($D$)之间也保有一定的比例关系。设$t$为定期存款占活期存款的比例，则

$$t=D_{\mathrm{t}}/D$$

$$R_{\mathrm{t}}\cdot D_{\mathrm{t}}/D=r_{\mathrm{t}}\cdot t$$

$R_{\mathrm{t}}\cdot t$ 的存在可视同法定存款准备率(r_{d})的调整，银行创造存款的能力相应变化，因此派生倍数(K)即可修正为

$$K=\frac{1}{r_{\mathrm{d}}+c'+e+r_{\mathrm{t}}\cdot t} \tag{5-6}$$

由上可知，银行吸收一笔原始存款能够创造多少存款货币，要受到法定存款准备金多少、现金流出银行多少、超额准备金多少、定期存款多少等许多因素的影响。分母数值越大，则派生倍数的数值越小。

第六节 商业银行资产负债管理

一、资产负债管理理论

(一)资产管理理论

资产管理理论是以商业银行资产的流动性为重点的传统管理方法。在 20 世纪 60 年代前，认为商业银行的负债主要取决于客户的存款意愿，只能被动地接受负债；而银行的利润主要来源于资产业务，而资产的主动权却掌握在银行手中，因此，商业银行经营管理的重点应是资产业务，以保持资产的流动性，达到营利性、安全性、流动性的统一。资产管理理论产生于商业银行经营的初级阶段，是在经历了商业贷款理论、资产转移理论、预期收入理论和超货币供给理论几个不同发展阶段逐渐形成的。

1. 商业贷款理论

商业贷款理论也称真实票据理论。这一理论是在 18 世纪英国银行管理经验的基础上发展起来的。

1) 主要内容

银行的贷款应以真实的、有商品买卖内容的票据为担保发放，在借款人出售商品取得贷款后就能按期收回贷款。一般认为这一做法最符合银行资产流动性原则的要求，具有自偿性。所谓自偿性就是借款人在购买货物或生产产品时所取得的贷款可以用生产出来的商品或商品销售收入来偿还。根据这一理论要求，商业银行只能发放与生产、商品联系的短期流动贷款，一般不能发放购买证券、不动产、消费品或长期农业贷款。对于确有稳妥的长期资产来源才能发放有针对性的长期贷款。

2) 评价

这一理论与当时经济尚不发达、商品交易限于现款交易、银行存款以短期为主、对贷款的需要仅限于短期的现实相适应，但是当借款人的商品卖不出去或应收账款收不回来或其他意外事故时，贷款到期不能偿还的情况还是会发生的，自偿性就不能实现。随着经济的发展，银行吸收存款不但数额庞大，其中定期存款所占比重也不断升高，如果银行贷款还仅限于自偿性的短期贷款，就会导致资金周转不畅，不能满足经济对中、长期贷款的需要，也会影响银行的盈利水平。所以当今的西方学者和银行家已不再接受或不完全接受这一理论。

2. 资产转移理论

资产转移理论是 20 世纪初在美国银行界流行的理论。

1)　理论要点

随着金融市场的发展，银行为了应付提存所持现金的一部分，投资于具备转让条件的证券，作为第二准备金。这种证券只要信誉高、期限短、易于出售，银行就可以达到保持其资产的流动性的目的。如目前美国财政部发行的短期国库券就符合这种要求。根据这一理论，银行除继续发放短期贷款外，还可以投资于短期证券。另外银行也可以用活期存款和短期存款的沉淀额进行长期放款。资产与负债的期限没必要严格对称。

2)　评价

当各家银行竞相抛售证券的时候，有价证券将供大于求，持有证券的银行转让时将会受到损失，因而很难达到保持资产流动性的预期目标。资产与负债期限的不对称性也必须有一定的界限，在实际工作中这一界限往往很难确定。

3. 预期收入理论

预期收入理论是在第二次世界大战后，美国学者普鲁克诺于 1949 年在《定期贷款与银行流动性理论》一书中提出的，它是在商业贷款理论和资产转移理论的基础上发展起来的，但又与这两种理论不同。

1)　理论要点

只要资金需要者经营活动正常，其未来经营收入和现金流量可以预先估算出来，并以此为基础制订出分期还款计划，银行就可以筹措资金发放中长期贷款。无论贷款期限长短，只要借款人具有可靠的预期收入，资产的流动性就可得到保证。这种理论强调的是借款人是否确有用于还款的预期收入，而不是贷款能否自偿，担保品能否及时变现。

基于这一理论，银行可以发放中长期设备贷款、个人消费贷款、房屋抵押贷款、设备租赁贷款等，使银行贷款结构发生了变化，成为支持经济增长的重要因素。

2)　评价

这种理论的主要缺陷在于银行把资产经营建立在对借款人未来收入的预测上，而这种预测不可能完全准确。而且借款人的经营情况可能发生变化，到时不一定具备清偿能力，这就增加了银行的风险，从而损害银行资产的流动性。

4. 超货币供给理论

这一新理论产生于 20 世纪 60 年代末。

1)　理论要点

随着货币形式的多样化，不仅商业银行能够利用贷款方式提供货币，而且其他的非银行金融机构也可以提供货币，金融竞争加剧。这要求银行管理应该改变观念，不仅单纯提供货币，而且还应该提供各方面的服务。根据这种理论，银行在发放贷款和购买证券提供货币的同时，还应积极开展投资咨询、项目评估、市场调查、委托代理等多种服务，使银行资产管理更加深化。

2) 评价

其缺陷是银行在广泛扩展业务之后，增加了经营的风险，如果处理不当容易遭受损失。

以上理论的产生是适应当时各阶段经济发展情况的，但是这些理论又随着经济的发展，其缺陷越来越突出而难以满足社会经济发展对银行的要求。

(二)负债管理理论

负债管理理论是以负债为经营重点来保证流动性和营利性的经营管理理论。

理论的核心是主张以借入资金的办法来保持银行流动性，从而扩大银行资产业务，增加银行收益。

进入 20 世纪 60 年代以后，各国经济迅速发展，迫切需要银行提供更多的资金，因而促使银行不断寻求新的资金来源，满足客户借款的需要，此外，由于银行业竞争的加剧、实施存款利率最高限制，迫使商业银行必须开拓新的负债业务，不断增加资金来源。除传统的存款业务以外，商业银行还积极向中央银行借款，发展同业拆借，向欧洲货币市场借款，发行大额可转让定期存单，签订“再回购协议”借款等。

负债管理理论的缺陷是提高了银行的融资成本，加大了经营风险；不利于银行稳健经营。

(三)资产负债管理理论的含义

资产负债管理是要求商业银行对资产和负债进行全面管理，而不能只偏重于资产或负债某一方的一种新的管理理论。20 世纪 80 年代初，金融市场利率大幅度上升，存款管制的放松导致存款利率的上升，从而使银行吸收资金成本提高，这就要求商业银行必须合理安排资产和负债结构，在保证流动性的前提下，实现最大限度盈利。资产负债管理理论就是通过资产和负债的共同调整，协调资产和负债项目在期限、利率、风险和流动性方面的搭配，尽可能使资产、负债达到均衡，以实现安全性、流动性和营利性的完美统一。由于资产负债管理理论是从资产和负债之间相互联系、相互制约的整体出发来研究管理方法，因而被认为是现代商业银行最为科学、合理的经营管理理论。

(四)资产管理的内容

资产管理包括准备金管理、贷款管理和证券投资管理。

1. 准备金管理

准备金管理按准备金性质划分，有存款准备金管理、资本准备金管理和贷款准备金管理等。

存款准备金管理是商业银行对吸收的存款按法定比例交存中央银行的准备金管理。中央银行对交存的法定存款准备金不支付利息。

资本准备金管理是商业银行对从税后利润中提取的准备金进行管理。

贷款准备金管理即呆账准备金管理，是商业银行对从税前利润中提取的准备金进行管理。

2. 贷款管理

贷款是商业银行资产管理的重点，包括贷款风险管理，贷款长、短期结构管理，信用贷款和抵押贷款比例管理等。

贷款风险管理是商业银行为减少贷款损失，要求对单个客户的贷款不超过银行贷款总额或银行自有资本的一定比例，以达到分散风险的目的。

贷款长、短期结构管理要求长期贷款不得超过贷款总额的一定比例。

信用贷款和抵押贷款比例管理限制信用贷款占全部贷款的比例。

3. 证券投资管理

这是商业银行对证券买卖活动的管理，主要内容包括证券投资应面向不同种类的证券，实现证券的最佳组合，一般应优先购买风险性小、收益率高、流动性大的证券，如政府债券。

证券投资应保持适当的比例，实现资产的最优组合，一般规定购买的证券总额不许超过资本总额的一定比例。

(五)负债管理的内容

负债管理包括资本管理、存款管理和借入款管理。

1. 资本管理

按照《巴塞尔协议》 规定，从 1992 年起，按统一标准计算的资本充足比率应达到 8%，即资本应达到全部权重风险资产的 8%。

2. 存款管理

存款管理是商业银行负债管理的重点，包括对吸收存款方式的管理、存款利率管理和存款保险管理。

对吸收存款方式的管理：如规定不得以抽彩给奖的方法吸收存款，不得使用欺骗引诱手段吸收存款等；存款利率管理：如实行严格的利率管制，浮动利率管理，利率自由政策等；存款保险管理：一般规定商业银行必须参加存款保险，以便在发生意外事故破产时，能够及时清偿债务，以维护存款人的利益。

3. 借入款管理

借入款管理主要包括向中央银行借款管理、同业借款管理和发行金融债券管理。其总的管理内容是：严格控制借入款的使用，分散借入款的偿还期和偿还金额，借入款应控制适当的规模和比例等。

二、资产负债比例管理

1. 资产负债比例管理的基本要求和重要意义

1994 年中国人民银行根据国际惯例和我国实际制定的《商业银行资产负债比例管理暂行监控指标》，要求商业银行全面推行资产负债比例管理制度，即以比例加限额的控制方法，对商业银行资产负债实行综合管理。

管理制度的基本要求：以资金来源控制资金运用，防止超负荷经营，保持资产与负债的期限，数量结构相对应，建立指标监控体系；提高资产的流动性，坚持营利性、安全性、流动性的统一，降低不良资产负债比例，提高经济效益。

重要意义：有利于商业银行转换经营机制，增强自我约束、自我发展的能力；有利于人民银行加强宏观调控；有利于商业银行的公平竞争和金融秩序的稳定，有利于我国商业银行与国际惯例接轨，参与国际竞争。

2. 资产负债比例管理的指标体系

资产负债比例管理的指标如下。

(1) 资本充足率指标。

(2) 存贷款比例指标。

(3) 中长期贷款比例指标。

(4) 资产流动性比例指标。

(5) 备付金比例指标。

(6) 单个贷款比例指标。

(7) 拆借资金比例指标。

(8) 对股东贷款比例。

(9) 贷款质量指标。

各银行在执行上述中国人民银行规定的统一指标前提下，可以根据自身资金营运的特点和强化管理的需要，制定一些补充指标。报经人民银行同意后组织实施，如中国工商银行补充了汇差清算比例、资产利润比例、负债成本比例、应收利息比例；中国农业银行补充了二级存款准备金比例；中国建设银行补充了信用贷款比例、资金损失比例、负债成本比例、资产盈利比例、实收利息比例、资本回报比例；交通银行补充了可购置固定资产指标、投资限额指标、本身回收率指标、经营收益率指标等。

3. 资产负债比例管理的分类管理

分类管理是针对不同类型的商业银行，分别提出不同的比例要求，并根据比例指标的

性质，归类划分为总量管理、流动性管理、安全性管理和效益性管理。

1) 总量管理

总量管理是资金来源与资金运用的平衡管理，包括存贷款比例、拆借资金比例、汇差清算比例等指标。其作用在于使商业银行认真贯彻资金来源制约资金运用的原则，在业务活动中自求资金平衡，防止超负荷经营。

存贷款比例是总量控制的重要指标，商业银行必须在存款总额中扣除上缴人民银行的存款准备金，并保留必要的备用金以后，才能发放贷款；还要按核定指标购买国家债券和政策性银行的金融债券。对国有商业银行按增量控制，其他商业银行按存量控制。

拆借资金比例中规定了拆入资金、拆出资金两个比例，目的在于控制同业之间盲目拆进拆出资金，控制商业银行过量借款，扩张贷款规模，从而影响总量平衡。

2) 流动性管理

流动性管理是关于支付能力、变现能力的管理，包括备付金比例、资产流动性比例和中长期贷款比例等指标。

备付金比例反映银行随时支付客户款项的准备能力，低于5%～7%说明支付能力不足，但也不宜过高，否则浪费资金。

资产流动性比例反映银行资产的变现能力，比例越高，变现能力越强。

中长期贷款比例反映长期资产与长期负债的对应关系。比例越高，流动性越差；比例越低，流动性越强。

3) 安全性管理

安全性管理是关于防范风险，保护银行信誉的管理，包括资本充足率、风险权重资产比例、贷款质量比例、单个贷款比例和股东贷款比例等指标。

资本充足率指标反映银行资本金(含核心资本与附属资本)与加权风险资本的比例关系，各商业银行的这一比例要达到8%，其中核心资本要达到4%。

风险权重资产比例反映按风险权重系数折算后的风险资产总额与总资产的比例关系。要求这一比例关系不能超过6%，超过则为高风险区。在具体工作中应通过调整资产结构，即压缩风险度高、效益低的资产项目，增加风险度低、效益高的资产项目，以便从总体上降低风险权重资产比例。

贷款质量比例通过五级分类管理进行监控。

单个贷款比例和股东贷款比例是为防止贷款风险过分集中而设置的指标，如果银行对某一企业或某一股东贷款金额过大，一旦这家企业或股东出现经营风险，风险就会转嫁到银行，使银行资产遭受损失，因此必须加以控制。

4) 效益性管理

效益性管理指标均由各商业银行自行设置，主要有负债成本比例、资产盈利比例、资产损失比例、应收利息比例、本息回报比率、经营收益率比例等。通过对这些指标的分析，找出产生问题的原因，以便采取措施，提高获利水平。

4. 资产负债综合管理

资产负债综合管理是将资产负债各科目之间按“对称原则”进行安排和管理，使安全性、流动性和营利性之间达到平衡协调。其基本方法是：将资产与负债各科目按期限对称或利率对称的原则加以安排，规定控制指标，以谋求经营上的风险最小化和收益最大化。

本章小结

商业银行是以追求利润为目标，以经营金融资产和负债为主要对象，具有货币创新能力，并提供日趋多样化服务的综合性、多功能的金融企业。商业银行是现代金融体系的主体，它对国民经济的发展起着十分重要的作用。本章主要介绍商业银行的产生过程，商业银行的职能，商业银行的组织形式、业务及管理理论等内容。

(1) 从原始的货币兑换业和经营业开始，并随着业务不断拓展以及职能的不断体现，形成了真正意义上的现代商业银行概念，即以吸收存款为主要资金来源，以开展贷款和中间业务为主要业务，以营利为目的的综合性、多功能的金融企业。

(2) 商业银行作为社会经济体的重要组成部分，发挥了重要职能，即信用中介、支付中介、信用创造、金融服务等四大职能。

(3) 商业银行作为特殊的金融企业，在组织形式和组织机构方面与一般企业存在很大的共性，但也有其独特性；现代商业银行主要采取了单元制、分支行制、银行控股公司制、连锁银行制和代理行制等组织形式。

(4) 商业银行主要开展资产业务、负债业务和中间业务三大类业务，并不断得到拓展和创新；为保持商业银行的稳健高效运营，在业务经营管理过程中，要遵循流动性、安全性和营利性三大原则。

(5) 商业银行管理理论，资产管理理论、负债管理理论、资产负债管理理论。

本章习题

1. 怎样理解商业银行是一个特殊的企业？
2. 商业银行经营的三性原则及其相互关系？
3. 怎样把握现代商业银行的发展趋势？
4. 提高商业银行资本充足率的方法和途径。
5. 怎样理解混业经营与分业经营？
6. 商业银行的主要业务活动。
7. 简述商业银行功能。
8. 简述商业银行信用创造的过程。
9. 简述商业银行资产负债管理背景及其手段。

第六章 中 央 银 行

【教学目的与要求】

本章教学的目的是使学生能够了解中央银行的性质、职能、组织形式等基本知识，理解中央银行在金融体系中的特殊地位、中央银行的业务经营原则和金融监管原则，掌握中央银行的资产负债业务及清算业务，重点掌握中央银行的特殊职能、中央银行开展的特殊金融业务。

【重点与难点】

- 中央银行的职能。
- 中央银行的组织形式。
- 中央银行的业务经营原则。
- 中央银行的资产负债业务。
- 中央银行的金融监管原则。

【引导案例】

美国的支付清算系统

美国的支付清算系统以高科技、高水准、高效能著称于世。美国联邦储备体系在政策制定、提供服务、监督管理、风险控制等多个方面全方位地参与了美国的支付清算安排，并居于极为关键的核心与主导地位。

一、美国支付系统的建立和发展

美联储并没有悠久的历史，其支付清算系统的起步也非常晚。1853 年 10 月 11 日美国 52 家银行在华尔街第 14 号地下室进行了首次票据交换，标志着美国票据交换所支付系统的成立。美国票据交换所的建立时间比伦敦晚了 80 年，但是美国电子支付系统的建立却比伦敦早 14 年。这主要是因为美国在金融业以及金融基础设施的建立方面从没有间断向欧洲金融业学习，并凭借着其强大的政治、经济和科技实力使本国票据电子交换方面的发展更加完善。

二、美国当前主要的支付系统

美联储的支付系统由一系列不同的支付系统组成，这些支付系统在功能上存在很大区别。具体来看，美联储的支付系统由联邦资金转账系统、清算所同业支付系统和自动清算所系统三个系统组成。

1. 联邦资金转账系统(Federal Reserves Wire Transfer System，Fedwire)

Fedwire 是全美境内美元支付系统，它是美国支付清算的主动脉，归美联储所有，建立于 1913 年。Fedwire 将全美划分为 12 个联邦储备区、25 个分行和 11 个专门的支付处理中心，它将美国联储总部、所有的联储银行、美国财政部及其他联邦政府机构连接在一起，提供实时全额结算服务，主要包括金融机构之间的隔夜拆借、行间清算，公司之间的大额交易结算、美国政府与国际组织的记账债券转移业务，等等。个人和非金融机构可以通过金融机构间接使用 Fedwire。由于该系统有专用的实现资金转移的电码通信网络，所以权威性、安全性较高。此外，它还承担着美联储货币政策操作及政府债券买卖的重要任务。它每日运行 18 个小时，每笔大额的资金转账从发起、处理到完成，运行全部自动化。Fedwire 还有一个簿记证券系统，其运行始于 1960 年，该系统的主要目的是降低证券交易成本，提高交割与结算效率以及安全系数。该系统每天处理的业务笔数虽然只占非现金支付总交易的 1%左右，但其结算金额却占交易总金额的 85%。因此，该系统主要是面向大额资金转账的电子支付系统。

2. 清算所同业支付系统(Clearing House Interbank Payment System，CHIPS)

CHIPS 是一个著名的私营跨国大额美元支付系统，于 1970 年建立，是跨国美元交易的主要结算渠道。通过 CHIPS 处理的美元交易额约占全球美元总交易额的 95%，因此该系统对维护美元的国际地位和国际资本流动的效率及安全显得十分重要。CHIPS 的成员包括纽约清算所协会会员、纽约市商业银行、外国银行在纽约的分支机构等。CHIPS 是一个净额支付清算系统，它租用了高速传输线路，有一个主处理中心和一个备份处理中心；每日营业终止后，进行收付差额清算，每日下午六时(纽约时间)完成资金转账。CHIPS 已于 1991 年替代票据清算，它与 SWIFT(环球银行金融电讯协会)网络连接，主要处理国际资金清算业务，并建立了与国外银行的清算结算体系。

3. 自动清算所系统(Automated Clearing House，ACH)

ACH 是覆盖全美的一个电子清算系统，用于银行间票据交换和清算，主要解决纸质支票的低效和安全问题。ACH 适用于工资发放、政府福利津贴发放、养老金的发放、保险费支付、消费者账单的支付、抵押分期付款及利息的支付、企业间贷款结算等，主要为政府机构、公司、企业、消费者提供小额支付服务。

美国支付系统的自动化、信息化、网络化、无纸化程度很高。美联储一直十分重视支付系统的电子化问题，不断对主要的支付系统进行技术改造和安全防护，从而使美国支付系统的处理能力和效率始终走在世界的前列。

三、美国当前支付系统的特点

美国的支付系统是当今世界非常先进的支付清算系统，这一支付系统的完善是美国经济发展、金融业成长、法规建设、科技进步的综合成果。具体分析，当前美国支付系统具有以下特点。

1. 法律框架完备

美国对支付清算及相关活动的法律建设与管理非常重视，制约和规范各类支付活动的法律较多。例如，1913 年的《联邦储备法》赋予了美联储运行美国支付系统的权力；联邦储备法规条例规定了美联储及其系统用户的权利与义务；美联储还通过发布操作细则等措施对支付清算活动加以监督。就是美国的私营清算机构也都制定了严格的组织章程和操作规则。

2. 支付系统众多、服务机制发达

在美国能够提供支付服务的机构和组织非常多，有商业银行、储蓄信贷协会、信用联社、银行卡公司、清算协会以及非银行金融机构，如美国邮政局等。他们的服务水准高，手段高度现代化，各类经济交易的资金结算快捷便利。不论是个人消费还是公用费用的支付都高效、安全、迅速。

3. 支付工具多样化、高科技化

美国非现金结算体系十分发达，信用卡、各种票据，尤其是商业支票、政府支票、旅行支票、邮政汇票、个人支票在美国流通较广。近年来，电子钱包、电子现金、电子支票、电话银行、电视银行、在线银行也得到了广泛的使用，极大地便利了美国各阶层经济及其他往来所产生的货币所有权的转移。

4. 支付体系庞大健全

美国金融市场规模巨大，支付媒介众多，支付系统的构建很好地匹配了市场和交易的需求。支付体系庞大健全，包括大额支付系统、小额支付系统、证券结算系统等。这些系统涉及境内外众多的金融机构以及美国的货币市场、资本市场、外汇市场、金融衍生品市场，而这些市场与支付系统又产生了强烈的相互依赖性，纵横交错的各种支付系统都为当今世界美元资金的流动发挥着重要作用。

案例分析：支付系统是一个国家信用制度发达程度的标志，完善而高效的金融支付系统对一国经济发展、资源配置都是非常重要的。美国金融支付系统在经受了“9·11”事件的考验后被证明是世界上最完善、最高效的支付系统。在 2001 年 9 月 11 日上午世贸大楼被袭击后，立刻停止靠近纽约的新泽西美元支付系统的运行，启动灾难备份系统，将美元支付系统从纽约新泽西切换到里士满和达拉斯。在整个切换过程中，支付系统没有中断支付服务，也没有丢失一个数据，充分显示了美国支付系统高度安全、快速有效的运行能力。

一国经济安全的重点是金融安全，而金融支付系统的安全又是保证整体金融安全的关键。美联储是世界上最重视支付系统建设和管理的中央银行，通过对美国联邦金融支付系统的分析和了解，对我国进一步完善多币种(人民币、港元、澳门元)支付清算系统，提高支付系统的安全性具有重要启示和借鉴意义。

(资料来源：曹龙骐. 金融学案例与分析[M]. 北京：高等教育出版社，2005.)

【思考讨论】

我国正积极借鉴美国、加拿大等国先进经验，发挥后发优势，建立金融支付交易系统，谈谈你的认识。

第一节　中央银行概述

一、中央银行的产生

现代商业银行是从货币兑换业逐渐发展而来的，中央银行是从现代商业银行中分离出来，并逐渐演变而成的。

中央银行的分离与演变过程是银行券发行集中的过程，体现了票据清算、最后贷款人和金融监管的需要。

(一)垄断货币发行权的需要呼唤着中央银行的产生

1. 银行券分散发行的缺陷

在银行发展初期，许多私人银行除办理存款、放款和汇兑等业务外，也都办理银行券发行业务，但分散银行券发行权的缺陷表现如下。

(1) 货币流通不稳定。小银行信用能力薄弱，无法保证自己所发行银行券的兑现，从而无法保证银行券的信誉及其流通的稳定性，进而引起社会混乱。

(2) 小银行信用能力有限，所发行的银行券不能广泛流通。随着资本主义经济的发展，要求有更加稳定的通货，也要求银行券成为能在全国市场上流通的一般的信用流通工具。由此，客观上要求有一个资历雄厚，并在全国范围内有权威的大银行来集中发行。

2. 发行权自发集中到大银行

在经济发展过程中已经出现了一些大银行，它们拥有大量资本并在全国范围内具有较高的威信，这些银行所发行的银行券在流通中排挤小银行的银行券，同时，由于存款业务的发展，一般的商业银行已经逐渐地可以不依靠银行券的发行来扩大其信用业务，这样，就形成了银行券集中发行的经济基础，于是，国家用法令限制或取消商业银行的银行券发行权，并把发行权集中到一个或少数几个银行。

发行银行逐渐放弃直接对企业的信用业务，而主要是专门与商业银行和国家往来，发行银行在金融市场上的地位日益提高。

(二)建立清算中心的需要呼唤着中央银行的产生

在银行券发行权被垄断的同时，随着商品生产和商品流通的扩大，银行业务与日俱增，每天所收授的票据数量不断扩大，银行之间的债券债务关系复杂化，票据清偿和结算的矛盾日益突出，信用渠道堵塞的现象经常发生，客观上要求有一个统一的交换票据和清算债务的中心机构。于是，许多商业银行逐渐把现金准备存入发行银行，它们之间的清算也就

通过发行银行来办理，使发行银行逐渐成为公认的清算中心和现金保管者。

(三)商业银行对“救命稻草”的需要呼唤着最后贷款人的出现

贷款的过度发放，使一些资力薄弱的银行丧失清偿力，由于挤兑而破产时有发生，于是迫切需要把各家银行的现金准备集中起来，当某家银行发生支付困难时给予支持，避免在危机中破产。这样，一些大的发行银行就依靠自己的威望和充足的财力在吸收商业银行存款的同时，对某些资金周转困难的银行和金融机构给予信用上的支持。

随着银行数量的不断增加，业务范围越来越广，金融对国民经济的影响越来越大。要保证金融稳定、经济稳定，必须建立专门机构对金融业的经营活动进行必要的管理和监督。

由于银行券发行的集中、票据清算、最后贷款人和监管的需要，使一些大的商业银行逐渐从商业银行体系中分离出来，演变为中央银行。例如，在英国的中央银行是英格兰银行、法国是法兰西银行，而美国银行券的发行则集中于几个联邦储备银行。从中央银行的产生过程来看，中央银行起源于17世纪中叶，而形成中央银行制度，则是在19世纪中叶。从1656年瑞典银行开始，到1913年美国联邦储备体系建立，大约经历了260年。

知识拓展：我国的中央银行萌芽于20世纪初。当时币制紊乱，银圆、铜钱、钱钞、银票、私贴以及外国银圆同时流通，成色折合复杂。为整理币制，于清光绪三十年(1904年)由户部奏请清政府设立户部银行。光绪三十四年(1908年)，户部改为度支部，户部银行亦改称大清银行。发行货币，经办存贷款等业务。户部银行成立时间不长，经清政府批准，由邮传部着手于1908年3月4日成立交通银行，发行纸币，经办铁路、轮船、电报、邮政四个单位的一切款项收支。户部(大清)银行、交通银行都属于国家的银行，但实际上都没有真正起到中央银行的作用，只能说是一种萌芽。

二、中央银行制度的发展

中央银行的发展大致可分为两个阶段。

(一)中央银行的普遍推行时期，即19世纪初至20世纪中叶，也就是第二次世界大战结束时止

中央银行的普遍推行时期，是以布鲁塞尔会议为主要推动力。第一次世界大战开始后，各国金融领域发生了剧烈的波动，中央银行纷纷停止或限制银行券兑现，提高贴现率，外汇行市下跌，禁止黄金出口，各金融中心交易亦相继停市，货币制度极端混乱。由此，各国政府当局和金融界人士深感必须加强中央银行的地位和货币信用的管制。于是，1920年在比利时首都布鲁塞尔召开的国际金融会议上提出：凡未设立中央银行的国家应尽快建立中央银行，中央银行应摆脱各国政府政治上的控制，实行稳定的金融政策。布鲁塞尔会议

推进了中央银行的普遍建立。

(二)中央银行的强化时期，即20世纪中叶到现在

第二次世界大战后，各国把货币信用政策作为干预生产和调节经济的杠杆，中央银行是制定货币政策的重要机构，中央银行制度也因此发生了变化，中央银行的地位也日渐增强。

新中国的中央银行，是在1948年12月1日合并华北银行、西北农民银行、北海银行而在石家庄成立的中国人民银行。但这时及以后一段时期的中国人民银行即是政府的银行(代理财政金库、管理金融行政)和发行银行，执行中央银行职能，也兼办商业银行的各项业务，这就是所谓“大一统”的“一身而兼二任”的兼营式的中央银行。这种体制容易顾此失彼，而且不可避免地会扭曲中国人民银行同其他专业银行及其他金融机构的关系。1983年9月，国务院决定中国人民银行专门行使中央银行的职能，不再兼办工商信贷和储蓄业务，以加强信贷资金的集中管理和综合平衡，更好地为宏观决策服务。

三、中央银行的性质

中央银行的性质可以表述为：中央银行是代表政府干预经济、管理金融的特殊的金融机构，是金融管理机关。

(一)与商业银行的不同

中央银行在宏观金融管理方面进行经营活动，它是完成国家经济目标的重要机构。中央银行通过利用货币政策工具，对经济进行调节、管理和干预，以稳定货币、发展经济，并代表国家制定和执行金融政策。

中央银行不是普通的银行，它居于商业银行和其他金融机构之上，与商业银行和其他金融机构是调控、管理与被调控、被管理的关系。

中央银行已不起一般的信用中介的作用，它的主要作用是制定货币政策，加强金融监管，实施金融服务。

(二)与一般政府管理机构的不同

它具有特殊的管理手段。中央银行不是只依靠行政手段对经济进行干预和管理，而主要是通过特有的经济手段，如货币供应量、利率、贷款等。

通过一定的财务经营，实施对金融的管理和控制，中央银行对商业银行和其他金融机构要办理贷款业务、清算业务、发行业务，对政府办理国库保管收支业务、买卖有价证券等。中央银行对经济的干预和管理主要是通过这些业务活动实现的。

中央银行调节和干预经济的主要对象是货币供应，因而中央银行发挥它在国民经济中

的调节就不能只依靠政治权力，而是依据一系列的经济规律。

中央银行的这种性质决定了它的任务：控制一般银行，执行货币政策，维护币值稳定，促进生产与就业，推动经济发展。

四、中央银行的职能

中央银行的职能有两种划分方法：一种是按照中央银行在社会经济中的地位划分；另一种是按照中央银行的性质划分。

(一)按照中央银行在社会经济中的地位划分

按这种划分方法，中央银行的职能主要是发行的银行、银行的银行和政府的银行。

1. 中央银行是发行的银行

所谓发行的银行，是指它拥有发行银行券的特权，负责全国本位币的发行，并通过调控货币流通，稳定币值。

中央银行发行银行券最初有一些限制，即必须有十足的准备金，早期是以黄金和商业票据作为发行准备金，后来外汇、公债券、国库券也可作为发行准备金。现在，大多数国家已经取消黄金作为发行准备金，而普遍以政府公债充当，这种情况就为赤字财政和通货膨胀开了方便之门。

2. 中央银行是银行的银行

所谓银行的银行是指中央银行与商业银行发生业务关系，如集中商业银行的准备金并对它们提供信用，而且还为它们提供清算服务。

中央银行同商业银行的业务往来主要有以下几方面。

(1) 集中商业银行的存款准备。商业银行吸收的存款不能全部贷出，必须保留一部分作为准备金，以备存款人提取，但是商业银行的准备金，并不能全部存在自己的金库里，必须按照规定的比率向中央银行缴存——法定存款准备金。这样就使商业银行的准备金大部分集中于中央银行，中央银行往往通过各种手段影响商业银行的准备金数量，达到控制全国货币供应量的目的。

(2) 办理商业银行间的清算，由于各商业银行都有存款准备金存在中央银行，并在中央银行设有活期存款账户，这样就可以通过存款账户划拨款项，办理结算。

(3) 对商业银行发放贷款。商业银行资金短缺时，可从中央银行取得贷款。其方式是把工商企业贴现的票据向中央银行再贴现，或以票据或有价证券作为抵押向中央银行申请贷款。中央银行对商业银行的贷款，主要来源于国库存款和商业银行缴存的准备金，中央银行在资金不足时，可以发行票据。

3. 中央银行是政府的银行

所谓政府的银行是指中央银行代表国家贯彻执行财政金融政策，代为管理财政收支。

(1) 代理国库。中央银行经办政府的财政收支，执行国库的出纳职能，如接受国库的存款，兑付国库签发的支票，代理收缴税款，替政府发行公债券，还本付息等。

(2) 对国家提供信贷。中央银行根据国家财政需要，向政府提供贷款。例如，在国家财政出现收支不平衡时，以有价证券为抵押或以国库券贴现方式对国家财政发放短期贷款，这种贷款不致引起货币流通混乱。但是当国家财政赤字长期延续时，政府如果利用中央银行的信用弥补赤字，这时中央银行为支持财政而增发货币，超出商品流通对货币的实际需要，会导致通货膨胀。

(3) 在国际关系中，中央银行代表国家与国际金融机构建立业务联系，处理各种国际金融事务。

中央银行是政府的银行，不论它的所有制形式是国有的、私人的、股份的或国家与私人合营的，其管理权都掌握在政府手中，处于国家监督之下，成为国家机构的一个组成部分。

(二)按照中央银行的性质划分

依据中央银行是干预经济、管理金融的特殊金融机构来划分，其职能主要是调节、管理和服务。

1. 调节职能

中央银行通过制定和执行货币政策，运用各种金融手段，调节全社会的信用总量，即调节全社会的总需求和总供给，对全国货币、信用活动进行有目的的调控，影响和干预国家宏观经济，从而实现社会总供求的平衡。

2. 管理职能

中央银行为维护全国金融体系的稳定和各项金融活动的正常运行，防止金融危机，对金融机构和金融市场的设置、业务活动和经营情况进行检查、指导、管理和控制。主要内容包括：①制定金融政策、法规；②管理金融机构，包括审查、批准金融机构的设置、撤并、迁移，办理金融机构的注册、登记和办理营业执照等手续；③管理金融业务，包括确定业务活动范围，检查信贷活动情况，制定存放款利率，管理金融市场，监督稽核资产负债结构、法定存款准备金交存状况以及清偿能力等。

3. 服务职能

中央银行向政府、各金融机构提供资金融通、划拨清算、代理业务等方面的金融服务。

(1) 为政府服务，包括：代理国库；代理政府发行债券；代办有关金融业务，如买卖

金银、外汇等；代表政府参加国际金融活动；充当政府的经济顾问等。

(2) 为金融机构服务包括吸收金融机构存款(包括法定准备金和超额准备金存款)，提供贷款和其他形式的融资服务，主持金融机构之间的债券债务清算等。

五、中央银行的组织形式

中央银行的组织形式有四种。

(一)单一式中央银行制度

单一式中央银行制度，即全国只设一家中央银行，并下设若干分支机构的中央银行制度。世界上绝大多数国家都实行这种类型的中央银行制度，并且通常将总行设在首都，各国中央银行的分支结构一般都按经济或行政区设立。实行单一式中央银行制度比较典型的国家主要是英国、法国、日本等。

英国的中央银行是英格兰银行，成立于 1694 年，总行设在伦敦，在伯明翰、利物浦等八个城市设有分行。法国的中央银行是法兰西银行，成立于 1800 年，总行设在巴黎，共有分支结构 234 个。日本的中央银行是日本银行，成立于 1882 年，总行设在东京，下设 33 个分行。我国的中央银行是中国人民银行，成立于 1948 年 12 月 1 日，1984 年正式成为我国的中央银行，总行设在北京，按经济大区设立一级分行。

(二)复合式中央银行制度

复合式中央银行制度是指全国设立中央一级机构和相对独立的地方一级机构，作为一个体系构成中央银行制度。在这种制度下，地区性中央银行不是总行的分支机构，它们除执行统一的货币政策外，在业务经营管理上具有较大的独立性，实行复合式中央银行制度的国家有美国、德国等。

美国的中央银行是联邦储备体系，在联邦一级，设立联邦储备委员会，作为联邦储备系统的最高决策机构；设立联邦公开市场委员会，作为公开市场政策的制定和执行机构；设立联邦顾问委员会，对经济发展及银行业发展问题向联邦储备委员会提出建议和提供咨询。在地方一级，美国将 50 个州和一个直属划分为 12 个联邦储备区，共设立 12 家联邦储备银行以及 25 家分行。德国的中央银行是德意志联邦银行，于 1957 年建立，总行设在法兰克福，下辖 10 个州中央银行。各州中央银行作为区域性机构不是中央银行总行隶属机构，有很强的独立性。

(三)类似中央银行制度

类似中央银行制度是指国内(或地区)没有职能完备的中央银行，而是由几个执行部分中央银行职能的机构共同组成中央银行制度。实行类似中央银行制度的国家和地区主要有新加坡、中国香港等。

新加坡没有中央银行，中央银行的职能由政府设立的金融管理局和货币委员会两个机构行使，新加坡金融管理局负责制定货币政策和金融业的发展政策，执行除货币发行以外的中央银行的一切职能。货币委员会主要负责发行货币，保管发行准备金和维护新加坡货币的稳定。

香港在很长时间没有统一的金融管理机构，中央银行的职能分别由政府、同业公会和商业银行来承担。1993 年 4 月 1 日，香港成立了金融管理局，香港金融管理局集中了货币政策、金融监管及支付体系管理等中央银行的基本职能。香港金融管理局的职能与世界其他国家的中央银行大致相同，但它不执行下列职能：发行钞票、结算所功能、政府的银行。

(四)跨国中央银行制度

跨国中央银行制度是指几个国家共同组成一个货币联盟，各成员国不设本国的中央银行，而由货币联盟执行中央银行职能的制度。

组成跨国中央银行的国家，大部分是经济不发达的发展中国家，参加国地域上相邻，在贸易方面与某一经济发达国家有密切联系，希望本国货币能与该发达国家的货币保持固定比价，促进经济发展，防止本国发生通货膨胀，简化组织机构。如西非货币联盟，就是 1962 年 3 月由贝宁、象牙海岸、尼日尔、塞内加尔多哥及上沃尔特组成。该联盟的中央银行总行设在达喀尔，在各成员国设有代理机构。总行负责制定货币政策，管理外汇储备；各代理机构经办地区业务，发行共同的货币，并执行中央银行的各项职能。

中非货币联盟由喀麦隆、乍得、刚果、加蓬和中非共和国 5 个成员国组成。总行设在雅温得，发行“非洲金融共同体法郎”(CFA FR)。其特点是中非中央银行接受个别国家委员会制定的信用政策目标。银行立法因国而异，由各国自己执行。

东加勒比海货币管理局由安提瓜、多米尼加、格林纳达、蒙得塞拉特、圣卢西亚和圣文森 6 个成员国组成。其特点是该货币管理局对各成员国的银行没有监督义务，不规定上交存款准备金，不承担“最后贷款人”的义务，只执行中央银行的部分职能。因此，它实际上只是一个跨国的准中央银行。

欧洲中央银行，由欧洲经济同盟成员国法国、德国、意大利、荷兰、比利时、卢森堡、爱尔兰、奥地利、芬兰、葡萄牙、西班牙 11 国于 1999 年 1 月 1 日开始建立欧洲中央银行，并发行“欧元”，总行设在德国法兰克福。2002 年 1 月 1 日开始发行欧元纸币和硬币，到 2002 年 7 月 1 日加入欧洲货币同盟的各国纸币和硬币先后停止合法流通。

六、中央银行的资本结构

中央银行的资本结构是指作为中央银行营业基础的资本金的构成情况，亦即中央银行资本的所有制形式。归纳起来，世界各国中央银行的资本结构有以下几种形式。

1. 国家所有制

这类中央银行的资本全部由国家拨款建立，或者由国家购买私人股份改组而成。目前国有化中央银行在世界上占绝大多数，有法国、英国、德国、荷兰、挪威、西班牙、印度、加拿大、澳大利亚、瑞典等 50 多个国家，并且中央银行国有化已成为一种发展趋势。

2. 公私混合所有形式

这类中央银行的资本一半以上属于国家，另一部分属于私人资本。如日本银行的股份，私人持有 45%，政府持有 55%。私人股份持有者唯一的权利是按法律规定每年领取最高股息，股票的转让须征得银行同意。又如，比利时的中央银行，国家资本占 50%；墨西哥的中央银行，国家资本占 51%等。

3. 全部股份所有形式

全部股份所有形式是指中央银行的资本以股票形式全部由金融机构持有。美国各联邦储备银行的股本全部为储备区的会员银行集体所有，会员银行必须按实收资本和公积金的 6%认购股份，先缴付所认股份的一半，另一半待通知随时支付。意大利银行的资本构成也属于这种类型。

4. 无资本形式

中央银行建立之初，根本没有资本，而由国家授权执行中央银行职能。中央银行运用的资金，主要是各金融机构的存款和现金货币，自有资金只占很小部分。中央银行有无资本，实际上并不重要，如韩国中央银行——韩国银行，即无资本。

中央银行的资本所有制形式不论是属于国有、半国有，还是私人所有，都是推行国家货币政策的机构，受国家的直接控制和监督。私人持股者在中央银行既无决策权，也无经营权，只能按规定获得股息。

七、中央银行与政府的关系

中央银行与政府有着密切关系，但也有相对的独立性。

(一)中央银行与政府关系密切

中央银行接受国库存款，办理国库支票付款或转账，代收国家税款；中央银行为政府发行各种债券提供服务；支付债券利息和偿付债券本金；代理财政部买卖黄金、外汇，保管国家的黄金、外汇储备。

中央银行对政府提供信贷。在财政收支受季节性影响出现暂时不平衡时，由中央银行提供短期信贷，其方式是采取国库券贴现或提供以国家债券为抵押的贷款。当国家财政长期存在赤字时，则由中央银行向政府提供长期信贷。中央银行用贷款弥补财政赤字会造成过多的货币发行，不适当地扩大货币供给量，威胁货币流通的稳定。因此，许多国家往往用立法限制中央银行对国家贷款的数量和期限。

中央银行的货币政策要与财政政策相互配合，根据不同时期宏观经济活动的状况，货币政策与财政政策在配合上或是双松、双紧，或是一松一紧。在具体操作上可以采取多种搭配形式。如财政出现大量赤字，国家准备发行债券弥补时，中央银行实行“廉价货币政策”促进市场利率降低，推动市场资金涌向国债市场，以利于财政筹集资金。

(二)中央银行的相对独立性

虽然中央银行与政府关系密切，但是中央银行仍有相对独立性。

这种相对独立性是指中央银行在政府的监督和国家总体经济政策的指导下，独立地制定、执行货币政策。中央银行作为“政府的银行”，对国家发展目标必须予以支持。但是中央银行在具体制定货币政策及其措施时，要充分考虑银行业务的特殊性，以及国家资源、社会积累水平、货币流通状况，不能完全受政府所控制，必须保持一定的独立性。中央银行的首要任务在于保持币值稳定，保证货币正常流通。

(三)中央银行相对独立性的不同模式

中央银行在相对独立性上有不同的模式，归纳起来大体有以下三种。

1. 独立性很大的模式

中央银行直接对国会负责，可以独立制定货币政策和采取相应措施，政府不得直接对它发布命令、指示，不得干涉货币政策。如果中央银行与政府发生矛盾，可通过协商解决。属于这一模式的有美国联邦储备体系、德意志联邦银行等。

2. 独立性较大的模式

有些国家的法律规定财政部可以对中央银行进行监督、发布指令，但中央银行可以独立地制定、执行货币政策。属于这一模式的有英格兰银行、日本银行等。

3. 独立性较小的模式

中央银行直接隶属财政部，其货币政策的制定和采取的措施要经政府的批准，政府有权推迟甚至停止中央银行决议的执行。属于这一模式的有意大利银行等。

第二节　中央银行的主要业务

一、中央银行的业务原则

(一)不经营一般银行业务

中央银行只同商业银行发生业务关系，原则上不经营一般银行业务，因为中央银行是代表政府监管金融的特殊机构，在金融活动中具有各种特权，诸如垄断货币发行、集中法定存款准备金、执行财政金融政策、代管财政收支、管理金融机构等。中央银行的这种特殊身份就决定了它不同一般金融机构进行竞争，否则，就无法实现其对金融的调节和控制，难以完成它所承担的根本任务。

(二)不以营利为目的

中央银行在业务经营中，既要管理金融活动，又要推动金融的发展，这就决定了它在金融体系中必然居于领导地位。其直接经营目标在于运用各种信用工具调节宏观经济，稳定币值，促进经济的发展。因此，中央银行绝不能以营利作为经营目标。

(三)不支付存款利息

中央银行的存款主要是财政存款和商业银行交存的法定存款准备金和往来账户存款。财政存款，是中央银行代理国家金库，属于保管性质；存款准备金和往来户存款，是中央银行集中存款储备和便于清算，属于调节和服务性质。而且中央银行不以营利为目的，故对存款一般不支付利息。我国中央银行目前规定对法定存款准备金和商业银行的存款支付较低利息，这主要是从加强资金管理角度考虑的。

(四)资产具有较大流动性

中央银行为了使货币资金能灵活调度，及时运用，必须保持本身的资产具有较大的流动性，不宜投放于长期性资产。

(五)业务活动公开化

中央银行为了使社会各界了解其所制定的金融政策和经营方针、策略等，必须定期向社会公布其资产负债情况和业务状况，并提供有关统计资料。

中央银行的经营原则不同于普通银行，所以中央银行的业务活动需要有一定的限制。各国中央银行法规定的限制有：①不得从事商业票据的承兑业务；②不得从事不动产买卖业务；③不得从事不动产抵押放款；④不得收买本行股票；⑤不得以本行股票为抵押进行

放款，等等。对中央银行的业务活动规定某些限制，目的在于保证中央银行的基本任务得以实现。

二、中央银行的负债业务

(一)货币发行业务

中央银行的纸币和铸币通过再贴现、贷款、购买证券、收购金银外汇等投入市场，从而形成流通中的货币。这些现金货币投入市场后，都是中央银行对社会公众的负债。因此，货币发行成为中央银行一项重要的负债业务。

中央银行成立后货币发行大都集中由中央银行统一办理。其原因是：第一，钞票可以整齐划一，在全国范围内流通，不致造成币制混乱；第二，便于政府监督管理，推行国家的货币政策；第三，中央银行可以随时根据社会经济发展变化进行调节和控制，使货币数量和流通需要尽可能相适应；第四，中央银行处于相对独立地位，可以抵制政府滥发钞票的要求，使货币供应量适当；第五，中央银行统一发行货币，可以掌握一定量的资金来源，增强金融实力，有利于调控货币供应量。各国中央银行对货币(现钞)发行均有以下几个原则。

1. 集中垄断发行

中央银行发行的货币具有无限法偿能力，并且现代中央银行均不承担兑现义务。

2. 要有可靠的信用基础

在纸币流通条件下，货币的发行业不能随意发行，必须有一定的发行保证制度，必须有独立的发行体制，不受政治压力和外界影响，使货币的发行建立在可靠的信用基础上。

3. 维持高度弹性

中央银行发行货币应当适应经济变化的客观要求，有一定的伸缩弹性。随着生产和流通规模的扩大，中央银行应该相应增加货币数量，避免形成通货紧缩，影响商品生产和流通；同时中央银行也要适当控制货币发行数量，避免形成通货膨胀，影响经济稳定。

我国现行货币发行的原则是：集中统一发行原则、经济发行原则和计划发行原则。

(二)代理国库业务

在代理国库业务中，形成的财政性存款是央行的一项负债。

财政金库存款、机关、团体、部队等行政事业单位存款在其支出之前存于中央银行，属于财政性存款，是中央银行的重要资金来源，构成中央银行的负债业务。中央银行代理国库业务，可以沟通财政与金融之间的联系，使国家的财源与金融机构的资金来源相连接，充分发挥货币资金的作用，并为政府资金的融通提供一个有力的调节机制。

(三)集中存款准备金业务

商业银行必须按照规定比率将其吸收存款的一部分存储于中央银行，同时商业银行尚未贷放出去、尚未投资的存款准备金也存放在央行，这样就使商业银行的现金准备集中于中央银行，形成中央银行的负债。中央银行可运用这些准备金满足银行的临时资金需要，中央银行还可以通过对商业银行存款准备金的调节来控制商业银行的贷款数量和投资数量。如中央银行降低法定存款准备率，即可增加商业银行的超额存款准备金，使商业银行贷款和投资的能力提高；提高法定存款准备率，就可减少商业银行的超额存款准备金，使其贷款和投资能力下降。

三、中央银行的资产业务

(一)再贴现和再贷款业务

当商业银行资金短缺时，可从中央银行取得借款。其方式是把工商企业贴现的票据向中央银行办理再贴现，或以票据有价证券作为抵押向中央银行申请借款。意大利银行再贴现的额度相当于商业银行负债额的 3%～5%。德意志联邦银行对金融机构发放的抵押放款期限最长为 3 个月。中央银行可以配合政府的经济政策，把贴现业务作为调节资金的一种手段。例如，通过提高或降低再贴现率以紧缩或扩张信用。

(二)对政府的贷款

中央银行对政府的贷款是政府弥补财政赤字的途径之一，但如果对这种贷款不加限制，则会从总量上削弱中央银行宏观金融控制的有效性，因此，各国中央银行法对此都作了明确的规定。美国联邦储备银行对政府需要的专项贷款规定了最高限额，而且要以财政部的特别库券作为担保。英格兰银行除少量的政府隔日需要可以融通外，一般不对政府垫款，政府需要的资金通过发行国库券的方式解决。

《中华人民共和国中国人民银行法》规定，中国人民银行不得对政府财政透支，不得直接认购、包销国债和其他政府债券，不得向地方政府、各级政府部分提供贷款。

(三)金银、外汇储备业务

各国政府都赋予中央银行掌管全国国际储蓄的职责，即掌管国际储备。所谓国际储备，是指具有国际性购买能力的货币，主要有黄金、白银；外汇(包括外国货币、存放外国的存款余额和以外币计算的票据及其他流动资产)。此外，还有特别提款权和在国际货币基金组织的头寸等。

(四)证券买卖业务

各国中央银行一般都经营证券业务，主要是买卖政府发行的长期或短期债券。在金融市场发达的国家，政府债券发行量大，市场交易量也大，仅以政府债券为对象进行买卖，中央银行即可达到调节货币供应量的目的。一般在金融市场不太发达的国家，中央政府债券在市场上的流通量很小，中央银行买卖证券的范围就要扩大到各种票据和债券，如汇票、地方政府债券等。

中央银行持有证券和参与买卖证券的目的，不在于盈利，而是为了调节和控制货币供应量。中央银行买进有价证券，向市场投放了货币，可以增加商业银行的原始存款，用以创造存款货币，扩大货币供应量；反之，中央银行卖出有价证券，则可减少货币供应量。中央银行买进有价证券时，会促使有价证券需求增加，从而提高有价证券价格，降低银行利率；反之，中央银行卖出有价证券，会造成银行可贷资金减少，致使利率上升。

中央银行经营这项业务，应当具备以下条件：一是中央银行处于领导地位，且有雄厚的资金力量；二是赋予中央银行弹性操作的权利，即在买卖证券的数量、种类等方面有一定的机动权限；三是金融市场较发达，组织也较健全；四是证券的数量和种类要适当，长期、中期及短期各类具备，便于选择买卖；五是信用制度要相当发达。

各国中央银行买卖证券业务的做法基本是一致的。在德国，法律规定德意志联邦银行为了调节货币，可以进入公开市场买卖汇票。我国中央银行已于1996年4月1日开始参与公开市场业务操作，主要是买卖国库券等。

四、中央银行的中间业务

中央银行作为清算中心，其清算业务大体可分为三项。

(1) 办理票据集中交换，主办票据交换所。

(2) 办理交换差额的集中清算，通过各行在中央银行开设的账户划拨。

(3) 办理异地资金转移，提供全国性的资金清算职能。

目前各国做法不一，英国以伦敦为全国清算中心；美国各联邦储备银行代收外埠支票，并以华盛顿为全国最后清算中心；德国、法国则利用遍布全国的中央银行机构，建立转账账户，为其他银行服务。

(一)集中票据交换

这项业务是通过票据交换所进行的。票据交换所是同一城市银行间清算各自应收应付票据款项的场所。票据交换所一般每天交换两次或一次，根据实际需要而定，所有银行间的应收应付款项，都可相互轧抵后而收付其差额。

各行交换后的应收应付差额，即可通过其在中央银行开设的往来存款账户，进行转账

收付，不必收付现金。

(二)办理异地资金转移

各城市、各地区间的资金往来，通过银行汇票传递，汇进汇出，最后形成异地间的资金划拨问题。这种异地间的资金划拨，必须通过中央银行统一办理。

办理异地资金转移，各国清算办法有很大不同，一般有两种类型，一是先由各金融机构内部自成联行系统，最后各金融机构的总管理处通过中央银行总行办理转账结算；二是将异地票据统一集中传送到中央银行总行办理轧差转账。

第三节　中央银行的金融监管

一、中央银行金融监管制度的产生和形成

(一)中央银行金融监管制度的产生

20 世纪 30 年代的经济大萧条引起严重的金融危机，使各国商业银行大量倒闭、经济生活动荡不安，给国民经济造成了巨大损失。这使各国中央银行认识到：商业银行不同于一般的经济实体，具有极其广泛深刻的渗透性和扩散性功能，它的经营活动对国民经济影响极大，中央银行要实现经济增长、稳定物价等货币政策目标，就必须将商业银行的活动置于中央银行的监督管理之下。

各国中央银行开始着手建立银行管理制度。例如，德意志联邦银行面对席卷全国的金融危机，于 1931 年发布了对商业银行管理的紧急法令，对银行经济活动实行严格控制。比利时和瑞士于 1935 年通过银行立法，旨在加强银行的监督和管理。法国于 1941 年通过关于建立银行监督机构的法令，其目的是使中央银行对商业银行的监督管理具有法律权威。

(二)中央银行金融监管体制的形成

与各国地理条件和自然状况、经济结构和发展水平以及政治和法律制度相联系，形成了世界各国金融监管的不同模式。

1. 双线多头金融监督体制

“双线”是指在中央和地方设立两级中央银行机构、分别行使金融监管权。中央级机构是最高权力或管理机构，地方机构除执行统一的货币政策外，在业务经济管理上具有较大的独立性。“多头”是指在中央一级和地方一级又分别由两个或两个以上的机构负责银行体系的监督与管理。

世界上实行双线多头金融监管体制的国家不多，主要存在于实行联邦制政治体制的国

家，包括美国、加拿大等。

2. 单线多头金融监管体制

“单线”是相对“双线”监管体制而言的，监管权利集中于中央。但在中央一线又分别由两个或两个以上的机构负责金融业的监督管理。通常，这种多头监管体制是以财政部和中央银行为主体开展工作的。

实行这一监管体制的国家较多，代表国家如法国、德国、意大利、比利时、日本、新加坡等。

3. 高度集中的金融监管体制

高度集中的金融监管体制是一国只设立独家中央银行和众多分支机构来执行其监管职能。

世界上大多数国家实行这种金融监管体制，属于这一类型的国家包括一部分资本主义国家和大部分发展中国家。

4. 跨国金融监管体制

跨国金融监管体制是指在经济合作区域内，对该区域内的金融业实行统一的监督与管理的体制。行使这一职能的机构是跨国中央银行，其代表是跨国的西非货币联盟和中非中央银行。

一般国家建立怎样的金融监管体制，是根据各国的国情和实际需要决定的。一般来说，金融监管体制的建立及其完善程度，是一个国家货币信用制度和金融业完善程度的标志。

二、金融监管的目的和基本原则

(一)金融监管的概念和目的

1. 金融监管的概念

金融监管是指一国政府为实现宏观经济目标，依据法律、条例对全国各商业银行及其他金融机构的金融活动进行决策、计划、协调、监督的约束过程。

2. 金融监管的目的

在现阶段，各国对金融监管的目的是执行国家的金融法规和政策，维护金融体系进行的安全与稳定，调整金融业内部和各类金融机构之间的关系，保护货币所有者的利益，从而促进经济与社会的稳定发展。

(二)中央银行金融监管的基本原则

各国中央银行在进行金融监管时都要遵守一定的原则，详述如下。

1. 依法监管原则

世界各国中央银行金融监管体制虽不尽相同，但在依法监管这一点上却是相同的。依法监管体现在：一是所有金融机构都必须接受金融监管当局的监管，不能有例外；二是金融监管必须依法进行，以确保金融监管的权威性、严肃性、强制性和一贯性，以达到监管的有效性。

2. 适度竞争原则

适度竞争原则要求金融监管当局努力创造适度的竞争环境，形成和保持适度竞争的格局，避免造成金融高度垄断；同时要防止出现过度竞争、破坏性竞争，从而危及金融业的安全和稳定。

3. 不干涉金融业内部管理原则

这一原则要求，只要金融业的活动符合金融法律、法规，并依法经营，中央银行就不应过多干涉。

4. 综合性管理原则

各国金融监管当局都比较注重综合配套使用行政的、经济的和法律的管理手段，以及各种不同的管理方式和管理技术手段进行监管。

5. 安全稳健与经济效益相结合的原则

安全稳健虽然是监管的重要内容，但并不是金融业存在与发展的最终目的，也不是金融监管的最终目的。金融业发展和金融监管的最终目的是促进社会经济持续稳定的发展。要达到这一目标，金融业必须具有较好的经济效益。因此效益原则具有重要意义。

6. 金融监管机构一元化原则

金融监管的各级机构只有实行一元化、避免多元化，才能做到金融监管的原则、目的、体制、技术手段、管理口径和管理程度的统一，才能有效地实施监管。

三、中央银行金融监管的内容

(一)预防性监督管理

预防性监督管理是各国中央银行金融监管的主要内容，以防患于未然。其主要内容如下。

1. 登记注册管理

任何银行或金融机构开业必须向金融监管当局提出申请，经过严格审查批准后才能开始营业。审批的标准大体包括：①资本充足标准，一般要求超过该国银行法规定的最低资本额；②一般要求股份公司的形式，有不少国家法律明确规定禁止设立个人独资银行，但不排除国有、集体相互合作等形式；③有一个健全的、有专业管理经验和竞争能力的管理机构；④经济需要程度，即要有利于公众利益和竞争；⑤其他条件，如要求申请注册机构必须有两人以上实际从事业务活动等。银行登记注册以后，一般都是无限期的，只要管理当局不明令吊销执照就一直有效。

2. 资本充足管理

除了要求银行有最低限度的资本外，还要求银行资本与资产和负债保持一定的比例，即资本与总资产、资产与风险资产、资本与负债之间维持一种适当的比例。自有资本对各种资产的比例越高，说明银行经营的安全系数越高。当这些比例低于一定限度时，监督管理当局就会出面干预。

3. 资产流动性管制

资产流动性是衡量银行应付挤提存款能力的标尺。各国金融监管当局为保证银行有足够的变现能力，规定商业银行对其资产必须维持某种程度的流动性。

挤提是指存款人集中大量提取存款的行为，是一种突发性、集中性、灾难性的危机，由于消费者对银行给付能力失去信心而产生的从银行大量支取现金的现象。由于银行不会把所有的存款都放着不动、不进行贷款，所以银行保留的现金数量是有限的。人们争着去银行想把自己的钱提出来时，由于银行流动的现金没有这么多，所以很容易因为挤提事件造成银行破产倒闭，从而更进一步加剧货币信用危机，引起金融界的混乱。挤提过程中往往伴随着挤兑，使恶劣影响迅速扩大化。

4. 业务活动限制

业务活动限制大致有两种情况。

(1) 对银行业务没有严格限制，如德国、瑞士、奥地利等国，商业银行可以从事长短资金融通业务，证券、信托、外汇以及个人收付等业务，甚至银行还可以持有企业股票。

(2) 对银行的业务活动实行较严格的限制，如美国、日本、英国和加拿大以及大多数发展中国家，严格划分了商业银行的界限，将银行业务与证券发行分开，而且禁止银行认购工商企业的股票和债券，美国和日本还严禁银行从事担保业务。但是，随着西方国家对银行业务的逐渐放开，传统金融业务分工界限已进一步模糊，特别是近些年来，美国、英国等一些西方国家的金融业已经走向混业经营。

5. 贷款集中程度限制

对个别客户贷款过分集中，是大多数银行发生危机的主要原因。大多数国家的金融监管当局为了使银行贷款分散风险，限制银行对个别借款者的借款数额，不能超过银行资本

的一定百分比。如法国中央银行规定任何客户不能占有相当于银行资本75%以上的贷款。意大利银行规定，如未经特别批准，对单个客户的贷款都不得超过银行资本的100%。

6. 外汇业务限制

银行从事外汇业务经常要承担汇率变动的风险，因此不少国家的中央银行对银行从事外汇业务加以严格管制。但也有一些国家的中央银行(如美国、法国、加拿大等)，对银行从事外汇业务不加任何限制。按照英国的规定，每家银行每笔外汇交易的净额不得超过该行资本的10%，全部外汇交易的净额不得超过该行资本的15%。

7. 银行检查

实行例行的现场银行检查，一般由金融监管机构的检查团来执行，派审计员现场检查。检查时间一般为1年一次。检查的内容主要是判断被检查银行的活动是否安全、健全与合法，特别注意贷款质量、资产与负债的构成和表外业务以及管理集团的能力等。

(二)存款保险制度

1. 存款保险制度的起源

存款保险制度最初是直接针对银行倒闭情况提出来的。美国鉴于20世纪30年代金融危机中大批银行停业倒闭，于1993年决定建立联邦存款保险公司和联邦储蓄贷款保险公司，从而开创了世界现代银行存款保险制度的历史。大多数资本主义国家则是在20世纪60—80年代先后陆续建立了存款保险制度。发展中国家有的建立了存款“保险基金”，有的国家未实行存款保险制度，银行一旦发生破产倒闭，由中央银行或财政部加以干预接管，以维护存款者的利益，维护金融和经济的稳定。

存款保险制度是一种金融保障制度，是指由符合条件的各类存款性金融机构集中起来建立一个保险机构，各存款机构作为投保人按一定存款比例向其缴纳保险费，建立存款保险准备金，当成员机构发生经营危机或面临破产倒闭时，存款保险机构向其提供财务救助或直接向存款人支付部分或全部存款，从而保护存款人利益，维护银行信用，稳定金融秩序的一种制度。

存款保险制度可提高金融体系稳定性，保护存款人的利益，促进银行业适度竞争；但其本身也有成本，可能诱发道德风险，使银行承受更多风险，还会产生逆向选择的问题。截至2011年年底，全球已有111个国家建立存款保险制度。

2015年3月12日，中国人民银行行长周小川表示，存款保险制度作为金融改革重要的一步棋，已经经过了一段时间紧锣密鼓的准备，2014年年末时已经对存款保险条例公开征求了意见。2015年5月1日出台。

2015年5月1日起，存款保险制度在中国正式实施，各家银行向保险机构统一缴纳保险费，一旦银行出现危机，保险机构将对存款人提供最高50万元的赔付额。

2. 存款保险的目的

存款保险的最终目的是维护信用秩序，但具体的目的却有单一或复合之分。单一的目的就是保护存款者的利益；复合的目的则除了保护存款者的利益外，还对面临破产的金融机构，提供清偿能力紧急援助或紧急资金援助。

3. 存款保险制度的组织形式

有官办的，有银行业自己组织的，也有政府和银行合办的。参加的原则也各不相同，有的强制，有的自愿，但实际上几乎所有的银行都愿意参加。

4. 存款的保险对象和范围

一般包括本国的全部银行、外国银行的分支结构和附属机构，而排除本国银行在外国的机构。

存款的保险范围一般包括本国货币存款和外币存款，但也有一些国家不保护外币存款。多数国家都排除了银行间的同业存款、某几种定期存款和可转让大额定期存单等。对于列入存款保险范围的存款，在数量上也不是无限的，都规定有存款保险额度的最高控制点，超过了这个控制点可免除保险。

5. 存款损失的赔偿

大多数国家规定最高控制点以内给予100%的赔偿，但有些国家则要求存款者承担一部分损失。例如，英国1万英镑的存款损失只能得到75%的赔偿。

6. 对存款保险制度的评价

它最初是直接针对银行倒闭情况提出来的，但实践表明这一制度的本质却绝不是消极的而是积极的，它为金融体制的整体设立了一道安全网，提高了整个金融系统体系的信誉和稳定性，具有事先检查和事后监督双重稳定的特性。因此，这一制度正在引起越来越多国家的关注。

(三)应急措施

中央银行或金融管理当局事实上都无例外地承担了紧急救援的责任，并将它们视为一国金融体系的最后一道防线。

金融监管当局一旦发现某一银行有风险很高的资产或经营管理不善时，立即提请该行高级管理人员注意，以便及时纠正或调整，必要时可以宣布停止该行风险过大的业务活动。若采取上述措施，还不能有效地制止情况的继续恶化，监管当局就有必要采取应急措施，这些措施如下。

(1) 由中央银行提供低利贷款。

(2) 通过金融监管当局和商业银行建立特别机构提供资金。

(3) 在存款保险制度具有复合职能的国家，由存款保险机构提供资金。

(4) 由一个或更多的大银行在官方的支持下提供支援。

除上述措施外，金融监管当局还可以采取官方任命经理，限期整顿，全面暂停业务，由当局全面接管，予以强迫监督等措施。

四、中央银行金融监管的方法

(一)非现场监控

各国一般都规定银行和金融机构必须按期向中央银行提供有关财务报告，如资产负债表、损益表及意外负债等。

对财务报告采用对比分析是银行检查的重要方法，有两种方法比较常用。

(1) 趋势分析法，即对同一家银行不同时期增长或下降的比率分析比较，用以观察一个时期该项比率的变化趋势。

(2) 对比分析法，即对同类金融机构间的资本充足程度、资产质量、收益及流动资金等方面进行对比。

(二)现场稽核检查

现场稽核检查是由中央银行派出检查小组到各银行实地检查，主要检查资本充足状况、资产质量、管理质量、收入和盈利状况、清偿能力等，以此达到全面评价的目的。

在检查过程中，有关人员要判断银行活动是否安全、健全和合法；检查银行每项业务活动的政策、做法和程序，判断银行内外部管理的情况；评价贷款、投资以及其他资产的质量；检查存款与其他负债及构成状况以判断银行资本是否充足；评估管理机构的能力和胜任程度等。

(三)加强监管对象内部控制

各国中央银行一般都要求银行和金融机构根据法律规范自我约束、自我管理、建立内控制度。完善的内部控制是规范金融机构经营行为、有效防范风险的关键，也是衡量金融机构经营管理水平高低的重要标志。

(四)内外部审计相结合法

审计是一种监督审查的系统方法。很多国家要求银行定期由注册审计师审查账目报表。银行内部审计的责任是向股东大会负责，审查重点在银行的盈利，而不是银行监督当局关注的风险与安全，内部审计师是银行自己聘请的。

必须注意的是：建立外部的审计制度，必须与内部审计相互协调。

(五)事后处理法

金融监管当局发现某一银行的经营不符合金融法规规定，经营管理状况出现妨碍稳健经营的倾向或有危害公众利益的行为时，按不同情况采取相应措施。

(1) 提醒银行高级管理人员注意某种问题。

(2) 命令银行整顿、撤销某项业务。

(3) 上述措施效果不明显时，可以同时采取几项措施，将经营不良情况公布于众，并任命专门小组或委员会监管。

(4) 命令其停止经营全部或部分业务。

(5) 停业整顿。

(6) 撤销其董事或监事。

(7) 吊销营业执照等。

本 章 小 结

本章主要介绍中央银行的产生与发展、性质与职能和主要业务。

(1) 中央银行的产生是统一银行券发行的需要、统一全国票据清算的需要、商业银行需要最后贷款人的需要和对金融业进行监督管理的需要。中央银行的发展经历了普遍建立阶段、中央银行制度完善阶段和中央银行地位强化阶段三个时期。

(2) 中央银行的性质是国家调节宏观经济的特殊金融机构，具有国家机关的性质。具体体现在：中央银行是国家调节宏观经济的工具；中央银行是特殊的金融机构。中国人民银行是中华人民共和国的中央银行。中国人民银行在国务院的领导下，制定和实施货币政策，防范和化解金融风险，维护金融稳定。

(3) 中央银行的职能是由中央银行的性质所决定的，它是中央银行性质的具体体现。按中央银行的性质、地位划分，中央银行的职能可以概括为“发行的银行”“银行的银行”和“政府的银行”三大职能。根据修改后《中华人民共和国中国人民银行法》，将中国人民银行的职责调整为制定和执行货币政策、维护金融稳定和提供金融服务三个方面。

(4) 中央银行在开展业务活动时，与商业银行有着不同的经营原则：中央银行应处于超然地位、不以盈利为目标、中央银行不经营一般商业银行业务、中央银行的资产应有较大的流动性和安全性及中央银行对存款一般不支付利息。

(5) 中央银行的主要业务包括负债业务、资产业务和清算业务三项。中央银行的负债是指社会集团和个人持有对中央银行的债权，负债业务主要包括：资本业务、货币发行业务、存款业务和其他业务。中央银行的资产业务是指中央银行运用其负债资金来源的业务，

主要包括：贷款业务、再贴现业务、证券买卖、黄金、外汇储备业务。中央银行的清算业务是指中央银行集中票据交换及办理全国资金清算的业务活动，包括地区(同城)票据交换和结清票据交换差额、办理异地资金转移。

本章习题

1. 简述中央银行产生的主要原因。
2. 简述中央银行创建时期的特点。
3. 简述中央银行制度强化时期的特征。
4. 简述中央银行与一般政府机关和金融机构的区别。
5. 试述中央银行作为发行的银行、政府的银行和银行的银行的具体职能。
6. 如何理解中央银行的性质？
7. 简述中国人民银行的性质与职能。
8. 中央银行业务活动遵循哪些原则？
9. 中央银行的负债业务包括哪些内容？
10. 中央银行的资产业务包括哪些内容？
11. 简述中央银行货币发行的原则。
12. 为调节货币流通和资金供求，中央银行怎样操作有价证券买卖？

第七章　其他金融机构

【教学目的与要求】

通过本章学习，要求学生了解金融机构体系的构成，理解和掌握各类金融机构的主要功能和业务特点，并应结合目前我国金融机构的现状、存在的问题及发展前景，重点掌握各类银行及非银行金融机构的主要业务和功能。

【重点与难点】

- 各类专业银行。
- 各类政策性银行。
- 各类非银行金融机构

【引导案例】

上海证券交易所(简称“上证所”)成立于1990年11月26日，同年12月19日开业，是不以营利为目的的会员制事业法人，归属中国证监会直接管理。上证所由下属十六个部门和一家全资子公司组成，通过各部门的合理分工和协调运作，有效地担当起证券市场组织者的角色。

1. 创立与发展

上海证券交易所按照“法制、监管、自律、规范”八字方针来运作，其主要职能包括：提供证券交易的场所和设施；制定证券交易所的业务规则；接受上市申请，安排证券上市；组织、监督证券交易；对会员、上市公司进行监管；管理和公布市场信息。

2. 证券上市

上海证券交易所致力于为国内企业提供高效、方便的融资渠道。经中国证监会批准，已公开发行股票的公司可申请在上海证券交易所上市。获准上市公司须在挂牌交易日前两至三天在指定报刊上刊登“上市公告书”，并与上海证券交易所签订“上市协议书”。公司上市后应履行持续信息披露义务，在规定的时间内向上海证券交易所递交年度及中期报告，经审核后向投资者公告。为完善证券市场功能，促进投融资工具的多样化，上海证券交易所还接受国债、企业债券、投资基金等证券的上市申请。

3. 交易运行

上海证券交易所采用无形席位为主、有形席位为辅的交易模式，拥有亚太地区最大的交易大厅，设有1608个交易席位，交易网络连接交易终端5700个。覆盖全国、连通海外的卫星通信网每天为3000个卫星接收站传达即时行情和相关信息。

投资者可在证券商下属营业部进行买卖委托，营业部工作人员通过电话将委托指令报给驻上海证券交易所交易大厅的交易员(俗称“红马甲”)，由其将买卖指令输入交易所的电脑主机。投资者也可以在营业部自助委托电脑终端上直接输入委托指令，通过空中卫星传输网和地面光纤数据传输网将指令传输到上海证券交易所的电脑主机，电脑主机在接收到买卖指令后，按照“价格优先、时间优先”的原则自动撮合成交。目前交易主机的撮合能力可达每秒5000多笔，每天1000万笔。

上海证券交易所市场交易在周一至周五进行，上午为九点半至十一点半，下午为一点至三点。

4. 市场监控

上海证券交易所设立完善的市场监管和风险控制系统，通过对交易市场进行实时、动态监控，对异常现象和行为进行预警，及时从中发现问题，并对市场违法违规事件进行调查和处理，维持市场公平、透明和高效运行。

5. 结算交割

上海证券中央登记结算公司建立了安全、高效的中央结算系统，为证券的中央登记、存管和结算提供优质的服务。在电脑自动撮合成交制度下，交易系统在每笔交易完成后由电脑同步完成股票过户程序，实现即时清算。资金清算方面，中央登记结算公司和证券商在交易次日进行交易资金划拨，再由证券商和投资者进行资金结算。

(资料来源：http://baike.baidu.com/view/68956.htm，百度百科，上海证券交易所)

【思考讨论】

问题：证券交易所的功能？

(提示：证券交易所是依据国家有关法律设立的，为证券的集中竞价和有组织的交易提供场所、设施和规则的特殊法人。证券交易所既不直接买卖证券，也不决定证券价格，而只为买卖证券的当事人提供场所和各种必要的条件及服务。证券交易所作为证券集中竞价交易市场中介组织者，又处于一级监管地位，本身不参加证券交易，其主要功能是:

(1) 为投资者提供有序的证券集中竞价交易场所，投资者可以借此将证券转让变现，保证证券持续的流通。

(2) 采用集中、公开的竞价方式达成交易，形成公平交易价格。

(3) 吸引投资，为企业发展提供所需资金。

(4) 每天公布交易行情，充分披露上市公司的信息，引导投资的合理流向。

(5) 依照法律、行政法规赋予的职责，维护证券交易秩序，为证券交易公开、公平、公正创造条件。

根据《证券法》的规定，我国的证券交易所采用会员制。证券所的积累归会员所有，其权益由会员共同享有，在其存续期间，不得将其积累分配给会员。

会员制的证券交易所不以营利为目的，其会员是各证券商。会员须向证券交易所交纳会费。在会员制证券交易所中，只有会员才能进入证券交易所大厅参与交易活动。会员通常派出一名或若干名场内交易员代表证券商参加场内交易。)

金融机构是指从事金融业务、协调金融关系、维护金融体系正常运行的机构。

市场经济制度下，世界各国的金融机构体系一般包括：

(1) 货币金融政策、制度的制定及执行机构；

(2) 金融业务的经营机构；

(3) 金融活动的监督管理机构。

三类机构构成了完整的金融机构体系。

我国的金融机构体系包括：

(1) 中央银行与政策性专业银行；

(2) 国有独资商业银行、全国及地方性股份制商业银行、非银行金融机构；

(3) 外资金融机构、外国金融机构的分支机构、中外合资金融机构；

(4) 银行业监督管理委员会、证券监督管理委员会及保险监督管理委员会。

第一节 专 业 银 行

专业性银行，是指有专门的经营范围和提供专门性金融服务的银行。这类银行一般都有特定的客户。

这类银行的存在是社会分工在金融领域中的表现。随着社会分工的不断发展，要求银行必须具有某一方面的专门知识和专门职能。

一、投资银行

投资银行是专门对工商企业办理投资和长期信贷业务的银行。

投资银行的名称，通用于欧洲大陆及美国等工业化国家。在英国称为商人银行，在日本则称为证券公司，在德国称为私人承兑公司，在法国称为实业银行，在泰国称为金融证券公司，在新加坡称为商人银行或证券银行。

(一)投资银行的建立与发展

在较早时期，英国的商业银行是伦敦巨商为海外贸易活动融通资金而设立的银钱商号。它的鼻祖是18世纪中叶英国的承兑所。随着对外贸易融资的需要，产生了兼容部分融资业务的商行或商人事务所。这一机构为商人，尤其是为国际贸易商业承兑汇票，收取手续费，故称为承兑所或承兑银行。它的业务不断扩展，还从事新的证券的发行、认购和资产管理、公司融资、投资顾问等业务，便发展成为现在的商人银行。

美国的投资银行最早起源于19世纪初的一些经销政府债券和贴现企业票据的商号。美国在19世纪初及南北战争以后，债券市场初具规模，而且一些工业企业为了满足发展的资金需要，发行许多票据，于是需要一种新的商号来为这些票据提供贴现便利，以资助企业

融通资金。于是，一些专门经营票据融资的商号便产生了。19 世纪 70～80 年代，由于扩建铁路的需要，投资银行认购铁路公司的股票和债券，然后再售给美国和欧洲的投资者。直到 21 世纪初，这种转手销售仍是美国筹集新资本的重要途径，为美国一些大企业筹集了大量的资金，并与工业保持着密切的联系。美国钢铁公司和通用汽车公司的组建，都与投资银行密切相关。

(二)投资银行的资金来源

投资银行主要依靠发行自己的股票和债券来筹集；即便有些国家的投资银行被允许接受存款，也主要是定期存款。此外，它们也从其他银行取得贷款，但都不构成其资金来源的主要部分。

(三)投资银行的主要业务

(1) 帮助筹资者设计与发行新的证券，进行直接融资，包括为政府、企业向国内外资本市场发行各种债券、股票。

(2) 充当发行人与投资人的中介，代理客户买卖和承销股票、债券，从事自营买卖，进行股票、债券的国内外二级市场交易。

(3) 投资基金的发起和管理。

(4) 企业重组、兼并和收购。

(5) 项目融资顾问、投资顾问及其他顾问业务。

(6) 自有资本的境内外直接投资。

(7) 代理客户和为自身进行外汇买卖。

(8) 各种资产管理业务。

(9) 国内和国际货币市场业务，如同业拆借等。

(四)投资银行的作用

1. 投资银行是金融中介

从投资银行所从事的主要业务看，投资银行是资本市场的重要供应者和需求者，由于投资银行的金融中介作用，使资本市场的各方面参与者，即无论是政府、企业、机构和个人，抑或金融产品的发行人和各种投资人，都在它的周围有机联系起来。

2. 投资银行提高了资本市场的效率

投资银行是资本市场的关键要素和最主要的组织者，它是使整个资本市场得以高效、有序运转的核心力量，市场机制对社会经济资源的基础性配置作用在此得到最充分体现。投资银行是企业发展的助推器和催化剂。

当今，投资银行在各国家和全球经济中具有举足轻重的地位和影响。中国第一家投资银行是于 1995 年 8 月正式挂牌开业的中国国际金融公司，这也是中国第一家中外合资投资银行。随着金融业和证券业的发展，国内许多证券公司、信托投资公司和其他金融机构都开始把发展目标定位在国际投资银行上。

小资料：

2008 年金融危机中美国投资银行业的变化

2008 年国际金融危机是近百年来首次由发达国家内部金融秩序失衡酿成的国际金融危机。在危机中，拥有 85 年历史的华尔街第五大投行贝尔斯登(Bear Stearns Co.)贱价出售给摩根大通(JP Morgan Chase & Co.)；拥有 94 年历史的美林(Merrill Lynch)被综合银行美国银行(Bank of America)收购；历史最悠久的投行——158 年历史的雷曼(Lehman Brothers)宣布破产；139 年的高盛(Goldman Sachs)和 73 年的摩根士丹利(Morgan Stanley)同时改旗易帜转为银行控股公司。

拥有悠久历史的华尔街五大独立投行就这样轰然倒下，但必须澄清的是，这并不意味着投资银行的消失，只是美国投资银行业格局以及其监管背景、组织模式、业务模式和盈利模式将会发生变化。

首先，投资银行证券业的组织模式会形成一个新的格局。一方面，投资银行业务纳入大型综合化金融集团的组织框架，形成以商业银行和投资银行业务并重的全能银行，这包括美国银行集团、摩根大通银行集团和花旗银行集团，尤其是这次危机给像美国银行这样的综合金融集团带来了巨大的全能业务发展机会；还有以投资银行业务为特色的高盛银行集团和摩根士丹利银行集团，显然他们的商业银行业务的发展需要时间。另一方面，华尔街上的特色投资银行体系(也被称为影子银行体系)包括专门并购咨询机构、经自营商、对冲基金、私募股权基金集团、结构投资工具和渠道、货币市场基金以及非银行抵押贷款机构等经历危机后的大浪淘沙式的重组。以上两方面就形成了大型全能银行机构和中小型特色投行业务机构的共生格局。

其次，美国资本市场将迎来新监管时代。我们已经看到美国原有占市场巨大份额的大投资银行业务已纳入美国联储对商业银行或综合化金融集团的监管之中，具有“最后贷款”的支持通道，但也必须接受诸如“巴塞尔协议”的规范风险监管。并且在今后的几年还可能看到以前未纳入监管视野的对于新金融衍生产品和新金融机构(如对冲基金、私募股权基金)集团的监管。此时。美国联储和 SEC 对同一机构的功能监管及其效率会再次成为今后讨论的话题。

最后，在投资银行业务格局和对资本市场业务再监管的变化趋势下，投资银行的经营理念会发生变化，投资银行业务的核心价值会被人们重新审视，一定程度摒弃交易型资产膨胀式投资银行业务模式，适当回归投资银行业务的服务型模式。

最后，留给人们最大悬念的是，在经历金融危机的非常时期的非常之举后，**我们相信**

美国的债务和消费推动的经济模式不会发生根本变化，这是美国经济文化的底色，但对自由式资本市场发展的反思在理念层面还是在金融制度层面抑或在技术层面进行？由此，美国资本市场新监管会收紧到什么程度，会采取什么形式？美联储和SEC怎样协调监管？在已经经历花旗分拆风波后，资产规模越来越大的业务类型、越来越多的全能银行的效率、风险点和监管模式的权衡在哪里？这是需时日才有答案的问题。

(资料来源：中国人民银行太原中心支行 http://taiyuan.pbc.gov.cn/taiyuan/134011/573917/index.html，2013-09-05)

二、储蓄银行

储蓄银行是指办理居民储蓄并以吸收储蓄存款为主要资金来源的银行。世界第一家地方储蓄银行是1817年由慈善团体在荷兰建成的。英、德等国也于18世纪和19世纪初相继建立。就经营组织形式而言，西方国家的储蓄银行既有私营的，也有公营的，有的国家绝大部分储蓄银行都是公营的。

(一)储蓄银行的类型

储蓄银行分为互助储蓄银行、信托储蓄银行、储金局、储蓄会、储蓄与放款协会、邮政储蓄系统等。

(1) 互助储蓄银行。属于互助储金性质的银行，它将储户资金集中起来，以优惠的条件再贷给储户。这种银行最早在美国建立，至今已很普遍。

(2) 信托储蓄银行。存款者将资金存入银行后，可指定用途，也可不指定用途。

(3) 储金局，苏联储蓄银行名称。为国家集中闲散资金。

(4) 储蓄会。中国早期办理有奖储蓄的金融机构，如1936年成立的中央储蓄会，到1945年已停止营业。

(5) 储蓄与放款协会。一种办理储蓄和住宅贷款的金融机构，旨在为私人购买、修缮或新建住宅提供贷款。

(6) 邮政储蓄系统。非银行系统的，由邮政部门设立的开展储蓄业务的机构，以吸收闲散资金，补充银行系统储蓄网点的不足。中国的邮政储蓄系统主要为国家集中闲散资金，作为国有银行信贷资金的一种来源。

(二)储蓄银行的资金运用

(1) 储蓄银行所汇集起来的储蓄存款余额较为稳定，所以主要用于长期投资，如发放不动产抵押贷款(主要是住房贷款)。

(2) 投资于政府公债、公司股票及债券。

(3) 对市政机构发放贷款等。

西方国家早期的储蓄银行，其吸收的存款主要用来购买政府债券和由政府担保的证券，有的也投资于房地产，其闲置资金则转存于商业银行，赚取利息。

在西方不少国家，储蓄银行大多是专门的、独立的。对储蓄银行也大多有专门的管理法规。其主要内容一方面是旨在保护小额储蓄人的利益，另一方面则是规定它们所集聚的大量资金的投向。储蓄银行的业务活动所受到的约束，如不得经营支票存款，不得经营一般工商贷款等，近年来已有所突破，有些储蓄银行已经在经营过去只有商业银行才能经营的许多业务。

三、抵押银行

(一)抵押银行的概念

抵押银行是“不动产抵押银行”的简称，是以土地、房屋等不动产作抵押办理放款业务的专业银行。

(二)业务特点

1. 发放长期贷款

这种放款一般期限较长，属于长期信贷。

2. 贷款对象

不动产抵押银行的业务对象在西方国家大体可分为两类。

(1) 办理以土地为抵押的长期放款。主要贷给土地所有者或购买土地的农业主。

(2) 办理以城市房屋为抵押的长期放款。主要贷给房屋所有者或经营建筑业的企业。法国的房地产信贷银行、德国的私人抵押银行和公营抵押银行等，均属此类。

这类银行作为抵押品的除土地、房屋外，也收受股票、债券和黄金作为贷款的抵押品。

3. 资金来源

抵押银行的贷款资金来源主要是靠发行不动产抵押证券。这种不动产抵押证券以抵押在银行的土地及其他不动产作保证，可以买卖转让。由于抵押贷款担保的抵押品处理时不易出售，常常造成资金占压，因而专门的抵押银行较少。如德国联邦区域银行之一的巴伐利亚抵押汇总银行，既经营抵押放款业务，也经营一般信贷业务。

中国没有专门的抵押银行，在《中华人民共和国商业银行法》《中华人民共和国担保法》以及《贷款通则》等法规中规定了抵押贷款。

四、合作银行

合作银行是由私人和信用合作社组成的互助性合作金融机构。它一般是在信用合作社

的基础上建立和发展起来的，具有与信用合作社相同的宗旨和经营原则。

(一)合作银行的组织形式

合作银行的组织形式有两种。

(1) 在各类信用合作社以外单独建立自己的机构体系，并与其他信用合作社相互协调、相互配合。

如丹麦的合作银行，根据该国公司法和特别法规定，个人或合作社均可成为该行的出资人，各类合作社约占 60%，个人社员约占 40%。资金来源主要是合作社、农民、其他个人的存款，贷款对象主要是合作社，约占贷款总额的三分之二。

(2) 大多数国家的合作银行是信用合作社的地区或全国的联合组织。这种联合组织是由各信用合作社，为了共同业务和社务的需要，以法人社员资格入股，逐级组成的联合社，为单位信用合作社所共有、共治、共享。联合社的最高权力机构是由所属各合作社选派代表组成的代表大会。

(二)合作银行的负债业务和资产业务

1. 合作银行的负债业务

合作银行主要是通过组织合作社存款、发行债券和向国外发行债券的方式筹集长期资金。资金来源中有财政拨款或政府出资，但占的比例很小，大部分是下一级合作银行或信用合作社上缴的存款和股金，有的国家的合作银行对上缴存款实行优惠利率或规定上缴的比例。

2. 合作银行的资产业务

主要是向下一级合作银行或信用合作社提供贷款，或直接发放长期、大额的贷款，用来弥补合作社资金的不足。其他业务主要有：在信用合作社之间调剂资金，组织清算和汇总，开展证券和国外业务等。由于合作银行经营的目的是发展合作和社会公益事业，所以贷款实行低利率。对符合国家发展经济政策的项目，不仅提供优惠贷款，还给予贴息。如法国农业信贷互助银行向农业贷款的优惠利率往往低于金融市场利率 6%～8%，差额由国家给予补助。

在我国，城市合作银行是在城市信用合作社的基础上，由城市企业、居民和地方财政投资入股组成的地方性、股份制商业银行。

我国城市商业银行的主要任务是：融通资金，为本地区经济的发展，特别是城市中小企业的发展提供金融服务。在城乡一体化发展的地区，已经商业化经营的农村信用社，合并组建农村合作银行。农村合作银行的性质是股份制的商业银行，主要为农业、农产品加工业及农村各类企业服务。

五、清算银行

(一)清算银行的定义

清算银行亦称“交换银行”“划拨银行”“汇划银行”，是能直接在票据交换所进行票据清算的银行。

(二)票据交换的定义

票据交换是指在同城范围内银行间相互代收、代付票据进行相互清算。这是一种集中办理转账清算的制度。

(三)票据清算的定义和结算原则

一般由中央银行管理，通过票据交换所进行。应收大于应付款的差额增加在中央银行的存款；应收小于应付款的差额减少在中央银行的存款。

票据清算的结算原则是维护收付双方的正当权益，中央银行不予垫款。

其优点是便利资金清算，节省大量现金使用。

国际上最早的票据交换组织为英国伦敦的票据交换所，成立于 1775 年。

(四)各国清算银行的情况

在英国，清算银行实质上就是商业银行，不同的是这些商业银行能参加伦敦票据交换所办理票据结算。各类银行能否参加票据交换所直接进行清算，因各国而异。英、美的票据交换所为少数大银行所控制，小银行被剥夺直接参加票据清算的权利。

在日本组成清算机构的是日本银行和办理各种民间存款的金融机构。在这些金融机构中，由各种资本交易产生的金融机构间借贷差额最终要在日本银行的活期存款账户间转账清算。日本银行作为最终的清算机构，处于中枢地位。近年来随着计算机通信技术的显著发展，在一些国家的清算机构内部出现了清算账户和投资账户组合在一起的新金融产品——综合账户。清算业务体系上的机械化与自动化非常发达，清算网络十分广泛和连锁化。至 1986 年 3 月底，日本全国已有 5 个自动综合联机体系，成员金融机构为 609 个。

中国早在清朝时期，上海的钱庄就设立了“钱业总公所”，办理票据清算。参加“钱业总公所”可以办理票据清算的称为“汇划庄”，俗称“大同行”。1933 年，上海银行业成立了自己的票据交换所，负责组织银行和钱庄间的票据清算。上海外国的银行则在汇丰银行办理票据交换。抗日战争胜利后，由当时的中央银行对票据清算进行统一管理，各银行、钱庄间的交换差额的划拨清算集中于中央银行办理，所有的银行和钱庄均可直接参加票据交换。新中国成立后，票据交换由各地中国人民银行统一管理，在同城范围内，各行

均可直接参加交换，清算资金。目前中国人民银行已经拥有了中国金融卫星通信网和功能齐全的电子联行系统，资金清算质量和速度大大提高，从而加速了资金周转，促进了国民经济的发展。

国际清算银行成立于 1930 年，总部设在瑞士巴塞尔，最初是为了清算德国在第一次世界大战后进行的战败赔款，但目前国际清算银行已演变成一个协调全球主要经济体的货币政策、处理国际清算、管理外汇储备以及召开主要成员中央银行会议的“央行中的央行”。

国际清算银行董事会于 1996 年 9 月 9 日通过决议，接纳中国等九个国家的中央银行和货币当局为该行的新成员，这有利于促进中国人民银行与国际清算银行以及各国中央银行之间的合作。

第二节 政策性银行

政策性银行是指多由政府创立、参股或保证的，不以营利为目的，专门为贯彻并配合政府社会经济政策或意图，在特定的业务领域内，从事政策性融资活动，充当政府发展经济，进行宏观经济管理的金融机构。

政策性银行也具有专业性银行的特征，但是专业性银行并非都是政策性银行。一般来说，大多数国家成立的政策性银行主要有开发银行、农业政策性银行、进出口政策性银行。

一、开发银行

(一)概念

开发银行是指那些专门为经济开发提供长期投资贷款的金融机构。

(二)开发银行在各国的发展情况

第一家开发银行 1822 年诞生于比利时，主要职能是促进新工业的创立。

1852 年，法国信贷动产银行成立，该行通过接受存款和出售股票来动员资金投资于长期开发项目，然后再将这些项目向公众出售。由于没有对其投资风险进行适当管理，该行于 1867 年秋关闭，但它被视为现代开发银行的先驱。

19 世纪末到 20 世纪初，欧美国家投资银行蓬勃发展，为工业化提供长期资金，起到一定的作用。

第二次世界大战后，西方各国纷纷成立开发性金融机构，如德国复兴信贷银行、日本开发银行等。

在世界银行等有关机构支持下，发展中国家普遍设立开发性金融机构。如墨西哥设立了国家金融开发银行，智利设立了科福开发银行等。发展中国家的开发银行几乎均为政府创立或参与，政府期待开发银行在促进工业化，配合实施经济发展计划、产业政策上发挥重要作用。

(三)开发银行的类型

(1) 按地域划分，可分为国际性和国家性两个类型。

国际性开发银行由若干国家出资共同设立，又可分为全球性和区域性两种。前者如世界银行、国际开发协会；后者如亚洲开发银行、泛美开发银行、非洲开发银行等。

国家性开发银行又可分为全国性开发银行和地方性开发银行。前者一般由一国中央政府建立，服务于全国；后者一般由地方政府设立，专为本地区经济开发服务，如巴西东北部开发银行等。

(2) 开发银行按所有权性质划分，大多为政府所有或控制，部分为公私经营，少数为私人所有，即便是私人所有，也依赖于政府开发性金融机构或政府部门。

(四)开发银行的资金来源与运用

1) 开发银行资金来源渠道

(1) 资本金大多依靠政府资金，有的由政府提供全部资本金和部分营运资金。

(2) 发行债券。开发银行发行证券一般由政府担保或被视为“政府债券”，风险很小，具有较大吸引力，成为主要的筹资手段和来源。

(3) 吸收存款。主要吸收定期存款、储蓄存款、发行大额可转让存单(CD)。吸收存款易与商业银行形成竞争局面，有悖于开发银行的宗旨。因此，广泛吸收存款的开发银行为数不多，且主要集中在发展中国家。

(4) 借入资金。开发银行可从政府得到官方资助，还可以从中央银行、其他金融机构、契约储蓄机构借入资金。借用政府资金一般条件极为优惠，成本低廉，数额庞大，有助于开发银行降低经营成本，保持充足的资金量，致力于有宏观价值的项目，不为盈利所动，并能承担由于发放优惠贷款和投资所造成的利差“损失”。

(5) 借入外资。开发银行一般通过借入一定比例的外资，引进技术设备，建设重要项目，发放贷款和投资，支持经济的发展。

2) 开发银行资金运用

(1) 贷款。开发银行的主要业务是对开发项目提供贷款，满足开发项目对资金的需求。其特点是中长期、资本性，条件是支持的项目要符合政府经济政策，尤其是产业政策的意图。开发银行贷款除直接发放外，还采取联合贷款的方式，以满足大型建设项目的资金需求。

(2) 投资。指开发银行的直接投资，即参与某一项目的筹建并购买一定量的股权资本。开发银行的投资活动要遵循投资面宽，减少风险损失，投资比例适当，持有股份比例适当

等原则。

(3) 债务担保。开发银行从事担保的目的在于使项目(企业)能得到更广泛的融资渠道，从而获得更多的开发资金。

中国国家开发银行于 1994 年 4 月成立，其成立的目的是更有效地集中资金和力量保证国家重点建设，解决经济发展中的“瓶颈”制约，增强国家对固定资产投资的宏观调控能力，这是进一步深化金融体制改革和投资体制改革的重大举措。

(五)国家开发银与商业银行的不同

(1) 任务特殊。作为政策性银行，着重于贯彻政府的政策意图，支持国家进行宏观调控经济管理，促进经济和社会发展。

(2) 经营目标特殊，不以营利为目标，而主要从经济发展的角度来评价和选择项目。

(3) 融资原则特殊，它的主要资金来源是国家财政划拨的资金和其他财政性资金；向金融机构发行的债券；向社会发行由财政担保的建设债券和经批准在国外发行的债券，它不吸收居民储存存款。

(4) 开发银行不以营利为目的，但必须按照市场经济的原则，讲求效益，择优选定项目，建立投资约束和风险责任机制。

二、农业政策性银行

(一)概念

为贯彻配合政府农业政策，为农业提供特别贷款，主要是低利中长期优惠性贷款，促进和保护农业生产与经营，这种农业金融机构，一般称为农业政策性银行。

(二)在各国的发展情况

美国在 19 世纪 20～30 年代，得到联邦政府的帮助，以合作信用为基础，建立了具有政策性的农业信贷体系。它由联邦土地银行、联邦中期信贷银行、合作银行为主构成，至今仍在美国农业信贷中发挥作用。

法国最早在 19 世纪颁布《土地银行法》，试图通过建立农业金融制度促进农业的发展。1920 年成立国家农业信贷管理局，后将其改建为国家农业信贷银行，各地方也成立了相应的机构，形成全国性的农业信贷体系，专门从事农业信贷的政策性金融机构。

日本是以现代健全完善的机构为主体，政府的政策性金融机构——农林渔业金融公库为重要补充。德国是世界最早建立农业金融制度的国家，至今已有 200 多年的历史。德国农业金融以信用合作为主体，政府设立了一系列政策性金融机构来保护和扶植农业，如土地抵押信用协会、土地信用银行、农业中央银行、地租银行等均由政府控制，不以营利为目的，承担政府扶助农业发展的责任。

(三)农业政策性银行的资金来源

农业政策性银行的资金来源主要包括借入政府资金，发行债券，借入其他金融机构资金，吸收存款和国外借款等。

1. 借入政府资金

美国农业合作信贷机构均由联邦政府出资建立；法国农业信贷银行在较长时期内一直向政府借款，只是近些年逐步减少；泰国农业和农业合作银行，印度国家农业和农村开发银行等均以向政府借款为主要来源。一般而言，发展中国家的农业政策性银行比发达国家的农业政策性银行，更多地依赖政府资金。

2. 发行由政府担保的债券筹措资金

美国农业合作信贷机构发行联合的统一债券，法国农业信贷银行、泰国农业和农业合作银行，韩国“农协”均发行债券，筹措社会基金。由于这些债券得到政府担保，被视为政府债券，颇受欢迎，筹资能力较强。

3. 向中央银行和其他机构借入资金

一些国家，尤其是发展中国家农业政策性银行还从中央银行借款，即由中央银行充当农业信贷“最后贷款人”。此外，有些国家的政策性农贷机构还从商业性金融机构借入资金，满足短期周转资金需求。

4. 从国外借款

借款途径有国际金融机构，如世界银行及其附属机构——国家开发协会、国际农业开发委员会，外国政府和外国金融机构等。

5. 少数农业政策性银行吸收存款

法国农业信贷银行吸收存款，拓展业务范围，逐步向“综合性”银行发展。

(四)农业政策性银行资金运用

1. 贷款

贷款是最主要的资金使用形式，通过贷款向农业生产经营者提供所需的资金和特别资助。日本农林渔业金融公库贷款包括土地改良贷款、自耕农维持贷款、农业结构改善贷款、综合设施贷款等，基本上是根据农业发展的要求来增加贷款项目。利率优惠为3%～7.9%，期限10年以上，最长可达45年，并成为日本农业贷款的第二大来源。

2. 担保

担保是指以承保金融机构自身的实力弥补农贷生产经营者信用低的弱点，目的在于扩大农业融资规模。

3. 发放补贴

美国商品信贷公司对遭受洪水、干旱等自然灾害而造成种植面积减少或较大减产给予灾害补贴。

(五)农业政策性银行的主要职能

(1) 提供农业低利贷款，弥补农业信贷资金“缺口”，满足农业资金需求。

(2) 提供特别政策性贷款、补贴或补偿，配合实施政府农业政策。

(六)我国农业政策性银行

中国农业发展银行是我国的农业政策性银行，于 1994 年 11 月成立。

1. 主要任务

按照国家法律、法规和方针、政策，以国家信用为基础，筹集农业政策性信贷资金，承担国家规定的农业政策性金融业务，代理财政性支农资金的拨付，为农业和农村经济发展服务。

2. 中国农业发展银行的经营范围

(1) 办理由国务院确定、中国人民银行安排资金并由财政予以贴息的粮食、棉花、油料、猪肉、食糖等主要农副产品的国家专项储备贷款。

(2) 办理粮、棉、油、肉等农副产品的收购贷款及粮油调销、批发贷款。

(3) 办理承担国家粮、油等产品政策性加工任务企业贷款和棉麻系统棉花初加工企业的贷款。

(4) 办理国务院确定的扶贫贴息贷款、老少边穷地区发展经济贷款、贫困县县办工业贷款、农业综合开发贷款以及其他财政贴息的农业方面的贷款。

(5) 办理国家确定的小型农、林、牧、水利基本建设和技术改造贷款。

(6) 办理中央和省级政府的财政支农资金的代理拨付，为各级政府设立的粮食风险基金开立专户并代理拨付。

(7) 发行金融债券。

(8) 办理业务范围内开户企事业单位的存款。

(9) 办理开户企事业单位的结算。

(10) 境外筹资等。

三、进出口政策性银行

(一)进出口政策性银行的概念

进出口政策性金融机构是国家支持和推动进出口尤其是出口，促进国际收支平衡、带动经济增长的金融机构。有的国家称作进出口银行或输出入银行、外贸银行；有的国家称为出口信贷公司、出口信贷担保公司、出口信贷保险公司等。

(二)进出口政策性银行建立和发展的原因

1. 进出口贸易是各国经济的重要组成部分

工业发达国家把进出口尤其是出口视作“生命线”，对出口的依赖成为其持久性的使命。发展中国家采取“奖出限入”的政策，在其经济发展战略政策措施中，出口被放在十分重要甚至首要的位置。

2. 满足本国出口融资需要

由于出口融资具有风险高、期限长、额度大、条件优惠、利率较低等特殊性，无论是发达国家还是发展中国家，面对竞争激烈的出口市场，若要战胜对手，就要采取措施，鼓励出口，促进商品输出。而设立专门的进出口政策性银行提供融资是重要做法之一。

这些政策性进出口金融机构承担着商业性金融机构和普通出口商不愿或无力承担的高风险，可以弥补商业性金融机构的不足，改善本国出口融资条件，增强本国商品出口的竞争能力。

(三)在各国的发展情况

最早出现的专门从事进出口融资的金融机构是1919年成立的英国出口信贷担保局。美国于1934年成立美国进出口银行，1945年确定该行为联邦政策独立机构，办理美国进出口融资、保险、担保业务。第二次世界大战后，各国开始恢复和发展经济，为促进出口，法国于1946年设立对外贸易银行；日本于1950年设立进出口银行；德国于1952年设立出口信贷有限公司；瑞典于1962年建立出口信贷公司。战后发展中国家走上发展民族经济的道路，如韩国、泰国、印度等，在经济发展过程中，重视出口的作用，也先后设立了政策性金融机构。

进出口政策性银行，从其所有权看，多为官方或半官方所有，极少数为私营机构。

(四)进出口政策性银行的职能

(1) 融通资金，如提供出口信贷和各种有利于刺激出口的贷款。

(2) 为融资提供便利，提供贷款担保、保险等。

(3) 提供其他服务，如提供咨询服务等。

(4) 经办对外援助，服务于政府的对外政策。

(五)进出口政策性银行的资金来源与使用

由政府拨入资金、借入资金、发行债券和其他渠道等。其资金使用主要有贷款、担保与保险等。各国金融机构一般均以不同方式提供贷款，支持出口；开展担保贷款，使进出口政策性银行成为进出口商获得银行贷款的担保人，一旦借款人不能偿还债务，则由这些金融机构予以偿还全部或部分贷款；开展出口信贷保险。

(六)中国进出口银行

中国进出口银行于 1994 年 4 月组建并于当年 7 月 1 日正式开业，主要承担一般商业银行不愿或无力承担的信贷风险，用优惠的信贷条件增强本国出口商品的竞争力以扩大出口，增加就业并促进国家的经贸增长。

进出口银行的主要任务如下。

(1) 设立基金，为出口商提供长期、低息贷款，鼓励出口。

(2) 为大宗货物出口提供卖方、买方贷款和信贷担保，以抵消他国出口补贴，推动本国商品出口。

(3) 参与国家外贸战略方针的制定和贯彻执行。

(4) 为本国金融机构在海外开拓业务提供支持。

(5) 广泛参与国内、国际银团，向他国提供援助和信贷。

进出口银行的成立是一个国家外贸体制健全程度的重要体现。规范化、法制化是世界贸易的发展趋势。建立与国际管理接轨的、规范化的进出口银行已被视为一个国家参与世界贸易组织的重要条件。中国进出口银行的建立是中国外贸体制趋于健全的重要体现，对于深化金融体制改革有着重要意义。

第三节　非银行金融机构

其他非银行金融机构，泛指中央银行、商业银行及其他专业银行以外的金融机构。这类机构通常不冠以银行的名号，而以公司、信用社或基金相称。

其他非银行金融机构与银行相比，或其业务范围较小，或其专业性更强，规模和实力也稍显逊色。非银行金融机构就其性质而言，绝大多数是商业性的，即以营利为目标，在某一领域以特定方式筹集和使用资金。

一、保险公司

1. 保险公司的概念

保险公司是经营保险业务的金融机构，其主要经营活动包括财产、人身、责任、信用等方面的保险与再保险业务及其他金融业务。

2. 资金来源与使用

其资金来源为以保险费形式聚集起来的保险基金以及投资收益。

资金使用则为保险赔付、政府公债、市政债券、公司股票及债券、不动产抵押贷款、保单贷款等长期投资。

3. 保险公司的组织形式

(1) 国有(营)保险公司。

(2) 股份制保险公司。

(3) 互助合作制保险公司，也称互济公司。

(4) 自保险公司。

二、证券公司

1. 证券公司的概念

证券公司是指专门从事各种有价证券经营及相关业务的金融机构。

2. 我国证券公司的主要业务内容

(1) 代理证券发行业务。

(2) 自营、代理证券买卖业务。

(3) 代理证券还本付息和红利的支付。

(4) 证券的代保管和签证。

(5) 接受委托证券利息和红利的支付。

(6) 接受委托办理证券的登记和过户。

(7) 证券抵押贷款。

(8) 证券投资咨询等业务。

三、信托公司

1. 信托公司的概念

信托投资公司，也称信托公司，是以资金及其他财产为信托标的，根据委托者的意愿，

以受托人的身份管理及运用信托资财的金融机构。

现代信托业比较发达的是美、英、日、加拿大等西方国家。美、英等国除一些专营信托公司外，相当部分的信托业务由各商业银行的信托部门来办理。日本、加拿大的情况与美、英有所不同，政府从法律上限制商业银行和信托机构的业务交叉，实行银行业务与信托业务相分离的政策。因此，这两个国家的信托公司(或信托银行)具有资本雄厚、经营稳健、管理有序的特点。

2. 信托业务的种类

信托业务主要包括两大类。

(1) 货币信托：包括信托存款、信托贷款、委托存款、委托贷款、养老金信托、投资信托、养老金投资基金信托等。

(2) 非货币信托：包括有价证券信托、债权信托、动产与不动产信托、事业信托、私人事务信托等。

3. 信托公司的投资对象

(1) 国家及地方政府公债。

(2) 不动产抵押贷款。

(3) 公司债及股票等。

4. 我国信托公司的产生、发展及主要业务

(1) 我国最早的信托公司是1921年在上海成立的“上海通商信托公司”。在此之前，信托业务由银行设立的信托部门办理，且主要集中在上海。新中国成立后至1979年间，中国基本上没有正式独立的信托机构。1979年以后，我国开始恢复信托业务。1979年中国恢复信托咨询部；同年10月，中国国际信托投资公司成立。1980年中国人民银行系统试办信托业务，同时各地政府也纷纷成立了信托公司或信托投资公司。

(2) 我国信托投资公司的业务内容主要如下。

信托业务类，包括信托存款、信托贷款、信托投资、财产信托等。

委托业务类，包括委托存款、委托贷款、委托投资。

代理业务类，包括代理发行债券和股票、代理收付款项、代理催收欠款、代理监督、信用签证、代理会计事务、代理保险、代保管、代理买卖有价证券等。

租赁业务类，包括直接租赁、转租赁、代理租赁、回租租赁等。

咨询业务类，包括资信调查、商情调查、投资咨询、介绍客户、金融业务咨询等。

信托投资业不同于一般委托、代理和借贷业务。它具有收益高、责任重、风险大、程序烦琐、管理复杂等特点，因此，对一般重点办理投资业务的信托投资公司，在机构设置、经营管理水平、人员素质、信息来源和信息处理能力等方面都有很高的要求。

四、资产管理公司

1. 资产管理公司的概念

资产管理公司是美国、日本、韩国等一些国家，对从金融机构中剥离出的不良资产实施公司化经营而设立的专业金融机构。

2. 金融资产管理公司的业务范围

追偿债务；对所收购的不良贷款形成的资产进行租赁或者以其他形式转让、重组；债权转股权，并对企业阶段性持股；资产管理范围内公司的上市推荐及债券、股票承销；发行金融债券，向金融机构借款；财务及法律咨询，资产及项目评估；经管理部门批准的其他业务活动。

3. 我国的金融资产管理公司

我国的金融资产管理公司是经国务院决定设立的收购国有银行不良贷款，管理和处置因收购国有银行不良贷款形成的资产的国有独资非银行金融机构。

1999 年 4 月，我国第一家经营商业银行不良资产的公司——中国信达资产管理公司(以下简称“信达公司”)在北京宣告成立。1999 年 8 月，华融、长城、东方三家资产管理公司同时宣告成立。

五、财务公司

1. 财务公司的概念

财务公司也称金融公司，是指以经营消费信贷及工商企业信贷为主的非银行金融机构。

2. 资金来源与使用

财务公司资金的主要来源是银行贷款、发行债券筹资、卖出公开市场票据(商业本票)筹资、发行股票及定期大额存款凭证筹资等。

在资金使用上，或专营抵押放款业务；或依靠吸收的大额定期存款进行贷款或投资；或专营耐用品的租购及分期付款销货业务；或兼而营之。规模较大的财务公司还兼营外汇、证券包销、财务及投资咨询业务等。

3. 财务公司与商业银行在贷款上的区别

商业银行是小额、分散借入，大额贷出；财务公司则是大额借入，小额贷出。

由于财务公司同商业银行相比，实际的管制较松，因而它的业务范围仍在继续扩大，与商业银行的区别逐渐缩小。

六、租赁公司

1. 租赁公司的概念

现代租赁公司是指专门经营融资租赁业务的机构。一般来说，融资租赁活动通过直接融物满足客户实际上的融资需要。

2. 租赁公司的类型

第一种是银行或与银行有关的金融机构所属的租赁公司；第二种是独立经营的租赁公司。

金融租赁业务迅速发展的原因在于：企业可不必追加大量投资即可通过租赁获得新技术设备的使用，减少因科技迅猛发展而产生的无形损耗。

3. 中国的金融租赁业

1981 年 4 月，中国成立第一家租赁公司——东方租赁有限公司；1981 年 8 月，中国成立第一家国营现代租赁公司——中国租赁有限公司。

中国租赁机构的业务经营方式如下。

以经营方式为标准，可分为：①自营租赁；②合办租赁；③代理租赁。

以租赁业务的具体方法为标准，可分为：①直接租赁；②转租赁；③售后回租。

七、信用合作社

1. 信用合作社的概念

信用合作社是由个人集资联合组成的，以互助为主要宗旨的合作金融组织。基本的经营目标，是以简便的手续和较低的利率，向社员提供信贷服务，帮助经济力量薄弱的个人解决资金困难，以免遭高利盘剥。

2. 信用合作社资金的来源与使用

成员交纳的股金和吸收存款、贷款主要用于解决其成员的资金需要。起初，信用合作社主要发放短期生产贷款和消费贷款。现在，一些资金充裕的信用社已开始为解决生产设备更新、改进技术等提供中、长期贷款，并逐步采取了以不动产或有价证券为担保的抵押贷款方式。

3. 信用合作组织的基本准则

入社和退社实行自愿原则；每个成员都应提供一定数额的股金并承担相应的责任；实行民主管理，社员具有平等的权利，每位社员只有一个投票权；信用合作社的盈利主要用于业务的发展和增进社员福利。

这些原则保证了信用合作社不被办成为少数人所控制、为少数人谋取利益的企业，并使其与股份区别开来。

4. 类型

按照地域不同，可分为农村信用合作社和城市信用合作社。

1) 农村信用社

农村信用社是由农民或农村的其他个人集资联合组成，以互助为主要宗旨的合作金融组织。其业务范围：在创办初期，社员都是农民，合作社的规模较小，社员贷款被严格地用于农业生产。信用合作社的成员由原来主要是农民，逐渐扩大到兼业农民、农村的小工商业者、农场的工人和职员；在信用合作社以下还设有若干分社。农村信用合作社由原来主要办理种植业的短期生产贷款，发展到综合办理农林牧副渔和农村工商业及社员消费性的短期贷款。资金充裕的信用社，还对农业生产设备、中小工商业提供中、长期贷款，并逐步采取了抵押贷款方式，以不动产或有价证券担保。

我国的农村信用合作社始建于第一次国内革命战争时期，当时建立农村信用合作社的目的在于抵制地主、商人的高利贷剥削。不断发展的根据地和解放区的中国农村信用合作社，对解决农民生产、生活困难，打击高利贷，促进农业生产发展，支援革命战争都起到了积极作用。中华人民共和国成立后，与农业生产的集体化相配合，农村信用社得到进一步发展。1996 年，我国对农村信用社的改革重点在于规范农村信用社。明确农村信用社主要由农户、农村集体经济组织和农村信用社职工入股，实行民主管理，最高权力机构是社员代表大会。坚持主要为社员服务的方针。

2) 城市信用社

城市信用社是城市居民集资建立的合作金融组织。旨在为城市小集体经济组织和个体工商户服务，通过信贷活动帮助他们解决资金困难，促进生产发展。其性质为集体所有制企业，具有独立法人地位的经济实体。实行独立经营，由社员进行民主管理，盈利归集体所有，并按股金分红。

经营的业务一般有：吸收单位和个人的存款；对经营企业发放短期贷款；办理抵押贷款；办理同城及部分异地的结算业务；信息和咨询服务；代办企业保险业务等。

八、基金组织

1. 基金组织的概念

基金组织是指筹集、管理、运用某种专门基金的金融机构。

2. 基金组织的类别

基金组织主要有两类：养老(退休)基金组织和互助基金组织。

养老基金组织是向参加养老基金计划的公司雇员以年金形式提供退休收入的金融机构。其基金来源是政府部门、雇主的缴款及雇员个人自愿缴纳的款项；运用基金投资的收益。养老基金组织多投资于股票、债券及不动产等高收益资产项目。

互助基金组织也称为投资基金组织或投资公司。它通过向许多小投资者发行股份来聚集资金，用于购买证券。通过发行小面额股份并购买大量证券这一资产转换过程，互助基金组织可以在经纪人手续费上得到大量购买证券的折扣，也可以购买和持有多样化的证券。

九、金融监管机构

美国由美联储负责监管混业经营的金融控股公司，银行、证券、保险分别由其他监管部门监管；英国、日本、瑞典、澳大利亚等国，将银行、证券、保险统一与非中央银行的单一的金融监管机构；韩国由中央银行同时负责货币政策和银行、证券、保险的监管；多数欧元区国家将银行、证券、保险的监管从中央银行中分离出去。

我国选择了从中央银行中分离出银行监管职能、单独成立银监会的方式来加强银行监管。

1992 年以前，中国人民银行作为全国唯一的监管机构，在国务院领导下承担对全国所有银行和非银行金融机构的监管职能。

1992 年 10 月，国务院证券委员会(证券委)和中国证券监督管理委员会(证监会)是中国证券业监管的最高领导机构。

1998 年，确定中国人民银行负责监管商业银行、信托投资公司、信用社和财务公司。

1998 年 11 月，中国保险监督管理委员会(保监会)同时成立，保监会也是直属于国务院的正部级单位，是全国保险业的主管机关，依法统一监督和管理保险市场。

2003 年 4 月 29 日，银监会的成立使我国金融业分业经营、分业监管的局面正式形成。

思考：非银行金融机构与银行有什么区别和联系？
哪些金融机构主要面向农业提供金融服务？

非银行金融机构与商业银行及专业银行并无本质区别，都是以信用方式集聚资金，并投放出去，达到营利的目的。商业银行最显著的特征在于是唯一能吸收活期存款，并可以提供综合性金融服务。专业银行和非专业银行金融机构的业务面较为狭窄和专门化。更重要的是差别则在于对存款货币的创造上；许多经济学者认为，商业银行可以在不减少储备的情况下，增加放款和存款；而专业银行和非银行金融机构，则必须减少储备才能增加贷款，就是说，商业银行可以“创造”资金来源才能够进行放款，非银行金融机构只能做资金经纪人，而不能创造资金。正因为如此，对商业银行管理不善，易导致信用膨胀和通货膨胀，给经济带来严重影响，所以，西方各国对商业银行均实行较为严格的管理。

农业发展银行，商业银行中的农业银行和中国邮政储蓄银行，农村合作金融机构中的农村信用社、农村商业银行和农村合作银行，以及新型农村金融机构中的村镇银行、农村贷款公司和农村资金互助社主要面向农业提供金融服务。

本章小结

非银行金融机构已越来越多地介入银行服务的领域，从而与银行展开了更为直接的竞争。非银行金融机构在一国金融体系中，起着重要的补充作用。本章主要阐述了其他金融机构方面的内容。其中包括信托机构、保险机构、证券机构、政策性金融机构、其他非银行金融机构等内容；在此基础上，简要介绍了各机构的特点、种类、组织形式及其在中国的形成发展情况。

(1) 非银行金融机构主要提供专门的金融服务方式或指定范围的业务，是资本市场的主要参与者，非银行金融机构一般就只具有信用媒介功能，而没有信用创造功能。

(2) 信托投资公司，是以资金及其他财产为信托标的，根据委托者的意愿，以受托人的身份管理及运用信托资财的金融机构，突出特征在于投资性。

(3) 保险公司是指依法成立的、专门经营各种保险业务的金融机构。保险公司可分为两大类：寿险公司、财产保险公司。

(4) 证券市场机构主要包括证券公司、证券交易所、证券经纪人和证券交易商。

(5) 政策性金融具有政策性、优惠性、融资性、有偿性特征。我国有三家政策性银行：国家开发银行、中国进出口银行、中国农业发展银行。

(6) 其他非银行金融机构还有金融租赁公司、基金组织、财务公司、信用合作社、金融租赁公司、典当行、资产管理公司等。

本章习题

1. 简述人寿保险公司和财产保险公司的特点？
2. 信托业务有哪些种类？简述我国目前信托业发展现状。
3. 简述证券公司的主要业务。
4. 阐述我国三大政策性银行的特点。
5. 简述证券公司在金融市场上的功能。
6. 简述财务公司的特点。
7. 简述政策性金融机构的特征和功能。

第八章 金融市场

【教学目的与要求】

本章主要介绍金融市场的基础知识和金融交易的基本原理。通过教学活动，使学生在了解金融市场的分类与构成要素的基础上，理解货币市场和资本市场的基本框架，掌握各类金融工具的发行与交易方式及定价原理，重点掌握各种证券交易方式，如现货交易、期货交易、期权交易等。

【重点与难点】

- 金融市场的分类。
- 各类货币市场上的交易活动。
- 资本市场的构成：证券交易所、场外交易市场、创业板市场等。
- 资本市场上各类证券的发行与交易。
- 现货交易、信用交易、期货交易、期权交易(难点)。
- 证券行市和股票价格指数。
- 基金与基金市场。
- 外汇市场与黄金市场。

【引导案例】

纽约金融市场

纽约是世界上最重要的国际金融中心之一。第二次世界大战以后，纽约金融市场在国际金融领域中的地位进一步加强。美国凭借其在战争时期膨胀起来的强大经济和金融实力，建立了以美元为中心的资本主义货币体系，使美元成为世界上最主要的储备货币和国际清算货币。西方资本主义国家和发展中国家的外汇储备中大部分是美元资产，存放在美国，由纽约联邦储备银行代为保管。一些外国官方机构持有的部分黄金也存放在纽约联邦储备银行。纽约联邦储备银行作为贯彻执行美国货币政策及外汇政策的主要机构，在金融市场的活动直接影响到市场利率和汇率的变化，对国际市场利率和汇率的变化有着重要影响。世界各地的美元买卖，包括欧洲美元、亚洲美元市场的交易，都必须在美国，特别是在纽约的商业银行账户上办理收付、清算和划拨，因此纽约成为世界美元交易的清算中心。此外，美国外汇管制较松，资金调动比较自由。在纽约，不仅有许多大银行，而且商业银行、储蓄银行、投资银行、证券交易所及保险公司等金融机构云集，许多外国银行也在纽约设有分支机构，世界最大的100家银行在纽约设有分支机构的就有95家。这些都为纽约金融市场的进一步发展创造了条件，加强了它在国际金融领域中的地位。

纽约金融市场按交易对象划分，主要包括外汇市场、货币市场和资本市场。

纽约外汇市场是美国也是世界上最主要的外汇市场之一。纽约外汇市场并无固定的交易场所，所有的外汇交易都是通过电话、电报和电传等通信设备，在纽约的商业银行与外汇市场经纪人之间进行。这种联络就组成了纽约银行间的外汇市场。此外，各大商业银行都有自己的通信系统，与该行在世界各地的分行外汇部门保持联系，又构成了世界性的外汇市场。由于世界各地时差关系，各外汇市场的开市时间不同，纽约大银行与世界各地外汇市场可以昼夜24小时保持联系。因此它在国际上的套汇活动几乎可以立即完成。

纽约货币市场即纽约短期资金的借贷市场，是资本主义世界主要货币市场中交易量最大的一个。除纽约市金融机构、工商业和私人在这里进行交易外，每天还有大量短期资金从美国和世界各地涌入流出。和外汇市场一样，纽约货币市场也没有一个固定的场所，交易都是供求双方直接或通过经纪人进行的。在纽约货币市场的交易，按交易对象可分为联邦基金市场、政府库券市场、银行可转让定期存单市场、银行承兑汇票市场和商业票据市场等。

纽约资本市场是世界上最大的经营中、长期借贷资金的资本市场，可分为债券市场和股票市场。纽约债券市场交易的主要对象是政府债券、公司债券、外国债券。纽约股票市场是纽约资本市场的一个组成部分。在美国，有十多家证券交易所按证券交易法注册，被列为全国性的交易所。其中，纽约证券交易所、NASDAQ和美国证券交易所最大，它们都设在纽约。

(资料来源：《中国金融》1985年8月，作者：张德宝)

【思考讨论】

谈谈金融市场的构成要素有哪些？

(提示：金融市场的构成要素如下。

(1) 金融市场参与者。指金融市场上的交易主体，包括参与交易的个人、企业、各级政府及政府机构、金融机构，金融机构包括银行及非银行金融机构、中央银行等。参与者构成金融市场的供求双方。

(2) 金融工具。是指金融市场上的交易工具，它是货币资金和书面契约形式的信用工具。金融工具是资金供求双方交易的载体。

(3) 交易价格。金融市场的交易价格是利率，利率的高低决定资金需求方借入资金的成本。

(4) 组织形式。金融市场的组织形式既有有形市场，也有无形市场。不同的组织形式决定了市场参与者进行交易的场所和方式不同。上述四个方面是金融市场不可或缺的构成要素。)

第一节　金融市场概述

一、金融市场的概念和特征

(一)金融市场的概念

金融市场通常是指以金融资产为交易对象而形成的供求关系及其机制的总和。金融市场分为有形市场和无形市场。

(二)金融市场的特征

1. 交易对象的一致性

金融市场上交易的金融商品尽管种类很多，但实际上都是在交易货币和货币资金，它们没有质量上的差别。

2. 交易关系的特殊性

金融商品的交易只指向资金的使用权，并不交易资金的所有权。

3. 交易价格的趋同性

金融商品的价格是利率的外在表现，利率服从“价格一律规律”，因此尽管各种金融商品有不同的价格，但它们的价格之间有密切联系，在供求关系的作用下，各种金融商品价格的变化有趋同性。

4. 交易场所的抽象性

一部分金融交易是在固定的场所进行的，但更多的是通过电话、电报、电传和网络等通信手段来完成的。金融市场以无形市场为主。

二、金融市场的构成要素

金融市场作为一市场体系，构成的要素主要有资金供给者、资金需求者、中介人和金融商品。

(一)资金供给者

资金供给者即进入市场上的投资者，金融商品的购买者。

(二)资金需求者

资金需求者即金融市场上的筹资者，是金融商品的出售方。

(三)中介人

中介人是指专门为进入市场参与者如发行人、投资者等提供各种服务的专职机构。按提供服务内容的不同，中介人有证券经营机构、证券投资咨询机构、证券结算登记机构等。

(四)金融商品

金融商品是金融市场上的交易对象，对投资者来说是金融资产，对筹资者来说它是筹资工具。

三、金融市场分类

(一)间接金融市场和直接金融市场

按照金融市场有无中介机构划分，金融市场分为间接金融市场和直接金融市场。

1. 间接金融市场

间接金融市场是指资金供给者将资金存入金融机构，金融机构再将集中起来的资金提供给资金需求者，这种以金融机构为中介的融资市场称为间接金融市场，比如货币资金借贷市场。

2. 直接金融市场

直接金融市场是指资金供给者与资金需求者直接进行资金融通，不通过金融中介。如企业之间赊销商品和预付货款，通过发行股票债券筹资等。

目前我国间接金融市场仍占相当高的比例。

(二)货币市场和资本市场

按金融工具期限的长短划分，金融市场分为货币市场和资本市场。

1. 货币市场

货币市场是指融通短期资金的市场，主要是工商企业、政府单位、金融机构之间融通期限在一年以内的资金。特点：偿还期限短、流动性高、风险小，这种资金与货币的差别不大，这些金融工具被称为货币的代用品。

2. 资本市场

资本市场是融通资金期限在一年以上的长期资金市场，这种资金主要是用来满足固定资产投资的需要，即促进用来满足投资需求的资本的形成。特点：资本市场融通资金的期限长，风险比较大，能给购买这些金融资产的人带来较高的收入。

(三)发行市场和流通市场

按金融市场的交易程序划分，金融市场分为发行市场和流通市场。

1. 发行市场

发行市场也称初级市场和一级市场，它是发行新票据或新证券的市场。新设公司、公司增资扩股、政府以及工商企业发行债券筹资，都要通过这一市场完成。发行市场一般是无形市场，不通过交易所进行。发行市场的规模直接关系到各筹资主体筹措资金的数量，关系到金融商品的供应数量。

2. 流通市场

流通市场也称次级市场和二级市场，它是已发行票据或证券流通转让的市场。债券、股票的持有者可以在这一市场上出售变现。流通市场可以是有组织的证券交易所形式，也可以是没有固定场所、分散在各地的柜台交易形式。流通市场直接决定着证券的流动性(即变现能力)。它对筹资规模不产生直接影响。

(四)拆借、贴现、证券、基金市场、外汇、黄金、保险市场

按照金融资产存在的形式划分，金融市场分为拆借市场、贴现市场、证券市场、基金市场、外汇市场、黄金市场和保险市场等。

拆借市场是指金融机构之间买卖它们在中央银行存款账户上余额的场所。贴现市场是指银行以现款买进未到期票据或其他短期债券对持票人提供资金的市场。证券市场是指一种长期资金市场，即股票、债券等长期证券发行和买卖的市场。基金市场是指各类基金的发行、赎回及转让所形成的市场。外汇市场是指买卖外汇的场所。黄金市场是买卖黄金等贵金属的场所。保险市场是指从事因意外事故所造成的财产和人身损失的补偿，是以保险单和年金单的发行和转让为交易对象的特殊的金融市场。

(五)有形市场和无形市场

按金融交易是否有具体场地或空间，金融市场可分为有形市场和无形市场。

1. 有形市场

有形市场是指有具体的固定交易场地，如证券交易所。有形市场的交易称为场内交易。

2. 无形市场

无形市场是指没有具体的固定场地，是观念上的市场。它也可称为场外交易、店头交易、柜台交易和电话交易，如资金拆借市场、证券交易所以外的证券交易。无形市场的交易称为场外交易。

有形市场与无形市场的区分有利于政府对证券交易市场进行管理，国家规定有些证券可以在有形市场进行交易也可在无形市场进行交易，但有些证券只能在无形市场进行交易。

(六)国内金融市场和国际金融市场

按金融商品交易的地域来划分，金融市场分为国内金融市场和国际金融市场。

(1) 国内金融市场是指一个国家内部以本国货币表示的资金交易市场，其交易活动都要受到本国法律和制度的管制。

(2) 国际金融市场是指国家间各种金融业务活动的领域，包括长期和短期资金借贷，外汇黄金买卖以及票据贴现、国家间债权债务等金融交易。

国际金融市场分为在岸市场和离岸市场(欧洲货币市场)，在岸市场通常是指非居民与居民在货币发行国交易该国货币的市场。离岸市场也叫欧洲货币市场，通常是指融通境外货币的市场，如欧洲美元市场、欧洲英镑市场、欧洲日元市场等。这里的“欧洲”是“境外”之意，不仅仅包括欧洲，它不仅包括境外的短期资金市场，也指境外的长期资金市场。

(3) 国内金融市场与国际金融市场的区别。

①市场主体不同。国内金融市场只有居民可以参加；国际金融市场的市场主体包括居民和非居民。②国内金融市场的市场活动受国内法律的严格限制；国际金融市场的市场活动少受或不受市场所在国金融当局的控制；③国内金融市场交易的直接后果只会引起国内资本流动，国际金融市场交易的直接后果是引起国家间的资本流动，影响相关国家的国际收支。

(七)现货市场和期货市场

从金融商品交割时间来划分，金融市场分为现货市场和期货市场。

1. 现货市场

现货市场是指成交后在较短的时间内(一般是在两个营业日内)进行交割的交易市场。

2. 期货市场

期货市场是指交易双方达成买卖协议后，不是立即交割，而是在约定的未来日期按约定的交易数量、交易价格进行交割的交易市场。期货市场是专门地、有组织地买卖金融资产期货的市场。

四、金融市场的功能

1. 提高资金使用效益的功能

(1) 金融市场为资金供需者提供了接触的机会，便利了金融交易，降低了融资成本，提高了资金使用效益。

(2) 金融市场为投资者提供了更多的投资工具，使投资者有了更多的选择，效益差的项目很难筹措到资金。

(3) 金融市场融资形式灵活，融资工具多，加速了资金周转。

2. 引导储蓄实现向积累资金和生产资金转化的功能

通过企业发行股票债券使储蓄转化为投资，从而实现资金积累的过程。

3. 为金融机构提供资金配置手段的功能

金融市场提供的流动性，扩大了银行的可贷资金，增加了银行的盈利，满足了企业的资金需求。(银行可以利用货币市场的资产变现性，保留较少的超额准备金。)

4. 为经济活动提供信息的功能

略。

5. 为中央银行调节宏观经济提供场所的功能

略。

五、金融市场有效运作的条件

(1) 发达的市场经济。
(2) 发达、完善的金融体系、银行制度及相当规模的专门人才。
(3) 相当数量和种类的金融工具。
(4) 完备的经济、金融法规以及富有效率的监管体系。
(5) 完备发达的交通、通信设施。

第二节　货 币 市 场

货币市场包括拆借市场、回购协议、票据市场、国库券市场、CD 市场和短期信贷市场。

一、拆借市场

拆借即同业拆借，是指金融机构同业之间为了平衡头寸而发生的短期资金借贷活动。

头寸是中国传统的商业、金融用语，意思指款项。如果银行当日全部收入款项大于付出款项，称多头寸；付出款项大于收入款项，称缺头寸；对头寸盈余和短缺进行预计，叫轧头寸。

拆借与拆放：拆借是指资金短缺者从资金盈余者处借入款项；拆放是指资金盈余者向资金短缺者拆出款项。

(一)买卖中央银行存款账户余额

主要是为满足商业银行调整法定存款准备金的需要。法定存款准备金不足的银行，会受到中央银行的处罚，必须买入资金；法定存款准备金有盈余的银行表明资金闲置，影响盈利，必须卖出资金。

美国各商业银行均以存在联邦储备银行的准备金账户的资金为借贷工具，称为买卖联邦基金。它的期限非常短。

(二)同业借贷

同业借贷市场是金融机构之间买卖短期资金的市场。与买卖中央银行存款账户余额相比，同业借贷期限更长，且买卖对象也不局限于中央银行的准备金账户余额。

美国联邦基金的拆借额通常都在 100 万美元以上，成为各金融机构之间进行大规模短期资金融通的批发市场。拆借市场规模较大，拆借利率对市场资金供求状况反应灵敏，通常同业拆借利率是货币市场的基准利率。

旧中国同业拆借市场很发达。新中国成立后我国实行计划经济时期取消了同业拆借，改革开放后，又恢复了同业借贷，1996 年 1 月，全国统一的同业拆借市场投入运行。目前同业拆借市场分一级网和二级网两个系统，以融资中心网络建立的同业借贷市场，成为拆借市场的主要形式。其优越性在于充分运用现代先进通信技术，快速敏捷，有利于金融机构融通资金，加快资金的周转速度，充分利用资金。

(三)票据交换所日拆

票据交换所是对同一城市银行之间因办理转账结算、资金划拨而相互代收、代付的票据，集中进行交换及清算资金的场所。

参加票据交换的银行需要在票据交换所开设存款账户，其账户余额必须满足对外付款的需要。对于在票据交换中可能发生的资金不足或多余，通过相互拆借来解决。

(四)经纪人贷款

1. 经纪人贷款的概念

银行对证券经纪人和自营商以所持证券为抵押品的贷款，称为经纪人贷款。对经纪人

贷款要收取一定的保证金，即购买证券不能全额用银行贷款，必须使用一定比例的自有资金作保证，超过自有资金的部分由银行提供贷款。

2. 保证比例

保证比例是指证券经纪人自有资金数量占抵押证券价值的比例。保证比例越高，借款比例越低，贷款风险越小；相反，保证比率低，贷款风险大。

3. 经纪人贷款的意义

(1) 为银行资产流动性提供了一个重要途径，使银行找到了短期资金利用的新途径。

(2) 成为货币市场与资本市场的通道。当银行信用过度流入证券市场而使证券市场的价格暴涨时，中央银行便提高保证比例，经纪人贷款随之下降，减少了流入证券市场的资金数量，使证券价格回归合理价格；当证券价格暴跌时，中央银行可适当降低保证比例，对经纪人的贷款随之增加，使证券价格回归合理价位。

保证比例成为中央银行实施宏观调控的重要选择性手段。

二、回购协议市场

回购协议是指通过回购协议进行短期资金交易的市场。它曾经是金融机构为绕过活期存款不计息的金融管制，进行的一种金融产品创新，解决了金融机构短期负债不足的问题。

具体操作是：卖方在出售证券的同时，与证券买方签订协议，约定在一定期限后按约定价格购回所卖证券，从而及时获得可用资金的交易行为。实质上，这是一个证券抵押贷款市场。

回购协议市场近年来发展迅速，期限由一天发展到1～3个月，甚至更长。回购协议市场具有批发性质，是通过电话、电传达成交易的，属于柜台交易市场。回购协议市场是中央银行对银根松紧进行扭转性微调的场所。

三、票据市场

票据市场是指商业票据的承兑、抵押、贴现等活动所形成的市场。

(一)商业汇票市场

商业汇票市场包括承兑市场和贴现市场。

1. 商业票据的承兑

商业票据承兑是一种付款承诺行为，主要分为商业承兑和银行承兑。承兑票据是我国银行近年来新开展的一项表外业务。

2. 商业汇票的贴现

商业汇票在到期前可以背书转让和到银行进行贴现。

贴现是指经银行承兑后的汇票可以在货币市场上以贴现方式获得现款，如果金融机构自身急需资金，也可将贴进的到期票据向其他金融机构转贴现，或向中央银行申请再贴现。

贴现息=贴现票据面额×贴现率×贴现日至票据到期日间隔期

(二)商业本票市场

商业本票是债务人开具，允诺在一定时间、地点，以一定金额支付给一定的受票人，以作为债权债务的凭证。发行商业本票仅限于少数最著名的大企业。

四、大额可转让定期存单市场

1. 大额可转让定期存单市场的概念

大额可转让定期存单市场也称CD市场，是经营可转让定期存单的市场。大额可转让定期存单市场是货币市场的新形式，于20世纪60年代初期开始流行。

2. 大额可转让定期存单的特点

银行发行的大额可转让定期存单与普通存单不同，其特点是：①不记名，一般存款单为记名存款单；②可以转让，一般存款单不能转让买卖，只能由存款人支取；③面额大，金额比较固定，如美国的最低金额在10万美元，一般在50万美元以上，一般存款单的面额不固定，最低存款额也不受限制；④期限短，大额可转让定期存单的存款期限短，平均为4个月，最短为14天，最长一般在1年以内，一般存款单期限相对较长。

大额可转让定期存单从名义上看是存款凭据，是存款人的债权凭证，实际上是银行发行的允许在一定日期(到期日)按票面金额和约定利率支付本金和利息的债券，属于允诺支付的银行本票性质，是银行负债管理的一种形式。

3. 大额可转让定期存单的利率

大额可转让定期存单的利率由发行人根据市场利率水平和银行本身的信用而定，一般比同期限国库券的利率高。

4. 大额可转让定期存单的发行方式

大额可转让定期存单有两种形式，一是批发，二是零售。

5. 大额可转让定期存单市场的意义

(1) 就资金供给者而言，多为大银行所发行，信誉好，安全性高，流动性好，利率高于国库券和银行承兑汇票，是理想的投资场所，有利于动员他们的资金加入生产和流通。

(2) 从资金需求者来看，是银行筹措资金的好方法，是扩大信贷资金来源的有效途径。

五、国库券市场

(一)国库券市场的含义与特征

1. 含义

在国外，国库券市场是在货币市场上发行和流通政府短期债券的场所。

2. 特征

(1) 市场风险小。
(2) 流动性强。
(3) 税收优惠。

(二)国库券的发行方式

国库券采用拍卖的方式发行，分竞争性投标和非竞争性投标两种。

竞争性投标是指在投标书中列出国库券的购买数量和购买价格；非竞争性投标是指在标书中只报出购买的数量，不报价格，而以中标价格的平均价为购买价格，但购买数量有最高限制。

(三)发行价格

国库券按券面折扣发行，到期按券面金额偿还，二者之差为国库券的利息。

(四)国库券的收益率

$$\text{国库券年收益率}=\frac{\text{本利和}-\text{买价}}{\text{买价}}\div\text{未到期的天数}\times 360\times 100\%$$

六、短期信贷市场

短期信贷市场在货币市场上占主要地位，它是银行通过吸收各种存款，然后对工、农、商各业及其他货币资金需求者提供短期信贷或抵押贷款。银行存款和贷款业务参看商业银行业务。

第三节　资 本 市 场

资本市场是长期资金市场。资本市场的特点：金融工具期限长；市场交易的目的主要是解决长期投资的资金需要；资金借贷量大；市场交易工具特殊。资本市场由证券市场和银行中长期存贷款市场构成。

重要提示：因为银行中长期存贷款在商业银行一章中已涉及，因此在这里只讲资本市场中的证券市场。

一、证券市场

证券市场是指按照市场法则从事法律认可的有价证券的发行、转让等活动所形成的市场，包括一级市场和二级市场。

有价证券是指那些能够为其持有者带来收益，并能转让流通的资本所有权或债券证书。它是资本市场金融工具的基本形式，如股票、债券等。

二、证券的发行(一级市场)

(一)证券的发行程序

必须依照国家法律规定的方法进行。

(1) 提出发行申请。向国家证券管理部门提出正式书面申请。申请的主要内容：近年来的财务状况，如资产负债表、近几年的利润及亏损记录；拟发行证券的数量和条件；综合经营管理素质情况；拟发行证券的种类、方式、用途及票面应列事项；对新筹资金使用效益的分析预测等。

(2) 批准或核准发行。

(3) 落实发行任务。发行证券公司准备招募书等；选择、确定证券承销机构，如选定推销、助销、包销(包括银团(辛迪加)包销)机构；承销机构选择有利时机销售证券。

(二)证券的发行方式

证券的发行方式有两种：公募和私募。

1. 公募方式

公募方式是指发行人委托金融中介机构面向社会公开出售有价证券，分为募集发行、出售发行和投标发行。

2. 私募方式

私募方式是将证券只出售给少数特定的投资者，即与发行人有某些关系的人。这种发行方式是小企业募集小额资金的方法。

一般上市交易的证券不能采用私募方式发行，必须采用公募方式。习惯上，国家债券

的发行由中央银行代理，地方政府债券、企业债券和股票由投资银行承办。

投资银行在代理发行证券时，是公司企业的重要筹资参谋，如对选择发行证券的种类、确定最佳发行时机、确定证券的发行利率和价格等都会提出建议。

(三)证券发行利率和发行价格的确定

1. 债券的发行利率

确定债券利率要考虑以下因素。

(1) 发行人的信用程度。

(2) 期限长短。

(3) 还本付息的方式。

(4) 管理体制(税赋、利率限制)。

(5) 银根松紧状况。

2. 债券的发售价格

债券的发售价格有面值发行、溢价发行和折价发行三种。

3. 股票的发行价格

股票的发行价格有面值发行、溢价发行、折价发行、市价发行和中间价发行。

股票的分红派息取决于公司企业的盈利能力，分红派息的方式可以是现金，可以折成股票，可以是企业产品或企业其他资产。

三、证券交易系统(二级市场)

证券交易系统分为两类，证券交易所交易系统和非证券交易所交易系统。

(一)证券交易所交易系统

(1) 证券交易所交易系统是集中进行证券交易的场所。

(2) 组织形式有两种：会员制和公司制。

(3) 证券交易所的主要功能：①提供有关证券交易场所上的方便。②负责上市公司证券的资格审查。③负责管理交易所成员的交易行为。

对证券价格的形成无影响(证券交易所的交易价格不是交易所规定的，也不是证券经纪人规定的，是用一种特殊的竞价方式来确定的)。

(二)非证券交易所交易系统

非证券交易所交易系统的交易活动一般没有固定的场所，交易室可以通过电讯手段或

通过金融机构的柜台完成。

在金融机构柜台进行的交易，称为柜台交易或店头交易。

非证券交易所交易系统的交易成本低(不需要买交易席位、不需要交入场费、不需要向社会公布财务状况)，而且利于保守商业秘密。

(三)证券交易方式

证券交易方式有现货交易、信用交易、期货交易和期权交易。

下面介绍期权交易的有关内容。

(1) 期权交易的概念。期权又称选择权，是指它的持有者在规定的期限内具有按交易双方商定的价格购买或出售一定数量某种金融资产的权利。也可以根据需要放弃行使这一权利。为了取得这一权利，期权合约的买方必须向卖方支付一定金额的费用。

(2) 分类。期权合约还可分为看涨期权和看跌期权两类。看涨期权：买方有权在某一确定的时间以确定的价格购买相关资产；看跌期权：买方有权在某一确定时间以确定的价格出售相关资产。

期权也可分为美式期权和欧式期权两类。美式期权：买方可以在期权的有效期内的任何时间行使或放弃权利；欧式期权：期权买方只可以在合约到期时行使权利。

四、二板市场

(一)二板市场的概念

二板市场又称“创业板市场”“技术股市场”“新市场”，它是为高科技领域中运作良好、成长性强的新兴中小企业提供融资的场所，是资本市场的重要组成部分。

二板市场依托计算机网络进行证券交易，为创业投资者提供退出通道，对上市公司的经营业绩和资产规模要求较宽，但对信息披露和主业范围要求相当严格。

(二)二板市场的特点

1. 面向高成长与高科技企业

二板市场主要是为达不到主板市场所要求的规模的中小企业提供服务，特别是为其中的高科技企业提供融资服务。具有非常好的发展前景，但目前盈利不一定好，面临着很大的经营风险是从事高新技术的企业的共同特点。这决定了二板市场与主板市场有不同的市场特征和监管特色。

2. 较低的上市要求

高科技企业发行上市前处于成长初期，其资产规模、盈利能力还达不到主板市场的要求，各国对二板市场的上市标准都低于主板市场，对业务记录的要求一般为0～3年，主要视业务性质而定，最低盈利要求也是比较低的。

3. 二板市场是高风险市场

高新技术企业属新兴行业，面临技术风险、市场风险、经营风险以及内幕交易和操纵市场风险都很大，破产倒闭的概率比主板市场要高。

4. 二板市场实行保荐人制度

保荐人要确保申请上市公司完全符合二板市场的上市规定、所有上市文件均完全符合二板市场的要求、并且公司对所有重大事项和必要信息做出了充分披露。

二板市场的上市公司比主板市场上保留的推荐人时间更长，推荐人对上市公司的有关文件需仔细审核和披露，并承担风险责任。

5. 以机构投资者为主

二板市场风险大，需要投资者有较强大的判断能力和较高的风险承受能力，所以以专业投资者为主，个人投资者主要是通过共同基金和养老金间接参与。

6. 实行做市商制度

略。

7. 实行上市时效制度

略。

五、证券定价理论

(一)证券行市

一般规律：有价证券的市场价格取决于有价证券的收益与银行利率的对比关系，它与自身的收益成正比，与银行利率成反比。

$$P = A / i$$

式中：P——有价证券市场价格；
A——证券收益；
i——现行利率。

(二)股票价格指数

1. 概念

股票价格指数是用以表示多种股票平均价格水平及其变动并衡量股市行情的指标。

2. 股票价格指数的计算方法

(1) 拉斯贝尔指数。

(2) 派许指数。

(3) 费雪指数。

3. 目前世界上影响较大的股票价格指数

(1) 美国的道·琼斯股票价格指数。

(2) 英国《金融时报》指数。

(3) 日经平均指数。

(4) 恒生股票价格指数。

第四节 基 金 市 场

一、基金与基金市场的概念

1. 基金的概念

对“基金”有两种理解。

(1) 基金是通过发行基金股份或收益凭证，将投资者分散的资金集中起来，由专业管理人员分散投资于股票、债券或其他金融资产，并将投资收益分配给基金持有者的一种融资活动。

(2) 基金也指从事这类活动的金融中介机构。

2. 基金市场

基金市场是指各类基金的发行、赎回及转让所形成的市场。

3. 投资基金特征

(1) 经营成本低。

(2) 分散投资降低了投资风险。

(3) 专家管理增加了投资收益机会。

(4) 服务专业化。

(5) 投资者按投资比例享受收益。

二、基金的种类

(一)按组织形式和法律地位划分

按组织形式和法律地位划分，分为契约型基金和公司型基金。

1. 契约型基金

契约型基金是依据一定的信托契约原理而组织起来的基金，其活动属于代理投资行为。

2. 公司型基金

公司型基金是依公司法成立的基金，通过发行基金股份将集中起来的资金投资于各种有价证券。

(二)按基金的受益凭证是否可赎回划分

按基金的受益凭证是否可赎回划分，分为开放型基金和契约型基金。

1. 开放型基金

开放型基金是指基金管理公司在设立基金时，发行的基金单位总份数不固定，基金总额亦不封顶，可视经营策略和实际需要连续发行，投资者可随时购买和转卖给基金管理公司。

2. 封闭型基金

封闭型基金是指基金管理公司在设立基金时，限定了基金的发行数额，在初次发行达到了预定的发行计划后，基金即宣告成立，并进行封闭，在一定时期内不再追加发行新的基金单位。

(三)按基金投资对象的不同划分

按基金投资对象的不同划分，分为股票基金、债券基金、货币基金、专门基金、衍生基金和杠杆基金、对冲基金与套利基金、伞型基金、 基金中的基金。

(四)按投资目的的不同划分

按投资目的的不同划分，分为成长型基金、收入型基金和平衡型基金。

(五)按投资计划所编定的证券资产内容是否可以变更划分

按投资计划所编定的证券资产内容是否可以变更划分，分为固定型基金、融通型基金和半固定型基金。

1. 固定型基金

固定型基金是指投资基金按计划投资，其投资的证券资产编定后，不论其价格如何变化，基金管理人都不得通过出卖、转让等方式任意改变已编入的证券资产。

2. 融通型基金

融通型基金是指基金管理人可根据市场情况，自由决定其证券投资的对象、出售并变更基金所编入证券资产的内容和结构，以有效防止受益凭证价格的低落。

3. 半固定型基金

半固定型基金是指介于固定型与融通型基金之间，即投资基金投资的证券资产编定后，其管理人在一定的条件和范围内，可变更基金的资产内容。

三、基金及其市场运作

(一)投资基金建立的步骤

(1) 物色基金发起人，确定基金性质。

(2) 制定基金文件，向主管机关报批。

(3) 发布基金招募说明书，发售基金券。

(二)投资基金的交易

1. 封闭型基金的转让

封闭型基金的投资者不能向基金管理人申请赎回基金证券，但可以在基金市场上自由买卖基金证券。

2. 开放型基金的赎回

基金证券赎回是针对开放型基金而言的，指投资者向基金管理人赎回基金证券。基金管理人在每一个交易日都有责任以每一基金单位资产净值的价格赎回投资者出卖的基金。

(三)投资基金的变更和终止

1. 投资基金的变更

投资基金的变更是指投资基金在其运作过程中，因某种特殊情况而使基金本身或运作过程发生重大改变。一般基金发生变更行为，必须报主管机关核准。

2. 投资基金的终止

基金期限届满则基金视为终止。基金终止后，管理人、托管人必须聘请会计师事务机构和公正法律机构进行基金的清产核资和公证，并将清产核资后的基金净资产按照投资者的出资比例进行公正合理的分配。

第五节　外汇与黄金市场

一、外汇市场

(一)外汇市场的概念

外汇市场是专门从事外汇买卖的场所活动，有狭义和广义之分。

狭义的外汇市场指银行间的外汇交易，包括同一市场各银行间的外汇交易、不同市场各银行间的外汇交易、中央银行与外汇银行之间以及各国中央银行之间的外汇交易活动。通常被称为批发外汇市场。

广义的外汇市场指由各国中央银行、外汇银行、外汇经纪人及客户组成的外汇买卖、经营活动的总和，包括上述批发市场以及银行同企业、个人间进行外汇买卖的零售市场。

(二)外汇市场的主要功能

(1) 通过外汇市场可以实现购买力的国际转移。

(2) 通过外汇市场可以调剂国际资金余缺，加速国际资金周转。

(3) 利用外汇市场所拥有的发达的通信设施及手段，可以提高资金使用效率。

(4) 进出口商利用市场中的远期外汇买卖业务，可有效地避免或减少因汇率变动带来的风险，从而促进国际贸易的发展。

(5) 外汇市场有助于各国政府和企业正确地进行有关决策。

(三)外汇市场的分类

1. 根据市场形态划分，分为有形市场和无形市场

(1) 有形市场。也称“欧洲大陆式”外汇市场。其特点是有固定的交易场所，参加交易的各方按规定时间在交易场所进行交易，如巴黎、法兰克福、阿姆斯特丹、米兰等外汇市场。

(2) 无形市场。也称“英美式”外汇市场。其特点是没有固定的交易场所，其外汇交易都是通过电话、电报、电传、计算机网络等进行的，如伦敦、纽约、苏黎世等外汇市场。

2. 根据市场交易主体及业务活动方式，划分为国内外汇市场和国际外汇市场

(1) 国内外汇市场。它的主体主要是本国居民。银行在这个市场上从事的外汇交易，大部分需要利用外汇经纪人的中介服务来完成。

(2) 国际外汇市场。亦即世界外汇市场，市场主体包括居民与非居民。银行在这个市场上从事外汇交易，一般是直接同其他银行进行，而不通过外汇经纪中介。

(四)外汇市场的主体

外汇市场的主体是指外汇市场的参加者。主要有：外汇银行(外汇银行是其中最重要的主体机构)；外汇经纪人；进出口商及其他外汇供求客户；外汇投机者及中央银行或政府其他外汇管理机构等。

(五)外汇市场的交易方式

1. 即期外汇交易

即期外汇交易又称现货交易，是指在外汇买卖成交后当日或第二个营业日内进行清偿交割的外汇交易方式。

2. 远期外汇交易

远期外汇交易是指在外汇买卖成交一段时间后，再按双方预先约定交易的货币、数额和汇价进行清算交割的一种外汇交易方式。

3. 掉期外汇交易

掉期外汇交易是指某一种货币在被买入的同时即被卖出，所买入和卖出的货币金额相等但期限不同，或一个为即期一个为远期，或为两个不同期限的远期。当然掉期外汇交易也指某一种货币在被卖出的同时即被买入，所卖出和买入的货币金额相等但期限不同，或一个为即期一个为远期，或为两个不同期限的远期。

4. 套汇交易

套汇交易是指利用各外汇市场汇率的差别，贱买贵卖，获取地区间外汇差价收益的交易活动。

5. 套利交易

套利交易是指利用不同外汇市场存在的利率差异，进行外汇交易获利，又称“利息套汇”。套利活动主要有两种形式：一是不抛补套利；二是抛补套利。

6. 外汇期权交易

外汇期权交易是指远期外汇买卖权利的交易。外汇期权交易基本形式有两种，即买方期权和卖方期权。买方期权也称看涨期权；卖方期权也称看跌期权。

二、黄金市场

1. 黄金市场的概念

黄金市场是专门集中进行黄金买卖的交易中心、场所或活动。

2. 黄金市场的分类

(1) 按对国际黄金市场的影响程度划分，分为国际性黄金市场和区域性黄金市场。

(2) 按交易结算的期限划分，分为黄金现货交易市场和黄金期货交易市场。

(3) 按管理程度划分，分为自由黄金交易市场和限制性黄金交易市场。

3. 黄金市场的主体

黄金市场的主体指黄金市场的参与者，即供求双方。

4. 黄金市场的交易方式

(1) 根据交割期限，可分为现货交易与期货交易。

(2) 根据交易黄金的转移方式，可分为账面划拨(这是黄金交易的基本形式)、实物交易、金币交易和黄金券交易。

本章小结

本章主要介绍金融市场的概念、类型、构成要素和功能，以及货币市场及资本市场的金融工具及其业务运作。

(1) 金融市场是指实现货币资金借贷、办理各种票据和有价证券买卖的领域。金融市场有广义和狭义之分。

(2) 根据不同的分类标准，可以将金融市场分成不同的子市场。按照所交易金融资产的期限划分，可分为货币市场和资本市场；按金融交易标的物的性质划分，可分为外汇市场、黄金市场和保险市场。

(3) 金融市场的构成要素主要包括：金融市场参与者、金融工具、交易价格、组织形式等。

(4) 金融市场的功能表现在：能够迅速有效地引导资金合理流动，提高资金配置效率；能够及时反映经济活动的走势；为金融管理部门进行金融间接调控提供了条件；不仅为金融资产规模的扩大创造了条件，而且促进了金融工具的创新；促使居民金融资产多样化和金融风险分散化。

(5) 货币市场是短期资金融通的市场，是中央银行实施货币政策的场所。货币市场可分为同业拆借市场、商业票据市场、大额可转让定期存单市场、回购市场、短期政府债券市场等若干个子市场。

(6) 资本市场是提供长期性资本融通的市场，其基本功能是实现并优化投资与消费的跨时期选择。按市场工具划分，资本市场通常由股票市场、债券市场和投资基金构成。

本 章 习 题

1. 金融市场与其他市场有何异同?
2. 简述金融市场的功能。
3. 试述金融市场的构成要素及其相互关系。
4. 货币市场由哪些子市场构成?
5. 同传统的定期存款相比，大额可转让定期存单具有哪些特点?
6. 简述债券与股票的联系与区别。
7. 简述投资基金的特点。
8. 在回购市场中，利率的确定取决于哪些因素?
9. 投资基金发起人必须同时具备哪些条件?

第九章　国 际 金 融

【教学目的与要求】

通过本章教学，应使学生了解有关国际金融方面的基础知识，如国际收支、外汇与汇率、国际储备等，理解国际金融的基本理论，掌握国际收支的主要内容、汇率的基本种类、国际储备的作用与构成部分，并要求在教学过程中，结合当前国际和我国的实际情况，重点掌握国际收支平衡表的编制和分析方法，以及汇率的标价方法、种类与外汇交易的基本方式。

【重点与难点】

- 国际收支及国际收支平衡表的概念。
- 国际收支的内容。
- 国际收支不平衡的原因及调节。
- 外汇与汇率的概念。
- 汇率的标价方法和汇率的种类。
- 汇率与经济的关系。
- 国际储备的构成及管理。

【引导案例】

人民币汇率形成机制改革

从 1994 年 1 月 1 日起，我国对外汇管理体制进行重大改革，实现人民币官方汇率与外汇调剂市场汇率并轨，并轨后的人民币汇率实行以市场供求为基础的、单一的、有管理的浮动汇率制度。1994 年的汇率制度改革，形成了我国现行人民币汇率制度的基本框架。在实施后的三年内，伴随着我国国际收支“双顺差”的不断增加和中国人民银行的适度干预，人民币汇率呈现稳步上升，从 1 美元兑 8.7 元人民币升值到 1 美元兑 8.3 元人民币，体现了“有管理浮动汇率制度”的特点。从 1997 年开始，受亚洲金融危机的影响，为了维持人民币稳定，央行加强了对外汇市场的干预，使人民币对美元的汇率在之后的三四年中一直非常稳定。因此，国际货币基金组织在 1999 年调整汇率制度分类方法时，将人民币汇率制度归为“事实上的钉住美元”。2001 年起，我国国际收支再次呈现“双顺差”，人民币再次经历升值的压力。从长期来看，逐渐提高人民币汇率制度的弹性，真正实现“有管理的浮动汇率制”，才能更好地发挥汇率在国际收支调节中的作用。保持我国货币政策的独立性，是我国汇率制度改革的趋势。

2005年7月21日，中国人民银行公布了《关于完善人民币汇率形成机制改革》的公告，重新确立了我国实行“以市场供求为基础、有管理的浮动汇率制度”。这次改革的内容主要包括：①从钉住美元转向“参考一篮子货币调节”，并将美元对人民币交易价格调整为1美元兑8.11元人民币。②中国人民银行于每个工作日闭市后公布当日银行间外汇市场美元等交易货币对人民币汇率的收盘价，作为下一个工作日该货币对人民币交易的中间价格。而之前是人民银行根据银行间外汇市场加权平均汇率公布第二天的基准汇率。此次改革意味着基准汇率的计算方式发生了变化，将收盘价直接作为次日汇率的中间价格。汇市收盘价的作用加大了，人民银行汇率调节能力增强了，收盘价成了调控的重点。③中国人民银行将根据市场发育状况和经济金融形势，适时调整汇率浮动区间。这意味着人民银行拥有了调整汇率浮动区间的主动权，可根据市场、经济金融形势适时调整。这次汇率形成机制改革的意义大大重于汇率水平的调整，标志着中国在迈向真正有弹性、可浮动的汇率制度方面走出了关键性的一步。

【思考讨论】

谈谈人民币汇改的意义有哪些？

(提示：2005年7月21日汇率形成机制改革是在美国贸易赤字、亚洲尤其是中国大额贸易顺差这种全球经济严重失衡的背景下提出的。从我国经济自身发展的情况来看，我国的外贸依存度、出口企业的竞争度已经达到相当严重的程度，财政出口退税压力重，贸易摩擦激化等问题突出。因此，进行汇率形成机制改革，增强人民币汇率弹性，使人民币汇率真正回归有管理的浮动汇率是非常迫切的。)

第一节　国际收支

一、国际收支的概念

国际收支的概念有广义和狭义之分。

狭义的国际收支：等同于贸易收支或外汇收支。第二次世界大战之前、之中用这个概念，二战后各国都采用广义的国际收支概念。

广义的国际收支是指一国在一定时期内对外政治、经济、文化往来所产生的全部国际经济交易的系统记录。

国际货币基金组织对国际收支的解释：“国际收支是一定时期内反映如下内容的统计报表：①一个经济实体与世界其他经济实体之间的商品、劳务和收益交易；②这个经济实体的货币、黄金、特别提款权的所有权变动与其他变动，以及这个经济实体对世界上其他经济实体之间的债权债务；③无偿转移及其对应登记，从会计学意义上讲，是平衡未能相互

抵消的任何交易和变动所必须的项目。”

二、国际收支平衡表

(一)国际收支平衡表的概念

它是系统地记录一个国家一定时期(通常为一年)内全部国际收支项目及金额的统计报表。

(二)国际收支平衡表的编制原理

它是按复式计账的原理编制的。

(三)国际收支平衡表的内容

国际收支平衡表的内容各国依据自身经济状况的不同繁简不一，但大多数国家都包括经常项目、资本项目和平衡项目。

1. 经常项目

(1) 概念。经常项目也称往来项目，是本国对外经济交易经常发生的项目。它是国际收支平衡表中最主要和最基本的项目。

(2) 内容。经常项目包括贸易收支、劳务收支和转移收支三项。

2. 资本项目

(1) 概念。资本项目是用于记载资本的输出和输入总额，反映以货币表示的债权债务在国家间的转移。“二战”后，资本输出的规模越来越大，因而资本项目在一些国家的国际收支平衡表中的地位日益重要。

(2) 内容。它由长期资本的输出和输入以及短期资本的输出和输入构成。

3. 平衡项目

(1) 概念。平衡项目是国际收支经常账户差额与资本账户差额不能相抵时使借贷双方总计得以达到平衡的项目。

(2) 内容。包括错误与遗漏、分配的特别提款权和官方储备。

思考：根据我国2009年和2010年的国际收支平衡表(见表9-1和表9-2)，对比2009年的数据，阐述我国2010年的国际收支状况。

表 9-1　中国国际收支平衡表

2009 年

单位：亿美元

项　目	行　次	差　额	贷　方	借　方
一、经常项目	1	2611	14 846	12 235
A.货物和服务	2	2201	13 333	11 132
a.货物	3	2495	12 038	9 543
b.服务	4	−294	1 295	1 589
1.运输	5	−230	236	466
2.旅游	6	−40	397	437
3.通信服务	7	−0	12	12
4.建筑服务	8	36	95	59
5.保险服务	9	−97	16	113
6.金融服务	10	−3	4	7
7.计算机和信息服务	11	33	65	32
8.专有权利使用费和特许费	12	−106	4	111
9.咨询	13	52	186	134
10.广告、宣传	14	4	23	20
11.电影、音像	15	−2	1	3
12.其他商业服务	16	59	247	188
13.别处未提及的政府服务	17	1	9	8
B.收益	18	73	1086	1013
1.职工报酬	19	72	92	21
2.投资收益	20	1	994	993
C.经常转移	21	337	426	89
1.各级政府	22	−2	0	3
2.其他部门	23	340	426	86
二、资本和金融项目	24	1808	7825	6016
A.资本项目	25	40	42	2
B.金融项目	26	1769	7783	6014
1.直接投资	27	703	1502	799
1.1 我国在外直接投资	28	−439	42	481
1.2 外国在华直接投资	29	1142	1461	318

续表

项 目	行 次	差 额	贷 方	借 方
2.证券投资	30	387	981	594
2.1 资产	31	99	669	570
2.1.1 股本证券	32	−338	122	461
2.1.2 债务证券	33	437	547	110
2.1.2.1(中)长期债券	34	370	479	110
2.1.2.2 货币市场工具	35	67	68	0
2.2 负债	36	288	312	24
2.2.1 股本证券	37	282	288	7
2.2.2 债务证券	38	6	23	17
2.2.2.1(中)长期债券	39	6	23	17
2.2.2.2 货币市场工具	40	0	0	0
3.其他投资	41	679	5299	4620
3.1 资产	42	94	1174	1080
3.1.1 贸易信贷	43	−544	0	544
长期	44	−38	0	38
短期	45	−506	0	506
3.1.2 贷款	46	130	450	320
长期	47	−315	0	315
短期	48	445	450	5
3.1.3 货币和存款	49	52	267	216
3.1.4 其他资产	50	456	457	1
长期	51	0	0	0
短期	52	456	457	1
3.2 负债	53	585	4125	3540
3.2.1 贸易信贷	54	321	321	0
长期	55	22	22	0
短期	56	298	298	0
3.2.2 贷款	57	37	3222	3185

续表

项　目	行　次	差　额	贷　方	借　方
长期	58	−97	135	232
短期	59	134	3087	2953
3.2.3 货币和存款	60	116	456	340
3.2.4 其他负债	61	111	126	15
长期	62	110	110	0
短期	63	1	16	15
三、储备资产	64	−3984	0	3984
3.1 货币黄金	65	−49	0	49
3.2 特别提款权	66	−111	0	111
3.3 在基金组织的储备头寸	67	−4	0	4
3.4 外汇	68	−3821	0	3821
3.5 其他债权	69	0	0	0
四、误差与遗漏	70	−435	0	435

表 9-2　中国国际收支平衡表

2010 年

单位：亿美元

项　目	行　次	差　额	贷　方	借　方
一、经常项目	1	3054	19468	16414
A.货物和服务	2	2321	17526	15206
a.货物	3	2542	15814	13272
b.服务	4	−221	1712	1933
1.运输	5	−290	342	633
2.旅游	6	−91	458	549
3.通信服务	7	1	12	11
4.建筑服务	8	94	145	51
5.保险服务	9	−140	17	158
6.金融服务	10	−1	13	14
7.计算机和信息服务	11	63	93	30
8.专有权利使用费和特许费	12	−122	8	130
9.咨询	13	77	228	151
10.广告、宣传	14	8	29	20

续表

项　目	行　次	差　额	贷　方	借　方
11.电影、音像	15	−2	1	4
12.其他商业服务	16	184	356	172
13.别处未提及的政府服务	17	−2	10	11
B.收益	18	304	1446	1142
1.职工报酬	19	122	136	15
2.投资收益	20	182	1310	1128
C.经常转移	21	429	495	66
1.各级政府	22	−3	0	3
2.其他部门	23	432	495	63
二、资本和金融项目	24	2260	11080	8820
A.资本项目	25	46	48	2
B.金融项目	26	2214	11032	8818
1.直接投资	27	1249	2144	894
1.1 我国在外直接投资	28	−602	76	678
1.2 外国在华直接投资	29	1851	2068	217
2.证券投资	30	240	636	395
2.1 资产	31	−76	268	345
2.1.1 股本证券	32	−84	115	199
2.1.2 债务证券	33	8	154	146
2.1.2.1(中)长期债券	34	19	128	110
2.1.2.2 货币市场工具	35	−11	25	36
2.2 负债	36	317	368	51
2.2.1 股本证券	37	314	345	32
2.2.2 债务证券	38	3	22	19
2.2.2.1(中)长期债券	39	3	22	19
2.2.2.2 货币市场工具	40	0	0	0
3.其他投资	41	724	8253	7528
3.1 资产	42	−1163	750	1912
3.1.1 贸易信贷	43	−616	5	621
长期	44	−43	0	43
短期	45	−573	4	578

续表

项目	行次	差额	贷方	借方
3.1.2 贷款	46	−210	197	407
长期	47	−277	0	277
短期	48	66	197	131
3.1.3 货币和存款	49	−580	303	883
3.1.4 其他资产	50	244	245	1
长期	51	0	0	0
短期	52	244	245	1
3.2 负债	53	1887	7503	5616
3.2.1 贸易信贷	54	495	583	88
长期	55	35	41	6
短期	56	460	542	81
3.2.2 贷款	57	791	5860	5069
长期	58	100	264	163
短期	59	691	5596	4906
3.2.3 货币和存款	60	603	1038	435
3.2.4 其他负债	61	−3	22	25
长期	62	−4	1	5
短期	63	1	22	20
三、储备资产	64	−4717	0	4717
3.1 货币黄金	65	0	0	0
3.2 特别提款权	66	−1	0	1
3.3 在基金组织的储备头寸	67	−21	0	21
3.4 外汇	68	−4696	0	4696
3.5 其他债权	69	0	0	0
四、净误差与遗漏	70	−597	0	597

注：1. 本表计数采用四舍五入原则。

2. 从 2010 年三季度开始，按照国际标准，将外商投资企业归属外方的未分配利润和已分配未汇出利润同时记入国际收支平衡表中经常账户收益项目的借方和金融账户直接投资的贷方。2010 年各季度以及 2005—2009 年年度数据也按此方法进行了追溯调整。

参考答案：根据我国 2009 年和 2010 年的国际收支平衡表，对比 2009 年的数据，阐述我国 2010 年的国际收支状况。

2010 年国际收支主要状况：

2010 年，我国经常项目顺差 3054 亿美元，较上年增长 17%，资本和金融项目顺差 2260 亿美元，较上年增长 25%，各主要项目情况如下。

1. 货物贸易顺差与 2009 年基本相当

2010 年，货物贸易顺差未现大幅增长。2010 年货物贸易出口 15814 亿美元，进口 13272 亿美元，分别较上年增长 31%和 39%。货物贸易顺差 2542 亿美元，较上年略增 2%。

2. 服务贸易逆差收窄

2010 年，服务贸易收入 1712 亿美元，较上年增长 32%；支出 1933 亿美元，较上年增长 22%；逆差 221 亿美元，较上年下降 25%。

3. 收益项目顺差大幅增加

2010 年，收益项目顺差 304 亿美元，较上年增长 3.2 倍。投资收益净流入 182 亿美元，2010 年职工报酬净流入 122 亿美元，较上年增长 70%。

4. 外国在华直接投资和我国在外直接投资均较快增长

2010 年，直接投资顺差 1249 亿美元，较上年增长 78%。其中，外国在华直接投资持续净流入，全年达到 1851 亿美元，较上年增长 62%。我国在外直接投资规模继续增加，2010 年净流出 602 亿美元，较上年增长 37%。

5. 证券投资净流入下降

2010 年，证券投资项下净流入 240 亿美元，较上年下降 38%。其中，我国对境外证券投资净流出 76 亿美元，2009 年为净回流 99 亿美元；境外对我国证券投资净流入 317 亿美元，较上年增长 10%。

6. 储备资产平稳增长

2010 年我国新增国际储备资产 4717 亿美元，较 2009 年新增额扩大 18%。其中，外汇储备增加 4696 亿美元，在基金组织的储备头寸和特别提款权增加 22 亿美元。

(四)国际收支平衡表的分析

按照复式记账原理编制的国际收支平衡表，总是平衡的，那么如何判断一国国际收支是平衡还是失衡呢？引出两个概念，即自主性交易和调节性交易。

自主性交易是指交易者出于自身的交易动机和需要进行的交易，它包括经常项目和资本项目中的长期资本收支。

调节性交易是指在自主性交易产生不平衡时所进行的用以调节自主性交易的不平衡而发生的弥补性交易，它包括资本项目重点短期资本和国际储备项目的变动。

通常判断一国国际收支是否平衡看自主性交易的差额。无差额为平衡；收入大于支出为顺差；收入小于支出为逆差。

三、国际收支的调节措施

一国国际收支失衡会对国内经济产生不利影响，会直接影响对外扩大交往能力和信誉。大量逆差存在，会使外汇供应短缺，外汇汇率上升，本币贬值，资本外逃；大量顺差的存在，会使本国汇率有升值压力，对出口产生不利影响，同时也面临较大的通货膨胀压力。一般要采取调节措施进行调节，可选择的措施如下。

1. 外汇缓冲政策

(1) 概念。外汇缓冲政策是指一国政府为对付国际收支不平衡，把黄金和外汇储备作为缓冲体，通过中央银行在外汇市场买卖外汇，来消除因国际收支不平衡而形成的外汇供求缺口，从而使国际收支不平衡所产生的影响仅限于外汇储备的增减，而不会因汇率急剧变动而进一步影响本国的经济。

(2) 优点与缺点。优点是简便易行，缺点是会因巨额的、长期的国际收支逆差，使国际储备枯竭。

2. 财政政策

(1) 概念。财政政策是指财政部门用扩大或缩小财政开支和提高或降低税率的办法来平衡国际收支。

(2) 运用。当国际收支出现逆差时，往往实行紧缩性的财政政策，如削减财政支出、提高税率以增加财政收入、减少投资和消费。降低投资和消费，致使物价下跌，从而扩大出口、减少进口，以消除逆差；当国际收支出现顺差时，往往实行扩张性财政政策，抑制出口、增加进口，以消除顺差。

3. 货币政策

(1) 概念。货币政策也称金融政策，是指西方国家经常采用的通过改变再贴现率和法定存款准备率来调节国际收支的政策措施。

(2) 运用。当出现逆差时，往往调高再贴现率和法定存款准备率，使信贷规模缩小，市场利率提高，导致需求下降进口减少、刺激资本流入抑制资本流出，实现平衡；当出现顺差时则反向操作。

4. 汇率政策

(1) 概念。汇率政策是指一国通过汇率的调整来实现国际收支平衡的政策措施。

(2) 运用。当国际收支存在逆差时，降低本国货币汇率，提高外汇汇率，使本国商品在国外市场上以外币计算的价格下跌，提高竞争力，刺激出口抑制进口；反之则反向操作。

运用这种方法的条件：①实行自由贸易；②国内外物价稳定；③进出口商品的价格需

求弹性大。

5. **直接管制**

(1) 概念。直接管制是指政府通过发布行政命令，对国际经济交易进行行政干预，以求国际收支平衡的政策措施。它包括贸易管制和外汇管制。

(2) 副作用。会引起国际经济组织的反对，引起他国的反抗和报复，应慎用；不能真正消除国际收支不平衡问题，取消管制后不平衡会重新出现。

第二节　外汇与汇率

一、外汇

外汇有动态和静态两种含义。

动态外汇是指一种国际汇兑行为，即把一国货币兑换成另一国货币，以清偿国家间债权债务关系的一种专门性经营活动。

关于静态外汇的概念有新的发展。现在：静态的外汇是指可以在国际结算中使用的各种支付手段和各种对外的债权。过去：静态的外汇是指以外币表示的用于进行国际结算的支付手段和资产。

按照中华人民共和国外汇管理条例的规定，外汇具体包括：①外国货币，包括纸币和铸币；②外币支付凭证，包括票据、银行存款凭证、邮政储蓄凭证等；③外币有价证券，包括政府债券、公司债券、股票等；④特别提款权、欧元；⑤其他外币资产。

二、汇率及其标价法

(一)汇率的概念

汇率是指两种货币的折算比率，是以一种货币表示另一种货币的价格。对这个概念的理解：汇率是两种不同货币之间的比价，它反映的是一国货币的对外价值。

(二)汇率的标价法

汇率有直接标价和间接标价两种标价法，但在国际外汇市场上还有一种通用的美元标价法。

1. **直接标价法**

(1) 概念。直接标价法是指以一定单位的外国货币作为标准折算成一定数量的本国货币的标价方法。

(2) 汇率的升降。在直接标价法下，一定单位外币折算成的本国货币比原来增多，说明外汇汇率上升而本币汇率下跌，即外币升值本币贬值；反之，一定单位的外币折算成本国货币比原来减少，说明外汇汇率下跌而本币汇率上升，即外币贬值、本币升值。

目前世界上大多数国家采用这种标价法，我国也采用这种方法。

2. 间接标价法

(1) 概念。间接标价法是指以一定单位的本国货币作为标准，折算成一定数量的外国货币的标价法。

(2) 汇率的升降。在间接标价法下，一定单位的本国货币折算成的外币数额比原来增多，说明本币汇率上涨或外汇汇率下跌，即本币升值或外币贬值；反之，一定单位的本国货币折算成的外币数额比原来减少，说明本币汇率下跌或外汇汇率上升，即本币贬值或外币升值。

(三)汇率的种类

按照不同标准进行分类，有多种形式的汇率。按确定汇率的方法划分，有基本汇率和套算汇率；按对外汇管理宽严程度划分，有官方汇率和市场汇率；按外汇资金的用途划分，有贸易汇率和金融汇率；按汇率是否统一划分，有单一汇率和复汇率；按国际货币制度的演变划分，有固定汇率、浮动汇率和联合浮动汇率等；按银行外汇汇付方式不同划分，有电汇汇率、信汇汇率、票汇汇率；按外汇交易交割时间不同划分，有即期汇率和远期汇率。

三、汇率的决定和变动

(一)在纸币流通条件下，汇率的决定因素

纸币流通条件下汇率决定的基础是购买力平价，即两种货币购买力的对比。

(二)影响汇率变动的主要因素

1. 一国的经济状况

经济增长强劲，增长速度加快，能从两方面引起本币汇率上升，反之会从两方面引起本币汇率下跌。

如果经济增长速度快，一是投资机会增多，使资本流入上升，导致本币需求上升，带动本币汇率上升；二是使出口有强有力的支撑，贸易顺差，使本币上升。

欧元汇率上升与欧洲几国的经济增长密切相关。

2. 国际收支的影响

一国出现国际收支逆差，对外债务增加，引起外汇需求增加，可能导致外汇汇率上升

和本币汇率下降；顺差，意味着对外债权增加，本币需求增加，可能带动本币汇率上升。

3. 一国的货币流通状况

如果一国发生通货膨胀，会使本币购买力下降，物价上涨，抑制出口，刺激进口增长。一般由于对内贬值自然也会对外贬值，从购买力平价角度讲会导致本币汇率下跌；同时因导致国际收支逆差，也会使本币汇率下跌。如果一国发生通货紧缩，从购买力平价角度讲，会使本国货币汇率上升，即本币升值；同时如果导致国际收支顺差，也会从另一方面使本币汇率上升。

思考拓展：一国发生通货膨胀，在什么条件下会抑制出口刺激进口？

提示：通胀是指某一国家地区物价上涨，相同数量的货币对内购买力下降的现象。如果该国的货币的对外兑换率稳定，则将导致出口价格上涨，减小出口的竞争力。同时导致，对外采购进口购买力稳定，促进进口，导致货币流失，进口产品供应增加，评议当地物价，最终会导致该国货币贬值，重新回到进出口平衡。

货币贬值，会促进一国产品出口，增加该国产品国际竞争力，同时抑制产品进口。减少本地产品供应，必然会导致本地产品价格上涨，导致通胀，然后又进入上述情况的循环。

4. 一国的利率水平

一国的利率水平高于其他国家，会导致国际资本流入本国，使本币需求上升，带动本币汇率上升；反之会引起资本外流，使外汇需求上升，带动外汇汇率上升。

除上述因素外，政治因素、政府的各项政策因素、外汇管制、预期心理、金融投机等都会对汇率的变动产生影响。

(三)汇率变动对经济的影响

1. 汇率变动对贸易和国际收支的影响

会使该国进出口商品价格相应涨落，抑制或刺激国内外居民对进出口商品的需求，从而影响进出口规模和贸易收支。

2. 汇率变动对资本流动的影响

资本从一国流向国外，主要是追求利润和避免受损，因而汇率变动会影响资本的流出与流入。关于货币升值对于资本流动的影响，一般则相反。

3. 汇率变动对国际储备的影响

本国货币汇率变动通过资本转移和进出口贸易额的增减，直接影响本国外汇储备的增加或减少。储备货币的汇率下跌，使保持储备货币国家的外汇储备的实际价值遭受损失；

而储备货币国家则会因该货币贬值而减少债务负担，从中获利。

4. 汇率变动对通货膨胀的影响

汇率变动后，会立即对进口商品的价格产生影响。首先是进口的消费品和原材料价格变动，进而以进口原料加工的商品或与进口商品相类似的国内商品价格也发生变动。汇率变动后，出口商品的国内价格也发生变动。如本币汇率下降，则外币购买力提高，国外进口商就会增加对本国出口商品的需求。在出口商品供应数量不能相应增长的情况下，出口商品的国内价格必然上涨。在初级产品的出口贸易中，汇率变化对价格的影响特别明显。

在资本主义周期的高涨阶段，因国内外总需求的增加，进口增多，对外汇需求增加，外币价格高涨，导致出口商品、进口商品在国内价格的提高，并在此基础上推动了整个物价水平的高涨。

5. 汇率变动对国际债务的影响

汇率变动会使得债权国的债权利益减少，而债务国的债务减少而使其更愿意负债。

四、汇率制度

(一)汇率制度的概念

汇率制度是指一国货币当局对其货币汇率的变动所做的一系列安排或规定。

从 19 世纪末(约 1880 年)至 1973 年世界主要国家采用的是固定汇率制度，从 1973 年以后则主要采用浮动汇率制。

(二)汇率制度的类型

汇率制度的类型如表 9-3 所示。

表 9-3　汇率制度的类型

汇率制度类型	含　义	类　型	特　点
固定汇率制度	它是指汇率的确定受平价制约，汇率只能围绕平价在很小的范围内上下波动	金本位制下的固定汇率制度	汇率围绕铸币平价(两国货币含金量的对比)，在黄金输送点内上下波动，政府有义务对汇率波动进行干预
		纸币本位制下的固定汇率制度	两种货币围绕黄金平价，在法定大范围内上下波动，政府有义务对汇率波动进行干预

续表

汇率制度类型	含 义	类 型	特 点
浮动汇率制度	它是指一国不再规定其货币的金平价及汇率波动幅度，货币当局不再承担对汇率变动进行干预的义务，汇率由外汇供求关系来决定	自由浮动和管理浮动	自由浮动：政府对汇率波动不进行干预，外汇供求关系决定汇率
			管理浮动：政府对汇率波动进行干预，使汇率变动符合政府目标
浮动汇率制度	它是指一国不再规定其货币的金平价及汇率波动幅度，货币当局不再承担对汇率变动进行干预的义务，汇率由外汇供求关系来决定	单独浮动和联合浮动	单独浮动：一国货币不同任何国家货币有固定比价关系
			联合浮动：货币集团国内各国货币之间保持固定比价关系，对集团外国家货币则实行联合浮动

第三节 国际储备

一、国际储备的概念、特征与作用

1. 国际储备的概念

国际储备是指一个货币当局所占有的、能随时用来干预外汇市场、支付国际收支差额的资产。

2. 国际储备的特征

(1) 政府的可得性，是指资产能随时地、方便地被政府得到和支配。

(2) 流动性，是指能容易地变为现金的能力。

(3) 普遍可接受性，是指在外汇市场上或在政府间清算国际收支差额时被普遍接受。

3. 国际储备的作用

(1) 国际储备是一国金融实力和地位的体现。国际储备主要来源于国际收支的经常项目和资本项目的顺差。国际储备数额的变化是国际收支变化的最终结果的体现，是一国经济实力、金融实力在国际地位上的体现。

(2) 国际储备可以调节国际收支的失衡。国际收支无论发生顺差或逆差，都需要进行调节，使其趋于平衡。国际储备在这个调节过程中起着缓冲作用，如国际收支顺差带来的储备资产增加要存入国际储备中待用，国际收支逆差的形成过程是通过动用国际储备进行支付和清偿的。

(3) 国际储备具有干预外汇市场、调节本国货币汇率的作用。在管理浮动汇率制度下，当本国货币汇率在外汇市场上发生波动时，政府可动用国际储备干预外汇市场的货币供求状况，使汇率稳定在政府期望的水平上。如通过出售储备货币购入本国货币，使本币汇率上升；反之，通过购入储备货币抛出本币，使本币汇率下降。

(4) 国际储备是一国举借外债和清偿能力的基础及信用保证。一国的国际储备状况是国际金融机构评估国际资本对该国投资风险的指标之一。充裕的国际储备不仅便于在国际金融市场上举债，吸引外资流入，促进国内经济发展，而且还是债务国偿还本息的可靠保证。对于广大的发展中国家，由于其货币不是世界货币，更需拥有大量的国际储备来满足其经济持续发展的需要。

二、国际储备的构成

国际储备有狭义和广义之分。狭义的国际储备是指自有国际储备，广义的国际储备除自有国际储备外，还包括借入储备。

(一)自有国际储备

自有国际储备主要包括一国的货币用黄金储备、外汇储备、在国际货币基金组织的储备头寸和特别提款权。

1. 货币用黄金储备

虽然自1976年起，根据国际货币基金组织的《牙买加协议》的有关规定，黄金同国际货币制度和各国的货币脱钩，黄金不再成为货币制度的基础，也不准用于政府间国际收支差额的清算，即黄金非货币化。但是国际货币基金组织在统计和公布各成员国的国际储备时，依然把黄金储备列入其中，主要原因是黄金长期以来一直被人们认为是一种最后的支付手段，它的贵金属特性使它容易被人们接受。而且，世界上存在发达的黄金市场，各国货币当局可以方便地通过向市场出售黄金来获得所需的外汇，平衡国际收支差额。

2. 外汇储备

外汇储备由各国官方持有的在国外可自由兑换的储备货币和其他可以随时转换成这些货币的资产组成。具体包括政府在国外的短期存款，拥有的外国有价证券、外国银行的支票、期票、外币汇票等。

外汇储备与其他储备资产相比，有如下特点。

(1) 流动性强。即能够及时、自由地用于对外支付，满足国家间债权债务清偿的需要。

(2) 风险性大。即作为储备货币的汇率变动和运用储备货币的机会成本会给外汇储备带来较大的风险。

(3) 不稳定性。即外汇储备的量和储备货币的构成，会因各种内在因素和外在因素的变化而变化。

外汇储备是国际储备中的主体，在 20 世纪 70 年代以前，外汇储备的供应主要依赖美元，美元国际收支状况将直接影响到各国国际储备的情况。美国国际收支顺差会导致国际支付手段不足，美国国际收支逆差会导致国际支付手段过多，造成世界性通货膨胀，因此美国国际收支状况影响到世界贸易和国际经济往来能否顺利进行。20 世纪 70 年代后美元危机导致国际储备多元化，但美元仍是国际货币体系的核心。

3. 在国际货币基金组织的储备头寸

各成员国在基金组织的储备头寸是指成员国在基金组织的储备部分提款权余额，再加上向基金组织提供的可兑换货币的贷款余额。

成员国向基金组织认缴份额时，认缴份额的 25%须以可兑换货币缴纳，其余 75%用本国货币缴纳。当成员国发生国际收支困难时，有权以本国货币抵押的形式向该组织申请提用可兑换货币。按照国际货币基金组织规定的条件，最多可向国际货币基金组织提取认缴可兑换货币的 125%，其中 25%为储备部分提款权，其余部分为信用提款权。

4. 特别提款权

一国国际储备中的特别提款权(Special Drawing Right，SDR)部分，是指该国在基金组织特别提款权账户上的贷方余额，是相对于普通提款权之外的又一种使用资金的特别权利。

基金组织于 1969 年创设特别提款权，它不像黄金储备那样具有内在价值，也不像外汇储备那样有各种储备货币发行国的实际资源和财富作后盾，而是单纯靠基金组织信用流通使用的虚拟的信用储备资产。特别提款权只是一种记账单位，它不能直接用于贸易和非贸易支付，只是会员国在基金组织中的账面资产，因此其使用权仅限于基金组织会员国之间与基金组织之间的官方结算与支付。

(二)借入储备

国际货币基金组织现在把具有国际储备资产三大特性的借入储备统计在国际清偿力范围之内。借入储备资产主要包括备用信贷、互惠信贷协议、本国商业银行的对外短期可兑换货币资产三部分。

1. 备用信贷

备用信贷是指成员国在国际收支发生困难或预计要发生困难时，同基金组织签订的一种备用贷款协议。在协议中通常包括可借用款项的额度、使用期限、利率、分阶段使用的规定、币种等等。协议签订后，成员国在需要时便可按协议规定的方法提用，无须办新手续。对于未使用部分的款项，只需缴纳 1%的年管理费。

凡按规定可随时使用但未被使用的额度，计入借入储备。

2. 互惠信贷协议

互惠信贷协议是指两国签订的当一国国际收支困难时使用对方货币的协议。

互惠信贷与备用信贷相同的是：一国获得的储备资产是借入的，可以随时使用。它与备用信贷不同的是：备用信贷是多边的，互惠信贷协议是双边的，互惠协议只能用来解决协议国之间的收支差额，而不能用作清算同第三国的收支差额。

3. 本国商业银行的对外短期可兑换货币资产

本国商业银行在离岸金融市场或欧洲货币市场上的资产，因为其流动性强，对政策的反应十分灵敏，政府虽然对其没有所有权，也没被政府借入，但政府可以通过政策的、新闻的、道义的手段来诱导其流动方向，从而间接达到调节国际收支的目的。

这一部分储备资产也称为诱导性储备资产。

三、国际储备管理

国际储备管理一般包括两个方面，一是数量管理，二是质量管理。数量管理研究的是一国应保持多少储备才算合理，质量管理研究的是如何正确处理储备资产的结构比例，使储备资产风险最小而收益最大。

国际储备作为备用资产，在未被使用前的闲置是一种损失和浪费，储备资产越多，需付出的机会成本就越高，因此储备的总量能满足需要就可以了，并不是越多越好。国际储备数量的多少主要取决于下列因素：一国国际收支状况、一国经济发展状况、一国的汇率制度、一国货币的国际地位、一国经济周期的变化、金融市场的发育程度、国际货币合作状况等。

国际储备的质量管理主要包括储备资产的形态结构、储备货币的币种结构和外汇储备资产的期限结构的管理。从国际储备的形态结构来看，各国外汇储备所占比重最大，确定外汇比重储备结构时，应该注意这几个问题：以该国对外支付常用的货币种类为主、选择有升值趋势的货币、适时保留未来偿债所用的货币、注意币种的多样化。在外汇储备资产的期限结构安排上，要兼顾安全性、流动性和营利性的有机结合。

本 章 小 结

本章主要介绍国际收支和国际收支平衡表，国际收支失衡的调节，国际货币制度的类型，外汇的概念，汇率的标价方法，影响汇率变动的因素和汇率变动对经济的影响，汇率风险和汇率制度。

(1) 国际收支是一定时期内一国居民与非居民之间经济交易的系统记录。国际收支平

衡表是记录国际收支的工具，按照复式簿记原理编制，包括三大项目：经常项目、资本和金融项目、误差和遗漏项目。

(2) 国际收支失衡的调节包括自动调节机制和政策性调节机制，国际收支调节政策包括财政和货币政策、汇率政策、外汇缓冲政策、直接管制和其他奖出限入措施以及国际合作措施等。

(3) 国际货币制度是对国际交往中货币支付引起的外汇、汇率以及外汇收支等活动做出的安排。国际货币制度的产生与发展经历了三个阶段：国际金本位、布雷顿森林体系和牙买加体系。

(4) 外汇的概念有动态和静态之分。动态外汇是指国际汇兑的行为和过程。静态外汇是指以外币表示的、可以用作国际清偿的支付手段和资产。外汇具有三个主要特征：可自由兑换性、普遍接受性和可偿性。外汇根据可否自由兑换，分为自由外汇与记账外汇；根据来源与用途不同，分为贸易外汇和非贸易外汇。

(5) 汇率又称汇价或外汇行市，就是两种货币的兑换比率，也就是一国货币以另外一国货币表示的价格。常见的汇率标价方法有直接标价法、间接标价法和美元标价法。按照不同的分类标准，汇率可以分为基准汇率和套算汇率、买入汇率和卖出汇率、即期汇率和远期汇率等多种形式。

(6) 汇率的变动受到许多因素的影响，主要包括国际收支状况、通货膨胀差异、利率差异、经济增长、中央银行对外汇市场的干预、预期因素、政治因素等。汇率的变化也对经济的许多方面产生影响，主要包括对贸易收支、资本流动、国内物价、外汇储备、微观经济活动等方面的影响。

(7) 汇率制度又称汇率安排，是指一国货币当局对本国汇率变动的基本方式所做的一系列安排或规定。传统的方法将汇率制度分为固定汇率制和浮动汇率制。从 1999 年开始，国际货币基金组织对汇率制度进行了重新分类，分为无独立法定货币的汇率制、货币局制、传统的固定钉住制、水平调整的钉住制、爬行钉住制、爬行带内浮动制、不事先公布干预方式的管理浮动和单独浮动八类。

本 章 习 题

1. 简述金本位制下国际收支的自动调节机制。
2. 试述国际收支的政策调节机制。
3. 国际货币制度包含哪些内容?
4. 简述国际金本位制的主要内容。
5. 简述对布雷顿森林体系的评价。
6. 试举例说明直接标价法如何转变为间接标价法。

7. 如何理解货币升值与法定升值?
8. 试论述影响汇率变动的主要因素。
9. 汇率变动对经济的影响有哪些?
10. 外汇市场的风险有哪些?
11. 比较固定汇率制和浮动汇率制的优劣。
12. 一国在进行汇率制度选择时应考虑哪些因素?

第十章　货币供求均衡

【教学目的与要求】

通过本章学习，目的是使学生能够了解货币范围的扩展和货币的层次划分，理解货币供需理论的发展变化，掌握货币需求的概念与货币需求理论、货币供给的形成、货币供需均衡等，重点掌握货币需求和货币供给的形成过程，以及货币需求理论和货币供给理论。

【重点与难点】

- 货币层次。
- 货币需求概念。
- 货币需求理论。
- 货币供给的过程和影响因素。
- 货币供需均衡。

【引导案例】

我国流动性过剩问题突出

“流动性过剩”可以说是描述现今中国经济现状的关键词。国务院总理温家宝在政府工作报告中指出：我国银行资金流动性过剩问题突出。那么什么是流动性过剩？

车海刚在 2010 年 3 月 27 日《学习时报》对流动性过剩的概念作了这样的解释，就是市场上流动的货币过多，超出了经济体系的实际需要。另据 2010 年 2 月 16 日《大公报》的观点：所谓银行流动性过剩，主要是指银行资金充裕，信贷投放的冲动性较强。综合各种流动性过剩的定义可以认为，流动性过剩就是流通中的货币供应量过多，远超出实际经济的需要量。

流动性过剩可能造成多方面的后果：由于泛滥的资金急需寻找出口，它们或者进入消费市场，推动物价恶性上涨，引发通货膨胀；或者以投资的形式进入实体经济，加剧投资过热和产能过剩；或者涌向股市、楼市等资产领域，抬高资产价格，催生市场泡沫。无论哪一种情形，都有可能进一步演化成系统性的金融危机和经济危机。因此，温总理在政府工作报告中指出：今年要继续实行稳健的货币政策，综合运用多种货币政策工具，合理调控货币信贷总量，有效缓解银行资金流动性过剩的问题。

对于我国流动性过剩的成因，学者们众说纷纭，总结起来的观点主要包括：一、外汇储备的快速增长以及现行的外汇管理制度，是造成目前流动性过剩的一个重要原因。由于人民币没有实行自由兑换，所有的外资对华投资和巨额贸易顺差形成的外汇收入，包括通过非正规渠道进入中国的热钱，都需要由央行拿出人民币来收购。为此，央行每年都要“配套”增发大量的基础货币，其实质是在制造更多的流动性。二、20世纪80～90年代实行的积极扩大信贷的宽松货币政策，在推动中国经济快速增长的同时，也积累了较多的流动性。三、人民币升值预期被反复炒作，大量国际热钱涌入国内。2001年以来，特别是“9·11”事件以后，美欧等发达国家相继实行宽松的经济政策，较低的利率政策一直延续，而日本更是实行了长达5年的零利率政策，加上金融创新的不断发展，全球的可用资金快速增长。在全球经济失衡的诱导下，大量资金流入以中国为代表的亚洲新兴经济体。在这种背景下，境外流动性通过多种渠道输入，使得我国的流动性过剩问题日益凸显。

(资料来源：中国社会科学院经济研究所《经济走势跟踪》课题组. 专家谈流动性过剩的成因和化解思路. 中国社会科学院经济研究所网站，http://ie.cass.cn/window)

【思考讨论】

流动性过剩问题已是我国宏观经济发展的突出问题，央行对此保持高度警惕。为缓解流动性过剩状况，控制银行信贷，央行先后多次上调存款准备金率，请谈谈其作用。

(提示：央行连续上调存款准备金率旨在收缩银根，控制银行体系流动性过剩问题，保持流动性水平基本适度，防止货币信贷过快增长，引导金融机构优化信贷结构，促进国民经济又好又快发展。)

第一节　货币供应量的定义

一、货币的范围

按照对货币本质与职能的分析，货币是固定地充当一般等价物的特殊商品，具有价值尺度、流通手段、贮藏手段和支付手段等职能。凡是具备这些职能的，都应列入货币的范围。但是，随着商品经济的发展，不同形式的货币其职能均有一定的变化。

例如，简单商品经济时期，货币是具有价值和使用价值、交易双方共同接受的商品，具体有贝壳、牲畜、金属等货币形式；当银行券被人们普遍接受成为流通中的货币时，它具有货币的四种职能，是因为它是金的符号，但它不能作为世界货币使用；当纸币完全取代金币，成为流通中唯一的本位货币时，纸币能执行价值制度、流通手段、支付手段职能，执行贮藏手段的职能取决于币值的稳定程度，人们识别货币的准则开始发生了变化(不再把货币同价值与使用价值联系在一起)，金币与纸币的共性是均有实体、可以触摸。进入20世纪，人们对货币的认识又被存款货币的出现打破了，这种能够购买商品的活期存款因可以充当流通手段和支付手段，得以进入货币的范围，这时的货币脱离了实体(不能触摸)。

到目前为止，现金(纸币和硬辅币)、活期存款是被人们普通承认的货币。

一、准货币的概念

准货币又叫亚货币或近似货币，是一种以货币计值，虽不能直接用于流通但可以随时转换成通货的资产。准货币虽不是真正意义上的货币，但因可随时转化为现实的货币，故对货币流通有很大影响，是一种潜在货币。

货币与准货币的区分是通过划分货币层次实现的。

二、货币层次的划分

1. 货币层次划分的意义

便于进行宏观经济运行监控和货币政策操作。

2. 货币层次划分的依据

即按照不同形式货币的流动性，或者说不同金融工具发挥货币职能的效率高低确定货币层次。也可以说是按货币作为流通手段和支付手段的方便程度来划分。

3. 货币层次的划分

货币作为一种法定的具有流通职能的货币符号，市场中货币的供给量的货币层次是如何划分的呢？

流通中的现金(M_0)是指银行体系以外各个单位的库存现金和居民的手持现金之和。

狭义的货币供应量(M_1)是指 M_0 加上企业、机关、团体、部队、学校等单位在银行的活期存款。

广义的货币供应量(M_2)是指 M_1 加上企业、机关、团体、部队、学校等单位在银行的定期存款。

1)　美国的货币层次划分

M_1=流通中的现金+旅行支票+活期存款+其他支票存款。

M_2=M_1+储蓄存款+小额定期存款+零售货币市场共同基金余额+调整项。

M_3=M_2+大额定期存款+机构持有的货币市场共同基金余额+所有存款机构发行的回购负债+调整项。

L=M_3+其他短期流动资产(L 代表广义货币需求)。

2)　我国的货币层次划分

M_0=流通中的现金。

M_1=M_0+企业活期存款+机关团体部队存款+农村存款+个人持有的信用卡存款。

M_2=M_1+城乡居民储蓄存款+企业存款中具有定期性质的存款+信托类存款+其他存款。

M_3=M_2+金融债券+商业票据+大额可转让定期存单等。

其中，M_1是通常所说的狭义货币供应量，M_2是广义货币供应量，M_2与M_1之差是准货币。

第二节　货币需求

一、货币需求的概念

货币需求指微观经济主体(个人、企业或政府)在既定的国民收入水平和分配范围内对持有货币的需求。

货币需求量是指人们通过对各种资产的安全性、流动性和营利性的综合衡量后所确定的最优资产组合中所愿意持有的货币量。

理解货币需求的概念应把握三点。

(1) 货币需求是一种现实需求，而非潜在需求。货币需求有名义需求与实际需求两种。

(2) 在理论上，人们的货币需求大致可分为对交易媒介的需求和对资产形式的需求；现实中，这两类货币需求相互交融。

(3) 人们的货币需求取决于他们的各种持币动机。

二、货币需求理论的演变

一种是从宏观的角度出发，把货币需求定义为：为完成一定的交易量，需要有多少货币来支撑。或者说流通中的商品需要多少货币媒介来满足它的交换，马克思的货币必要量公式和费雪方程式就是这种类型。

另一种是从微观角度出发，把货币看作个人持有的一种资产，把货币理解为在收入一定的前提下人们愿意用货币保留的财富量。从剑桥学派提出现金余额学说后，经济学家主要是从后一种角度来研究货币需求。

(一)马克思的货币必要量公式

执行流通手段职能的货币必要量=商品价格总额/货币的流通速度，即

$$M=\frac{P\cdot Q}{V}$$

式中：M——流通中需要的货币总量；

P——商品价格；

Q——市场中流通的商品数量；

V——货币的流通速度。

公式表明，货币量取决于价格水平、进入流通的商品数量和货币的流通速度这三个因素，与商品价格和进入流通的商品数量成正比，与货币流通速度成反比。

(二)传统的货币数量论

它的基本观点是：货币的数量决定着货币的单位价值和物价水平，货币的单位价值与货币的数量成反比，物价水平与货币的数量成正比。

两个非常著名的理论：费雪方程式和剑桥方程式。

1. 费雪方程式

费雪认为，从货币的交易媒介职能出发，商品交换总额与货币流通总额总是相等的。

$$MV=PT$$

式中：M——货币量；

V——货币流通速度(流通次数)；

P——一般物价水平；

T——总产出；

PT——国民收入。

方程式的含义：货币数量乘以给定时间内的货币使用次数等于名义收入。

费雪在分析时认为，V在短期内不变，因此货币需求M只与实际收入PT有关，当实际收入上升时，货币需求上升。在短期内可以认为货币的流通速度是常数。T为产出水平，在短期内也是大体稳定的，所以货币量M的变化完全体现在价格P的变动上，即货币数量的变化引起商品价格的变化。

缺陷：①不涉及利率的影响；②认为货币只有交易媒介功能；③混同金属货币与纸币及其对物价的不同作用；④V、T不变的假设与现实不符。

2. 剑桥方程式

剑桥方程式属于现金余额学说，是由剑桥学派的经济学家马歇尔和庇古等人发展起来的。

他们认为，人们的财富要在三种用途上进行分配：一是用于投资取得收益；二是用于消费取得享受；三是用于手持现金以获得便利。

第一和第二种用途的财富会很快被消耗掉，无须以货币形式来代表。第三种选择，即把货币保持在手中，便形成货币余额。人们需要货币只是为了保有现金，所以货币需求就是收入中用现金形式保有的部分。

因此剑桥方程式，即

$$M=kPY$$

式中：k——手持现金占总财富的比例，为常量；

P——物价水平；

Y——总财富。

k作为常量，一般受三个重要因素的影响。

第一，便利与安全，即人们持有货币能获得的便利与避免的风险。

第二，投资，持有货币投资所能获得的实际收入程度。

第三，直接消费，即把货币转用于立即消费所获得的满足程度。

方程式的含义：货币需求与交易水平正相关，与名义国民收入正相关。

剑桥方程式是对费雪方程式的发展。具体表现如下。

第一，剑桥方程式把货币需求与经济主体的动机联系起来，从而成为真正的货币需求理论。

第二，它除研究了货币的交易数量外，还研究了货币作为贮藏手段的数量。

第三，费雪方程式中的V是常数，而剑桥方程式中的k是变量，更符合实际。

二者对货币需求分析的侧重点不同。费雪方程式把货币作为交易手段来研究货币需求，是作为流量进行研究的；而剑桥方程式把货币作为一种资产来研究货币余额，是把货币需求作为存量来研究的。

(三)凯恩斯的流动性偏好理论

1. 凯恩斯的货币需求动机(三动机)

(1) 交易动机的货币需求。交易动机的货币需求是指人们为进行日常交易而产生的货币需求。它主要取决于收入，且与收入成正比。

(2) 预防动机的货币需求。预防动机的货币需求是为应付那些意料之外的支出而产生的货币需求。它主要取决于收入，且与收入成正比。

(3) 投机动机的货币需求。投机动机的货币需求是指人们持有闲置的货币余额，以便在利率变动中进行债券投机并获取利润的需求。投机动机的货币需求与市场利率成反比。

概括地说，交易性货币需求：前两个动机，它是收入的递增函数；投机性货币需求：投机动机，它是利率的递减函数。

假设市场只有货币与债券两种资产。因为市场利率与债券价格呈反比，因此当利率高时，人们预期利率在未来会下降，即预期债券价格将上升，会抛出货币购进债券，即人们的投机性货币需求减少；当利率低时，人们预期利率在未来会上升，会抛出债券获得货币，即人们的投机性货币需求增加。

所以，投机性货币需求是利率的递减函数。

有一个问题需要特殊说明(流动性陷阱)。

流动性陷阱在极端情形下，当利率低到一定程度时，所有经济主体都预期利率将上升，从而所有的人都希望持有货币而不愿持有债券。在这种情况下，投机动机的货币需求将趋于无穷大，此时，若继续增加货币供给，将被无穷大的投机动机货币需求全部吸收，从而利率不再下降。这种极端的情形，就是所谓的“流动性陷阱”。

凯恩斯认为，一般情况下，由流动偏好决定的货币需求在数量上主要受收入和利率的影响。其中交易性和预防性货币需求是收入的递增函数；投机性货币需求是利率的递减函数，所以，货币需求是有限的。但是当利率降到一定低点之后，由于利息率太低，所有人都会预期利率上升，人们不再愿意持有没有收益的生息资产(债券)，而宁愿以持有货币的形式来持有其全部财富。这时，货币需求便不再是有限的，而是无限大了。这时，不论中央银行增加多少货币供应量，都将被人们无限大的投机性货币需求所吸收，将其储藏起来，利率不会再下降，这就像存在着一个大陷阱，中央银行的货币供给都落入其中，在这种情况下，中央银行试图通过增加货币供应量来降低利率的意图就会落空。如图 10-1 所示，当利率降到 i_1 低点时，货币需求曲线 L 就会变成与横轴平行的直线，后人把这一直线部分称作“流动性陷阱”。所谓“流动性陷阱”是凯恩斯分析的货币需求发生不规则变动的一种状态。

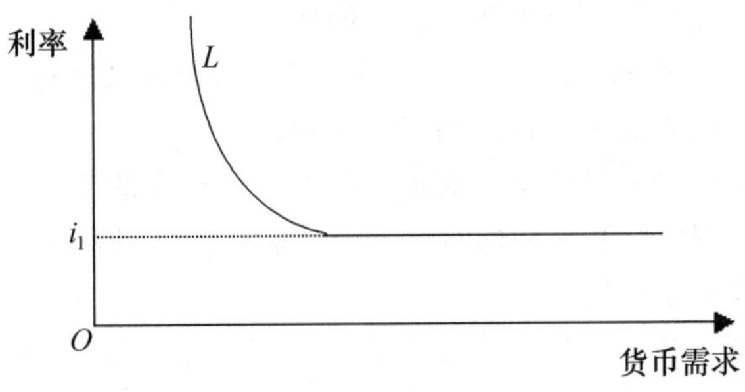

图 10-1　流动性陷阱

2. 凯恩斯的货币需求函数

$$M=M_1+M_2=L_1(y)+L_2(r)$$

式中：M——货币总需求；

M_1——交易性的货币需求；

M_2——投机性的货币需求；

y——收入；

r——市场利率；

L_1——M_1 与 y 的函数关系；

L_2——M_2 与 r 的函数关系。

货币总需求包括交易性货币需求与投机性货币需求，交易性货币需求是收入的递增函数，投机性的货币需求是利率的递减函数。

3. 凯恩斯货币需求理论的贡献

首次提出了货币需求的三个动机，建立了货币需求函数；首次分析了货币需求的利率弹性问题。提出的政策主张：管理当局可以通过改变利率来影响货币需求量。

4. 凯恩斯货币需求理论的政策含义

中央银行通过增加货币供应量，可降低利率，诱使扩大投资、增加就业和产出，刺激货币需求增加，进而使社会总需求增加，使就业量与国民收入成倍增长。这就是凯恩斯提出的解决失业问题的政策措施。

但是，当货币供应量大量增加，利率降到某一极限时，进入流动性陷阱，货币需求量会无限增大，使货币政策完全失效。这时候，解决失业问题的办法是财政政策，即通过政府扩大财政支出，直接进行投资以刺激有效需求增加。因此国家对经济必须进行调节。

5. 凯恩斯货币需求理论的发展

一是由交易动机和预防动机引起的货币需求不但是收入的函数，也是利率的函数；另一个是人们多样化资产选择行为对投机性货币需求的影响。

(1) 对交易性货币需求和预防性货币需求的研究。

鲍莫尔和托宾从收入和利率两个方面，对交易性货币需求进行了细致的研究，证明了交易性货币需求不但是收入的函数也是利率的函数。

平方根公式表明货币的交易性货币需求与收入 y 和债券的交易费用 b 成正方向变化，同时与利率 r 成反方向变化。利率和预防性货币需求也是负相关的关系。

(2) 对投机性货币需求的研究。

托宾和马克维茨等人提出了资产组合理论。他们认为，人们可以选择货币和债券的不同组合来持有财富，在选择不同比例的组合时，不仅要考虑各种资产组合带来的预期报酬率，还要考虑到风险。

人们进行资产组合的基本原则是在风险相同时选择预期报酬高的组合，在预期报酬相同时选择风险低的组合。

预期收益率可以用数学期望来计算，风险用标准差来计算。

(四)现代货币数量论关于货币需求理论的一般内容

弗里德曼的新货币数量说是现代货币数量论的代表。1956 年，米尔顿·弗里德曼发表“货币数量说的重新表述”一文，以货币需求理论的形式，提出新货币数量说。

1. 货币需求的决定因素

(1) 总财富。总财富(包括人力财富与非人力财富)是制约人们货币需求规模的变量。但是，由于总财富无法用货币来加以直接测量，因而它以恒久性收入为代表而成为货币需求函数中的一个变量。

(2) 人力财富与非人力财富的比例。一般来说，人力财富在总财富中所占的比例越大，则货币需求就相对越多。

(3) 货币及其他资产的收益。其他资产的收益是人们持有货币的机会成本。所以，其

他资产的收益率越高，货币需求就越少；反之，其他资产的收益率越低，则货币需求就越多。在弗里德曼的货币需求函数中，被作为机会成本变量的主要有债券的预期收益率、股票的预期收益率及实物资产的预期收益率(即预期物价变动率)。

(4) 影响货币需求的其他因素。

2. 货币需求函数

$$\frac{m_d}{p}=f\left(y,w_m,r_m,r_b,r_e,\frac{1}{p}\cdot\frac{d_p}{d_t},u\right)$$

式中：$\frac{m_d}{p}$——实质货币需求量；

p——物价水平；

r_m——货币预期收益率；

r_b——债券的预期收益率；

r_e——股票的预期收益率；

$\frac{1}{p}\cdot\frac{d_p}{d_t}$——物价水平的预期变动率，实物资产的预期收益率；

w_m——非人力财富占总财富的比例；

y——名义恒久性收入；

u——影响货币需求的其他因素。

3. 结论

与凯恩斯的货币需求理论完全不同，表现如下。

(1) 货币需求是稳定的，这与恒久收入的稳定相关；对利率变动不敏感。

(2) 货币需求通过货币数量影响总支出，从而转到货币供给量的变动影响价格与产量上。

因此，他认为，要稳定经济，就必须稳定货币供应。

三、中国货币需求函数的构造

中华人民共和国成立后，我们一直按照 1∶8 的公式，即现金与社会商品零售额之比，确定货币需求量与货币供给量。但改革开放后，货币需求变得多层次、复杂化，我们对货币需求量的测算也不仅局限于现金需求量的测算上，近年来主要运用基本公式法，我国确定了货币增长率的公式。

这个公式也有一定缺陷：一是假定经济增长率与货币增长率是 1∶1 的关系；二是笼统地把物价上涨率作为货币需求的增量依据，并以此确定货币供给量，会助长通货膨胀的发生。

第三节 货 币 供 给

一、货币供给的概念

对货币供给可以从动态理解也可从静态理解。

从动态来看：货币供给是指中央银行和商业银行向流通中投入、扩张或收缩货币量的行为和过程。现金与存款共同构成社会的货币供应量。其中，现金由中央银行供给，存款由商业银行供给。

从静态来看：货币供应量指一国各经济主体所持有的现金(通货)与存款的总和。它是一个存量概念。

二、货币供给形成的机制

(一)银行是现代经济中货币供给的主体

1. 大部分存款货币是由商业银行创造出来的，存款货币是基础货币的重要构成之一

商业银行一方面要吸收存款，另一方面又要把这些存款贷出去，放出去的贷款经过市场活动又成为另一家银行的存款，这些存款又会被这家银行贷出，等等。资金这样反复进出银行体系，使银行存款不断扩张，这就是商业银行创造存款货币的过程。(详细内容已在商业银行信用创造与收缩中讲述。)

2. 中央银行在货币供给中的作用

(1) 创造银行券(现金供给的形成)。

发行银行券是中央银行的重要职能，流通中的现金都是通过中央银行的货币发行业务流出的。中央银行发行的银行券——现金，是基础货币的又一构成部分。

(2) 中央银行主要通过调整、控制商业银行创造存款货币的能力及行为实现其在货币供给过程中的作用。

商业银行创造存款货币的能力，取决于取得原始存款和中央银行的法定存款准备率的高低。

原始存款来自吸收现金存款和从中央银行取得的贷款。我们假定整个社会的现金均已存入银行系统，而商业银行均最大限度地将其运用出去，那么决定商业银行增加放款从而增加存款创造的决定性因素就是中央银行提供给商业银行的贷款。

中央银行向商业银行提供货币资金的方式主要有：再贴现、再贷款、降低法定存款准备率和在公开市场上购买有价证券(作用机理在货币政策一章详细分析)。这些方式均会导致商业银行在中央银行的超额准备金发生变化，从而增加或收缩商业银行的放款能力。但是

除法定存款准备率具有绝对的强制力外，再贴现、再贷款和公开市场业务都是非强制性的调整，商业银行可以选择决定。

(3) 中央银行对基础货币的决定。

基础货币是指流通于银行体系之外的现金(通货)和银行体系的储备之和或者说基础货币是现金与商业银行在中央银行的准备金存款之和，用公式表示为$B=C+R$，其中B为基础货币，C为现金，R为存款准备金。

基础货币有一定的稳定性，不论存款被提现还是现金存入银行，基础货币的数量都不会改变。

中央银行对基础货币的控制也就是中央银行对银行券和商业银行存款准备金的影响和控制。

从上述过程中可以看出，中央银行在货币供给过程中是初级的，并不直接改变流通中的货币供应量，商业银行是最终改变流通中货币量的角色，处在终极的位置。

(二)商业银行的扩张信用和派生存款机制

商业银行不具备信用创造基础货币的功能，却具备在中央银行放出基础货币的基础上扩张信用、创造派生存款的能力。

1. 商业银行存款创造过程

假设法定存款准备率为20%，则商业银行体系的存款创造过程如表10-1所示。

表10-1　存款创造过程

银　行	存款增加额	存款准备金增加额	贷款余额
A	1000	200	800
B	800	160	640
C	640	128	512
D	512	102.4	409.6
…	…	…	…
合计	5000	1000	4000

但是中央银行放出的每笔信用并不能由商业银行无限制地创造派生存款。

2. 商业银行创造派生存款的制约因素

一般来说，银行体系扩张信用、创造派生存款的能力要受以下三类因素的制约。

(1) 受到交存中央银行存款准备金的限制。商业银行吸收的存款并不能全部用于发放贷款或投资于有价证券，其中有一部分要按规定的比例缴存中央银行，还要留一部分作为应付客户提存和支用的业务周转金而存入中央银行。这样一来，这一部分就不能作为商业银行继续发放贷款的资金来源。

(2) 要受到提取现金数量(现金漏损)的限制。存款中有一部分要转化为现金，一旦商业银行的存款转化为现金，流出银行体系，这部分存款也就失去了扩张信用、创造派生存款的能力。

(3) 要受到企事业单位及社会公众缴付税款等限制。各类法人单位及居民个人缴纳税款、购买政府债券，都会使其在商业银行的一部分存款转化为财政存款。财政存款直接存入中央银行(中央银行代理国库的职能)，不属于商业银行的信贷资金来源，从而商业银行也就失去了继续扩张信用的能力。

(三)基础货币与派生存款倍数衡量

基础货币与派生存款的倍数衡量是通过货币乘数来实现的。

货币乘数也称“货币创造乘数”“信用的扩张倍数” 或“存款的扩张倍数”，是狭义货币供应量和广义货币供应量与基础货币的比率，体现为一定量的基础货币扩张的倍数。它反映了基础货币派生出货币供应量的能力。一般用 m 表示，其公式为 $m=M/B$ (m 为广义或狭义货币供应量，B 为基础货币)。

货币供应量与基础货币的关系为：$M=mB$。

由上式可见，货币乘数越大，表明基础货币扩张的能力越强；货币乘数越小，表明基础货币扩张的能力越弱。

三、决定货币供给的其他因素

以上分析给我们留下一个印象：银行主宰货币的供应，货币供应量取决于银行的业务操作。事实上这只是一个简单的推论，实践证明银行通过业务操作实现的货币供应及其调整，归根结底取决于社会各部门对货币的需求。货币需求对货币供给的决定作用具体表现在以下几个方面。

1. 中央银行控制基础货币的直接程度受制于货币需求

(1) 中央银行对现金的控制是相对的。中央银行发行现金的数量最终取决于社会各部门和公众对现金的需求。

(2) 中央银行对商业银行的准备金存款的控制是相对的。商业银行的准备金存款由法定和超额准备金存款两部分构成。中央银行通过制定法定存款准备率，可以控制法定存款准备金，但中央银行再贴现率的变化、再贷款规模的改变、公开市场业务的操作其影响都要取决于商业银行对中央银行适时调节手段的反应。而这种反应既与中央银行政策手段本身的诱惑有关，也与银行可贷规模、物价稳定程度和对市场的预期有关。

2. 商业银行扩大信贷规模受制于社会的信贷资金需求

商业银行贷款的形成取决于借贷双方的共同意愿。即使中央银行实行了一系列扩张政

策手段后，商业银行最终增加了存款准备金，货币供应量就一定扩大吗？答案是否定的。例如商业银行愿意提供贷款而且也有能力贷款，但客户不愿借(如在经济萧条时期)，也不能扩大货币供给；同样客户愿借，但银行愿意保存较多的超额准备而不贷，结果也不能扩大货币供给。

3. 社会公众持有现金的愿望影响货币供给总量

流通中现金存入银行，可以成倍派生存款，扩大货币供给量。但现金被存款户从银行中取出则会大幅度地减少存款货币量，大大降低商业银行的存款创造能力。因此非银行部门持有现金数量的大小，直接影响到货币供应总量。

社会持有现金的数量受经济运行的影响。如经济繁荣期，利率上升，人们愿意放弃不生息的现金，将其转换为存款及各种有价证券，减少持币量；经济萧条期，对金融资产的不安全感使人们纷纷从银行提取现金以求安全。

结论：在货币供应这个链条中，存在多个环节。首先是中央银行对基础货币的影响程度，其次是商业银行准备金存款的改变对货币供应量的影响程度。其中任何一个环节都会影响到货币供应量的最终形成。

货币需求对货币供给的制约作用说明：尽管银行部门可以提供或者调整货币量，但社会并不简单地接受这个量。货币供应量的最终形成是社会各部门共同作用的结果。

四、财政收支对货币供给的影响分析

当财政收支出现赤字，采用特定的方式弥补赤字时，会影响货币供给量的变化。例如从历史上看，政府经常会由于战争、自然灾害，或过去庞大的皇室支出导致财政赤字，经常增加铸币来弥补赤字，从而直接增加了货币的投放量。

在不兑现信用货币流通的情况下，财政赤字的弥补主要有两个途径：一是向社会公众借款，二是向银行借款。下面分析这两种途径对货币供给量的影响。

(一)向社会公众借款

社会公众用闲置资金购买政府发行的债权，使社会公众手中的闲置资金转移到政府部门，在这个过程中，现金和存款货币从社会公众手中转移到政府的存款账户上，货币供给量没有发生变化。但是如果个人或企业不是用闲置资金购买政府债券，而引起借款增加，而且银行为满足他们的贷款需求，增加从中央银行的贷款，就引起了货币供应量的增加。

(二)向银行部门借款

向银行部门借款又分为向商业银行和向中央银行借款两种情况。

1. 向商业银行借款

政府以发行债券的形式向商业银行借款。如果商业银行用超额存款准备金购买政府债券，并没有因此增加它向中央银行的借款，货币供应量不增加；如果由于商业银行购买政府债券，引起商业银行超额存款准备金不足，然后向中央银行进行再贷款、再贴现或者卖出中央银行票据，这样就会增加货币供给量。

2. 向中央银行借款

当财政向中央银行借款时，对货币供给量的影响非常直接。如财政向中央银行出售债券，中央银行购买国债的结果是：中央银行持有政府债券数量增加，同时财政存款增加，随着财政支出的过程，现金货币增加、商业银行的存款准备金增加，即基础货币增加，并在货币乘数作用下使货币供应总量按乘数成倍扩张；如果财政以借款方式从中央银行取得资金，则中央银行对财政的贷款增加，同时财政存款增加，随着财政支出的过程，基础货币增加，同样在货币乘数的作用下，货币供应量成倍地增加。

货币乘数，也称货币扩张系数，是用以说明货币供给总量与基础货币之倍数关系的一种系数。在基础货币一定的条件下，货币乘数决定了货币供给的总量。

五、货币供给的理论模式

根据以上对货币供给过程的分析，我们可以用一个公式表示货币供应过程中各个因素之间的关系：第一层次的货币供给等于第一层次的货币乘数乘以基础货币，即 $M_1 = K_1 \cdot B$，其中，M_1 为第一层次的货币，B 为基础货币，K_1 表示第一层次的货币乘数。

公式中，B 是中央银行可以基本直接控制的量。在 M_1 目标值一定的条件下，中央银行根据各时期测定的 K_1，确定此期间对 B 的调节量并通过调节 B 达到调节 M_1 的目的。

确定货币乘数的方法有两种。

一是根据历史资料建立回归方程，确定货币乘数。但货币乘数是受多种因素影响的变量，如果这些因素变化不定，K_1 也就不能准确确定，中央银行通过控制基础货币来调节 M_1 的计划就会落空。

二是通过公式法：

$$K_1 = \frac{c' + 1}{c' + e + r_{\mathrm{d}} + r_{\mathrm{t}} \cdot t}$$

从公式中可以看出 货币乘数的决定因素共有 5 个：活期存款的法定准备金比率(r_{d})、定期存款的法定准备金比率(r_{t})、定期存款比率(t)、超额准备金比率(e)及通货比率(c')。这些决定因素本身又分别受多种因素的影响，它们对货币乘数，从而对货币供给量的影响则更是纷繁复杂的。

六、货币供给理论中的“新观点”

《雷德克利夫报告》中的“新观点”：

第一，对经济真正具有重大影响的不仅是传统意义上的货币供给(即狭义货币供给)，而且是包括这一货币供给在内的整个社会的流动性；第二，决定货币供给的不仅是商业银行，而且是包括商业银行和非银行金融机构在内的整个金融系统；第三，货币当局所应控制的不仅是传统意义上的货币供给，而且是整个社会的流动性。

思考：下列情况对基础货币有何影响？

(1) 公开市场卖出。

(2) 政府利用向公众发行债券的方式弥补赤字。

(3) 中央银行提高贴现率。

(4) 政府向中央银行透支。

(5) 中央银行为阻止本币升值而购入外汇。

(6) 公众到银行提取现金。

(7) 中央银行向国内企业购入1000台计算机。

(8) 财政部利用它在中央银行的存款收购粮食。

第四节　货币供求均衡

一、货币均衡的判断

1. 货币供给与货币需求的关系

如果把货币供给看作是外生变量，则它决定着货币需求。当经济处在商品短缺阶段时，经济运行中，存在着大量的投资机会，货币需求非常大，货币的外生性非常明显。

如果把货币供给看作是内生变量，则它取决于货币需求。当经济处在商品相对过剩阶段时，在经济运行中，投资机会不多，货币需求变小，货币供给的内生性变得非常明显。在纸币流通的情况下，发生通货紧缩，正说明了货币供给的内生性。

2. 货币均衡

货币均衡就是指货币供给和货币需求大体相等的状态，即$M_S \approx M_D$。

货币的非均衡就是$M_S \neq M_D$。即或$M_S > M_D$，存在通货膨胀；或$M_S < M_D$，存在通货紧缩。

货币均衡和非均衡的判别标志是物价和利率。

物价：如果价格水平提高，则名义收入增加，名义货币需求增加；价格水平下降，名

义收入减少，名义货币需求减少。如果名义货币供应不能随之调整，必然会带来货币供求的非均衡。

利率：在市场经济条件下，货币的均衡和非均衡更重要地表现为利率的变化。当货币供给大于货币需求时，产生通货膨胀，会使名义利率上升实际利率下降；货币供给小于货币需求时，产生通货紧缩，会使名义利率下降实际利率上升。

二、货币供求均衡与社会总供求

在现代经济中，如果社会总需求大于社会总供给，意味着市场处于供求的紧张状态，物价上涨和社会不稳定；如果社会总需求小于社会总供给，意味着市场处于疲软状态，企业开工不足，失业率上升和经济萧条。一般政府通过经济手段和行政手段调节经济运行，使经济在社会总供求完全均衡的基础上运行。在这个过程中，社会的总供求均衡状态与货币的供求状况之间，始终存在紧密的联系。

一方面，在货币经济中，所有的商品供给的目的，都是为了换取等值的货币，以作进一步的购买，并进行连续的生产与消费，这形成了商品供给与货币需求的关系；另一方面货币供给又形成对商品的需求，所以它们之间的关系，可表述为 $A_S \rightarrow M_D$ 和 $A_D \leftarrow M_S$，其中 A_S 表示总供给，A_D 表示总需求。由于社会总供给与社会总需求之间存在对立统一关系，在商品供给过剩、技术手段取得很大进步的今天，社会总需求更多地制约社会总供给，货币供给从实质上看也受制于货币需求，四者的关系可以进一步表示为

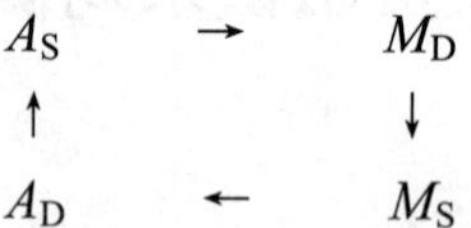

从上图关系式中可看出，如果 $A_S=A_D$，则会有 $M_D=M_S$；如果 $A_S<A_D$，则有 $M_D<M_S$，即存在通货膨胀；如果 $A_S>A_D$，则有 $M_D>M_S$，即存在通货紧缩。社会总供求的均衡与否与货币供求的均衡与否有密切关系。

三、中央银行对货币供求的调节

货币供求的均衡和非均衡表现为物价和利率水平的变化，在完全的市场经济状态下，价格和利率的波动也会使货币供求由非均衡自动过渡到均衡，也就是说在完全的市场经济中，货币均衡和非均衡是由市场自动调节的。

但市场会失灵，所以需要对经济进行宏观调控，对货币供求的调控由中央银行完成。中央银行可以通过货币政策工具调节货币供给量，使货币供需实现均衡。虽然中央银行对货币供给的控制能力较强，而货币需求更多地取决于企业、个人的行为，中央银行对货币需求的影响很小。

所以中央银行对货币供求均衡的调节的有效性受到多种因素的影响。

本章小结

本章主要介绍了货币需求理论、货币供给的形成过程、货币均衡的含义及失衡的调节。

(1) 古典货币数量理论强调货币数量对商品价格的决定性影响。其中，费雪方程式侧重于货币流量分析，并未考虑投机动机对货币需求的影响；剑桥方程式除了从货币存量角度分析货币需求外，还注重微观主体的行为对货币需求的影响。

(2) 凯恩斯货币需求理论进一步强调微观主体行为对货币需求的影响，引出交易性需求及投机性需求，并将利率引入货币需求函数。

(3) 现代货币数量学派一方面坚持了货币数量决定商品价格的观点，同时强调实质货币需求具有相对稳定性。

(4) 马克思的货币需求理论建立在金属货币流通的条件下，货币需要量公式强调商品价格取决于生产过程而非流通过程。该公式强调人们的交易性需求，没有考虑由投机动机及预防性需要形成的货币需求。

(5) 商业银行是现代经济中货币供应的主体，通过吸收存款、发放贷款的过程，可以使原始存款扩大成数倍的派生存款额，银行派生存款的机制构成货币供给机制。但非银行经济部门的行为对货币供应也有很大作用，主要是在货币乘数中有所反映。货币乘数的稳定与否决定了货币当局调节货币量是否有可操作性的依据。

(6) 货币均衡是指货币供应量基本符合一个国家同期的客观货币需求量。通常衡量货币供求是否均衡的主要标志是物价水平的基本稳定。保证货币供求均衡的重要条件是实行正确的货币政策和财政政策。

本章习题

1. 试述传统货币数量说中现金交易数量说与现金余额数量说的主要内容与区别。
2. 简述凯恩斯流动性偏好理论所述的货币需求的构成。
3. 简述市场利率对货币需求的影响及其原因。
4. 基础货币是通过哪些渠道供应的？基础货币与货币供给量的关系是怎样的？
5. 请列出货币乘数的影响因素并说明原因。

第十一章　通货膨胀与通货紧缩

【教学目的与要求】

通过本章教学，使学生能够对通货膨胀和通货紧缩有一个基本的认识，要求学生掌握通货膨胀的定义及类型，通货膨胀的原因、后果与对策，通货紧缩的定义、原因及治理对策，重点掌握通货膨胀和通货紧缩形成的原因及应对措施。

【重点与难点】

- 通货膨胀的类型。
- 通货膨胀的原因。
- 通货膨胀的后果。
- 治理通货膨胀的对策。
- 通货紧缩的原因与治理对策。

【引导案例】

一个面包需要花费 10000 亿

2006 年年初以来，塞尔维亚第二大城市尼什市内的电视台不断播放一则广告："现价收购面值 5000 亿第纳尔的旧钞！"与此同时，市内几乎各主要街道与报亭均张贴有同样内容的广告，每一张品相较好的 5000 亿第纳尔旧钞，均可支付 40 第纳尔(约 0.5 欧元)的现钞。对于月平均收入不足 150 欧元的居民来说，一张废钞即可换来 0.5 欧元的收入，当然是意外之喜。因此居民们开始翻箱倒柜，寻找这一早已被人们遗忘的、前南斯拉夫通货膨胀时代发行的旧钞。

一、一个面包也需 10000 亿

随着 5000 亿旧钞的再次受宠，不由得再次唤起人们对那一年代的记忆。20 世纪 90 年代，随着柏林墙的倒塌，前南斯拉夫联邦中的斯洛文尼亚、克罗地亚、波黑、马其顿等各共和国也纷纷宣布独立，退出联邦。1992 年 4 月由塞尔维亚和黑山两个共和国组成的新南斯拉夫联盟建立。由于国际社会指责塞尔维亚向波黑和克罗地亚派遣武装部队，以支援当地的塞族武装，因此联合国在当年通过决议，开始对南联盟实施包括政治、经济、文化等各领域在内的全面制裁。国际重压之下原材料及产品市场的丢失，导致原南联盟经济严重困难，为填补巨额财政亏空与通胀赤字，政府不得不开始印制大面额钞票，希望以加大货币发行量的方式渡过眼前难关。这样，1992 年开始发行 1 万和 5 万第纳尔两种大面值的钞票，但谁知接下来便难以收场。1993 年开始，政府不得不再次整治通货膨胀，开始发行"新

第纳尔”以使第纳尔坚挺。开始时发行有10万、50万、100万、500万、1000万、5000万第纳尔面额的货币，以后又逐渐发展到1亿、5亿、10亿、100亿第纳尔等各种超大面额货币。

由于极为恶劣的通货膨胀势头根本无法阻止，因此1992年期间前南境内的通货膨胀水平已经达到每周15%～20%，到1993年，又上涨到每周30%～50%，个别时候一周之内货币甚至可贬值5倍之多。营业时间内，商店售货员每天的一项重要任务就是更换货价标签，最多时一天多达三四次。开始时还另写一张新货签取而代之，由于更换实在过于频繁，售货员干脆就直接在原价格的基础上填“0”而已。购买一件东西，不带着一包的钞票恐怕只能空手而归。不得已，1993年下半年又出版发行了面值为5000亿的第纳尔钞票，即1个5后面跟有11个0的超大面额第纳尔开始出现。

到了1993年11月，第纳尔每周的贬值速度已经远远超出5～8倍，在1993年最后一个月的时间里，第纳尔贬值的速率已达到了恐怕是人类自有货币以来最疯狂的程度，一周之内第纳尔即可贬值百倍。形象地说，如果想购买一个最常见的普通面包，即使是最大面值的5000亿第纳尔钞票，也需支付两张。人们开始畏惧自己手中的第纳尔，所有人都希望在第一时间内将其兑换成商品。唯一高兴的就是各国驻当地的记者或外交官，由于他们手中持有硬通货，因此尽管每月电话费用惊人，但由于通胀速度太快，到月底结账时仅需兑换12个美元的第纳尔，即足以支付全部费用。

直至1994年1月24日，在当时的南斯拉夫人民银行行长阿莫洛维奇、这位米洛舍维奇从世界银行搬来的救兵的主持下，塞尔维亚开始再次启动全新的货币政策，在大量收购国内居民手中现有德国马克的基础上，南斯拉夫人民银行开始发行“超级第纳尔”，以1个第纳尔1个马克的汇率，稳定了市场，结束了恶性、超级通货膨胀的历史。

二、1张“5000亿”要15个欧元

5000亿面额第纳尔的钞票由影印而成，票面主体为棕红色，正面印有20世纪四五十年代塞尔维亚著名儿童诗歌创作者约万·约万诺维奇·兹马仪的头像，背面为塞尔维亚人民图书馆大楼。整个纸币遍布菱形方格水印，方格连接处修饰有细小圆滑部分。较以前的第纳尔相比，票面面积并不大，整体设计与印刷也并不十分引人注目，但由于它投放市场使用一共还不到半年的时间，因此总体上钞票品相较好，有许多甚至还未来得及进入流通，票面基本是全新的。再加上其少见的巨额面值和具有的特定历史环境，因此较具收藏价值。

22岁的大学生佩塔尔·科斯迪奇，是一个积攒各种体育徽章的爱好者。他说，他大量收购5000亿面额第纳尔的本意，在于希望以此来同欧洲其他各国的旧物收藏者交换体育徽章。而人们对这一解释并不十分信服。市场上开始出现传闻：同样的一张钱币，在欧洲各国可以以高出20～30倍的价格售出。一时间“洛阳纸贵”，在科斯迪奇的带动下，他所在的尼什市内各主要街口又接连贴出一些收购广告，声明愿意以1个或1个多欧元的价格收购面额5000亿第纳尔的纸币。

其实与贝尔格莱德相比，尼什市内的这一收购价格并非很高。贝尔格莱德市发展的最

前身，就是多瑙河与萨瓦河交界处的土耳其城堡，目前已经成为游客们喜爱的公园绿地。这里常年都有人向各地游客兜售各种纪念物和前南时期的各种钱币。早在3～4年前，在这里每张5000亿第纳尔的售价即为5～10欧元，尼什市大量收购的消息传出后，记者即前往公园进行打探，谁知每张5000亿第纳尔的售价已经飙升为15欧元。常年在这里蹲摊的一位中年妇女说，前几个月曾有一位德国人在这里放话，只要品相较好，每张5000亿的第纳尔，他愿以10欧元的价格全部收购，这大致就是5000亿第纳尔再次成为抢手货的原因。

对于这一现象，当地收藏协会的一位专家对记者表示，随着来塞尔维亚游客的增多，5000亿第纳尔的名声也开始传播，具有如此众多个“0”的钞票在世界确属少见。出于好奇，游客们有时多买几张，带回去送给亲朋好友。因此并非限于钱币收藏者，即使是普通居民也希望拥有一张以作观赏，从而导致“5000亿”更加抢手。

(资料来源：光明日报报驻贝尔格莱德记者宋文富，http://news.xinhuanet.com/collection/2005-05/20/content_2978843.htm)

【思考讨论】

问题：恶性通货膨胀对经济的影响？

(提示：恶性通货膨胀是指商品和服务的价格以超常的速度普遍、急速地上升。恶性通货膨胀又称“超速通货膨胀”，这种通货膨胀较为少见，往往是战争和革命之后社会与经济遭受极大破坏的结果。在恶性通货膨胀情况下，货币急剧大幅贬值，完全丧失了价值贮藏的功能，也在很大程度上失去了作为交换媒介的功能。正常经济关系遭到破坏，经济完

全停滞以至金融货币体系和经济完全崩溃。

对付恶性通货膨胀的有效办法是实行稳定化改革。关键是能控制货币增长，需要政府不再依赖增长货币来支付其预算，成功的改革包括重新组织政府财政，减少支出，增加税收，重建中央银行的法律权威等。)

第一节　通货膨胀概述

一、通货膨胀的定义

通货膨胀是指在纸币流通条件下，因纸币发行过多，超过了流通中所需要的货币量，从而引起纸币贬值、物价总体水平持续上涨的现象。

二、通货膨胀的衡量指标

通货膨胀的严重程度是通过通货膨胀率这一指标来衡量的。

通货膨胀率通常以零售物价指数、消费物价指数、批发物价指数和国民生产总值的平减指数来确定。

1. 零售物价指数

零售物价指数是根据商品的零售价格编制的指数，反映商品零售价格水平变动的趋势和程度。

2. 消费物价指数

消费物价指数又称生活费用价格指数，是反映不同时期居民生活消费水平变动情况的指数，反映不同时期生活消费的商品和劳务项目价格变动的趋势和程度。通常是以零售物价指数和服务项目价格指数为基础编制的。

3. 批发物价指数

批发物价指数是根据批发价格编制的指数。它能准确反映商品流通的物价变化情况。

4. 国民生产总值平减指数

国民生产总值平减指数是按当年价格计算的国民生产总值与按不变价格计算的国民生产总值的比率。

优点：范围广，既包括消费资料，也包括生产资料；既包括有形商品，也包括无形商品(劳务)。能准确反映物价总体水平的变动情况。

缺点：资料难搜集，多数国家每年只统计一次，不能迅速反映通货膨胀的程度和动向；

国民生产总值包括与居民生活并无直接联系的生产资料和出口商品，不能准确反映对居民生活的影响。

三、通货膨胀的类型

(一)按通货膨胀的程度不同划分

按通货膨胀的程度不同划分，分为温和的通货膨胀、恶性通货膨胀和跑马式的通货膨胀。

(1) 温和的通货膨胀，又称爬行的通货膨胀或不知不觉的通货膨胀。

(2) 恶性通货膨胀，又称极度通货膨胀或无法控制的通货膨胀。

(3) 跑马式的通货膨胀，也称快步小跑式通货膨胀。

(二)按表现形式不同划分

按表现形式不同划分，分为隐蔽的通货膨胀和公开的通货膨胀。

(1) 隐蔽的通货膨胀，又称压制型通货膨胀，其没有价格上涨的表现，主要以黑市盛行、商品实行票证供应等现象为表现形式。

(2) 公开的通货膨胀，又称开放式的通货膨胀，以价格上涨为表现形式。

(三)按通货膨胀产生的原因不同划分

西方和我国，对通货膨胀的成因有种种理论概括。从理论规范的要求出发，对于通货膨胀的成因归纳为四条比较合适，即需求拉上说、成本推动说、供求混合推动说和结构型说。

1. 需求拉上说

当总需求与总供给的对比处于供不应求状态时，过多的需求拉动价格水平上涨，可以表述为：“过多的货币追求过少的商品。”

对物价水平产生需求拉上作用的有两方面：①实际因素，如投资需求增加；②货币因素，或货币需求减少，或货币供给增加过快。

这样的分析是以总供给给定为假定前提的。如果投资的增加引起总供给同等规模的增加，物价水平可以不动；如果总供给不能以同等规模增加，物价水平上升较缓；如果丝毫不能引起总供给增加，需求的拉动将完全作用到物价上。

需求拉上型的通货膨胀可用图 11-1 加以说明。

在图 11-1 中，横轴 *Y* 代表总产出，纵轴 *P* 代表物价水平。社会总供给曲线 *AS* 可按社会的就业状况而分成 *AB*、*BC* 与 *CS* 三个线段。

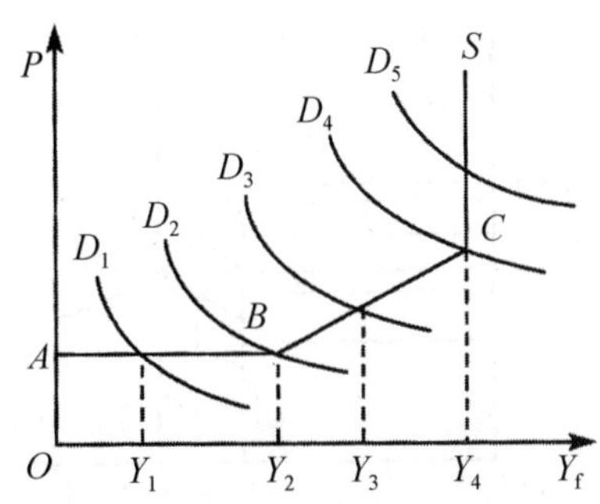

图 11-1 需求拉上型通货膨胀

(1) *AB* 线段的总供给曲线呈水平状态，这意味着供给弹性无限大。这是因为这时社会上存在着大量的闲置资源或失业人群。当总需求从 D_1 增至 D_2 时，总产出从 Y_1 增至 Y_2，而物价并不上涨。

(2) *BC* 线段的总供给曲线则表示社会逐渐接近充分就业，这意味着闲置资源已经很少，从而总供给的增加能力也相应较小。此时，在需求拉动之下的产出扩张将导致生产要素资源价格的上涨。因此，当总需求从 D_2 向 D_3、D_4 增长时产出虽也增加，但增加幅度减缓，同时物价开始上涨。

(3) *CS* 线段的总供给曲线表示社会的生产资源已经达到充分利用的状态，即不存在任何闲置的资源，Y_f 就是充分就业条件下的产出。这时的总供给曲线就成为无弹性的曲线。在这种情况下，当总需求从 D_4 增加至 D_5 时，只会导致物价的上涨。

2. 成本推动说

这是一种侧重从供给或成本方面分析通货膨胀形成机理的假说。

成本推动的原因：一是工会力量对于提高工资的要求(工资成本推动型通货膨胀论)；二是垄断行业中企业为追求利润制定垄断价格(利润推动型通货膨胀论)。

(1) 工资成本推动型通货膨胀：工会迫使厂商提高工资，并使工资的增长快于劳动生产率的增长时，生产成本就会提高，从而导致物价上涨，物价上涨后，工会又要提高工资，又会对物价上升产生压力，形成工资—物价螺旋上升。

(2) 利润推动型通货膨胀：垄断企业为了获取垄断利润而人为提高产品价格，导致通货膨胀。

成本推动理论模型在于论证：不存在需求拉上的条件下也能产生物价上涨。所以，总需求给定是假设前提。既然存在这样的前提，当物价水平上涨时，取得供求均衡的条件只能是实际产出的下降，相应地，则必然是就业率的降低。因而这种条件下的均衡是非充分就业的均衡。成本推动型的通货膨胀可用图 11-2 表示。

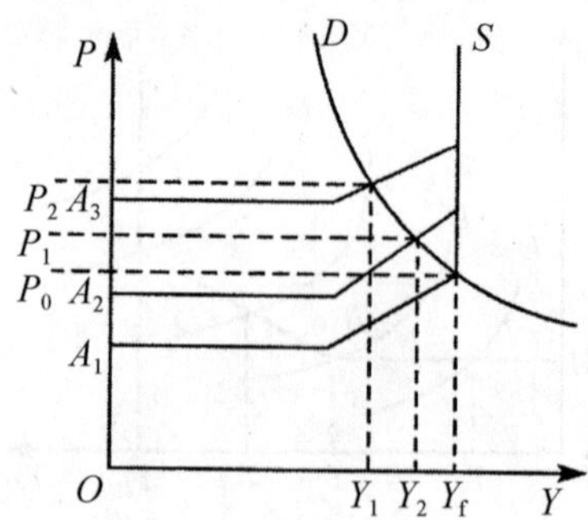

图 11-2　成本推动型通货膨胀

在图 11-2 中，初始的社会总供给曲线为 A_1S。在总需求不变的条件下，由于生产要素价格提高，生产成本上升，使总供给曲线从 A_1S 上移至 A_2S、A_3S。结果，由于生产成本提高，导致失业增加、实际产出缩减。在产出由 Y_f 下降到 Y_2、Y_1 的同时，物价水平却由 P_0 上升到 P_1、P_2。

成本推动型通货膨胀旨在说明，在整个经济尚未达到充分就业条件下物价上涨的原因。这种理论也试图用来解释“滞胀”。

3. 供求混合推动说

这种观点认为，在现实经济社会中，通货膨胀的原因究竟是需求拉上还是成本推动很难分清：既有来自需求方面的因素，又有来自供给方面的因素，即所谓“拉中有推、推中有拉”。例如，过度需求——物价上涨——提高工资——成本(工资)推进通胀。“成本推动”只有加上“需求拉上”才有可能产生一个持续性的通货膨胀。

当非充分就业的均衡存在时，就业的难题往往会引出政府的需求扩张政策，以期缓解矛盾。这样，成本推动与需求拉上并存的混合型通货膨胀就会成为现实。

供求混合推动型的通货膨胀如图 11-3 所示。

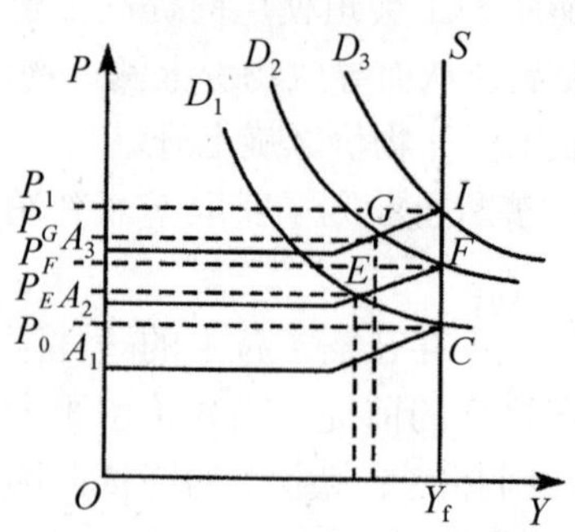

图 11-3　供求混合推动型通货膨胀

图 11-3 实际上是将图 11-1 和图 11-2 综合在一起所得的结果。由于需求拉上(即需求曲

线从 D_1 上升至 D_2、D_3)和成本推动(即供给曲线从 A_1S 上升至 A_2S、A_3S)的共同作用，物价则沿 $CEFGI$ 呈螺旋式上升。

4．结构型，即部门结构说

结构型通货膨胀的基本观点是：由于各国经济部门结构的特点不同，当一些产业或部门在需求方面和成本方面发生变动时，往往通过部门之间的相互看齐的过程而影响到其他部门，从而导致一般物价水平的上升。

这种结构型通货膨胀可分为三种情况：需求转移型、外部输入型、部门差异型。

第二节　通货膨胀产生的原因

通货膨胀一般表现为物价总体水平的上升，它以货币的超量供应为前提条件，而货币的超量供应是经济运行存在问题的综合反映。通货膨胀的具体原因一般表现在如下几方面。

一、财政赤字

解决财政赤字的方法：一是向中央银行贷款；二是发行公债。

如果向中央银行贷款，就会造成中央银行增加货币供给，引起市场货币供给量增加，会导致通货膨胀。

发行公债，如果向中央银行推销，或以公债为抵押向中央银行贷款，中央银行向政府发放贷款，通过财政支出，转变为商业银行存款，再通过商业银行贷款，将数倍扩大货币供应量。而财政支出多为非生产性的，不会增加产品和商品的流通数量。

因而为解决财政赤字增发的货币，必然导致货币供给量过多，导致通货膨胀。

二、信用膨胀

商业信用是以商业票据为工具的，商业票据经过背书可以流通转让，代替货币起交换媒介作用，相当于增加了货币供给量，减少了货币需求量。

商业信用和一部分消费信用是由企业提供的，但企业之所以能提供商业信用和消费信用，是因为得到了银行提供的信用。

银行信用向工商业提供的贷款必然要转为存款，而且转换的存款数量数倍扩张，这就直接扩大了货币供应量。

商业信用、消费信用、银行信用的膨胀，一方面减少了流通中对货币的需要量，另一方面增加了流通中的货币供给量，因此，信用膨胀即信贷规模的扩大，如果超过了流通、生产的需要，必然出现通货膨胀。

三、经济发展速度过快与经济结构不合理

经济发展速度过快，积累基金规模过大，建设规模超过了工农业生产所能承担的能力，或消费基金规模过大，超过了消费资料的供应能力，商品供不应求。这就是由建设投资而投放到市场上的货币与生产资料的供应不相适应，由工资、奖金等渠道投放到市场上的货币与消费资料的供应不相适应，使货币供应量超过货币需求量，出现通货膨胀。

一国重工业发展速度过快，超过了轻工业和农业所能承担的能力，使重、农、轻比例失调，会引起市场商品供不应求，物价上涨，出现通货膨胀。

我国从20世纪50年代起，数度出现的通货膨胀，都源于经济过热和产业结构不合理。

四、外债规模过大

大量举借外债的国家，背负着沉重的还本付息包袱，有可能导致财政赤字，有可能因此导致通货膨胀。如墨西哥在20世纪80年代，由于大量借外债，导致通货膨胀。

五、通货膨胀的国际传导

国际通货膨胀一般有四个传导途径。

1. 价格途径

在汇率不变的情况下，一国发生通货膨胀，使本国商品价格上涨，会刺激国外商品大量流入，而商品出口国在商品供应减少的同时，由于出口的增加导致了货币供给增加，必然使商品价格上升，导致该国发生通货膨胀。

2. 需求途径

在汇率不变的情况下，一国发生通货膨胀，会诱导其他国家向该国出口商品。如果商品出口国，由于出口需求增加，而资源已达到充分利用，生产量不能增加时，会导致社会总需求大于社会总供给，货币供给大于货币需求，产生通货膨胀。

3. 国际收支途径

一国出现通货膨胀，在汇率不变的情况下，由于刺激本国商品进口，导致该国国际收支逆差，商品出口国由于出口增加，导致该国国际收支顺差。顺差国由于外汇收入增加，为收兑外汇，导致向流通领域注入大量的本国货币，使货币供给超过货币需求，产生通货膨胀。

4. 示范作用途径

国际性的物价上涨，使一些尚不存在通货膨胀的国家的企业预期本国物价也会上涨，为避免损失，提前将物价上涨的因素计入成本，抬高物价，或囤积居奇，引起本国物价总水平上涨。

第三节　通货膨胀的效应与调控

一、通货膨胀的经济效应

(一)通货膨胀促进论

1. 凯恩斯的“半通货膨胀”论

凯恩斯认为货币数量增加，在实现充分就业前后所产生的效果不同。

在经济达到充分就业之前，货币量增加可以带动有效需求增加。即在充分就业之前，增加货币既可提高单位成本，又可增加产量；当经济实现充分就业之后，增加货币量就产生了显著的通货膨胀效应，使物价总体水平上升，但产量没增加。

2. 新古典学派的促进论

这一学派认为，通货膨胀通过强制储蓄、扩大投资来实现增加就业和促进经济增长，当政府财政入不敷出时，常常借助于财政透支解决收入来源。如果政府将膨胀性的收入用于实际投资，就会增加资本形成，而只要私人投资不降低或降低数额不小于政府新增数额，就能提高社会总投资并促进经济增长。

3. 收入在政府与私人部门的再分配与通货膨胀促进论

当发生通货膨胀时，政府占收入的比率增加，社会的储蓄率提高，有利于经济增长。这种有利影响主要表现在：首先，降低资本—产出系数；其次，改变投资结构；最后，促进对外贸易发展。

促进论认为，通货膨胀是政府的一项政策，政府可以获得直接利益，获利大小完全取决于政府调控经济水平的高低。

(二)通货膨胀促退论

(1) 通货膨胀降低储蓄。

(2) 通货膨胀降低投资。

(3) 通货膨胀造成外贸逆差。

(4) 恶性通货膨胀会危及社会经济制度的稳定。

二、通货膨胀的社会效应

1. 通货膨胀对就业的影响

通货膨胀可能带来就业的增长，但这仅仅是暂时的。关于这一点，可以用菲利普斯曲线来加以验证，如图 10-4 所示。

菲利普斯曲线就是用来反映通货膨胀与失业之间关系的一种曲线。以英籍新西兰经济学家 A.W.菲利普斯命名，是说明通货膨胀率和失业率之间此涨彼落、互相替代关系的曲线。在一个以物价上涨率为纵轴、失业率为横轴的平面坐标图上，菲利普斯曲线表现为从左上方向右下方倾斜。该曲线表明：当失业率较高时，物价上涨率较低。反之，物价上涨率则较高。因此，经济管理者只可能在高失业率—低物价上涨率和低失业率—高物价上涨率这两种组合中择一而从，要想使失业率和物价上涨率同时达到令人满意的低水平是不可能的。

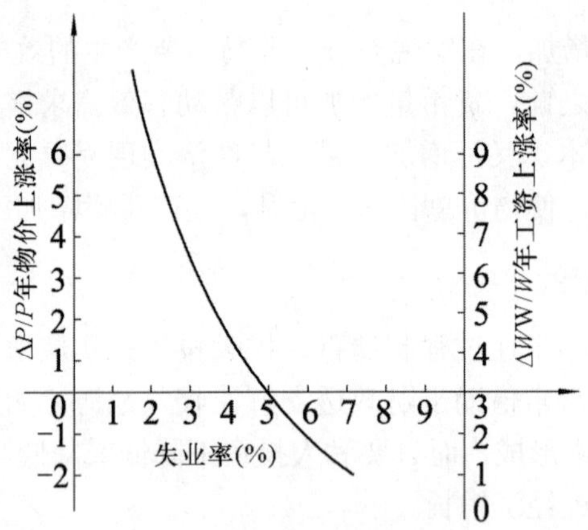

图 11-4 菲利普斯曲线

2. 通货膨胀对财富和收入再分配的影响

1) 收入再分配效应

在通货膨胀下，由于货币贬值，名义货币收入的增加往往并不意味着实际收入的等量增加，有时甚至是实际收入不变乃至下降。由于社会各阶层收入来源不相同，在物价总水平上涨时，有人收入水平会下降，有人收入水平会提高。这种由物价上涨造成的收入再分配，就是通货膨胀的收入再分配效应。

2) 资产结构调整效应

资产结构调整效应也称财富分配效应。一个家庭的财富或资产由两部分构成：实物资产和金融资产。在通货膨胀环境下，实物资产的货币值大体随通货膨胀率的变动而相应升降；金融资产则比较复杂。不同的金融资产受通货膨胀的影响不同。因此，每个家庭的财

产净值，在通货膨胀之下，往往会发生很大变化。

3. 恶性通货膨胀与经济社会危机

恶性通货膨胀会使正常的生产经营难以进行：产品销售收入往往不足以补进必要的原材料；地区之间上涨幅度极不均衡会造成原有商路的破坏，流通秩序的紊乱；迅速上涨的物价，使债务的实际价值下降，正常信用关系会极度萎缩。恶性通货膨胀只是投机的温床，而投机是经济机体的严重腐蚀剂。

恶性通货膨胀的后果往往是政治的动荡。最严重的恶性通货膨胀会危及货币流通自身：纸币流通制度不能维持；金银贵金属会重新成为流通、支付的手段；经济不发达地区则会迅速向经济的实物化倒退。

三、通货膨胀的治理措施

1. 实施紧缩性货币政策

(1) 通过公开市场业务出售政府债券，相应减少经济体系中的货币存量。

(2) 提高贴现率和再贴现率，以抬高商业银行存贷款利率和金融市场利率水平，缩小信贷规模。

(3) 提高商业银行的法定准备金，以降低货币扩张倍数，压缩商业银行放贷，减少货币流通量。

2. 实施供应政策

对于需求拉上型的通货膨胀，在压缩社会总需求的同时，运用刺激生产增长的方法来增加供应。如实行减税政策，提高机器设备的折旧率，以促进生产、促进投资，增加供应。

3. 紧缩性财政政策

紧缩性财政政策有减少财政开支、提高税率、增加税种等。

4. 进行货币制度改革

中国目前实际上面临着一个重大的货币制度创新，这种规模的货币制度创新可以被称为是货币革命。而中国未来的发展，终将要求中国能够通过对其货币制度的创新，为中国创造新的文明社会发展空间和结构，在现有的由西方主导的国际货币金融结构下，中国不可能成为主导性的国家，因为这种货币结构本身就不是为中国量身打造的，而且竞争性的西方对手始终掌握着这些货币制度的关键结构，并不允许中国染指。

第四节　通 货 紧 缩

一、通货紧缩的定义

通货紧缩是指商品与劳务价格普遍持续地下跌。通货紧缩的定义，与通货膨胀一样，目前在国内外还没有统一的认识，从争论的情况来看，大体可以归纳为以下三种：第一种观点认为，通货紧缩是经济衰退的货币表现，因而必须具备三个基本特征：一是物价的普遍持续下降；二是货币供给量的连续下降；三是有效需求不足，经济全面衰退。这种观点被称为“三要素论”。第二种观点认为，通货紧缩是一种货币现象，表现为价格的持续下跌和货币供给量的连续下降，即所谓的“双要素论”。第三种观点认为，通货紧缩就是物价的全面持续下降，被称为“单要素论”。

尽管对通货紧缩的定义仍有争论，但对于物价的全面持续下降这一点却是共同的。一般来说，单要素论的观点对于判断通货紧缩的发生及其治理更为科学一些。这是因为，通货紧缩作为通货膨胀的反现象，理应反映物价的变动态势，价格的全面、持续下降，表明单位货币所反映的商品价值在增加，是货币供给量相对不足的结果。也就是说，货币供给不足可能只是通货紧缩的原因之一，因此，双要素论的货币供给下降的界定，将会缩小通货紧缩的范围。而三要素论中的经济衰退，一般是通货紧缩发展到一定程度的结果，因此，用经济衰退的出现来判断通货紧缩就太晚了。根据单要素论的观点，判断通货紧缩的标准只能是物价的全面持续下降，其他现象可以作为寻找成因，判断紧缩程度等的依据，但作为通货紧缩的构成要素是不妥的。

二、通货紧缩的原因

通货紧缩的原因是多种多样的，但从国内外经济学家对通货紧缩的理论分析中，仍可概括出引起通货紧缩的一般原因。

1. 紧缩性的货币财政政策

如果一国采取紧缩性的货币财政政策，降低货币供应量，削减公共开支，减少转移支付，就会使商品市场和货币市场出现失衡，出现“过多的商品追求过少的货币”，从而引起政策紧缩性的通货紧缩。

2. 经济周期的变化

当经济到达繁荣的高峰阶段，会由于生产能力大量过剩，商品供过于求，出现物价的持续下降，引发周期性的通货紧缩。

3. 投资和消费的有效需求不足

当人们预期实际利率进一步下降，经济形势继续不佳时，投资和消费需求都会减少，而总需求的减少会使物价下跌，形成需求拉下性的通货紧缩。

4. 新技术的采用和劳动生产率的提高

由于技术进步以及新技术在生产上的广泛应用，会大幅度地提高劳动生产率，降低生产成本，导致商品价格的下降，从而出现成本压低性的通货紧缩。

5. 金融体系效率的降低

如果在经济过热时，银行信贷盲目扩张，造成大量坏账，形成大量不良资产，金融机构自然会“惜贷”和“慎贷”，加上企业和居民不良预期形成的不想贷、不愿贷行为，必然导致信贷萎缩，同样减少社会总需求，导致通货紧缩。

6. 体制和制度因素

体制变化(企业体制、保障体制等)一般会打乱人们的稳定预期，如果人们预期将来收入会减少，支出将增加，那么人们就会“少花钱，多储蓄”，引起有效需求不足，物价下降，从而出现体制变化性的通货紧缩。

7. 汇率制度的缺陷

如果一国实行钉住强币的联系汇率制度，本国货币又被高估，那么，会导致出口下降，国内商品过剩，企业经营困难，社会需求减少，则物价就会持续下跌，从而形成外部冲击性的通货紧缩。

三、通货紧缩对国民经济的影响

通货紧缩的危害很容易被人忽视，因为从表面上来看，一般价格的持续下跌会给消费者带来一定的好处，在低利率和低物价增长的情况下，人们的购买力会有所提高。然而，通货紧缩的历史教训却令人提心吊胆，这就是 20 世纪 30 年代的大危机。通货紧缩与通货膨胀一样，都会对经济发展造成不利影响。通货紧缩会加速实体经济进一步紧缩，因此，它既是经济紧缩的结果，又反过来成为经济进一步紧缩的原因。通货紧缩一旦形成，如果不能及时处理好，就可能会带来一系列问题。通货紧缩对经济的影响主要表现如下。

1. 通货紧缩对投资的影响

通货紧缩对投资的影响主要通过影响投资成本和投资收益来产生作用。

通货紧缩会使得实际利率有所提高，社会投资的实际成本随之增加，从而使投资减少。同时，在价格趋降的情况下，投资项目预期的未来重置成本会趋于下降，也会推迟当期的投资。另一方面，通货紧缩会使投资的预期收益下降。在通货紧缩的情况下，理性的投资者预期价格会进一步下降，公司的预期利润也将随之下降。这时使得投资者的投资倾向降低。

通货紧缩还经常伴随着证券市场的萎缩，而证券市场的萎缩又反过来加重公司筹资的困难。

2. 通货紧缩对消费的影响

物价下降对消费需求有两种效应：一是价格效应；二是收入效应。物价下跌是消费者可以以更低的价格购买到同样数量和质量的商品和服务，但也会对消费者产生收入减少的效应。在通货紧缩的情况下，就业预期、价格和工资收入、家庭资产都趋于下降，因此消费者将会缩减消费；而且，如果消费者预期将来价格还会下降，消费者将会推迟消费。因此，在通货紧缩的情况下，价格效应倾向于使消费者缩减消费；而收入效应则使消费者缩减支出。

3. 通货紧缩对收入再分配的影响

在通货紧缩的情况下，商品价格下降，金融资产的价值也会缩水。虽然名义利率很低，但由于物价呈现负增长，实际利率还会很高。高的实际利率一般有利于债权人，不利于债务人。如果通货紧缩持续时间很长，而且相当严重，可能会导致债务人失去偿债能力，那么债权人也会受到损失。

4. 通货紧缩对银行业的影响

通货紧缩还可能会使银行业面临困境，当银行业面临一系列系统恐慌时，一些资不抵债的银行就会因存款人“挤提”而被迫破产。通货紧缩一旦形成，便可能形成“债务—通货紧缩陷阱”。此时，货币变得更为昂贵，债务则因货币成本上升而相应上升。虽然名义利率未变甚至下调，但实际利率仍然较高，债务负担有所增加，企业经营的困难会最终体现在银行的不良资产上。因此，通货紧缩对于银行业来说，容易形成大量的不良资产。

四、通货紧缩的治理

1. 实行积极的货币政策

(1) 较大幅度地增加货币供应量，尤其是扩大中央银行基础货币的投放。

(2) 下调法定存款准备金率和完善准备金制度。

(3) 加快利率市场化。

(4) 加速货币信贷主体的货币投放积极性，消除货币投放中的障碍。

2. 实行积极的财政政策

(1) 调整财政投资的内容和方向。

(2) 加大启动消费需求的财政政策力度。

(3) 加速推进税费体制改革，是持续扩大内需、遏制通货紧缩的一个重要措施。

3. 优化供给

(1) 通过完善产业组织而优化供给。

(2) 通过技术创新而优化供给。

(3) 通过结构调整而优化供给。

(4) 通过体制改革而优化供给。

4. 增加汇率制度的灵活度

(1) 扩大货币互换协定规模。

(2) 完善优化汇率体制。

(3) 增强货币的有效性。

本 章 小 结

通货膨胀和通货紧缩是宏观经济的两种失衡状态，是由货币供求失衡导致的社会总需求和总供给出现偏离，对经济社会乃至政治生活的影响是巨大的。本章对通货膨胀和通货紧缩的定义、产生的原因和治理对策等问题进行了介绍和阐述。

(1) 通货膨胀是指市场上的货币供应量超过了商品生产和流通对货币的客观需要量而引起的货币贬值、一般物价水平持续上涨的经济现象。

(2) 通货膨胀按照不同的分类方法可以分为开放型通货膨胀、隐蔽型通货膨胀；温和型、快速型和严重型通货膨胀。

(3) 衡量通货膨胀的常用指标有消费物价指数、批发物价指数、国民生产总值物价平减指数，三者各有优缺点，各国选择其中的一种或几种来衡量通货膨胀。

(4) 通货膨胀产生原因的分析有需求拉上说、成本推动说、供求混合推进论和结构性通货膨胀论。

(5) 通货膨胀对经济的影响包括对经济增长、国民收入再分配、社会经济秩序等方面的影响。对通货膨胀的治理对策包括宏观紧缩政策、收入紧缩政策、供给政策、收入指数化政策、货币规则、币制改革等。

(6) 通货紧缩是与通货膨胀相对立的一个概念，通货紧缩从本质上说是一种货币现象，也是一种实体经济现象，表现为一般物价水平的持续下跌。

(7) 通货紧缩会产生降低就业和经济增长，乃至经济衰退的负面影响，还有可能导致银行业的危机。对通货紧缩的治理对策包括扩张性的需求管理政策、引导预期行为、鼓励消费；改善供给结构，增加有效供给；增加外部需求，促进出口；健全金融体系等。

本章习题

1. 按成因分通货膨胀的有哪些类型，并解释形成的原因。
2. 简述通货膨胀的治理政策。
3. 通货膨胀的衡量有哪些指数？并解释其含义。
4. 产生成本推进型的通货膨胀主要有哪些原因？
5. 产生结构型的通货膨胀主要有哪些原因？
6. 简述通货紧缩产生的原因。
7. 简述应对通货膨胀的货币政策和财政政策。
8. 如何针对工资推进型的通货膨胀进行治理？
9. 针对通货膨胀如何实施供应管理政策？
10. 通货紧缩对银行业的影响？
11. 简述通货紧缩对经济的影响。
12. 经济出现通货紧缩时，采取的主要对策。
13. 如何拉动内需治理通货紧缩？
14. 简述通货膨胀对经济的影响。

第十二章　货币政策

【教学目的与要求】

通过本章教学，使学生能够了解货币政策的含义和作用，理解货币政策的传导机制，掌握货币政策的最终目标、中介目标与政策工具之间的联系，以及货币政策各最终目标之间的矛盾，重点掌握中央银行如何运用货币政策工具调节经济。

【重点与难点】

- 货币政策的含义。
- 货币政策的最终目标。
- 货币政策的中介目标。
- 货币政策工具。
- 货币政策的传导机制。

【引导案例】

美国公开市场业务运作

美国联邦公开市场委员会(FOMC)由联邦储备体系理事会的7位成员、纽约联邦储备银行行长和另外4位联邦储备银行行长组成。尽管只有5家联邦储备银行的行长在该委员会中拥有表决权，但另外7位地区储备银行行长也列席会议并参加讨论，所以他们对委员会的决定也有些影响。由于公开市场操作是联邦储备体系用以控制货币供应量的最重要的政策工具，联邦公开市场委员会必然成为联邦储备体系内决策的焦点。虽然法定准备金比率和贴现率并非由联邦公开市场委员会直接决定，但同这些政策工具有关的政策实际上还是在这里做出的。联邦公开市场委员会不直接从事证券买卖，它只是向纽约联邦储备银行交易部发出指令，在那里，负责国内公开操作的经理则指挥人数众多的下属人员，实际操作政府或机构证券的买卖活动。该经理每天向联邦公开市场委员会成员及其参谋人员通报交易部活动的情况。

公开市场操作可以分为两类：能动性的公开市场操作和保卫性的公开市场操作。前者旨在改变准备金水平和基础货币；后者旨在抵消影响货币基数的其他因素的变动(如在联邦的财政部存款和在途资金的变动)。美联储公开市场操作的对象是美国财政部和政府机构证券，特别是美国国库券。

纽约联邦储备银行交易部工作流程：

国内业务操作经理监督交易员进行证券买卖。我们假如称这位经理为吉姆，他的工作日从阅读一份估计昨天晚上银行系统准备金总量的报告开始，这份关于准备金的报告，有助于他确定需要多大规模的准备金变动才能达到令人满意的货币供应量水平。他也检查当时的联邦基金利率——它可以提供有关银行系统准备金数量的信息：如果银行体系拥有可贷放给其他银行的超额准备金，联邦基金利率便可能下降；如果银行准备金水平低，几乎没有银行拥有超额准备金可以贷放，联邦基金利率便可能上升。

上午9时，吉姆同几位政府证券交易商(他们为私人公司或商业银行工作)进行讨论，以便对当天交易过程中这些证券价格的走势有所感觉。同这些交易商见面之后，大约在上午10时，他收到研究人员提交的报告，附有关于可能影响基础货币的一些短期因素的详细预测。例如，如果预测结算在途资金将因全国范围内的天气晴好使支票交付加快而减少，吉姆便知道，他必须运用保卫性的公开市场操作(购买证券)，来抵消因在途资金减少而预期带来的基础货币减少。然而，如果预测在联邦的财政部存款或外国存款会减少，便有必要运用保卫性的公开市场出售，来抵消预期的基础货币扩大。这份报告亦对公众持有的通货情况做出预测。如果预期通货持有量上升，那么，运用公开市场购买以增加货币基数，从而防止货币供应量下降，便是必须做的事情了。

上午10时15分，吉姆或其手下的一名工作人员打电话给财政部，了解财政部对财政部存款这些项目的预测。与财政部的通话，也能获得其他方面的有用信息，例如将来财政部出售债券的时间安排可以提供有关债券市场走势的线索。

在取得了所有这些信息以后，吉姆查看他从联邦公开市场委员会收到的指令。这个指令告诉他，联邦公开市场委员会欲实现的几种货币总量指标的增长率(用幅度表示，比如说年率4%～6%)和联邦基金利率的幅度(比如说10%～14%)是多少。然后，他规划好为实现联邦公开市场指令所需进行的能动性的公开市场操作。把必要的保卫性的公开市场操作同所需进行的能动性的公开市场操作合在一起，该经理便做出了当天公开市场操作的“行动计划”。

整个过程到上午11时15分完成，这时，吉姆同联邦公开市场委员会的几位成员举行每天例行的电话会议，简要报告他的战略，计划得到同意以后，通常在上午11时30分稍后一些，他让交易部的交易员打电话给政府证券一级交易商(私人债券交易商，人数在40人左右)，询问出售报价(如果拟做公开市场购买)。举例来说，如果吉姆为增加基础货币而打算购买2.5亿美元的国库券，交易员便将交易商在不同报价水平上所愿出售的国库券数额，写在一块大黑板上。报价从低价到高价依次排列。由于美联储欲得到尽可能有利的价格，它便由低到高依次购买国库券，直到打算购买的2.5亿美元都已买到为止。

收集报价和着手交易，大约在12时15分完成。交易部随即平静下来，但是交易员仍要继续监视货币市场和银行准备金的动向，在极少数情况下，吉姆还可能决定有必要继续进行交易。

有时，公开市场操作是以直截了当买或卖证券的方式进行的。不过，交易部市场采取另外两种交易方式。在回购协议方式(常称作回购)下，美联储与出售者订立协议，规定出售

者要在短时期内(一般不超过一星期)再将这些证券购回。一份回购协议，实际上就是一次暂时的公开市场购买。当美联储打算实施暂时性的公开市场出售时，它可以进行一售一购配对交易(有时称作反回购)。在这种方式下，美联储出售证券，但买主同意在不久的将来再把这笔证券卖回给美联储。

(资料来源：http://jpkc.lcu.edu.cn/m/jrx/content/555.html，聊城大学精品课程平台，金融学，教学案例，美国公开市场业务运作)

【思考讨论】

问题：公开市场业务有何优缺点？

(提示：公开市场业务具有以下几个优点。①它可以影响商业银行准备金状况和流通中的货币，通过影响基础货币，变动市场货币供应量。②中央银行可以根据货币政策的需要，在公开市场上主动出击，而不像再贴现政策那样处于被动地位。③中央银行可以通过公开市场政策对货币供应量进行微调，而不像存款准备金那样会产生震荡性影响。这就避免了对经济可能产生的不利影响。④中央银行可以进行经常性、连续性的操作，而不像再贴现政策和存款准备金政策那样缺乏伸缩性和连续性。⑤金融市场情况一旦发生变化，中央银行可以迅速改变操作方向，具有很强的灵活性。

尽管公开市场业务具有上述优点，但是，由于种种特殊原因及一些因素的干扰，给公开市场业务作用的正常发挥带来了困难。比如：商业银行的行动不一定符合中央银行的意愿，在经济特别萧条或特别繁荣而难以抑制时，中央银行买、卖出债券，不一定能达到预期效果；货币流通速度的快慢会影响公开市场政策的效果；另外资本的流出流入，国际收支的逆差顺差，社会大众的大量提款存款等，都在一定程度上抵消中央银行公开市场业务的效果。)

第一节　货币政策目标

货币政策作为宏观需求管理政策，在整个国民经济宏观调控体系中居于十分重要的地位。货币政策目标的正确选择、决策程序的科学合理和政策工具的正确使用是货币政策作用有效发挥的重要前提。货币政策目标选定后，中央银行必须利用自己的特殊地位，选择适当的中介目标并运用相应的政策工具，对宏观经济运行进行调节，以保证政策目标的实现。从货币政策工具到货币政策目标的实现的整个传导过程就是货币政策的传导机制。货币政策能否取得预期效果，需要进行一定的检验和衡量；而要准确地检验货币政策效果，则需考察货币政策与其他宏观经济政策，特别是与财政政策的配合协调问题，这就是货币政策效应问题。本章将会对这些问题进行详细讨论。

一、货币政策的含义

货币政策是指中央银行为实现既定的经济目标运用各种工具控制、调节货币供应量和利率水平，进而影响宏观经济的方针和措施的总和。货币政策通常包括三个方面的内容：一是货币政策的目标；二是实现货币政策目标的操作工具和手段，也称为货币政策工具；三是执行货币政策所达到的政策效果。由于从确定目标到运用工具，并实现最终的政策效果，需要经过一些作用环节和时滞，因而货币政策研究还必须包括货币政策的中介目标和传导机制等内容。

一国政府所制定和实施的某项经济政策，一般只对经济运行中的某些方面产生影响，再加上社会公众预期的作用，就往往会降低一项经济政策的作用效果，从而大大降低政府实现某项政策所要达到目标的可能性。而货币政策却不同，它既有政策的最终目标，又有中介目标；既有强制性政策工具，又有非强制性、指导性工具；既有公开手段和方法，又有比较隐蔽的手段和方法。因此，货币政策对宏观经济的调节能力一般较强，调控效果也较好，是各国对经济运行进行宏观调控的主要手段。另外，由于大多数货币政策工具都是经济手段，因此运用起来比较灵活，行政干预的成分较少，政策回旋的空间较大。市场经济水平较高的发达国家都十分重视用货币政策对宏观经济运行进行调控。

一般来说，货币政策具有以下几个特征。

1. 货币政策是一项宏观经济政策

宏观经济政策的目标基本上也是货币政策的目标，以需求管理为核心的货币政策是一种总量调节和结构调节相结合，并以总量调节为主的宏观经济政策。货币政策的制定和实施，旨在通过对货币供应量、利率、汇率等宏观金融变量的调控，来对整个国民经济运行中的经济增长、物价稳定、国际收支状况和就业水平等宏观经济运行情况产生影响，以促进社会经济的协调、健康和稳定发展。

2. 货币政策主要是间接调节经济运行的政策

货币政策对经济运行的调节，主要是通过经济手段，利用市场机制的作用，通过调节货币供应量以及其他金融变量影响经济活动主体的行为来达到间接调节经济变量，影响宏观经济运行的目的。当然，这并不排除在特定的经济金融条件下采取行政手段调节的可能性。

3. 货币政策是调节社会总需求的需要管理政策

货币政策通过货币供应量和利率水平的变化来调节社会总需求。由于货币供给形成对商品和劳务的购买能力，货币作为一般社会财富的表现，对商品和劳务的追逐形成社会总需求，利率水平则通过对投资需求、消费需求的调节而影响到社会总需求。另外，汇率的

变化将通过对进出口贸易、国际资本流动的影响形成对社会总需求的影响。因此，货币政策对宏观经济的调节是通过调节总需求实现的，总供给的变化是作为总需求变化的结果而发生的。货币政策是一种直接调节总需求、间接调节总供给的宏观政策。

二、货币政策的最终目标

(一)货币政策最终目标的内涵

货币政策目标包括货币政策的最终目标和中介目标，前者一般是一国宏观经济的目标；后者则是为实现货币政策的最终目标而设置的可供观察和调整的指标。货币政策的最终目标主要有四个方面：稳定物价、充分就业、经济增长和国际收支平衡。

1. 稳定物价

物价稳定与经济发展有着密切的联系，物价稳定是经济发展的前提，经济发展又是物价稳定的基础。要实现物价稳定的目标，既要控制通货膨胀，也要防止通货紧缩。但究竟什么是物价稳定，这对于不同的国家以及不同的经济学家来说有着不同的看法，大多数经济学家都认为，在通货膨胀和通货紧缩已成为世界性经济现象的环境中，企图把物价固定在一个绝对不变的水平上是不可能的。在现代经济中，物价如果陷入绝对静止的状态，反而是一种不正常的现象。在通货膨胀的情况下，最关键的是能否把通货膨胀控制在可以承受的限度之内。有的经济学家认为，5%以内的通货膨胀率是一种温和的通货膨胀，对经济的发展有一定的刺激作用，也是经济运行所能承受的；而另一些经济学家却认为 3%以内的通货膨胀率才是可取的。在不同的国家和不同的情况下，人们对物价波动的承受能力是不同的，但任何一个国家或地区都不愿意物价大幅度上涨，而是企图将通货膨胀率限制在最低水平上，以便与其他经济目标相协调。

人们之所以希望物价水平能保持稳定，是因为物价水平的持续上升会造成经济中的不确定性增加。例如，在物价水平不断变动的情况下，商品和劳务中所包含的信息就难以理解，消费者、企业和政府的决策也就难以确定。物价水平极端不稳定的事例是恶性通货膨胀，如德国在 1921—1923 年恶性通货膨胀的后两年中，物价水平的持续上涨严重冲击了德国经济，国内生产总值急剧下降。通货膨胀也会使人们难以对未来的行动做出妥善的计划和安排。通货膨胀还可能造成一个国家的紧张气氛，使社会失去对本国货币的信任，严重的情况可能会产生大量的货币替代现象，导致国家货币主权地位的丧失，引起经济和社会的动荡。

2. 充分就业

之所以将充分就业作为货币政策的最终目标之一，是由于一个国家的劳动力能否充分就业，是衡量该国的各种资源是否达到充分利用、经济是否正常发展的标志。如果实现了

充分就业，就意味着各种社会资源得到了最大限度的有效利用，经济发展也是正常的。但到底什么是充分就业也很难判断。在西方经济学中，所谓“充分就业”一般是指消除了一国经济中的非自愿性失业的状态。非自愿性失业是指在愿意接受现行的工资水平和工作条件的情况下，仍然找不到工作所形成的失业现象。在现实生活中，除了非自愿性失业之外，还有两种失业实际上是不可避免的：一种是自愿失业，另一种是摩擦性失业。自愿失业是指由于劳动者不愿意接受现行的工资水平和工作条件而形成的失业。摩擦性失业是指由于短期内劳动力供求的暂时失衡而造成的失业。很显然，充分就业与这两种失业的存在是不矛盾的。因此，作为货币政策的最终目标，充分就业也只是意味着通过实施一定的货币政策，以减少或消除社会上存在的非自愿失业，并不意味着将失业率降到零。有的经济学家认为，3%的失业率就可以看作是充分就业了，而有的则认为长期维持在 4%～5%的失业率是比较好的。美国多数经济学家都认为，失业率在 5%以下就应算作充分就业。

3. 经济增长

所谓经济增长是指社会经济活动中的商品和劳务总产量的增加，它是由于总供给变化引起的国民收入的长期增长。这一定义包含三层含义：第一，经济增长集中表现在经济实力的增长上，而这种经济实力的增长就是商品和劳务总量的增加，即国民生产总值的增加。如果考虑到人口的增加和价格的变动，也可以说是人均实际国民生产总值的增加。第二，技术进步是实现经济增长的必要条件，也就是说只有依靠技术进步，经济增长才是可能的。第三，经济增长的充分条件是制度与意识的相应调整，也就是说只有社会制度和意识形态适合于经济增长的需要，技术进步才能有效发挥作用，经济增长也才是可能的。

经济增长要保持一定的速度，过快或过慢都是不可取的，关键是一国经济要在一个较长时期内始终处于稳定增长的状态之中。但究竟多高的增长速度才是合适的，那就要视各国的具体情况而定，要在经济增长利益和经济增长成本之间进行权衡和比较。在西方一些发达国家，年经济增长率如能达到 2%～3%就算是相当不错了，如美国就将人均国民生产总值的年增长率达到 1%～4%作为目标。更有甚者，如一个国家在较长时期内都经历着负增长，那么一旦该国出现经济正增长就可视为实现了经济增长目标。而在一些新兴工业化发展中国家，经济增长速度普遍较高，但却不能认为经济增长速度过快。因此，我国的经济增长速度不能简单地以 8%或 7%作为目标，而要视我国不同时期的具体情况而定，既不能片面地追求高速度，也不能当经济增长速度稍有下降就大惊小怪，关键是要看经济增长速度与不同时期的经济环境是否协调，与我国的国力是否适应。另外，一定速度的经济增长，往往是以付出一定的成本为代价的，如社会公众必须忍受当前消费的减少以进行储蓄和投资，从而谋求未来福利的较多增加。在产值增长的背后，还可能隐藏着社会资源的浪费和环境的污染等问题，这些都是货币政策所无力控制的。所以，中央银行的货币政策只能以其所能控制的货币政策工具，创造一个适宜于经济增长的货币金融环境，以促进经济增长。只要经济增长能够提高社会公众的福利水平，使稀缺的社会资源能得到充分合理的利用，那

么这个经济增长速度就是合理的、适度的。

4. 国际收支平衡

国际收支平衡是指一个国家或地区与世界其他国家或地区之间在一定时期内全部经济活动往来的收支基本持平、略有顺差或略有逆差。保持国际收支平衡是保证国民经济持续稳定健康发展和国家经济安全稳定的重要条件。如果一个国家的国际收支失衡，不论是顺差还是逆差，都会对该国的经济发展带来不利影响。巨额的国际收支逆差可能会导致外汇市场对本币信心的急剧下降，资本大量外流，外汇储备急剧下降，本币大幅贬值，严重的还会导致该国发生货币金融危机。而长期的巨额国际收支顺差，往往会使外汇储备大量闲置，同时又不得不因购买大量外汇而增发本币，就有可能导致或加剧国内的通货膨胀。运用货币政策调节国际收支，主要的目标是通过调节利率和汇率水平来实现本外币政策的协调和国际收支平衡。

除了上述四大目标外，保持金融稳定也是相当重要的。中央银行应灵活运用货币政策，以避免货币危机、金融危机和经济危机对一国经济的不良影响，维护金融稳定。货币危机是由于货币严重贬值带来的货币信用危机，在不兑现的信用货币条件下，一旦发生信用危机，将可能直接威胁到该货币的流通和生存。货币危机既可能由国内恶性通货膨胀引起，也可能由本币对外严重贬值所致。金融危机主要是指由银行支付危机带来的大量金融机构倒闭，进而影响到金融体系的正常运行。1997 年，东南亚国家由于本币大幅贬值，使企业和银行所借大量短期外债的本币偿债成本大幅上升，导致大量的企业和金融机构无力偿债而破产，亚洲金融危机由此爆发。经济危机是社会经济的正常运行秩序遭受严重破坏，企业大量破产，失业大幅上升，经济严重衰退，甚至濒临崩溃的一种恶性经济灾难。历史上出现的经济危机，大多是由金融危机引发的。在世界经济一体化、金融全球化不断推进的今天，保持一个国家的金融稳定意义重大，货币政策应有广阔的舞台。

(二)货币政策最终目标之间的矛盾与统一

1. 稳定物价与充分就业

应该说，如果物价稳定了，就可以为劳动者的充分就业与其他生产要素的充分利用提供一个良好的货币环境，充分就业同时又可为物价的稳定提供物质基础。从这一意义上讲，稳定物价与充分就业之间是统一的。但澳大利亚籍英国著名经济学家菲利普斯在研究了1861—1957 年英国的失业率与物价变动之间的关系后得出结论：物价上涨率与失业率之间存在着一种此消彼长的关系。他把这一现象概括为一条曲线，人们称为“菲利普斯曲线”(见第十二章相关内容)。如果要减少失业或实现充分就业，就必须要增加货币供应量以刺激社会总需求的增加，而总需求的增加在一定程度上必然会引起物价水平的上涨。相反，如果要压低物价上涨率，就必然要减少货币供应量以抑制社会总需求的增加，而社会总需求的减少必然会导致失业率的提高。因此，在失业率和物价上涨率之间，可能有三种组合：一是失业率较高的物价稳定；二是通货膨胀水平较高的充分就业；三是在物价上涨率和失业率的两极之间进行相机抉择。作为中央银行的货币政策最终目标，既不应选择失业率较高的物价稳定，也不应选择通货膨胀率较高的充分就业，而只能在两者之间根据具体的社会经济条件进行相机抉择。

2. 稳定物价与经济增长

一般来说，这两个目标是可以相互统一的，物价稳定就意味着货币的购买力稳定，这样就可以为经济发展提供一个良好的金融环境和稳定的价值尺度，从而使得经济能够稳定增长。经济增长了，稳定物价和货币购买力也就有了雄厚的物质基础。所以，我们既可以通过稳定物价来发展经济，也可以通过发展经济来稳定物价。但是，世界各国的经济发展史表明，在经济发展较快时，总难免会伴随有物价较大幅度的上涨，如果这时过分强调物价的稳定，经济的增长和发展就会受阻。此时的中央银行或货币当局往往只能在两者之间进行调和，即在可以接受的物价上涨水平内发展经济，在保证经济最低增长的前提下稳定物价。

3. 稳定物价和国际收支平衡

稳定物价主要是指稳定货币的对内价值，而平衡国际收支则是为了稳定货币的对外价值。如果国内物价不稳，国际收支便很难平衡。因为当国内物价高于国外物价时，必然会引起出口下降、进口增加，从而出现贸易逆差。但当国内物价稳定时，国际收支却并非一定能平衡。例如，当一国物价保持不变，而国外物价却上涨时，就会使本国商品的价格相对于外国商品显得较低，致使该国出口增加，而进口减少，国际收支就会产生顺差。因此，在世界经济一体化的大趋势下，一国的物价水平与国际收支之间存在着较为复杂的关系。在一国物价稳定时，国际收支能否平衡还要取决于该国的经济发展战略、资源结构、生产结构与消费结构的对称状况、对外贸易政策、关税政策、利用外资政策等，同时还要受其他国家贸易政策和经济形势等诸多因素的影响。

4. 经济增长与国际收支平衡

在正常情况下，经济增长与国际收支平衡之间没有太大的矛盾。但随着国内经济的发展，国民收入增加以及对外支付能力的增加，通常会增加对进口商品的需求，如果这时的出口贸易不能随进口贸易的增加而相应增加，就会引起贸易收支状况的恶化，形成贸易逆差。当逆差很大时，就得限制进口，并压缩国内投资规模，这就会妨碍国内的经济增长，甚至会引起经济衰退。另外，要促进国内的经济增长，往往需要增加投资，在国内储蓄不足的情况下，就要引进外资。外资的流入虽然可以在一定程度上弥补贸易逆差造成的国际收支失衡，却并不一定能保证经济增长与国际收支平衡目标的同时实现。

5. 充分就业与国际收支平衡

就业人数增加时，收入水平就会提高，当有支付能力的需求扩大时，就会使得对外国商品的需求增加，这样就可能会形成或扩大国际收支逆差。政府为了减少逆差，一般就会采用紧缩性的货币与财政政策，以抑制国内需求，这样又会导致就业机会的减少，使得失业率提高。因此，从短期来看，充分就业时的国际收支很可能不平衡，而当国际收支平衡时却很可能存在大量失业。所以，充分就业与国际收支平衡这两大目标之间也存在相互矛盾的地方。

6. 充分就业与经济增长

通常情况下，就业人数越多，经济增长速度就会越快；而经济增长速度越快，为劳动者提供的就业机会也就越多。但在这种统一关系的背后，还存在一个劳动生产率的动态变化问题。如果就业增加带来的经济增长伴随着社会平均劳动生产率水平的下降，那就意味着经济增长是以投入产出比的下降为前提的，是一种粗放式增长，这不仅意味着本期会浪费更多的资源，还会影响到后期的经济增长，因而这种就业增长是不可取的。只有就业增加所带来的经济增长同时伴随社会平均劳动生产率提高的情况才是应该鼓励的。

从上面的分析可见，在四大货币政策最终目标之间存在着不同程度的矛盾和统一关系，如表 12-1 所示。处理这些目标之间的矛盾，应视具体经济环境的需要或者统筹兼顾，没有事先的定论。

表 12-1　货币政策最终目标之间的关系①

	稳定物价	充分就业	经济增长	国际收支平衡
稳定物价		—	*	*
充分就业	—		+	—
经济增长	*	+		—
国际收支平衡	*	—	—	

注：“+”表示基本统一，“—”表示有矛盾，“*”表示既统一又矛盾。

(三)货币政策最终目标的演变与我国的争论

在 20 世纪 30 年代以前，西方国家的货币政策都只有一个目标，即维持货币价值的稳定。但自 20 世纪 30 年代以后，由于各国相继放弃金本位制，金属货币的流通被不兑现的纸币流通和信用货币流通所取代，此时币值的稳定与否是由单位货币的购买力来衡量的，而货币购买力通常是用综合物价指数来表示的，因此，稳定物价也就成为货币政策的一个最终目标。1944 年和 1946 年，英国和美国先后颁布《就业法案》，又将充分就业正式列为

① 范从来，姜宁. 货币银行学[M]. 2 版. 南京：南京大学出版社，2003.

货币政策的最终目标。20 世纪 50 年代初，美国发动了朝鲜战争，为了筹措巨额战争经费，美国不得不发行大量货币，造成了严重的通货膨胀。战争结束后，美国为了抑制通货膨胀又采取了一系列紧缩性政策，使得美国经济增长率明显低于其他西方发达国家。为了维护美国的经济实力和国际地位，美联储将追求较高的经济增长率确定为货币政策的又一个最终目标。到了 20 世纪 60 年代末，美国的国际收支逆差已相当严重，1971 年 8 月，尼克松总统不得已宣布停止美元与黄金的兑换，同时，美国国会要求货币当局运用货币政策进行干预，尽快实现国际收支平衡。由此可见，西方国家货币政策最终目标经历了一个逐渐从单一目标到四大目标的发展过程，货币政策目标的变化始终按照客观经济形势的改变而改变。第二次世界大战以后，西方主要发达国家货币政策最终目标的变化情况详见表 12-2。

我国实施具体的货币政策是从 1984 年中国人民银行成为真正的中央银行后开始的。对于我国的货币政策最终目标应如何确定这一问题，曾存在过很长时间的争论，理论界主要有三种不同意见。

第一，认为我国货币政策的最终目标应该是保持币值和物价的基本稳定，即所谓的“单一目标论”。理由是保持币值和物价的稳定是我国的一贯政策，也是经济稳定发展的前提和基础。中央银行的首要职责就是要控制信贷规模的增长，防止通货膨胀的出现。而发展经济、充分就业是国民经济各部门的共同目标，并不是金融部门的单独目标。

表 12-2　二战后西方国家货币政策最终目标的演变

国　家	20 世纪 50～60 年代	20 世纪 70 年代	20 世纪 80 年代	20 世纪 90 年代
美国	充分就业	稳定货币	稳定货币	稳定货币、经济增长
英国	充分就业，兼顾国际收支平衡	稳定货币	稳定货币	稳定货币
加拿大	充分就业，兼顾国际收支平衡	稳定货币，兼顾国际收支平衡	稳定货币，兼顾国际收支平衡	稳定货币，兼顾国际收支平衡
法国	经济增长、充分就业	稳定货币	经济增长、充分就业	经济增长、充分就业
意大利	经济增长、充分就业	稳定货币，兼顾国际收支平衡	稳定货币，兼顾国际收支平衡	稳定货币、经济增长、充分就业
日本	稳定货币，兼顾国际收支平衡	稳定货币，兼顾国际收支平衡	稳定货币，兼顾国际收支平衡	稳定货币，兼顾国际收支平衡

注：转引自曹龙骐. 货币银行学[M]. 北京：高等教育出版社，2000，第 428 页有改动。

第二，认为我国货币政策的最终目标应该是稳定物价和发展经济，即所谓的“双重目标论”。因为发展经济和稳定物价是我国货币政策目标不可分割的两个部分，两者之间存在着十分密切的联系，两者在货币政策最终目标中应是同等重要的。发展经济是稳定物价的重要保证，稳定物价又是经济发展的前提条件。就稳定物价而言，应是一种积极的、能

动的稳定，即在经济发展中求稳定；就经济发展而言，应是持续、稳定、健康、协调的发展，即在稳定中求发展。否则，两者的要求就都不会实现，政策目标也就无从谈起了。

第三，认为我国应借鉴西方国家中央银行调控经济运行的实践，在确定我国货币政策的最终目标时，除了发展经济和稳定物价外，还要考虑充分就业和国际收支平衡等目标，即所谓的“多目标论”。这是因为，货币政策作为宏观经济间接调控的主要经济手段之一，对各个宏观经济目标都具有十分重要的影响，不能只以一个或两个宏观经济目标作为其政策目标，而应该在总体上兼顾各个目标，并在不同时期以不同的目标作为相对重点。

尽管理论界对货币政策的最终目标有这样那样的争论，但无论是哪一种观点，对“稳定物价”这一目标还是达成共识的，因为我国在改革开放后曾饱受通货膨胀之苦，深知通货膨胀对人民生产生活的危害。1997 年后，我国又陷入了较长时间的通货紧缩，同样也对我国的经济发展造成了不良影响。那么我国现阶段的货币政策最终目标究竟是如何确定的？根据 1995 年 3 月 18 日第八届全国人民代表大会第三次会议通过并经 2003 年 12 月 27 日第十届全国人民代表大会常务委员会第六次会议修改的《中国人民银行法》第三条规定，我国的货币政策目标是保持货币币值的稳定，并以此促进经济增长。我国经济发展的历史实践已经证明，只有在稳定币值的基础上，经济增长才能实现持续、快速和健康。中国人民银行作为我国的中央银行，应通过调节货币供应量和信用总量，为国民经济的发展创造一个良好的货币金融环境，从而有效促进我国经济的健康发展。

三、货币政策的中介目标

从货币政策工具的运用到货币政策最终目标的实现，需要经历一个相当长的作用过程。在这个过程中，需要及时了解政策工具使用是否恰当、政策目标能否实现，这就需要借助于一些可以被量化和操作的经济指标。这些经济指标就成为实现货币政策最终目标的传导性金融变量，人们称其为货币政策的中介目标。货币政策工具是调节货币政策中介目标的一定手段，中央银行通过运用货币政策工具来影响货币政策中介目标，进而通过中介目标的变动来最终实现货币政策目标。中介目标按其所处环节、地位和时空约束条件，又可分为近期中介目标(也称为操作目标)和远期中介目标。近期中介目标是指直接受货币政策工具作用，间接影响货币政策最终目标的金融变量；远期中介目标是指间接受货币政策工具作用，直接影响货币政策最终目标的金融变量。一般所说的中介目标是指远期中介目标。

(一)中介目标的性质与选择标准

作为观测、监控货币政策工具到货币政策最终目标作用过程的金融变量，中介目标有三个基本性质：第一，控制启动器。即中央银行运用货币政策工具，一方面能直接引起作为中介目标的金融变量的变动，另一方面又能通过这些中介变量启动最终目标的实现。第二，传导指示器。即中介目标能让全社会及整个金融体系了解中央银行货币政策的作用方向和强度，传导中央银行的货币政策意向，以使各经济主体做出符合中央银行货币政策要求的决策。第三，反馈显示器。即中央银行通过中介目标的观察、检测和分析，能反映出货币政策的作用方向是否正确、强度是否恰当、时间是否适合，以便及时进行反馈调节。

货币政策中介目标的选择是实施货币政策重要的中间环节，其准确与否事关货币政策的最终目标能否实现。通常，中央银行在选择货币政策中介目标时主要考虑三条基本标准：一是必须是可以度量的金融变量；二是选取的中介目标变量必须能够为中央银行所控制；三是必须与货币政策最终目标相关。

1. 可测性

可测性是指中央银行选择的金融变量必须具有明确合理的内涵和外延，中央银行能够迅速而准确地获取有关变量指标的资料数据，并且易于进行定量分析。对中介目标变量进行及时准确测量是十分必要的。一个中介目标是否有用，关键要看这个变量在政策偏离轨道时能否比货币政策最终目标更快地发出信号。而要让这个变量很快地发出信号的前提，就是要能够迅速准确地测量这一变量，并对它进行及时分析和预测。

2. 可控性

可控性是指中央银行能够通过运用各种政策手段，来对中介目标变量进行有效的控制和调节，能够准确地控制中介目标变量的变化情况和变动趋势。如果中央银行不能控制中介目标变量，那么即使中央银行发现某中介目标变量偏离了正常轨道，也无法改变其运行方式，这一中介目标也就失去了应有的作用。例如，有些经济学家建议用名义 GDP 作为中介目标，但由于中央银行很少能对名义 GDP 进行直接控制，名义 GDP 对中央银行应该如何安排货币政策工具提供不了多少帮助，因此它不是合适的中介目标变量。相反，中央银行却能够对货币供应量和利率从多方面进行有效控制，所以，这两个变量就可以作为中介目标变量。

3. 相关性

相关性是指中介目标必须与货币政策最终目标密切相关，这样就能保证中央银行能通过控制和调节中介目标促使最终目标的实现。相关性反映了中介目标对最终目标的影响力，相关性程度越大，这种影响力就越大，中央银行通过控制中介目标变量来控制最终目标变量的效力也就越大。更为重要的是，中介目标对最终目标的影响力必须能够准确地测量和预测，从而能够知道或预计这种影响力到底有多大。例如，虽然中央银行能够迅速、准确地获取化妆品的价格并能完全控制它，但这是没有用处的，因为中央银行不能通过化妆品的价格来影响国内的物价水平、总产出水平和就业水平。然而，货币供应量和利率这两个变量却同物价水平、总产出水平和就业水平关系密切，中央银行通过控制这两个变量就能实现对物价、总产出和就业的影响，因此，货币供应量和利率就是很好的中介目标变量。

(二)中介目标的种类

1. 近期中介目标(操作目标)的种类

1)　基础货币

基础货币也称高能货币，是流通中的现金和商业银行的存款准备金的总和，它构成了货币供应量倍数伸缩的基础。以基础货币作为操作目标，能较好地满足可测性、可控性和相关性的要求。首先，基础货币的可测性高。一方面基础货币有明确的内涵和外延，这就是指它在性质上是一种高能货币，在范围上就是指流通中现金和金融机构的存款准备金；另一方面在统计资料的获取上，由于基础货币表现为中央银行的负债，因此就可以从中央银行的资产负债表中及时、准确地获取它的数据。其次，基础货币的可控性强。流通中现金的发行都集中于中央银行，其发行渠道是由中央银行直接控制的；金融机构的存款准备金也是直接接受中央银行法定存款准备金率调整的控制。由此可见，基础货币作为近期中介目标，中央银行可以按其政策意图主动而有效地进行调节和控制。最后，基础货币的相关性强。根据货币乘数理论，货币供应量是基础货币与货币乘数的乘积，基础货币与货币供应量呈明显的正相关关系，基础货币的变动直接影响货币供应量的变化，进而影响到市场的物价水平及整个社会的经济活动，从而促进货币政策最终目标的实现。

2)　短期利率

短期市场利率是在货币供求关系作用下的利息收益与本金的比率。作为货币政策的近期中介目标，短期利率的主要优点在于：一是受货币供应量和中央银行再贴现率的影响，可以影响货币供求和投资行为，进而影响社会经济活动；二是与再贴现率和货币供求关系有较高的相关性，能较好地传递货币政策的意图。但短期利率作为操作目标也有缺陷，主要是由于短期利率的变化非常快，导致其可测性和可控性比较差。

2. 远期中介目标的种类

1)　货币供应量

货币供应量同样符合货币政策中介目标的三条标准。首先，货币供应量具有较强的可测性。不论是 M_1(狭义的货币供应量)还是 M_2(广义的货币供应量)，都反映在中央银行和商业银行的资产负债表中，这就使得对于货币供应量的统计资料的收集比较容易，计算和分析也比较方便。其次，货币供应量具有很强的可控性。中央银行可以通过公开市场操作、调整法定存款准备金率、调整再贴现率等手段，以影响基础货币和货币乘数，从而实现对货币供应量的控制。最后，货币供应量对总产出、物价水平和就业水平等经济变动有着十分密切的关系，因此把货币供应量作为货币政策的中介目标，这种强相关性就可以对总体经济目标的实现产生有效影响。

2)　长期利率

长期利率也可称为股权收益率，是指凭借长期金融投资所取得的股息收益与金融投资

资本份额的比率。之所以有些国家或货币理论将股权收益率作为货币政策的远期中介目标，是因为股权资本的收益率和资本投资息息相关，而投资又与货币供应量和货币需求动机息息相关。当货币供应量增加，货币需求动机倾向于投机动机时，长期利率就会下降，社会总需求相应扩张，物价可能因此上升，反之亦然。同时，长期利率要受到银行系统可贷资金的作用，而可贷资金量又要受到中央银行资产的控制，因此，长期利率可以为中央银行所间接控制。但是，长期利率要作为远期中介目标有明确的约束条件和限制：第一，在所有制结构上，股份制应占绝对比重，只有这样才能保证股权收益率变动会影响社会总需求和其他经济活动的变化；第二，证券市场发育比较成熟，股权收益率与投资规模、可贷资金可供量之间联系紧密，在量上足以影响社会总投资的变化；第三，公开市场操作应成为货币政策工具中最主要的政策工具。由于这些限制条件的存在，长期利率一般只是作为远期中介目标的参考性变量。

(三)我国的货币政策中介目标

在1994年前，我国并没有明确的货币政策中介目标，中央银行一直是采取行政命令式的直接调控手段为主。实际操作中经常选用的中介目标是信贷规模和现金发行量。但随着社会主义市场经济体制的逐步确立和完善，这两个指标越来越不能适应经济发展的客观需要。从我国现阶段的实际情况出发，大多数学者认为应把货币供应量作为我国货币政策的主要中介目标。货币供应量这一指标对经济生活的作用十分直接，它的变动会立即在经济生活中得到反映。在货币供应量各层次的划分中，M_0的口径太窄，M_2包括了潜在货币。在我国金融市场发育尚不健全的情况下，潜在货币与现实货币的界限还是比较清楚的，因此宜把M_1作为货币政策中介目标的重点。M_1是直接用于市场交易的货币量，与经济活动尤其是与物价水平的变动密切相关。当然，中央银行在重点控制M_1的同时，也要兼顾M_0与M_2。因为我国尚处于社会主义初级阶段，市场发育还不健全，各种结算工具并没有得到普遍推广，现金与消费品价格的变动存在一定联系，中央银行仍需采取相应的调控措施，以控制现金投放量。而M_2中的居民储蓄存款在银行存款总额中所占的比重越来越大，大量的储蓄存款会对通货膨胀构成潜在压力，有人形象地将储蓄存款喻为“笼中虎”，故中央银行同样不能忽视。实际上，进入20世纪90年代后，我国的货币政策中介目标已经完成了由信贷规模向货币供应量的过渡。中国人民银行从1994年9月起，定期向社会公布各个层次的货币供应量指标；从1998年起，取消了商业银行的信贷规模管理，全面实行资产负债比例管理和风险管理。

在市场经济比较发达的国家，除了选择货币供应量作为中介目标外，通常还以利率作为中介目标。但在我国现阶段，利率还不适宜作为我国的货币政策中介目标，主要是因为我国的利率市场化改革还未完成，反映资金供求关系的市场利率尚未形成，企业和银行行为还缺乏硬化的自我约束机制。但随着我国利率市场化改革的逐步深入，利率也将会成为我国货币政策的一个重要中介目标。

第二节　货币政策工具

货币政策目标的实现是通过货币政策工具的运用来完成的。所谓货币政策工具，是指中央银行为实现特定的货币政策目标，在实施货币政策时所采取的具体措施或操作方法。货币政策的执行必须通过各种货币政策工具的运用来完成。根据各种货币政策工具的基本性质以及它们在货币政策实践中的运用情况，货币政策工具大致可分为一般性货币政策工具、选择性货币政策工具和其他货币政策工具三大类。

一、一般性货币政策工具

所谓一般性货币政策工具，是指各国中央银行普遍运用或经常运用的货币政策工具。一般性货币政策工具包括三种，也称为货币政策“三大法宝”，即存款准备金政策、再贴现政策和公开市场操作。

(一)存款准备金政策

存款准备金政策是指中央银行通过调整法定存款准备金比率，来影响商业银行的信用创造能力，从而影响货币供应量的一种政策措施。存款准备金是银行及某些其他金融机构为应付客户提取存款和资金清算而缴存在中央银行的货币资金。存款准备金比率是准备金总额占存款或负债总额的比例。存款准备金分为法定存款准备金和超额准备金两部分。法定准备金是金融机构按中央银行规定的比例上缴的部分；超额准备金则是指准备金总额减去法定存款准备金的剩余部分。法定存款准备金制度建立的最初目的是保持银行资产的流动性，提高金融机构的清偿能力，从而保证存款人利益以及金融机构本身的安全。当准备金制度普遍实行，中央银行拥有调整法定准备金率的权力之后，这一权力就成为中央银行控制货币供应量的一项重要工具了。

我们知道，商业银行通过贷款可以创造出成倍的派生存款。在其他条件不变时，存款创造的倍数(即存款乘数)将取决于法定存款准备金比率。如果中央银行降低法定存款准备金率，商业银行就会有较多的超额准备金可用于发放贷款，进而通过整个银行体系的连锁反应创造出更多的派生存款。反之，如果中央银行提高法定准备金率，商业银行的超额准备金就会减少，甚至会发生法定存款准备金的短缺，从而减少贷款规模，在必要时还必须提前收回贷款或出售证券，以补足法定存款准备金。在这种情况下，商业银行只能创造出较少的派生存款，甚至引起存款货币的成倍紧缩。因此，法定准备金率的变动同货币供应量成反比例关系。当中央银行调低法定存款准备金比率时，就是实行扩张性的货币政策；当中央银行调高法定存款准备金率时，就是实行紧缩性的货币政策。究竟实行扩张性的货币政策还是实行紧缩性的货币政策，将取决于具体的经济形势以及货币政策的最终目标。一

般来说，在经济处于需求过度和通货膨胀的情况下，中央银行可以提高法定存款准备金率，以收缩信用规模及货币供应量；如果经济处于衰退状况，中央银行就可以降低法定存款准备金率，使商业银行及整个金融体系成倍扩张信用及货币供应量，以刺激经济增长，摆脱衰退的阴影。

存款准备金政策通常被认为是货币政策中作用最猛烈的工具。之所以最猛烈，一是由于存款准备金率的调整通过货币乘数的变化会引起货币供应量更大幅度的变化，即使是准备率调整的幅度很小，也会引起货币供应量的巨大波动；二是由于中央银行法定存款准备金率的调整适用于所有的在中央银行有存款要求的金融机构，这一政策的影响面是非常广泛的。通过调整法定准备金比率的准备金政策也有明显的缺陷，主要表现在：第一，由于准备金率的调整影响力大，如果调整幅度没有掌握好，极易引起整个经济的剧烈动荡。第二，如果中央银行频繁地调整法定准备金率，会使商业银行的流动性管理无所适从，可能会引起金融机构经营管理上的其他问题。第三，在商业银行拥有大量超额准备的情况下，中央银行如果提高法定准备金率的幅度不大(提高的幅度没有超过超额准备金率)，只会使原来的超额准备金转换成法定准备金，而整个准备金总额并没有发生变化，这会使中央银行收缩货币供应量的紧缩意图落空。

由于存款准备金政策存在的种种弊端，各国中央银行在货币政策实践中都很少采用这一工具。其实，近些年来，世界上很多国家的中央银行都纷纷降低了法定准备金比率或者干脆取消了法定准备金制度。美联储于 1990 年 12 月取消了定期存款的法定准备金要求，并于 1992 年 4 月将可签发支票存款的法定准备率从 12%降低为 10%。加拿大于 1992 年 4 月取消了所有两年期以上定期存款的法定准备要求。瑞士、新西兰、澳大利亚已完全取消了法定准备金的要求。[①]面对这种情况，有人会担心银行存款将会无限扩张，其实在存款创造过程中有许多漏出因素并没有考虑进我们在第十章分析的货币乘数模型之中，如果把所有的漏出因素都考虑进来，那么取消存款准备金要求就不会使银行存款无限派生下去。我国对这一工具的运用近年来有所加强，1998 年年初将法定存款准备金率从 13%下调到 8%，后又于 1999 年 11 月进一步下调到 6%，2003 年 9 月 21 日微升至 7%，2004 年 4 月 25 日起根据金融机构的资本充足率和资产质量状况实行差别存款准备金率制度。

(二)再贴现政策

再贴现政策是中央银行通过制定和调整再贴现率来影响商业银行的信贷规模和市场利率，以实现货币政策目标的一种手段。当商业银行发生资金短缺，或因扩大信贷规模而需要补充资金时，商业银行可能凭其贴现业务中取得的未到期的商业票据向中央银行办理再贴现，再贴现率由中央银行根据当时的经济形势和货币政策的最终目标确定。再贴现政策一般包括两个方面的内容：一是再贴现率的确定与调整；二是规定何种票据有贴现的资格。

① 彭兴韵. 金融学原理[M]. 北京：生活・读书・新知三联书店，2003：392.

前者主要着眼于短期，即中央银行根据市场的资金供求状况，随时对再贴现率进行调整，以影响商业银行借入资金的成本，刺激或抑制对贴现资金的需求，从而调节货币供应量。后者则着眼于长期，对要再贴现的票据种类和申请机构加以规定，并区别对待，以起到抑制或扶持票据出票人或持票人的作用，改变社会资金的流向。

再贴现政策是中央银行最早使用的货币政策工具。早在1873年，英国就用这一工具调节货币信用。美国的再贴现制度始于20世纪30年代，1946年美国《就业法》确定了统一的“官方贴现率”(即再贴现率)。德国的再贴现起源于帝国银行的前身普鲁士银行时期，目前再贴现贷款约占德意志联邦银行总贷款的三分之一。在20世纪70年代初，日本银行就开始较频繁地调整再贴现率，以调节社会信贷总量，特别是在第二次世界大战以后的经济重建过程中，日本银行的再贴现政策对日本经济的恢复和发展起到了积极作用。韩国银行从20世纪60年代开始运用再贴现政策，自20世纪90年代以来，其再贴现贷款逐渐限于向中小企业提供资金。我国运用再贴现政策始于1994年，大致经历了三个阶段：第一阶段是利用商业票据作为一种结算手段，通过办理贴现、再贴现以推广票据的使用，从而帮助企业解决拖欠问题；第二阶段是把再贴现作为调整信贷结构的一种手段，对某些行业、部门或商品实行信贷倾斜政策；第三阶段则将再贴现政策视为货币政策工具体系中的重要组成部分进行操作。

中央银行调整再贴现率，其目的主要有三个：第一，影响商业银行的借款成本，以影响商业银行的融资意向。当中央银行提高再贴现率时，商业银行要么是减少从中央银行的再贴现借款，因为利率提高后，对商业银行的贷款需求会起到抑制作用，这样会直接紧缩信用规模；要么是同方向提高对工商企业的贷款利率，因为如果商业银行不提高贷款利率，其盈利就会受到影响，而提高贷款利率同样也会抑制工商企业的贷款需求，这样就会间接地起到紧缩货币量的作用。第二，利用“告示效应”，以影响商业银行及社会公众的预期行为。也就是说，中央银行调整再贴现率，实际上是为整个经济社会提供了一种有关货币政策的信息。比如，当中央银行降低再贴现率时，就意味着中央银行实行的是一种扩张性的货币政策；而当中央银行提高再贴现率时，就意味着中央银行实行的是一种紧缩性的货币政策。由于这种政策信号的提前提供，就可以使人们事先做好相应的反应或准备。这种“告示效应”会在很大程度上加强对金融市场的直接影响，特别是商业银行一般会自觉与中央银行保持行动一致，按同样方向和幅度调整对企业的贷款利率。第三，调整经济结构。如规定再贴现票据的种类，对不同用途的信贷加以支持或限制，促进经济发展中需要扶持的行业部门的发展；还可以对不同票据实行差别再贴现率，从而影响各种再贴现票据的再贴现规模，使货币供应结构符合中央银行的政策意图。此外，中央银行还可以通过调整再贴现率影响市场利率水平。在利率市场化的条件下，中央银行的再贴现率通常被视为一个国家的基准利率，市场利率将围绕这一基准利率上下波动。

中央银行实施再贴现政策的最大优点是可以利用这一工具来履行最后贷款人的职责，通过再贴现率的变动，影响货币供应量、短期利率以及商业银行的资金成本和超额准备金规模，以实现中央银行既调节货币供应量又调节信贷结构的政策意图。同时，作为一种一般性的货币政策工具，再贴现政策对一国经济的影响是比较缓和的，它有利于一国经济运行的相对稳定。但是，再贴现政策也有一些缺陷，主要表现在：第一，再贴现政策的运用对外界环境有较高的要求。运用这一工具必须满足两个条件：一是商业信用比较发达，票据业务必须成为经济主体进行融资的主要方式之一；二是商业银行以再贴现方式向中央银行借款的规模比较大。如果这两个条件不能满足，再贴现政策的作用就会大打折扣。第二，在实施这一政策的过程中，中央银行处于被动等待的地位。虽然中央银行可以利用再贴现率的调整来控制货币供应量的变动，但商业银行或其他金融机构是否愿意到中央银行申请再贴现，以及再贴现多少，完全是由金融机构自己决定的。第三，调整再贴现率的“告示效应”也是相对的。如果市场利率相对于再贴现率正在上升，则再贴现贷款将会增加。这时即使中央银行并无紧缩意图，但为了控制再贴现贷款规模和调节基础货币的结构，它也会提高再贴现率以使其保持与市场利率变动的一致性。这一行为可能会被公众误解为是中央银行正在转向紧缩性货币政策的信号。这时，更好的办法可能只能是直接向公众宣布中央银行的货币政策意向。第四，相对于法定存款准备金政策来说，虽然再贴现率比较易于调整，但是随时调整也会引起市场利率的经常波动，从而会影响商业银行的经营预期，甚至会导致商业银行无所适从，危害到金融业的稳定。由于上述缺点决定了再贴现政策并不是一项十分理想的货币政策工具，弗里德曼就认为应该取消再贴现政策，将公开市场操作作为唯一的货币政策工具。

(三)公开市场操作

所谓公开市场操作，是指中央银行通过在公开市场上买进或卖出有价证券(主要是政府短期债券)来投放或回笼基础货币，以控制货币供应量，并影响市场利率的一种行为。当金融市场上资金短缺时，中央银行通过公开市场操作买进有价证券，这就相当于向社会注入一笔基础货币，从而增加货币供应量；相反，当金融市场上资金过多时，中央银行可以通过卖出有价证券回笼货币，收缩信贷规模，从而减少货币供应量。

公开市场操作主要是通过银行系统准备金的增减变化来实现调节货币供应量的目的的。假设一国中央银行在公开市场上向某商业银行购进 500 万元政府债券，这家商业银行在中央银行的准备金就会增加 500 万元(见图 12-1)，也就导致基础货币增加 500 万元，通过货币乘数的作用，货币供应量将会增加 500 万元的数倍。如果中央银行用现金购买政府债券，则会增加全社会的现金投放量，也会导致基础货币增加 500 万元，对货币供应量的倍数影响是一样的。如果中央银行在公开市场上向商业银行卖出 500 万元的政府债券，就会使商业银行在中央银行的准备金存款减少 500 万元，这样基础货币就会减少 500 万元，货币供应量就会成倍数收缩。

某商业银行

资　产	负　债
政府债券	-500 万元
在中央银行存款	+500 万元

中央银行

资　产	负　债
政府债券　+500 万元	商业银行存款　+500 万元

图 12-1　公开市场操作对基础货币的影响

值得注意的是，中央银行在公开市场上买进有价证券，不仅可以使货币供应量增加，而且还会使市场利率水平下降。一方面，在市场货币需求不变时，货币供应量的增加会使货币供应大于货币需求，均衡利率水平将会下降；另一方面，中央银行买进有价证券后，会引起有价证券需求量的增加，从而在有价证券供应量一定的条件下，将会使有价证券的市场价格上升，由于有价证券的价格一般与市场利率成反向变动关系，所以证券价格的上升也会使利率水平下降。

公开市场操作具有以下明显的优点：第一，具有较强的主动性和灵活性。公开市场操作是由中央银行主动决定的，其交易规模的大小可以由中央银行完全把握，无论是让基础货币发生较大的变动还是较微小的变化，中央银行都可以通过公开市场操作来实现。公开市场操作不像法定准备金政策和再贴现政策那样，具有很大的惯性，如果中央银行发现操作失误，随时可以再次运用这一工具进行矫正。第二，具有充分的直接性特点。中央银行运用公开市场操作可以直接影响银行系统的准备金规模，迅速影响全社会的货币供应量水平，以保证货币政策目标的实现。通过公开市场操作，中央银行还可能抵消各种冲击因素对银行准备金的影响，以使准备金规模维持在预定的目标水平上，保持货币供应量的稳定。第三，可以进行经常性、连续性的操作，具有较强的伸缩性，是中央银行进行日常性调节最为理想的货币政策工具。第四，由于公开市场操作每天都在进行，故不会导致人们的预期变化，有助于货币政策目标的实现。所以说，公开市场操作是中央银行进行宏观金融调控的一种理想工具。但要让这一工具有效地发挥作用，必须具备一定的条件：第一，中央银行要具有较高的独立性，且拥有强大的、足以调控整个金融市场的资金实力；第二，金融市场要相当发达，证券种类齐全并达到一定的规模；第三，要有其他政策工具的配合，可以设想，如果没有存款准备金制度，这一工具是无法发挥作用的。

根据以上分析，一般性货币政策工具及其基本的运用策略可用表 12-3 表示。

表 12-3　一般性货币政策工具的基本操作方法

政策工具	经济形势	
	通货膨胀(总需求>总供给)	通货紧缩(总需求<总供给)
存款准备金政策	提高法定存款准备金率	降低法定存款准备金率
再贴现政策	提高再贴现率	降低再贴现率
公开市场操作	卖出有价证券	买进有价证券

二、选择性货币政策工具

选择性货币政策工具是指中央银行针对个别部门、个别企业或某些特定用途的信贷所采用的货币政策工具。与一般性货币政策工具不同，选择性货币政策工具通常可在不影响货币供应总量的条件下，影响金融体系的资金投向和不同贷款的利率水平。在这类货币政策工具中，最常用的有以下几种。

1. 消费者信用控制

所谓消费者信用控制是指中央银行对消费者分期购买耐用消费品贷款的管理措施，其目的在于影响消费者对耐用消费品的有支付能力的需求。在社会需求过旺或者发生通货膨胀时，中央银行可以对消费者信用采取一些必要的管理措施，比如对各种耐用消费品规定付现的最低额，并对用于购买这些商品的贷款规定最长期限等，以减少社会用于购买耐用消费品的支出，并缓解通货膨胀的压力。相反，在经济衰退时期就必须撤销或者放宽对消费者信用的限制条件，以提高消费者对耐用品的购买力，促使经济回升。实践证明，消费者信用控制能较有效地控制消费信用的消长，从而对经济能起到有利的调节作用。

2. 证券市场信用控制

指中央银行为防止证券买卖的过度投机，对凭信用购买证券时规定必须以现金支付的比例。现款支付的金额占证券交易额的比率称为证券保证金比率，这种控制实际上就是控制证券保证金比率。规定了最低的法定保证金也就间接控制了对证券买卖贷款的最高限额。例如，中央银行将保证金比率从 50%提高到 80%，则经纪人为客户垫付的款项就会由原来的 50%减少到 20%，这就相应减少了商业银行对证券经纪人的贷款，从而达到收缩信用的目的。中央银行对证券市场信用的调节，主要是关心资金流入市场的问题，并不是直接干预证券价格。为防止过度的证券信用，规定保证金比率有利于在证券价格上涨时，减少过度信用所造成的市场风险；而在证券价格下跌时，可以避免保证金不足的客户被迫抛售证券，从而稳定证券价格，防止证券市场的大起大落，以维持证券市场的健康稳定发展。

3. 不动产信用控制

不动产信用控制是指中央银行对商业银行或其他金融机构的房地产贷款所规定的各种限制性措施，以抑制房地产交易中的过度投机行为。不动产信用控制主要包括规定商业银行或其他金融机构房地产贷款的最高限额、最长期限以及首次付款和分期还款的最低金额等。这一措施最初始于美国，后被多国运用。

4. 优惠利率

所谓优惠利率是指中央银行对国家拟重点发展的某些经济部门、行业或产品制定较低的利率，目的在于刺激这些部门的生产和投资，以调动它们的积极性，实现产业结构和产品结构的调整升级。

5. 进口保证金制度

这一方法类似于证券保证金的做法，即中央银行要求进口商预缴相当于进口额一定比例的存款，以抑制进口规模的过快增长。这一措施多为国际收支经常出现逆差的国家采用。

三、其他货币政策工具

在货币政策的具体实践中，除了以上所述的一般性货币政策工具和选择性货币政策工具以外，中央银行还可根据本国的具体情况和不同时期的具体要求，运用一些其他的货币政策工具。这些政策工具很多，既有直接的信用控制，也有间接的信用控制。

(一)直接信用控制

1. 信贷配给

信贷配给是指中央银行根据金融市场的资金供求状况以及客观经济形势的需要，权衡轻重缓急，对商业银行系统的信贷资金加以合理的分配和必要的限制。这种信用分配方式在资金需求旺盛、资金短缺、单纯依靠市场机制作用不可能达到控制效果时最宜采用。我国长期以来实际上是以国家综合信贷计划来进行信用配给的。

2. 流动性比率

流动性比率是指中央银行为了限制商业银行的信贷能力，规定在商业银行的全部资产中流动性资产所占的比重。一般来说，资产的流动性越高，其收益性就越低。商业银行为了保持中央银行规定的流动性比率，就不能任意地将流动性资金过多地用于长期性的贷款和投资，必要时还必须减少长期贷款所占的比重，同时还需要有一部分随时应付提现的资产。这样一来，中央银行也就达到了限制信用扩张的调控目的。

3. 利率上限

一般是指以法律的形式规定商业银行和其他金融机构存贷款利率的最高水平。利率上限是最常用的直接信用管制工具，美国在1980年前曾长期实行的Q条例就是这种管制工具的典型。Q条例规定，商业银行对活期存款不准支付利息，对定期存款和储蓄存款支付的利率不得高于规定的最高利率水平。当时美国实行Q条例的主要目的是防止商业银行之间通过提高利率来争夺存款，并发放高风险的贷款。20世纪60年代，一些发展中国家不顾本国国情，盲目效仿西方国家的货币政策，通过设定利率上限来人为地压低利率水平，导致了严重的金融抑制。现在，随着各国相继实行利率市场化的改革，这种货币政策工具已经很少运用了。

4. 直接干预

直接干预是指中央银行根据金融情况，在必要时对各金融机构或某一类金融机构在一定时期内的信贷业务施以行政干预。如规定贷款的最高发放额；直接干涉银行对活期存款的吸收；规定各银行投资与贷款的方针等。中央银行对业务活动不当的商业银行，可拒绝向其提供融资，或者提供融资时收取惩罚性的利息。

(二)间接信用控制

间接信用控制是中央银行采用行政手段间接影响商业银行的信用创造能力的措施，主要有道义劝告和窗口指导等。

1. 道义劝告

这是指中央银行利用其在金融体系中的特殊地位和威望，通过对商业银行和其他金融机构的业务活动提供指导、发表看法或提出某种劝告以影响商业银行的贷款数量和贷款方向，从而达到控制和调节信用的目的。例如，在证券市场或房地产市场投机盛行时，中央银行可要求商业银行减少对这些市场的贷款。道义劝告并不具有强制力，中央银行仅是根据货币政策的意向向金融机构提出某种具体指导，使其领会意图，自愿合作。这种方法虽然没有法律约束力，但由于中央银行的特殊地位和特殊影响，事实上金融机构一般都会采取合作态度。经验证明，中央银行经常不断地与金融机构建立和保持这种对话关系，扩大它的道义影响，不仅有助于进一步提高中央银行的威信和地位，而且确实有利于货币政策的实施。

2. 窗口指导

窗口指导是指中央银行根据产业行情、物价趋势和金融市场的发展动向，对主要金融机构下达指令，要求其将贷款的增减额限制在适当的范围之内。如果商业银行不接受“指导”进行贷款，中央银行就会削减其贷款的额度，甚至采取停止提供信用等制裁措施。第

二次世界大战结束后，窗口指导曾一度是日本主要的货币政策工具。日本银行(日本的中央银行)为了保持同业拆借利率的稳定，利用自己在金融体系中的威信以及金融机构对它的高度依赖，通过与金融机构的频繁接触，来指导它们自觉地遵守日本银行提出的要求，从而达到控制信贷和调节货币供应量的目的。以限制贷款增加额作为特征的窗口指导，作为一项货币政策工具，虽然仅是一种指导，不具有法律效力，但发展到今天，已经转化为一种强制性的手段。如果商业银行等金融机构不听从日本银行的窗口指导，日本银行可以对这些金融机构进行经济制裁，制裁的办法主要是在再贴现时对这些金融机构进行限制。

第三节　货币政策传导机制

货币政策传导机制是指货币当局(中央银行)从运用一定的货币政策工具到达其预期的最终目标所经过的途径或具体的过程。也就是说，从货币政策工具的运用到最终目标的实现将有一个过程，在这一过程中，货币政策工具的运用将首先对某些货币政策中介目标产生一定的影响，再通过这些中介目标来影响实际经济活动，从而实现货币政策的最终目标。一般来说，中央银行通过各种货币政策工具的运用，会对商业银行的准备金和短期利率等经济变量产生比较直接的影响，而这些近期中介目标变量的变动将影响货币供应量和长期利率等远期中介目标变量。由于远期中介目标变量对实际经济活动能产生比较直接的影响，因此，如果货币政策工具运用得当，就能实现货币政策的最终目标。这一传导过程如图 12-2 所示。货币政策的传导机制大致可以分为三个阶段：第一阶段，货币政策工具的运用直接作用于货币政策的近期中介目标(操作目标)；第二阶段，货币政策近期中介目标的变动影响货币政策的远期中介目标；第三阶段，货币政策远期中介目标的变动最终影响到实际经济变动，从而实现货币政策的最终目标。

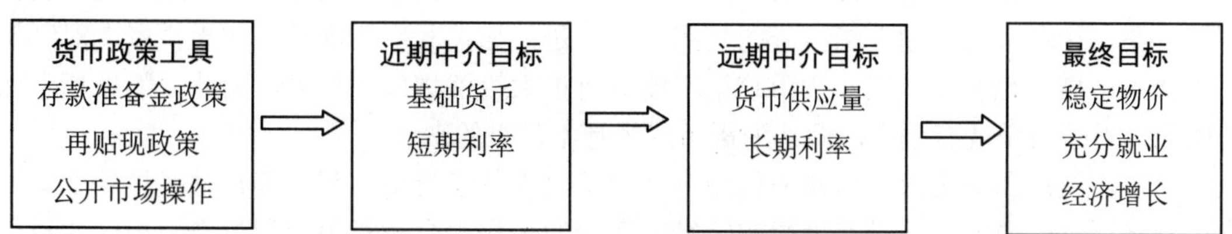

图 12-2　货币政策的传导机制

例如，中央银行运用公开市场操作在公开市场上向商业银行购进一定数量的政府债券，商业银行的准备金存款就会增加。由于商业银行的准备金是基础货币的重要组成部分，加上货币乘数的作用，商业银行准备金的增加将会引起货币供应量的倍数扩张。从其具体的过程来看，当商业银行向中央银行出售政府债券引起准备金增加后，它就可以增加贷款或投资，这将会导致存款货币的倍数增加。此外，当货币供应量增加后，利率水平就会降低，社会投资规模就会扩大，就业人数也会增加。无论是货币供应量增加还是利率水平下降，都会引起社会总需求的增加，在社会总供给不变的情况下，物价水平就会提高。于是，这种公开市场操作的最终结果就是物价上涨、就业增加和经济增长。这就是说，中央银行通过对公开市场操作的运用，实现了充分就业和经济增长这两个最终目标，但未能达到稳定物价这一最终目标，这是由货币政策最终目标之间的矛盾所决定的。

一、凯恩斯学派的货币政策传导机制理论

凯恩斯学派的货币政策传导机制理论主要来源于凯恩斯于1936年出版的《就业、利息和货币通论》一书。根据凯恩斯的分析，货币供应量的增加或减少将会引起市场利率水平的下降或上升，在资本边际效率不变的条件下，利率的下降将引起投资规模的增加，利率的上升则会引起投资规模的减少。投资的增加或减少，又将进一步通过乘数作用引起总支出和总收入的同方向变动。如果用M表示货币供应量，i表示利率水平，I表示投资规模，E表示总支出，Y表示总收入，则凯恩斯的货币政策传导机制理论就可以表示如下：

$$M \to i \to I \to E \to Y$$

在凯恩斯之后，许多凯恩斯学派的经济学家对凯恩斯的这一理论进行了全面的分析，并增加了许多新的见解和内容。凯恩斯学派关于货币政策传导机制的主要观点如下。

第一，由于货币政策传导机制中的核心变量是利率，所以货币政策必须通过利率来加以传导，即货币政策的中介目标应是利率。许多西方国家在货币政策的长期实践中，实际上正是以利率作为中央银行的控制对象的。

第二，从货币政策的传导机制来看，货币政策的作用是间接的，它必须经过两个中间环节，即$M \to i$和$i \to I$，这两个中间环节的任意一个出现问题，都会导致货币政策无效。当第一个环节出问题时，就会出现通常所说的“流动性陷阱”现象。即当利率下降到一定限度以后，任何货币量的增加都会被无限增大的投机性货币需求所吸收，利率水平就不会再下降。第二个环节出问题是指投资的利率弹性不足，如在利率下降后，如果投资者对利率下降并不敏感，也会使扩张性货币政策不能取得扩大投资规模的效果。因此，凯恩斯学派非常强调财政政策的有效性，而认为货币政策是不可靠的。

第三，凯恩斯提出的货币政策传导机制理论只强调了货币和利率等金融变量的变动对实际经济活动的影响，而没有考虑实际经济活动的变化也会对货币和利率产生相应的反作用。例如，货币供应量的增加将导致利率下降，利率的下降将会刺激投资增加，投资的增加又将引起收入的成倍增加，凯恩斯的分析就到此为止了。因此，凯恩斯的分析实际上只是一种局部均衡分析，只反映货币市场对商品市场的影响，而没有反映商品市场与货币市场的相互作用。实际上，收入的增加必将引起货币需求的增加，在货币供给不变时，利率就会回升，从而使原已增加了的投资又趋于减少，收入由此而减少。如果我们采用一般均衡分析法，就会在IS-LM框架内找到一个均衡点，这一点将会同时满足货币市场与商品市场的均衡。所以货币政策对实际经济活动的传导机制，实际上并不是一个单向的过程，而

是货币市场与商品市场之间循环往复的作用与反作用的过程。

二、货币学派的货币政策传导机制理论

货币学派的货币政策传导机制理论是在批评凯恩斯学派理论的过程中提出来的，因此，它与凯恩斯学派的理论有着重大的分歧。货币学派认为，货币供应量的变动无须通过利率进行传导，利率在货币政策传导机制中不起重要作用，他们更强调货币供应量在整个传导机制上的直接效果，认为货币量变动可直接引起支出与收入的变动。货币学派的货币政策传导机制理论可表示如下：

$$M \rightarrow E \rightarrow I \rightarrow Y$$

$M \rightarrow E$，是指货币供应量的变化直接影响支出水平。这是由于，第一，货币需求有内在的稳定性，在货币需求函数中没有包括任何货币供给的因素，因而货币供应量的变动不会直接引起货币需求的变化。第二，当货币供应改变，比如增大时，由于货币需求没有发生变化，公众手持货币量就会超出他们所愿意持有的货币余额，于是，人们将通过增加支出而消除这一过多持有的货币余额。

$E \rightarrow I$，是指变化了的支出用于投资的过程，货币学派认为这是一个资产结构的调整过程。第一，超过意愿持有的货币余额要么用于购买金融资产，要么用于购买非金融资产，甚至是用于人力资本的投资。第二，不同取向的投资会引起不同资产相对收益率的变化。如果投资于金融资产过多，金融资产市值就会上涨，收益率相对下降，这就会刺激对非金融资产的投资，如产业投资等；产业投资增加，既可能引起产出增加，又可能促使物价上涨。第三，在资产结构的调整过程中，不同资产收益率的差距将趋于消失，并逐渐达到稳定状态。

最后会影响到名义收入 Y。名义收入是实际产出与物价水平的乘积，名义收入增加可能是由于实际产出水平的提高，也可能是由于物价水平的上涨，还可能是由于实际产出增加和物价水平上涨同时产生的结果。由于 M 作用于支出，导致资产结构调整，并最终引起收入 Y 的变动，但这一变动究竟在多大程度上反映了实际产量的变化，又有多大程度反映了物价水平的变动？根据弗里德曼的分析，在短期内，货币供应量的增加会引起实际产出和物价水平同时增加；但就长期来说，货币供应量的增加只能引起物价水平的上涨。在短期内，货币供应量增加之所以能引起实际产出的增加，是因为在短期内公众还没有来得及调整他们的通货膨胀预期，从而预期通货膨胀率会低于实际发生的通货膨胀率。也就是说，在短期内，还存在着人们未预期到的通货膨胀，货币学派认为正是这一未预期到的通货膨胀，才可能引起实际产出水平的暂时增加。但是，从长期来看，人们会及时调整自己对通货膨胀预期的偏差，幻觉随之消失，于是实际产出水平就不会增加了，货币供应量的增加在长期内只能引起物价水平的增加。

三、后凯恩斯学派的货币政策传导机制理论

后凯恩斯学派的货币政策传导机制主要有两种思路。

(一)托宾的 q 理论

许多经济学家认为，货币政策会通过影响股票价格而影响投资支出。这里需要弄清楚的第一个问题是：货币政策的变动是如何影响股票价格的？按照凯恩斯学派的观点，货币供应量增加会降低市场利率水平，由于债券利率降低，投资于股票比投资于债券更加具有吸引力，从而股票需求增加，股票价格就会上涨。另一种思路认为，当货币供应量增加时，社会公众发现自己持有的货币量超过了意愿持有量，这时资产结构调整行为就会发生，增加对股票的购买也就自然而然了，由于社会公众对股票需求的增加，导致了股票价格的上涨。第二个问题是：股票价格变化是如何影响投资支出的？对于这个问题，托宾发展了一种关于股票价格与投资支出相关联的理论，人们把这一理论称为托宾的 q 理论。这里的 q 是指企业的市场价值与资本的重置成本之比。股票价格越高，q 值越大；股票价格越低，q 值越小。当 $q>1$ 时，企业的市场价值高于资本的重置成本，即意味着新厂房、新设备的成本要低于企业的市场价值。在这种情况下，企业就可以发行股票，并能在股票上得到一个比它们正在购买的设备和设施要高一些的价格。由于企业可以通过发行较少的股票而买到较多的新投资品，投资支出就会增加。反之，当 $q<1$ 时，企业的市场价值则低于资本的重置成本，企业就不会购买新的投资品，投资支出就会减少。将上述两个方面结合起来，我们便得到下面的货币政策传导机制：

$$M\uparrow \to P_s\uparrow \to q\uparrow \to I\uparrow \to Y\uparrow$$

当货币供应量 M 增加时，首先引起股票价格 P_s 的上升，托宾的 q 值增大，投资支出增加，最终总产出水平 Y 也将增加。

托宾的 q 理论对美国经济大萧条时期投资支出水平极低的现象做出了很好的解释。在大萧条时期，股票价格暴跌，1933 年的股票市值仅相当于 1929 年底的十分之一左右，托宾的 q 值也降到了空前的水平，因而投资支出水平也降到了极低点。

(二)米什金的货币政策传导机制理论

米什金认为，货币增加导致个人财富增加时，不一定会增加消费，特别是对耐用消费品的消费。因为当他需要流动性的时候，就只有卖掉耐用消费品，那他就很容易遭受损失。相反，如果他拥有金融资产，由于金融资产的流动性较强，他就不易遭受损失。因此，当人们的财富增加时，金融资产持有增加，发生财务危机的可能性下降。在这样的前提下，消费者会增加耐用消费品和住房的支出，从而导致全社会收入水平的增加，即

$$M\uparrow \to V\uparrow \to D\downarrow \to C\uparrow \to Y\uparrow$$

其中，V 代表金融资产价值，D 代表发生财务危机的可能性，C 代表耐用消费品和住房的消费支出。

四、国际贸易传导机制

在开放经济条件下，净出口是构成一国总需求的重要组成部分。但是，净出口受汇率变动的影响较大。当外币升值、本币贬值时，本国的商品在国外市场上的价格会相应地降低，因此出口就会增加，进口则会减少。反之，当本币升值而外币贬值时，本国商品在国际市场上的竞争力就会减小，净出口则会下降。

货币政策的变化首先影响利率，利率变化接着会引起汇率的变化，汇率变化导致净出口发生变化，支出相应变化。以扩张性货币政策为例，当中央银行采用扩张性货币政策时，国内的利率水平将会下降，在国外利率没有相应调整时，国内利率与国外利率的利差就会扩大。根据利率平价理论，这时，本币汇率 E(直接标价法)就会上升，外币升值，本国净出口扩大。用 NX 表示净出口，通过国际贸易的货币政策传导机制可以表述如下：

$$M\uparrow \to i\downarrow \to E\uparrow \to NX\uparrow \to Y\uparrow$$

五、货币政策与财政政策的协调

从理论上看，货币政策与财政政策有四种配合模式：紧缩的财政政策与紧缩的货币政策的配合(双紧)；宽松的财政政策与紧缩的货币政策的配合(松财政紧信贷)；宽松的货币政策与紧缩的财政政策的配合(松信贷紧财政)；宽松的财政政策与宽松的货币政策配合(双松)。

双紧的搭配方式一般适用于社会总需求大于总供给，出现了严重的通货膨胀和经济过热的情况。但使用不当，会导致整个经济萧条。

双松的搭配模式主要适用于社会总需求严重不足，经济转入严重萧条的情况。这种配合可以通过扩大有效需求以促进经济增长，但把握不当有可能会引发通货膨胀。

紧财政松信贷的模式适用于总需求与总供给大体平衡，但消费偏旺而投资不足的情况。

松财政紧信贷的模式适用于总需求与总供给大体平衡，但消费不足而投资过旺的情况。

六、加入 WTO 对中国货币政策的部分影响

加入 WTO 后，中国金融业对外开放的主要内容在银行业方面大致包括：加入 WTO 后 2 年内将允许外资银行对国内企业开办人民币业务；5 年内将允许外资银行开办人民币零售业务等。这对中国的货币政策将造成以下影响。

1. 将减弱货币供应量中介目标的有效性

外资银行的金融创新会传递到中国，使货币需求发生剧烈变化，减弱货币供应量中介目标的有效性；随着外资银行业务的扩展，利率市场化的压力将进一步增大(外资银行在其本国是按市场利率提供金融产品的)，为我国以利率作为中介目标创造了条件，有专家指出，在未来5～10年内，应考虑将市场利率作为中介目标。

2. 将减弱利率管制、窗口指导等政策性较强的工具的有效性

外资银行的资金主要来源于国际金融市场，因此，与国内金融机构相比，它们受到货币政策的影响和约束较小。如窗口指导，它们可以不听中国央行的意见；如利率管制，假如央行为了抑制通胀用行政命令的方式提高国内商业银行的存贷款利率，但外资银行也可以经营人民币业务，可能会以较低的利率向企业贷款，致使利率管制政策的有效性减弱；再如再贴现、再贷款政策只能影响到向央行进行融资的金融机构，但外资银行在资金上不依赖于我国央行，则这两项工具的有效性也将减弱。

第四节　货币政策效果

货币政策效果是指中央银行操作货币政策工具后，社会经济运行所做出的现实反应，或货币政策最终目标的实现程度。货币政策效果与货币政策目标是不同的，货币政策目标是一种主观变量，而货币政策效果则是一种客观变量，就一般意义而言，货币政策目标都是好的、积极的，而货币政策效果则可能既有好的和积极的一面，又有坏的和消极的一面。从各国中央银行运用货币政策的实践来看，货币政策的效果有收效迟早与效力大小之分。

一、影响货币政策效果的因素分析

(一)货币政策时滞

货币政策时滞也称为货币政策作用时滞，它是指货币政策从研究、制定到实施后发挥实际效果的全部时间过程。按照货币政策时滞发生的性质分类，可以分为内部时滞和外部时滞两大类。

1. 内部时滞

货币政策内部时滞是指从经济形势发生变化，需要中央银行采取行动到中央银行实际制定政策所需要的时间。内部时滞又可以细分为认识时滞和行动时滞。所谓认识时滞是指从确实有实行某种货币政策的需要到货币当局认识到存在这种需要所耗费的时间。这段时滞的存在一是由于搜集各种信息资料需要花费一定的时间；二是对各种复杂的经济现象进

行综合分析，做出客观、符合实际的判断需要一定的时间。所谓行动时滞是指从认识到需要改变政策，到提出一种新的政策所需耗费的时间。这种时滞的长短取决于中央银行占有的信息资料和对经济形势发展的预见能力。

内部时滞的长短主要取决于中央银行对经济形势变化和发展的敏感程度、预测能力以及中央银行制定政策的效率和采取行动的决心，并与决策人员的素质、中央银行独立性的大小以及经济体制的制约程度等问题紧密地联系在一起。

2. 外部时滞

货币政策外部时滞是指从中央银行采取行动开始到对货币政策目标产生影响为止的时间间隔。外部时滞又可细分为操作时滞和市场时滞两个阶段。所谓操作时滞，是指从中央银行调整货币政策工具到对货币政策中介目标发生作用所需要的时间距离。这段时滞的存在，是因为无论使用何种货币政策工具，都要通过影响中介目标才能起作用。货币政策究竟能否生效，主要取决于商业银行及其他金融机构对中央银行货币政策的态度、对政策工具的反应以及金融市场对货币政策的敏感程度。所谓市场时滞，是指从中介目标发生反应到货币政策对最终目标产生作用所需要的时间距离。这是由于微观经济主体对中介目标变动的反应有一个滞后过程，而且投资或消费的实现也有一个滞后过程。

根据上文的分析可以看出，内部时滞是可以通过中央银行改变信息搜集和处理方式、提高决策水平等途径缩短的，而外部时滞则主要取决于货币政策的操作力度和金融部门、企业部门对政策工具的反应大小，它是一个由多种因素综合决定的复杂变量，因而中央银行往往很难对外部时滞的长短进行控制。货币政策各种时滞之间的相互关系如图 12-3 所示。

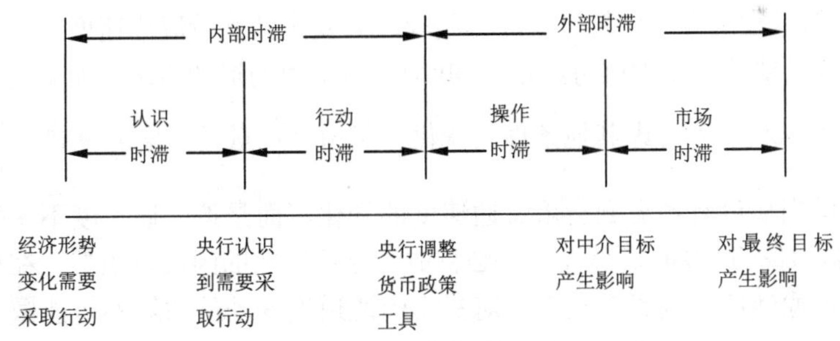

图 12-3　货币政策时滞分布

时滞是影响货币政策效果的重要因素。如果货币政策能较快地作用于经济运行，中央银行就能够根据对经济形势进行判断和预测，及时对货币政策的方向和力度进行必要的调整，从而使货币政策能更好地发挥作用，实现预期的政策目标。但如果货币政策的时滞有很大的不确定性，如对时滞不能进行很好的预测和把握，则货币政策就有可能在错误的时间发生作用，反而会使经济和金融运行出现不利变化。如果货币政策的时滞太长，货币政策的作用效果就很难考察了。

(二)微观经济主体预期

微观经济主体的预期是影响货币政策效果的又一重要因素。以美国经济学家卢卡斯为代表的理性预期学派认为由于理性预期的存在，货币政策往往是无效的。例如，当政府计划推行扩张性货币政策促进经济增长时，社会公众会通过各种信息渠道预期到社会总需求将会增加，物价也会上涨，这时工人就会通过工会组织要求雇主提高工资，企业预期的成本就会增加，这样企业就不愿意扩大生产，扩张性货币政策的实施结果就只有物价的上涨而没有产出的增长。由于预期的存在，似乎只有在政策的取向和力度没有或没有完全为公众所知晓的情况下，货币政策才能生效或达到预期效果。但这样的可能性并不大，货币当局不可能长期不让社会公众知道它所要采取的政策。即使采取非常规的货币政策，旨在不让公众预期到，但微观经济主体的行为也会发生异常变化，并会使经济陷入混乱之中，这是中央银行并不愿意看到的结果。实际的情况是，即使社会公众的预期是相当准确的，但要采取具体对策或者是这些对策要发生作用也会有一定的时滞，也就是说，货币政策在现实生活中还是可以奏效的，公众的预期只是使货币政策效果打了一个折扣。

(三)货币流通速度

货币流通速度的变化对货币政策的效果也有较大的影响。对于货币流通速度的一个较小变动，如果政策制定者未能预料到或者估算时出现差错都可能使货币政策的效果受到影响，严重时甚至会使本来正确的货币政策走向反面。例如，货币当局预计下一年度的 GDP 增长 20%，根据以往的货币资料以及操作经验，只要包括货币流通速度在内的其他因素不变，货币供应量只要等量增加就可满足 GDP 增长对货币的追加需求。如果货币流通速度在预测期内加快了 10%，不考虑其他条件的变化，货币供应量只需增加 9.1%$\left(\frac{1+20\%}{1+10\%}-1\right)$即可。但如果货币当局没有预见到货币流通速度的变化，而是按流通速度不变时的考虑增加货币供应 20%，那么过多的货币投放量必将成为经济过热的因素。当然，在现实生活中，由于影响货币流通速度的因素有很多，对货币流通速度变动的估算不可能做到准确无误，正因为如此，货币政策的实施效果也受到了影响。

(四)金融改革与金融创新

金融改革与金融创新的出现给各国中央银行货币政策的制定和实施带来了重大影响。一方面，以“自由化”为特征的金融改革和金融创新在一定程度上提高了货币当局调控货币运行的能力；另一方面，利率自由化、金融工具的多样化以及金融市场一体化又在一定程度上影响了货币政策的制定、实施和效果。第一，利率自由化后，由于影响利率水平变

化的因素太多且相当复杂，而货币当局对利率的控制力有限，利率的波动将更加频繁并且更加剧烈。第二，各种新型金融工具特别是衍生金融工具的推出，使货币政策效果大打折扣。比如在中央银行采取紧缩性货币政策时，由于许多金融工具可以替代货币的交易媒介和贮藏手段职能，就会使货币政策的紧缩效果不一定见效。第三，金融市场的国际化和全球经济一体化的不断推进，使得各国之间的经济联系越来越紧密，国际资本的跨国流动越来越频繁，一个国家的货币政策往往会受到来自国外经济冲击的影响，这也会弱化货币政策的作用效果。

(五)政治性因素

任何一项货币政策的实施都会给不同的阶层、集团、部门或地方的利益带来一定的影响。如果这些利益主体在自己利益受到影响时做出强烈的反应，就会形成一定的政治压力，这些政治压力会通过种种渠道影响中央银行的货币政策制定和实施，除非货币政策的调整符合这些利益集团的利益。但符合特殊利益集团利益的政策往往并不符合大多数公众的利益。

此外，在西方国家，货币政策还会受到政治性经济周期的影响。一般来说，执政党在大选之前为迎合选民的心态，通常会采取各种措施刺激经济，而到大选之后新政府则会及时采取收缩政策，以使经济运行趋于平稳，这就形成了“政治性经济周期”。由于大多数西方国家中央银行理事会成员的任期与政府首脑不一致，因此，在大选之前就会出现货币政策与财政政策大相径庭的局面。总统总是力主刺激经济、降低失业率，而中央银行却力图稳定经济运行、抑制通货膨胀。所以，政治性经济周期的存在也会在一定程度上影响货币政策的效果。

二、货币政策效果的衡量

衡量货币政策效果，一是看货币政策发挥作用的快慢，前文关于货币政策时滞的分析已经论述；二是看货币政策的数量效果，即政策的强度如何，这一点应该是更重要的。

货币政策是通过若干中间变量的连锁反应对经济运行发生作用的，通常首先影响准备金的数量，进一步再影响到货币供应量，而后引起市场利率的波动，最终影响产出水平。货币政策的强度与货币需求的利率弹性以及真实资产需求的利率弹性成正比。利率弹性大，很小的利率变化也会引起经济主体进行资产调整，货币政策的强度就大；利率弹性小，即使利率水平发生较大变化，也不一定会引起资产调整，货币政策的强度就小。

对货币政策数量效果的判断，一般是考察实施货币政策所取得的效果与预期所要达到的目标之间的差距。我们以评估紧缩性货币政策为例，如果通货膨胀是由社会总需求大于社会总供给造成的，则货币政策的实施正是要纠正这种失衡。对货币政策是否有效的判断可以从以下几个方面进行：第一，如果通过货币政策的实施，紧缩了货币供应量，阻止了物价水平的上涨，或者是价格水平回落，同时又没有影响产出的增长，我们就可以说这项紧缩性货币政策是非常有效的。第二，如果紧缩的货币供应量在平抑物价水平上涨或促使价格水平回落的同时，也抑制了产出的增长，对这一政策效果的衡量就要通过对比价格水平变动率与产出变动率而定。若产出数量的减少小于价格水平的降低，货币政策可视为是有效的；若产出数量的减少大于价格水平的下降，则紧缩性货币政策的效果就较差。第三，如果货币量紧缩无助于抑制价格水平的上涨或促使价格回落，反而抑制了产出的增长甚至使产出出现负增长，则可以说货币紧缩政策是无效的。

总之，货币政策效果是指中央银行操作货币政策工具后，社会经济运行所做出的现实反应，或货币政策最终目标的实现程度。衡量货币政策效果，一是看货币政策发挥作用的快慢，二是看货币政策的数量效果，即政策的强度如何。IS-LM 模型作为一种分析工具，可以帮助我们了解货币政策和财政政策对经济活动的作用和效果。

第五节　IS-LM 模型：货币政策与财政政策

货币政策和财政政策是现代市场经济条件下政府进行宏观经济调控的两大政策手段。如果政府决策者决定增加货币供应或增加政府支出，通过 IS-LM 模型可以帮助决策者分析这些工具对利率和总产出的影响，从而了解货币政策和财政政策对经济活动的作用和效果。IS 曲线反映了商品市场均衡的要求，而 LM 曲线则反映了货币市场均衡的要求，实物因素和货币因素都会对均衡利率和均衡产出产生影响。在实际操作中，货币政策和财政政策既可以相互替代，又可以相互补充。如果二者配合得当，就可以很顺利地实现宏观调控目标。

一、商品市场均衡：IS 曲线的移动

IS 曲线描述了利率与商品市场均衡总产出的各种组合(见第三章第四节)。为了进一步深入研究货币政策的传导过程和效果，需要首先分析影响 IS 曲线位置的因素。显然，决定 IS 曲线位置的因素不是利率和总产出，而是这两种因素以外的其他因素，这些因素是 IS-LM 模型的外生变量，与利率和总产出无关，我们称之为自主性因素或自主变量。自主变量的变动会引起 IS 曲线的位置发生移动，从而导致每一个利率水平上的均衡产出水平都发生变动。

(一)自主性消费支出的变动

自主性消费支出的增加会导致总需求曲线向上移动，从而 IS 曲线向上(右)移动，如图 12-4 所示。假定 IS 曲线的初始位置是 IS_1，而 i_1 是任一固定的利率水平，在这个利率水平上总需求曲线最初位于 Y_1^d，均衡总产出为 Y_1。如果最初的消费支出为 $C_1 = C_{01} + c \cdot Y$，由于自主性消费支出 C_{01} 增加到 C_{02}，则消费支出增加到 $C_2 = C_{02} + c \cdot Y$，于是总需求就由最初

的 $Y_1^d = C_1 + I + G + \mathrm{NX}$ 增加到 $Y_2^d = C_2 + I + G + \mathrm{NX}$，均衡总产出也从 Y_1 增加到 Y_2。因此，由于自主性消费支出的增加，使得每一固定利率水平上的均衡产出都增加，即 IS 曲线右移。

(二)自主性投资支出的变动

自主性投资支出是指总收入和利率都为零时的投资支出水平。如果投资函数为 $I = I(Y,i)$，自主性投资支出就为 $I_0 = I(0,0)$。因此，投资函数的一般形式就是

$$I = I(Y,i) = I_0 + I_1(Y,i) \tag{12.1}$$

在式(12.1)中，I_0 为自主性投资支出，与收入和利率无关；而 I_1 与收入和利率则密切相关，当收入和利率都为零时，I_1 就为零。如果假定在既定的利率水平下，经济主体的边际投资倾向 v ($0 < v < 1$)不变，式(12.1)就可以写成

$$I = I_0 + v \cdot Y - \beta \cdot i \tag{12.2}$$

其中，β 也是大于零的常数，表示投资对利率的反应程度。

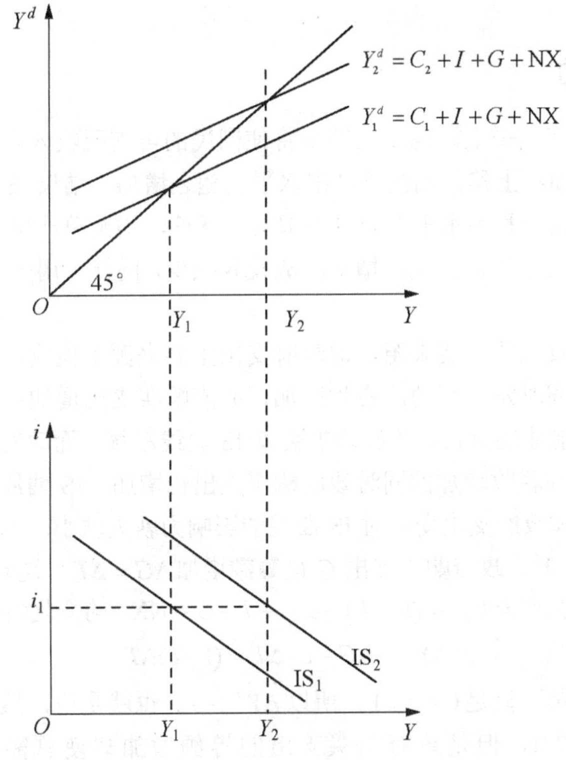

图 12-4　自主性消费变动对 IS 曲线的影响

我们知道，利率水平变化会引起投资规模的变化，从而影响总产出的均衡水平，但这种变化只是体现在均衡点沿着同一条 IS 曲线移动，IS 曲线的位置并没有变化。自主性投资

变动就不一样了，因为这种投资支出不受利率和收入的影响，属于外生因素，其变动必定会影响到 IS 曲线的位置。也就是说，随着 I_0 的变动，每一种利率水平上的均衡产出水平都会发生变动。我们只要将图 12-4 中的自主性消费支出改成自主性投资支出，图 12-4 同样能够说明 IS 曲线是如何随着自主性投资支出的增加而发生位置移动的：当 I_0 从 I_{01} 增加到 I_{02} 时，投资从 $I_1 = I_{01} + I_0(Y,i)$ 增加到 $I_2 = I_{02} + I_1(Y,i)$，任一利率水平 i 下商品市场的总需求则从 $Y_1^d = C + I_1 + G + \text{NX}$ 上升到 $Y_2^d = C + I_2 + G + \text{NX}$，于是均衡总产出从 Y_1 增加到 Y_2，所有这些变化最终导致 IS 曲线从 IS_1 右移到 IS_2。

(三)政府购买支出的变动

政府购买的增加将使任何给定利率水平上的总需求曲线上移，从而 IS 曲线右移，均衡的总产出水平上升；相反，如果政府缩减开支，IS 曲线就会左移，均衡产出随之减少。这一情形也可通过观察图 12-4 得到，只要将图 12-4 中的自主性消费支出改成政府购买支出即可。

(四)税收的变动

在任一给定的利率水平上，税收的减少将使国民的可支配收入增加，从而消费支出增加，这就使得总需求曲线上移，均衡总产出水平也随之增加，结果 IS 曲线右移。反之，如果增加税收，就可使任一利率水平上的总需求曲线下移，均衡总产出水平下降，IS 曲线则左移。将图 12-4 中的自主性消费支出增加改成税收减少，同样可用来说明税收变动对 IS 曲线的影响情况。

由于税收是政府收入的主要来源，即政府支出主要来源于税收。因此，一般来讲，税收与政府购买支出会同时发生变动。税收增加，政府购买支出增加；税收减少，政府购买支出就会减少。根据前面的分析，税收增加会使 IS 曲线左移，而政府购买支出增加则会使 IS 曲线右移。那么，在税收增加的同时政府购买支出也增加，IS 曲线究竟如何移动呢？这就需要分析税收变动和政府支出变动对 IS 曲线的影响力孰大孰小。为了分析这个问题，我们假定税收 T 增加 ΔT 时，政府购买支出 G 也等额增加 $\Delta G = \Delta T$。这时任何利率水平 i 和总产出水平 Y 上的总需求 $Y^d = C_0 + c(Y - T) - \alpha \cdot i + I + G + \text{NX}$ ①的变化情况为

$$\Delta Y^d = \Delta G - c \cdot \Delta T = (1 - c)\Delta T \tag{12.3}$$

由于边际消费倾向 c 满足 $0 < c < 1$，所以 $\Delta Y^d > 0$。也就是说，虽然税收增加使总需求曲线下移(幅度为 $c\Delta T$)，但是政府购买支出的等额增加却使总需求曲线上移(幅度为 $\Delta G = \Delta T$)，这样总需求曲线的上移幅度大于下移幅度，最终结果是使总需求曲线上移

① α 表示消费支出对利率的反映程度。一般来说，利率水平越高，消费支出越小。

$(1-c)\Delta T$。这就会导致 IS 曲线右移①，即对应于任何利率水平的均衡总产出水平都会增加。

(五)自主性净出口的变动

与投资支出一样，由利率变动引起的净出口变动仅导致总产出水平沿着 IS 曲线移动，并不能使 IS 曲线整体移动。净出口变动中还有来自外部因素影响而发生的部分，如外国人对本国的某种商品特别偏爱而导致的本国出口增加，这部分出口增加往往与利率无关，属于自主性净出口增加。净出口的这种自主性增加会导致任一利率水平上的总需求曲线上移，均衡总产出增加，从而使 IS 曲线右移。考虑到自主性净出口变动的因素，净出口函数可以写成

$$\mathrm{NX}=\mathrm{NX}_0-\gamma i \tag{12.4}$$

其中，NX_0 代表自主性净出口，γ 代表净出口对利率的反应程度。由式(12.4)可知，$\frac{\partial \mathrm{NX}}{\partial i}<0$，这是因为在物价不变的条件下，如果国内利率上升，本币存款将比外币存款更有吸引力，所以本币就会升值，从而会使出口下降。

(六)各种自主性因素的综合作用

综合上述几大自主性影响因素，商品市场均衡总产出的决定方程可以表达为

$$Y=(C_0+cY-cT-\alpha i)+(I_0+vY-\beta i)+G+(\mathrm{NX}_0-\gamma i) \tag{12.5}$$

则 IS 曲线的方程为

$$Y=Y(i)=\frac{C_0+I_0+\mathrm{NX}_0+G-cT}{1-c-v}-\frac{\alpha+\beta+\gamma}{1-c-v}i \tag{12.6}$$

其中，$C_0,I_0,\mathrm{NX}_0,G,T$ 为外生变量，c 为边际消费倾向，v 为边际投资倾向，$0<c,v<1$ 且 $0<c+v<1$，α,β,γ 也都是大于零的常数。当外生变量发生变动时，IS 曲线的位移量(即任何利率水平上均衡总产出的变动量)为

$$\Delta Y=\frac{\Delta C_0+\Delta I_0+\Delta\mathrm{NX}_0+\Delta G-c\Delta T}{1-c-v} \tag{12.7}$$

---

① IS 曲线的右移幅度计算如下：由方程 $Y=Y^d=C_0+c(Y-T)-\alpha i+I_0+vY-\beta i+G+\mathrm{NX}$ 可得 $Y=\frac{C_0-\alpha i+I_0-\beta i+\mathrm{NX}}{1-c-v}+\frac{G-cT}{1-c-v}$，由于 G 和 T 等额增加，而其他因素都不变，因此均衡总产出的变化为 $\Delta Y=\frac{\Delta G-c\Delta T}{1-c-v}=\frac{1-c}{1-c-v}\Delta T$，这就是 IS 曲线的右移幅度。

二、货币市场均衡：LM 曲线的移动

LM 曲线描述了货币市场均衡利率与总产出水平的变动情况，即当货币供给等于货币需求时的各种总产出水平与利率水平的组合(见第三章第三节)。能使 LM 曲线发生位置移动的因素有两个：一是货币需求的自主性变动，二是货币供应量的变动。

(一)自主性货币需求的变动

自主性货币需求是指货币需求构成中与收入水平和利率水平无关的货币需求，即当收入和利率都为零时的货币需求。人们之所以产生自主性货币需求，既不是由于收入的增加，也不是因为投机的需要，而是出于最基本的生活需要。也就是说，不论有没有收入，人们都要满足生存需要，为了维持生存所必需的最少货币持有量就构成了自主性货币需求。考虑到自主性货币需求后，货币需求函数可以表示为

$$M^d = M^d(Y,i) = M_0 + L(Y,i) = M_0 + kY - hi \tag{12.8}$$

其中，$M_0 = M^d(0,0)$ 是自主性货币需求，L 是非自主性货币需求。L 与收入和利率密切相关，是收入的增函数，是利率的减函数。若自主性货币需求增加 ΔM_0，导致每一总收入水平 Y 上的货币需求曲线都要右移 $\Delta M^d = \Delta M_0$ (见图 12-5(a))，即从图中的 $M_1^d(Y)$ 右移到新的位置 $M_2^d(Y)$。由货币市场均衡方程 $M^s = M_0 + kY - hi$ 可知，任何既定总产出水平 Y 对应的均衡利率水平 $i = (M_0 + kY - M^s)/h$，由于只有 M_0 增加了 ΔM_0，其他因素都不变，故均衡利率将增加 $\Delta i = \Delta M_0 / h$，因此，LM 曲线的整体上升幅度为 $\Delta M_0 / h$。

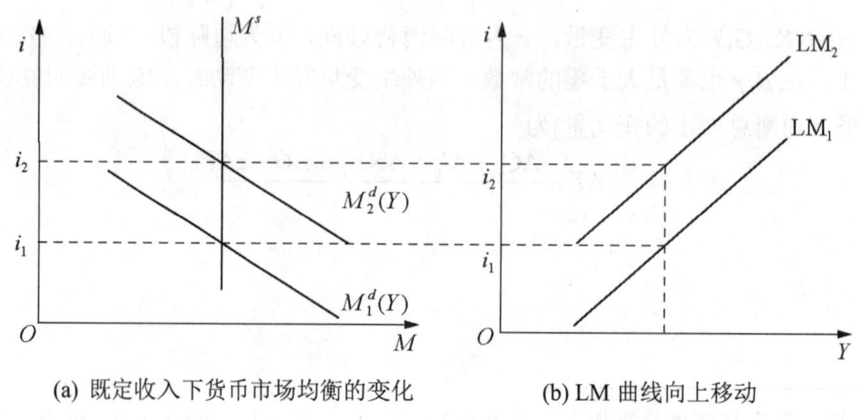

图 12-5　自主性货币需求变动对 LM 曲线的影响

(二)货币供应量的变动

货币供应量增加，将直接导致垂直的货币供应曲线右移，LM 曲线会因此下移。如

图 12-6 所示，若货币供应量增加 ΔM，货币供应曲线将从 M_1^s 右移至 M_2^s，从而每一收入水平 Y 对应的均衡利率都要下降，即从 $i_1 = i_1(Y)$ 下降到 $i_2 = i_2(Y)$。因此，LM 曲线将从初始位置 LM_1 下移至 LM_2。

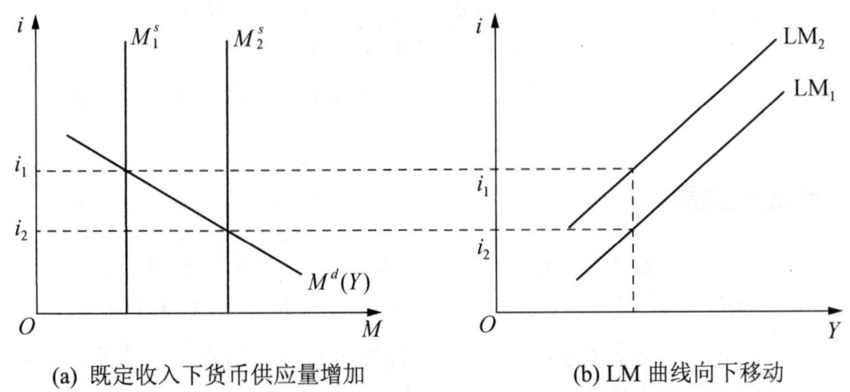

(a) 既定收入下货币供应量增加　　(b) LM 曲线向下移动

图 12-6　货币供应量变动对 LM 曲线的影响

由于货币市场的均衡利率 $i = (M_0 + kY - M^s)/h$，货币供应量增加 ΔM 后，每一总收入水平 Y 上的均衡利率将变动 $\Delta i = -\Delta M / h$。所以，当货币供应量增加时，LM 曲线的下移幅度为 $\Delta M / h$。

(三)两种变动因素的综合作用

把影响 LM 曲线位置的以上两种自主性因素综合考虑在货币市场均衡利率的决定方程 $M^s = M_0 + kY - hi$ 中，可得到受这两个因素影响的 LM 曲线的方程为

$$i = i(Y) = \frac{M_0 + kY - M^s}{h} \tag{12.9}$$

其中，M_0 和 M^s 是自主性因素，k 和 h 都是大于零的常数。当自主性因素 M_0 和 M^s 都发生变动时，LM 曲线将发生位置移动，位移量(即任何收入水平上均衡利率的变动量)为

$$\Delta i = \frac{\Delta M_0 - \Delta M}{h} \tag{12.10}$$

由式(12.10)可知，如果自主性货币需求增加的同时，货币供应量也等额增加，则 LM 曲线的位置不会发生移动。

三、货币政策和财政政策效应

接下来我们就运用 IS-LM 模型来分析均衡总产出和均衡利率对货币政策和财政政策的反应，即考察货币政策和财政政策的实施效果。在分析之前，我们首先要求出在商品市场和货币市场同时均衡，即 IS 曲线和 LM 曲线相交时的总产出和利率的决定方程。将式(12.6)

和式(12.9)联立求解，可得均衡总产出Y_e和均衡利率i_e分别为

$$Y_e=\frac{h(C_0+I_0+\mathrm{NX}_0+G-cT)+(\alpha+\beta+\gamma)(M^s-M_0)}{k(\alpha+\beta+\gamma)+h(1-c-v)} \tag{12.11}$$

$$i_e=\frac{k(C_0+I_0+\mathrm{NX}_0+G-cT)-(1-c-v)(M^s-M_0)}{k(\alpha+\beta+\gamma)+h(1-c-v)} \tag{12.12}$$

通过式(12.11)和式(12.12)，我们就可以分析货币政策和财政政策对总产出水平和利率水平的影响了。

(一)货币政策的影响

如图 12-7(a)所示，假设 IS 与 LM_1相交于初始点E_1，此时的经济活动处于均衡状态，即商品市场和货币市场同时达到了均衡，均衡的总产出水平为Y_1，均衡的市场利率水平为i_1。但如果此时经济中存在着失业现象，也就是说Y_1并没有达到潜在产出水平，于是货币当局决定通过增加货币供应量来增加产出，以减少失业。

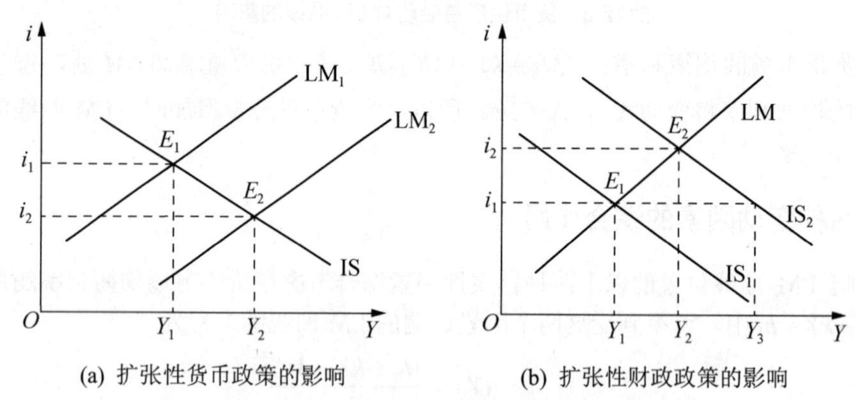

图 12-7 扩张性货币政策和财政政策的影响

增加货币供应量的扩张性货币政策实施后，LM 曲线将从原来的 LM_1 右移至新位置LM_2，商品市场与货币市场的同时均衡点从原位置E_1移至新的均衡点E_2，结果利率就从i_1下降至i_2，总产出则从Y_1增加到Y_2。这样，货币当局通过运用货币政策就达到了增加就业和促进经济增长的预期效果。这一效果是如何实现的呢？在经济的初始均衡点E_1处，货币当局向经济中注入了新的货币，从而打破了E_1的均衡，导致货币市场上有了超额货币供给，利率水平开始下降。而利率下降刺激消费支出、投资支出和净出口都得到增加，故总产出增加。只要货币市场上的超额货币供给不消失，利率就会继续下降，总产出就会继续增加。当经济到达E_2点时，货币的超额供给消失，也不存在货币的超额需求，消费支出、投资支出和净出口的变化都停止了，因而总产出的增加也得以停止。

利用式(12.11)和式(12.12)，我们可对货币政策的实施效果进行定量分析。设货币供应量

增加ΔM，其他因素不变，则有如下结果。

总产出增加量为

$$\Delta Y = \frac{\alpha + \beta + \gamma}{k(\alpha + \beta + \gamma) + h(1 - c - v)} \Delta M \tag{12.13}$$

利率的减少量(绝对值)为

$$\Delta i = \frac{1 - c - v}{k(\alpha + \beta + \gamma) + h(1 - c - v)} \Delta M \tag{12.14}$$

消费支出、投资支出和净出口在货币政策传导中的作用，在式(12.13)和式(12.14)中通过系数α、β和γ得到了反应。更重要的结论是，上两式说明，总产量与货币供应量正相关，市场利率与货币供应量负相关。

(二)财政政策的影响

现在我们分析财政政策的作用。假设经济处于均衡状态E_1时是非充分就业的，而货币当局又不愿增加货币供应量，政府能否通过调整政府支出和税收来实现增加总产出和减少失业的目标呢？

图 12-7(b)描绘了总产出和利率对扩张性财政政策的反应情况。政府增加政府支出或减少税收都将使 IS 曲线从IS_1右移至IS_2，于是总产出增加，失业减少，商品市场和货币市场的均衡点也从E_1移至E_2点，总产出从Y_1增加到Y_2，但利率却从i_1上升到i_2。这一过程是如何实现的？我们知道，政府支出增加，将直接增加总需求；税收减少则增加了公众的可支配收入，使消费支出增加，从而也将增加总需求。由此形成的总需求的增加使得总需求曲线右移，在总供给曲线不变的条件下，总产出增加，价格水平上涨。而较高的总产出水平又导致了实际货币需求的增加，价格水平上涨使得实际货币供应减少，结果利率水平必然上升。这一调整过程只有当经济达到新的均衡状态E_2时才会结束。

我们看到，在促进经济增长(提高总产出水平)这个目标上，扩张性财政政策和扩张性货币政策的效果是一样的。但是，这两种政策对市场利率的影响却是不同的，即扩张性货币政策使利率水平下降，而扩张性财政政策却使利率水平上升。如果利率水平维持在i_1不变，总产出水平应该增加到Y_3，但由于利率上升到i_2，会引起一部分投资减少，总产出水平只能增加到Y_2，少增加的$Y_3 - Y_2$部分通常称为挤出效应。

紧缩性财政政策(减少政府支出或增加税收)的作用过程与上面的描述恰好相反。减少政府支出或增加税收都会使 IS 曲线左移，从而使总产出减少，利率降低。总之，总产出和利率都与财政政策正相关。这种正相关的关系，也可通过式(12.11)和式(12.12)加以定量分析。

当政府支出增加ΔG，而其他因素都不变时，均衡总产出和利率的增加量分别为

$$\Delta Y = \frac{h}{k(\alpha + \beta + \gamma) + h(1 - c - v)} \Delta G \tag{12.15}$$

$$\Delta i = \frac{k}{k(\alpha+\beta+\gamma)+h(1-c-v)}\Delta G \tag{12.16}$$

当税收减少ΔT，而其他因素都不变时，均衡总产出和利率的增加量分别为

$$\Delta Y = \frac{hc}{k(\alpha+\beta+\gamma)+h(1-c-v)}\Delta T \tag{12.17}$$

$$\Delta i = \frac{kc}{k(\alpha+\beta+\gamma)+h(1-c-v)}\Delta T \tag{12.18}$$

当政府支出和税收同时等额增加ΔB，而其他因素都不变时，均衡总产出和利率的增加量分别为

$$\Delta Y = \frac{h(1-c)}{k(\alpha+\beta+\gamma)+h(1-c-v)}\Delta B \tag{12.19}$$

$$\Delta i = \frac{k(1-c)}{k(\alpha+\beta+\gamma)+h(1-c-v)}\Delta B \tag{12.20}$$

因此，从总的效果来看，总产出和利率水平都有所提高。这说明增加政府支出的扩张效应大于增加税收的紧缩效应。在政府支出和税收等额增加的情况下，财政政策从总体上看仍然是扩张性的，只不过扩张效果差了一些。

(三)几种极端情况下的货币政策和财政政策效果

由式(12.6)可知，IS 曲线的斜率等于$\left(-\frac{1-c-v}{\alpha+\beta+\gamma}\right)$；由式(12.9)可知，LM 曲线的斜率等于$k/h$。

1. LM 曲线斜率对财政政策效果的影响——两种极端情况

如图 12-8 所示，当 LM 曲线的斜率无穷大(LM_2)，即$k/h=\infty$时，财政政策的运用只能引起利率变动，不能引起产出变动。例如，当 IS 曲线从 IS_1 右移至 IS_2，即实施扩张性财政政策时，产出水平维持在Y_1不变，利率水平从i_1上升至i_2。而当 LM 曲线的斜率等于零(LM_1)，即$k/h=0$时，扩张性财政政策却能极大地促进产出水平的提高(从Y_1增加到Y_2)，这是由于未发生挤出效应。

2. IS 曲线斜率对货币政策效果的影响——两种极端情况

如图 12-9 所示，当 IS 曲线的斜率无穷大(IS_2)，即$\frac{1-c-v}{\alpha+\beta+\gamma}=\infty$时，货币政策的运用也只能引起利率变动，不能引起产出变动。例如，当 LM 曲线从 LM_1 右移至 LM_2，即实施扩张性货币政策时，产出水平维持在Y_1不变，利率水平则从i_1下降至i_2。而当 IS 曲线的斜率

等于零(IS_1)，即 $\frac{1-c-v}{\alpha+\beta+\gamma}=0$ 时，扩张性货币政策却能极大地促进产出水平的提高(从 Y_1 增加到 Y_2)，这时的货币政策非常有效。

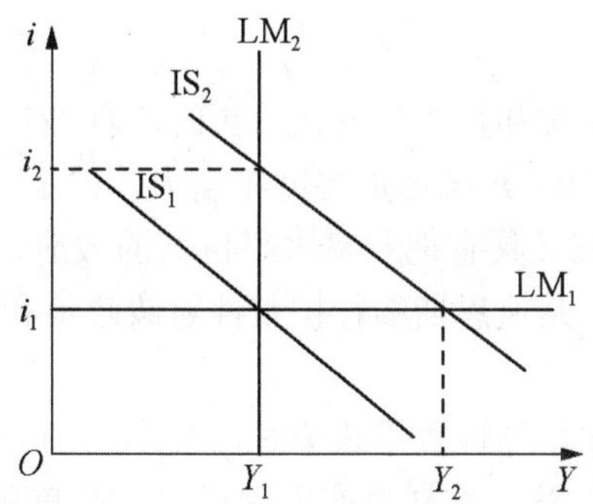

图 12-8 LM 曲线斜率对财政政策效果的影响

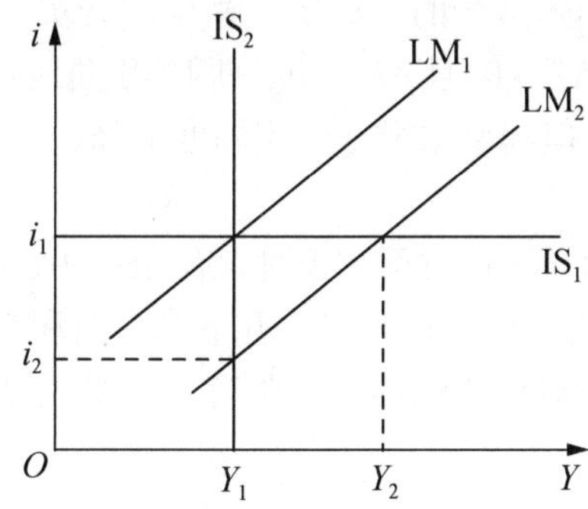

图 12-9 IS 曲线斜率对货币政策效果的影响

(四)货币政策与财政政策的配合

前文对货币政策和财政政策作用的分析表明，通过实施某一种货币政策或财政政策，可以调整总产出和利率水平，从而实现经济增长的目标。但是，假如在某一时期的失业率非常高，政策制定者该如何决策呢？是选择提高货币供应量，还是选择增加政府支出或减税？或者是既提高货币供应量又增加政府支出和减税呢？在现实的政策实践中，宏观调控部门很少单独采取纯货币政策或纯财政政策，而大多是综合运用两种政策，因为这两种政策往往能起到相互补充的作用。现在，我们运用式(12.11)和式(12.12)对货币政策和财政政策配合使用的效果进行数量分析。从总体上讲，当政府支出增加 ΔG、税收增加 ΔT 和货币供应量增加 ΔM 时，均衡总产出和利率的增加量分别为：

$$\Delta Y=\frac{h\Delta G-hc\Delta T+(\alpha+\beta+\gamma)\Delta M}{k(\alpha+\beta+\gamma)+h(1-c-v)} \tag{12.21}$$

$$\Delta i = \frac{k\Delta G - kc\Delta T - (1-c-v)\Delta M}{k(\alpha+\beta+\gamma)+h(1-c-v)} \tag{12.22}$$

1. 两政策配合下的效果

1) 双松政策的效果

当同时实行扩张性货币政策和扩张性财政政策时，有$\Delta G > 0$(或$\Delta T < 0$)且$\Delta M > 0$，根据式(12.21)可知，这时的总产出 Y 的增加幅度相当大。但是，在扩张性财政政策导致利率上升的同时，扩张性货币政策又具有把利率水平拉低的效应，因此利率上升的幅度不会很大。双松政策的这一效果，正是凯恩斯实行扩张性财政政策和扩张性货币政策的依据。

2) 一松一紧政策的效果

当实行扩张性财政政策和紧缩性货币政策时，有$\Delta G > 0$(或$\Delta T < 0$)且$\Delta M < 0$，于是在IS 曲线右移的同时 LM 曲线左移，这样总产出 Y 的增加幅度就不会很大，从而可以保持总产出的稳定。但就利率水平而言，由于两种政策都会导致利率水平的上升，故利率的上升幅度就会很大，往往会造成金融市场的不稳定。相反，若实行紧缩性的财政政策和扩张性的货币政策，就有$\Delta G < 0$(或$\Delta T > 0$)且$\Delta M > 0$，此时 IS 曲线左移的同时 LM 曲线右移，同样总产出水平可以保持稳定，但利率水平将会大幅度下降。

3) 双紧政策的效果

当实行紧缩性财政政策和紧缩性货币政策时，有$\Delta G < 0$(或$\Delta T > 0$)且$\Delta M < 0$，这时 IS 曲线和 LM 曲线同时左移，总产出水平 Y 将急剧下降，而利率却因为两种政策对利率的作用相反而变化不大。双紧政策对付恶性通货膨胀有“立竿见影”之效，但经济萎缩的代价往往也是很大的。

2. 两政策之间的联系

对货币政策与财政政策的配合使用这一问题，既要认识到这两种政策之间的替代性和互补性，也要认识到它们之间的矛盾性。

1) 财政政策与货币政策之间的替代性

财政政策和货币政策都是宏观需求管理政策，它们的最终目标应该是一致的，即都是为宏观经济调控服务，促进充分就业，促进经济增长。正是由于目标上的一致性，使得两者之间具有一定的相互替代性。例如，通过财政政策或货币政策都能达到紧缩经济的目的，二者可以相互替代。单独实行紧缩性财政政策，如增加税收或削减政府支出，就能迅速地使总需求下降，且滞后期短，效果较快。单独实行紧缩性货币政策，可使利率水平上升，抑制投资规模，从而降低总需求，但滞后期较长，效果较慢。如果将二者配合使用，则会更加有效。

2) 财政政策与货币政策之间的互补性

虽然单独使用财政政策或货币政策，都能达到调节宏观经济的目的，但两者各有所长，

具有一定的互补性。例如，如果从财政方面增加政策支出，则会刺激社会总需求增加，从而增加总产出水平；与此同时从货币政策上也加以考虑，适当提高利率水平，则会抑制投资规模，限制收入过度增长。这两方面互相配合，一松一紧，逐步微调，将有可能取得更好的调控效果。20 世纪 80 年代，美国里根政府改变过去的“双松或双紧”政策为“一松一紧”政策，使美国经济走出了“滞胀”，出现了为期六年的经济“小繁荣”，取得了很好的政策效果，当然美国也为此付出了沉重的代价，即巨额财政赤字和经济低速增长。

3)　财政政策与货币政策之间的矛盾性

一般来说，货币政策的主要任务是稳定金融市场，而财政政策的主要任务则是发展公共服务，由于二者的具体任务不同，常常会产生一些矛盾。由于矛盾性的存在，要求我们在运用这两种政策时密切注意二者的协调配合，以尽量避免和解决矛盾。例如，政府为了满足公共需要造成了巨大的财政赤字，如中央银行通过公开市场操作购买大量政府债券为政府提供资金，就势必引起通货膨胀；为了治理通货膨胀，中央银行又不得不紧缩货币量，导致利率提高；但利率上升又会增加政府的财政负担，进一步加剧财政状况的恶化。这种恶性循环，往往造成财政部与中央银行的关系紧张。事实上，为了避免和克服这些矛盾，中央银行往往会屈从于政治压力，从而导致执行货币政策的独立性丧失。

(五)关于货币政策和财政政策的争议

由于各个经济学派在货币政策和财政政策的相对重要性、中介目标的选择、政策刺激的效果以及影响因素等问题上看法不一，由此而选择的政策措施也就大相径庭。

1. 凯恩斯学派的政策主张

凯恩斯主义经济学家认为，由于消费支出和投资支出经常会发生变化，导致 IS 曲线天生就不稳定。同时，由于货币需求也容易发生变化，LM 曲线就更加不稳定了。所以，依靠货币系统在减轻 IS 曲线移动对产出和就业所造成的影响方面不能发挥有效的作用。因此，凯恩斯学派认为在没有政府干预的情况下，经济将很难保持稳定。基于上述原因，凯恩斯学派提倡采用积极的货币政策和财政政策来促进经济的稳定发展。就货币政策来说，凯恩斯学派主张实施“逆经济风向”调节的相机抉择方针，即在经济过热时采用紧缩性货币政策，而在经济衰退时采用扩张性货币政策。在中介目标的选择上，由于 LM 曲线比 IS 曲线更不稳定，即 IS 曲线相对比较稳定，所以他们不赞成将货币供应量作为中介目标，而应选取利率作为中介目标。图 12-10 对此作了解释。由图 12-10 可见，虽然货币当局可对货币供应量进行控制，但由于货币需求的自主性变动较大，故 LM 曲线会在 LM_1 和 LM_2 之间漂移，造成利率在 i_1 和 i_2 之间波动，继而导致收入在 Y_1 和 Y_2 之间波动。如果此时货币当局采取控制利率的方法，把利率稳定在 i^* 的水平，那么 i^* 与相对稳定的 IS 曲线就会决定一个比较稳定的产出水平 Y^*。可见这时将利率作为中介目标非常有利于经济的稳定。

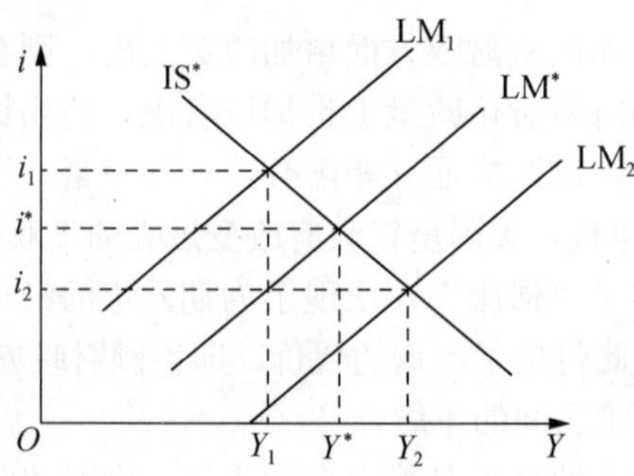

图 12-10　LM 曲线的不稳定与经济波动

2. 货币主义学派的政策主张

货币主义者认为在没有积极的货币政策和财政政策的情况下，IS 曲线和 LM 曲线的位置是比较稳定的。他们认为货币的需求是缺乏弹性的，因此，货币系统能起到内在稳定器的作用，即能防止 IS 曲线的移动对一国总产出水平和就业造成的影响。当 IS 曲线由于扩张性财政政策的实施而向右移动时，利率水平会提高，从而抵消了产出和就业的大部分潜在扩张。正基于此，货币主义者认为没有必要实行积极的货币政策和财政政策，他们强烈反对凯恩斯学派关于国家干预经济运行的思想，认为正是由于国家的干预阻碍了市场机制自我调节作用的发挥，从而引起经济波动，而且相机抉择的货币政策还会加剧经济的波动。弗里德曼因此提出的“单一规则”认为，货币当局只应公开宣布在今后若干年内货币供应量的增长率，并保持一个固定不变的数值，就可保证物价水平的稳定和经济的稳定增长。可见，弗里德曼认为当 IS 曲线移动时，应以货币供应量作为中介目标，因为这一目标可防止经济的大起大落。图 12-11 对此作了解释说明。当 LM 曲线相对固定在 LM^*时，假定 IS 曲线的波动范围位于 IS_1 和 IS_2 之间，若以利率为中介目标，比如将利率稳定在 i^* 处，产出就会在 Y_1' 和 Y_2' 之间较大幅度地波动。但如果以货币供应量为中介目标，通过控制货币供应，就可以使 LM 曲线保持稳定，这时虽然 IS 曲线的波动幅度不变，但它与 LM 曲线的交点决定了经济只会在 Y_1 和 Y_2 之间较小的幅度内波动。

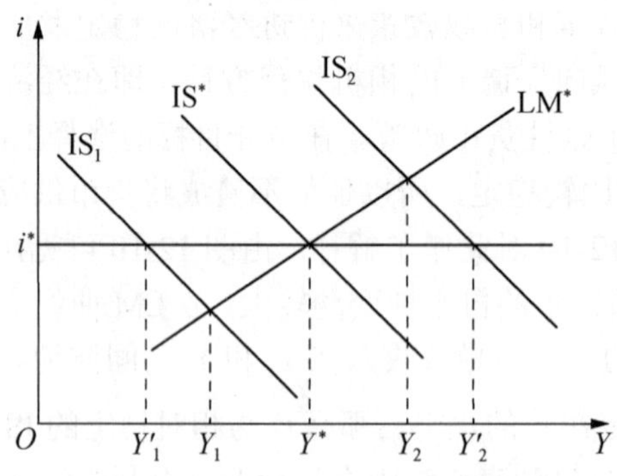

图 12-11　IS 曲线的不稳定与经济波动

3. 供给学派的政策主张

在 20 世纪 70 年代批判凯恩斯主义的还有供给学派。他们同样强调充分发挥市场机制本身的作用，但同时还重新确认供给决定需求这一古典原理，认为经济具有足够的能力购买它的全部产品。所以，供给学派主要的政策主张是通过降税等措施来刺激投资和产出。由于不认为在需求方面应该采取什么行动，从而决定了他们的货币政策主张是单一的稳定。①

4. 理性预期学派的政策主张

与货币主义学派一样，理性预期学派也认为经济本身具有强有力的自动调节机制，同时强调相机抉择政策可能引起经济的动荡。但与货币学派不同的是，理性预期学派认为货币供给系统性的可预期变化不会对实际产出和就业产生影响，只有货币供给突然的未预期到的变化才会对这些重要的实际变量产生影响。他们认为在相机抉择的货币政策体系中，经济主体必然会学会如何预期中央银行的政策行动，从而采取相应对策使得货币政策无效。所以，相机的政策应该被抛弃，取而代之的应是固定的“单一规则”。

本章小结

货币政策是指中央银行为实现特定的经济目标，运用各种政策工具调节货币供应量和利率，进而影响宏观经济的方针和措施的总和。本章主要介绍货币政策的概念、货币政策最终目标及各目标之间的关系。

(1) 货币政策是调节社会总需求的间接调节经济的宏观经济政策，可分为扩张型货币政策、紧缩型货币政策和均衡型货币政策。

(2) 货币政策最终目标包括稳定物价、充分就业、经济增长和国际收支平衡四大目标，各目标之间既统一又矛盾。中央银行在一定时期内只能力求实现其中最主要的一个或两个货币政策目标。我国货币政策目标的选择有其现实的意义。

(3) 货币政策工具可分为一般性的货币政策工具、选择性的货币政策工具及其他货币政策工具。一般性的货币政策工具有存款准备金政策、再贴现政策、公开市场业务三大政策，通常被称为三大法宝。选择性的货币政策工具有消费信用控制、证券市场信用控制、不动产信用控制、优惠利率等。其他货币政策工具中属于直接信用控制的有信用分配、直接干预、流动性比率、利率最高限额等，属于间接信用控制的有道义劝告、窗口指导等。

(4) 货币政策中介目标为数量化、传导性的金融变量。货币政策中介目标的选择具有可控性、可测性和相关性。近期中介指标可供选择的金融变量主要有存款准备金、基础货币和短期利率。远期中介指标可供选择的金融变量主要有货币供应量和股权收益率。

---

① 黄达. 货币银行学[M]. 2 版. 北京：中国人民大学出版社，2000：369.

(5) 货币政策效应是中央银行推行一定的货币政策之后，实际取得的经济效果。货币政策的效应通常由数量效应、结构效应和时滞效应三个方面构成。货币政策时滞由内在时滞、中间时滞和外在时滞三个阶段构成。影响货币政策的效用的其他因素还包括理性预期因素、政治因素、货币流通速度等。货币政策传导机制是指货币当局(中央银行)从运用一定的货币政策工具到达其预期的最终目标所经过的途径或具体的过程。也就是说，从货币政策工具的运用到最终目标的实现将有一个过程，在这一过程中，货币政策工具的运用将首先对某些货币政策中介目标产生一定的影响，再通过这些中介目标来影响实际经济活动，从而实现货币政策的最终目标。

(6) 货币政策效果是指中央银行操作货币政策工具后，社会经济运行所做出的现实反应，或货币政策最终目标的实现程度。衡量货币政策效果，一是看货币政策发挥作用的快慢，二是看货币政策的数量效果，即政策的强度如何。IS-LM 模型作为一种分析工具，可以帮助我们了解货币政策和财政政策对经济活动的作用和效果。

本章习题

1. 简述央行货币政策最终目标及其之间的矛盾。
2. 中央银行有哪些选择性货币政策工具？如何利用？
3. 分析中央银行一般性货币政策工具的效果。
4. 简述货币政策中介目标的选择标准。
5. 什么是货币政策传导机制？它有哪些优缺点？
6. 什么是法定存款准备金政策？其效果和局限性如何？
7. 什么是再贴现政策？它有哪些优缺点？
8. 什么是公开市场业务？它有哪些优点？
9. 简述货币政策选择战略。
10. 简述存款准备金政策的作用过程。
11. 简述再贴现政策的作用过程。
12. 简述公开市场业务的作用过程。
13. 简述货币政策的效用影响因素。

第十三章　金 融 监 管

【教学目的与要求】

通过本章教学，使学生能掌握金融监管的概念与特征、目标与原则，能了解金融监管的方法和内容，能了解我国金融监管体系与模式。

【重点与难点】

- 金融监管的概念与特征、目标与原则。
- 金融监管的方法和内容。
- 我国金融监管的体系与模式。

【引导案例】

英国金融监管概况

【案例适用原理】

金融监管体制包括金融监管当局对金融机构和金融市场施加影响的机制以及监管体系的组织结构。根据监管主体的多少，各国的金融监管体制大致可以划分为单一监管体制和多头监管体制。

(1) 单一监管体制，是指由一家金融监管机关对金融业实施高度集中监管的体制。单一体制的监管机关通常是各国的中央银行，也有另设独立监管机关的。

(2) 多头监管体制，是指根据从事金融业务的不同机构主体及其业务范围的不同，有不同的监管机构分别实施监管的体制。而根据监管权限在中央和地方的不同划分，又可分为分权多头式和集权多头式两种。

【案例内容】

英格兰银行是历史最悠久的中央银行。根据英格兰银行法，其经营目标为：维护金融体系健全发展，提升金融服务有效性，维持币值稳定。就其首要目标而言，最终为强化保障存款户与投资者权益，这与金融机构业务经营良莠密切相关。依据1987年银行法规定，金融监管业务系由英格兰银行下辖的银行监管局掌管。随着金融市场的进步与发展，银行与金融中介机构的传统分界线日趋模糊。因此，英国首相布莱尔于1997年5月20日宣布，英国金融监管体系改制，将资金供需与支付清算系统中居枢纽地位的银行体系，以及隶属证券投资委员会的各类金融机构、业务整合成立单一监管机构，即金融服务总署(Financial Services Authority，FSA)。

FSA 有下列九个业务监管机构：建筑融资互助社委员会、互助社委员会、贸易与工业部保险业委员会、投资管理监管组织、个人投资局(主管零售投资业务)、互助社设立登记局(主管信用机构监管)、证券期货管理局(主管证券及衍生性信用商品业务)、证券投资委员会(主管投资业务，包括票据清算与交换)、英格兰银行监管局(主管银行监管，包括批发货币市场)等。

法律赋予 FSA 权利如下。

(1) 对银行、建筑互助社、投资公司、保险公司与互助社的授权与审慎监管。

(2) 对金融市场与清算支付系统的监管。

(3) 解决影响公司企业、市场及清算支付系统的问题。

在某些特殊情况下，如英格兰银行未能贯彻其利率政策，且危及经济体系稳定性时，FSA 将与英格兰银行协商合作。

FSA 掌管所有金融组织，目的在于提升监管效率，保障消费者权益，并改善受监管单位的金融服务。受 FSA 监管的金融产业，对英国经济的重要性可通过以下数据有一个大致了解。

(1) 金融服务占国内生产总额的 70%；

(2) 近一百万人服务于金融产业，相当于 5%的英国劳动人口；

(3) 大部分成年人均为金融产业的消费者：80%的家庭拥有银行或建筑互助社的账户，约 70%的人购买人寿保险或养老年金，超过 1/4 的成年人投资股票或信托。

(资料来源： http://jpkc.lcu.edu.cn/m/jrx/content/559.html，聊城大学商学院《金融学》精品课程平台)

【案例分析与思考】

该案例告诉我们，英国的金融监管分为不同的阶段，目前的监管模式有其具体原因，即随着金融市场的进步与发展，银行与金融中介机构的传统分界线日趋模糊。英国实行的是单一金融监管，而且其并非由中央银行实施，而是由 FSA 即一个独立的监管机关来实施的。由案例中的几个数字我们可以了解到 FSA 在英国金融系统中的重要地位。保持监管机构的独立性是其监管效率的决定因素。

【思考讨论】

1. 查阅相关资料，对比我国与英国金融监管体系的差别。

2. 英国金额监管体系给我们什么启示？

(提示：20 世纪 80 年代以来，各国金融管制放松，金融创新层出不穷，这给金融市场主体带来了更多的发展机遇，同时也面临着比以往更多的金融风险。巴林银行破产事件再次凸显出金融监管的重要性，对金融监管的有效性也提出了更高的要求。当金融机构存在内部控制漏洞的时候，监管者要通过各种有效的监管手段发现风险的存在，并进行有效的干预和监管，使金融机构或金融市场恢复正常运转和良好的秩序。)

第一节　金融监管的界说和理论

一、金融监管及其范围

金融监管有广义和狭义之分。金融监管是金融监督与金融管理的复合称谓。金融监督是指金融监管当局对金融机构实施全面的、经常性的检查和督促，并以此促使金融机构依法稳健地经营，安全可靠和健康地发展。金融管理是指金融监管当局依法对金融机构及其经营活动实行的领导、组织、协调和控制等一系列的活动。

狭义的金融监管是指金融监管当局依据国家法律法规的授权对整个金融业(包括金融机构以及金融机构在金融市场上所有的业务活动)实施的监督管理。广义的金融监管是在上述监管之外，还包括金融机构内部控制与稽核的自律性监管、同业组织的互律性监管、社会中介组织和舆论的社会性监管等。

金融监管的范围是人类金融活动的各个领域，或者是某些金融活动领域。如对存款货币银行的监管，对非存款货币银行的监管，对短期货币市场的监管，对资本市场和证券业以及各类投资基金的监管，对外汇市场的监管，对衍生金融工具市场的监管，对保险业的监管，等等。

二、金融监管的基本原则

所谓原则，是指观察问题和处理问题的准则。它反映了客观规律的要求。国家调节社会经济生活，实现经济战略目标就必须在尊重货币信用自身运动规律的基础上对银行、货币、信用活动进行有效控制和监管。

金融监管的原则就是金融监管操作的基本规范，这是进行有效的金融监管的前提条件。世界各国都把金融监管的基本原则写进了本国的有关法律。特别是巴塞尔委员会于 1997 年 9 月公布了《有效银行监管的核心原则》(以下简称《核心原则》)之后，各国金融监管当局基本上都将其作为银行业监管的指导原则，这些原则渗透和贯穿于监督管理体系的各个环节和整个过程的始终。

(一)监管主体的独立性原则

《核心原则》提出：“在一个有效的银行监管体系下，参与银行监管的每个机构要有明确的责任和目标。并应享有操作上的自主权和充分的资源。”同时，促进有效银行监管需创造先决条件，这些条件主要有：稳健且可持续的宏观经济政策；完善的公共金融基础设施；有效的市场约束；高效率解决银行问题的程序；提供适当的系统性保护(或公共安全网)的机制。

近年来，世界上一些国家不断发生金融危机，这些国家总结经验教训，正在酝酿金融体制的重大改革，其中加强监管主体的独立性是重要的一条。例如，日本1998年4月1日，随着修改后的《日本外汇法》的实施，以“自由、公平和全球化”为宗旨的日本金融改革正式拉开了帷幕。重新修改后的《日本银行法》和《早期修正措施》也从同一天正式实施。新的《日本银行法》旨在加强日本银行作为中央银行的独立性，使日本银行更好地行使中央银行的职能。英国更是组建了全面监管金融业的金融管理局，颁布了《2000年金融服务和市场法》，大大加强了监管主体的独立性。

(二)依法监管原则

虽然各国金融管理体制和监管风格各有不同，但在依法监管这一点上是共同的，这是由金融业的特殊地位所决定的。所以，金融监管最主要的体现有两点：一是金融机构必须接受国家金融监管当局的监督与管理，不能有例外；二是金融监管必须依法进行。必须保持管理的权威性、严肃性、强制性和一贯性，才能保证它的有效性。而要达到这一点，金融法规的完善和依法管理是不可缺少的。

(三)“内控”与“外控”相结合的原则

要保证监管的及时和有效，客观上需要“内控”与“外控”有机配合。因为外部强制管理不论多么缜密严格，也只能是相对的，假如管理对象不配合、不协作，而是设法逃避、应付，那么外部监督管理也难达到预期的效果；反之，如果将全部希望放在金融机构本身的“内控”上，则一系列不负责任的冒险经营行为和风险就难以有效地避免。因此，实施“内控”和“外控”相结合的原则非常必要。

《核心原则》强调，“发照机关必须有权制定发照标准并拒绝一切不符合标准的申请。发照程序至少应包括审查银行的所有权结构、董事和高级管理层、经营计划和内部控制，以及包括对资本金在内的预计财务状况等；当报批的所有者是外国银行时，首先应获得其母国监管当局的批准。”“在确保银行管理做到这一点方面，监管者起着关键的作用。监管程序的一个重要部分是监管者有权制定和利用审慎法规和要求来控制风险，其中包括资本充足率、贷款损失准备金、资产集中流动性、风险管理和内部控制等方面。”“内部控制的目的是确保一家银行的业务能根据银行董事会制定的政策以预防的方式经营。只有经过适当的授权方可进行交易；资产得到保护而负债受到控制；会计及其他记录能提供全面、准确和及时的信息；而且管理层能够发现和评估业务的风险。”内部控制包括三个主要内容：①组织结构(职责的界定、贷款审批的权限分离和决策程序)；②会计规划(对账、控制率、定期试算等)；③双人原则(不同职责的分离、交叉核对、资产双重控制和双人签字等)。

(四)稳健运行与风险预防原则

金融机构要安全稳健地经营业务，是各国都要坚持的金融管理政策之一。安全稳健与

风险预防及风险管理是密切相连的。安全稳健是一切金融监管当局监管工作的基本目标，而要达到这一点，就必须进行风险监测和管理。因此，所有监管技术手段指标体系，无一不是着眼于金融业的安全稳健及风险性预防管理。安全稳健并不是金融业存在发展的终极目的，它的终极目的，在于满足社会经济的需要，促进社会经济稳健协调地发展。

风险预防是监管者的重要职责。《核心原则》中指出：“银行监管者必须掌握完善的监管手段，以便在银行未能满足审慎要求(如最低资本充足率)或当存款人的安全受到威胁时采取纠正措施”。在极端的情况下，如果银行或其他金融机构已不具备继续生存能力，在这种情况下，监管者可参与决定该机构被另一家更健康的机构接管或合并。当所有的办法都失败后，监管者必须有能力关闭或参与关闭一家不健康的银行以保护整个银行系统的稳定性。

(五)母国与东道国共同监管原则

随着世界经济一体化的发展，跨国银行日趋增多。跨国银行的母国与东道国对其监管应有明确的责任。《核心原则》中指出，母国监管者的责任是：“银行监管者必须实施全球性并表监管，对银行在世界各地的所有业务进行充分的监测并要求其遵守审慎经营的各项原则，特别是其在外国的银行、附属机构和合资机构的各项业务。”东道国监管当局的责任是：“银行监管者必须要求外国银行应按东道国国内机构所同样遵循的高标准从事当地业务，而且从并表监管的目的出发必须有权分享其母国监管当局所需的信息。”

母国与东道国建立联系、交换信息，共同完成对跨国银行的监管。这种联系表现为：在东道国监管当局发照之前要征求其母国监管当局的意见。在一些情况下，有些国家监管当局之间已经达成了双边协议，这些协议可以帮助确定分离信息的范围和一般情况下分享信息的条件。除非能就获取信息达成满意的协议，否则银行监管当局应当考虑禁止其国内银行在其保密法或其他法规不允许提供监管者所要信息的国家内建立机构开展业务。

三、金融监管的理论依据

金融市场的失灵决定了政府有必要对金融活动进行外部监管。现代经济学的发展，尤其是市场失灵理论和信息经济学的发展为金融监管奠定了理论基础。金融监管的理论基础是管制理论，目前管制理论主要有“社会利益论”“社会选择论”和“经济监管论”等。

(一)社会利益论

社会利益论源于 20 世纪 30 年代美国经济危机，并且一直到 20 世纪 60 年代都是经济学家们所接受的有关监管的正统理论。该理论认为，监管是政府对公众要求纠正某些社会个体和社会组织的不公正、不公平和无效率或低效率的一种回应。监管被认为是政府用来改善资源配置和收入分配的手段。在 20 世纪 30 年代经济危机时期，人们迫切需要政府通过管制来改善自由市场的低效率和不稳定状态，并在金融领域恢复公众对全国存款机构和货币的信心。该理论的核心思想是自由的市场机制不能带来资源的最优配置，甚至由于垄断、(正或负)外部效应和不对称信息的存在，将导致自由市场的破产。在这种情况下就需要作为社会公共利益代表的政府在不同程度上介入经济过程，通过实施管制以纠正市场缺陷，避免市场破产。

具体而言，社会利益论认为，造成市场价格扭曲的原因通常来自三个方面：垄断、外部性和市场信息不完善。

1. 垄断与金融监管

垄断又可以分为自然垄断和非自然垄断两种情况。在满足社会理想的生产水平时，如果市场上只存在一个供应商时，该产业的生产成本才能达到最低，那么这个产业所在的市场就是属于“自然垄断”的市场。什么样的产业容易形成“自然垄断”呢？经济学的研究表明：当产业成本中有很大一部分是固定成本时，该产业就容易产生自然垄断，例如公共事业、通信业、航空业等。在这种情况下，固定成本很大程度上相当于边际成本，因此产出越大，平均成本就越低。自然垄断使得经济的产出效率实现了最大化，但却严重损害了经济的分配效率，导致分配效率和产出效率之间的根本性冲突以及严重的价格扭曲。因为如果只有一个供应商生产时效率最高，那么该供应商为追求利润最大化，必然将产品价格置于边际成本之上，分配效率就会丧失。为了取得分配效率，市场就需要有许多的供应商，以便使他们在竞争的压力下使其供应价格等于其生产的边际成本，但是在这种情况下产出效率就会下降。因此，为了协调产出效率和分配效率之间的矛盾，自然垄断式的市场就需要政府的监管。

非自然垄断是指不是属于自然垄断的产业或市场，由于各种不同的原因和出于各种不同的目的，最终形成的不同形式的市场垄断。非自然垄断的情况比较复杂，可以分为各种不同的具体情形，但总的情况与自然垄断相似。一方面，生产的集中有利于生产成本的降低和产出效率的提高；另一方面，生产的集中又容易使得厂商形成操纵价格和产量的市场力量，引起价格扭曲，从而损害经济的分配效率。

2. 外部效应与金融监管

所谓外部效应是指某个生产者或消费者的经济行为给其他生产者或消费者带来的影响。如果是有利的影响，称为外部经济；反之，就是外部不经济。也就是说，某些人获得收益，却不承担成本；而另一些人分担了成本却不能获得利益。外部经济效应的存在会带来两个直接后果：一是产品成本失真，二是效用失真。产品成本和效用的不真实必然会导致产品价格与边际成本不符的情况，从而造成市场价格扭曲。因此，当存在外部经济效应时，仅靠自由竞争就不能保证资源的有效配置。

在出现外部经济效应时，如果社会具备产权明晰的条件，那么供应商可能会走到一起

协商解决经济外部性的问题。但是，如果协商的成本太高，就会导致协商不成功。因此，在存在外部经济效应的情况下，比较好的办法是通过政府监管来消除外部性带来的成本效用分摊不公，以及由此造成的价格扭曲和经济效率降低等问题。

3. 信息不对称与金融监管

信息经济学认为信息的不对称是造成市场价格扭曲的最重要的原因。信息不对称性的一种情况是信息在产品生产者和消费者之间、在合同的双方或者多方之间分配的不对称性。产品的生产者或者供货方对产品的价格、产量和质量方面信息的掌握程度要多于购买者，买卖双方之间的信息不对称，会导致产品价值和价格的不符，尤其是当所销售的产品特别依赖于信息时，或者产品本身就是一种信息含量很大的产品时，产品的价值与价格之间的这种不符合性就会增大。这样，在同一价格之下销售价值较高产品的销售者将会退出市场，而一些价值比较低的产品的销售者会利用这种机会占据市场，结果导致劣质品驱逐优质品的市场逆向选择。

信息不对称性的另一种情形是一方试图以另一方的信息减少为代价来取胜，因此发生遏制对方信息来源的道德风险。信息不对称性存在的事实要求揭示更多有关产品和劳务的信息，使消费者能把高质量产品和低质量产品区别出来。因此，从经济学的角度来看，市场上存在要求提高市场效率的强烈愿望：一方面，生产者有揭示信息给市场参与者的愿望；另一方面，生产者也有不愿意披露信息的预期。因此，经济学认为，当公司内部的信息太专门化，不能及时披露，或者是披露代价太大时，政府监管可能就是修正信息不对称性的一种有效办法。

(二)社会选择论

社会选择论也叫公共选择理论，是从公共选择的角度来解释政府管制的。认为政府管制作为政府职能的一部分，是否应该管制，对什么进行管制，如何进行管制等，都属于公共选择问题。管制制度作为产品，同样存在着供给和需求的问题，但其作为一种公共产品，则只能由代表社会利益的政府来供给和安排，各种利益主体则是管制制度的需求者。管制者并不只是被动地反映任何利益集团对管制的需求，它应该坚持独立性，努力使自己的目标与促进一般社会福利相一致。

该理论认为，当市场不能够在完全竞争状态下运行，或者完全竞争的市场机制不为社会所需要时，就会发生市场失灵、监管是政策提供的为满足公共需要、用来纠正市场失灵的一种手段，通过监管能够增加公共利益。关于这一点，可以从两个方面去理解。其一，监管部门和监管对象的关系是服务与被服务之间的关系。监管是市场竞争主体提出的要求，监管是为适应市场要求由政府提供的服务，商家是监管的直接受益者。比如，为了保护商家的利益，扶植某产业的发展，政府制定最低限价，对违反监管规定的予以处罚，就应该是商家的普遍需要。其二，监管部门代表消费方的利益对商家的经营行为进行监管，直接受益人是消费方，虽然制约了商家的现实利益，但是，商家可以从市场的健康发展中得到应有的补偿，实现长远的发展需要，并与监管部门的监管也不会发生根本上的利益冲突。

不过有批评者认为，社会选择论对监管的解释是强力集团与政府因某种利益关系而结盟，政府监管是为了强力集团的利益，对市场进行监管。商家作为监管对象，不会在监管中得到实际的好处。因而监管与被监管是对立的，始终在进行猫捉老鼠的游戏，猫和老鼠都会在监管中不断提高博弈能力，从而使监管日臻完善。这种理论用来解释监管过程有一定道理，但是，这种监管肯定是低效和高成本的。

(三)经济监管论

经济监管论又叫监管经济学，是目前为止较为确切的一种理论，它提出了可检验的假设和一系列合乎逻辑的推理。根据监管经济学的观点，之所以会存在着监管的需求，是因为企业可以在国家监管的条件下实现经济地位的改善。企业可以从政府监管那里获得至少四个方面的利益：直接的货币补贴、控制竞争者的进入、获得影响替代品和互补品的能力及定价能力。而监管的供给则来自那些千方百计谋求当选的政治家，他们需要选票和资源。由于愿意接受监管的利益集团十分明白，通过监管能够从政治家那里获得好处，因此，他们就愿意承担相应的成本，同时，会千方百计地寻找能够给它们提供政策庇护的合适的庇护者。监管就是在这种供求关系的相互作用下产生的一种产品。

由于政治决策具有间断性、整体性、强制性和一次性的特点，因此，政治决策过程与一般的市场决策过程之间存在着一些本质上的差别，这就是为什么许多企业和行业都能够同时利用政治手段来实现自己各自的不同目的的原因。从这一点上讲，监管已经超出了纯经济现象的范畴。可以这么认为：监督问题是一个寻找某个企业、行业或者团体在什么时候和为什么能够利用国家的力量来为自己的目的服务的问题，或者是寻找国家在什么时候和为什么将这些具有共同政治目的的企业集中起来加以利用的问题。

四、金融监管成本

按照一般的分类方法，金融监管成本可以分为直接成本和间接成本。直接成本是指金融监管的运行成本，包括金融监管体系中的各方主体为实施和遵守各种监管制度、法规政策而消耗的资源，它主要包括执法成本和守法成本两部分。金融监管的间接成本是指由于监管行为造成的社会总体福利的间接损失，包括监管行为限制竞争造成的损失、监管行为滋生的道德风险等。

1. 执法成本

执法成本是指金融监管当局在具体实施监管的过程中产生的成本，通常属显性成本。金融监管的执法成本是指金融监管当局在具体实施监管的过程中产生的成本。执法成本的

一部分由被监管的金融机构承担，其余部分由政府预算来补充。由于金融监管当局关注的是监管目标的实现，从而有可能造成监管成本过高的现象。

2. 守法成本

守法成本是指金融机构为了满足监管要求而额外承担的成本损失，通常属隐性成本，主要表现为金融机构在遵守监管规定时造成的效率损失——降低了资金的使用效率，限制了新产品的开发等。

3. 道德风险

道德风险是指由于监管当局的不公平、信息对投资者的不对称、监管机构弥补损失的驱动所引起的风险，通常属隐性成本。具体包括以下四个方面。

(1) 由于投资者相信监管当局而忽视自己对金融机构的监督、评价和选择。

(2) 保护存款人利益的监管目标，使得存款人通过挤兑的方式向金融机构施加压力的渠道不再畅通。

(3) 金融机构在受监管中承担一定的成本损失，因而会通过选择高风险、高收益资产的方式来弥补损失。

(4) 监管过度会导致保护无效率金融机构的后果，从而造成整个社会的福利损失。

五、金融管理失灵

虽然政府监管可以在一定程度上纠正市场缺陷，但政府同样也会面临着失灵问题，金融监管也一样。导致金融监管失灵的主要原因有：监管者的经济人特征、监管行为的非理想化、监管制定与实施集于一身缺乏约束机制等方面。

(1) 政府监管虽然可以在一定程度上纠正市场缺陷，但同样也会面临“失灵”问题。

(2) 监管者的经济人特性。从理论上讲，金融监管机关作为一个整体，是社会公众利益的代表者。但具体到单个的监管人员来说，由于也是经济人，也具有实现个人利益最大化的动机，很容易被某些特殊利益集团俘获，并成为他们的代言人。

(3) 监管行为的非理想化。尽管监管者主观上想最大限度地弥补市场缺陷，但由于受到各种客观因素的制约，并不一定能达到理想化的目标。制约监管效果的客观因素有：监管者对客观规律的认识具有局限性，监管者面临着信息不完备问题，监管时滞问题，等等。

(4) 作为监管制度的制定和实施者，金融监管机构处于独特的地位，它们几乎受不到来自市场的竞争和约束，从而也就没有改进监管效率的压力和动机，这会导致监管的低效率。

第二节　金融监管体制

一、金融监管体制及其类型

金融监管体制是指金融监管体系和基本制度的总称。金融监管体制实质上就是由谁来监管，由什么机构来监管和按照什么样的组织结构进行监管，相应地由谁来对监管效果负责和如何负责的问题。金融监管体制问题首先就是要选择和建立一个能够实现最佳监管的模式的问题。金融监管模式是指一国对金融机构经营所采取的监管方式。从世界各国的传统来看，主要有两种模式，即分业经营、分业监管模式和混业经营、集中监管模式。金融监管模式的确定，同一国金融机构的经营方式、金融监管水平和经济金融的发展状况密切相关。

1. 分业经营、分业监管体制

分业经营体制是指银行、证券、保险和信托等金融机构只能经营本行业的业务，不能兼营其他行业业务的一种经营制度。与此相应，分业监管体制是指一国按照不同的监管对象，由不同的监管当局行使监管职能的一种监管制度。20 世纪 30 年代大危机后，以美国、英国、日本为主要代表的西方国家实行了分业经营和分业监管体制。

在分业监管体制下，监管当局对金融机构的业务范围一般有严格限制，主要包括：

(1) 禁止商业银行从事投资银行业务。商业银行除了可以经营法律规定的债券外(如国库券等)，不得从事购买股票或其他有价证券的交易。

(2) 禁止证券经营机构吸收存款和发放贷款。

(3) 银行、证券等金融机构的高级管理人员不得互相兼任。

分业经营、分业监管体制的优点：能较好地提高金融监管的效率；防止金融权力过分集中，因地制宜地选择监管部门；有利于金融监管专业化，提高对金融业务服务的能力。但是，这种监管模式也存在一些缺点：管理机构交叉重叠，容易造成重复检查和监督，影响金融机构业务活动的开展；金融法规不统一，使不法的金融机构易钻监管的空子，加剧金融领域的矛盾和混乱；降低货币政策与金融监管的效率。在美国，金融界一直在对这种分业监管体制进行讨论，赞成和反对的呼声都不小。因为这种模式是由美国的政治经济制度决定的，要在短期内改变这种模式是不可能的。日本在第二次世界大战结束后，也废止了商业银行业务和投资银行业务的混业经营体制，转而采取分业经营模式，并在美国规定的基础上扩大了分业经营管制。可以说，在 1933 年以后的差不多 40 年时间里，除德国等少数几个国家还继续实行混业经营模式外，分业经营模式一直是经济发达国家主要采取的银行监管体制。

2. 混业经营、集中监管体制

混业经营体制是指金融机构可以经营银行、证券、保险和信托等在内的全方位金融业务的一种经营体制。与此相应，集中监管体制是指由相对统一的监管当局行使监管职能的一种监管制度。历史上，混业经营、集中监管体制主要以德国、瑞士、法国等国家为代表。

混业经营体制有两种表现形式：一种是全能银行，即银行可以直接经营银行、证券、保险等金融业务；另一种是银行通过投资证券公司、保险公司等，持有股份或控股，间接地从事非银行业务。

混业经营、集中监管体制的优点是，有利于金融体系的集中统一和监管效率的提高，但需要各金融管理部门之间的相互协作和配合。从德国、瑞士和法国的实践来看，人们习惯和赞成各权力机构相互制约和平衡，金融管理部门之间配合是默契的、富有成效的。然而，在一个不善于合作与法制不健全的国家，这种体制难以有效运行。而且，这种体制也面临同分业监管体制类似的问题，如机构重叠、重复监管等。

实行这种监管体制的典型代表是德国。在德国，金融机构实行混业经营。从法律上讲，银行监管由联邦信贷监督局负责，但实际上是由德意志联邦银行和联邦信贷监督局共同负责的。联邦银行是德国的中央银行，其主要任务是管理国民经济中的货币流通和信贷供应。联邦信贷监督局的任务是对信用机构实行监督；对危及委托给信用机构的财产安全，损害银行业务的正常执行，给公共经济带来明显危害的信用业中的不良行为进行抵制和斗争，联邦信贷监督局只许为公众利益执行法律赋予的任务。在执行金融监管过程中，联邦信贷监督局和德意志联邦银行依法相互合作。

此外，在世界上有些国家和地区金融机构的经营模式和监管体制并不是完全对应的。例如，韩国金融机构实行的是分业经营模式，而金融监管则是集中监管体制；我国的香港地区则正相反，金融机构实行混业经营模式，金融监管则实行分业监管体制。

20 世纪 80 年代以来，金融自由化、金融创新迅猛发展，传统的金融机构的经营体制逐渐被打破，监管模式也发生了变化。英国在 1986 年、日本在 1996 年分别通过相关法律，打破分业经营体制，实行混业经营。在 20 世纪 90 年代末期，金融监管也随之转变为集中监管模式。美国的金融监管虽然仍实行分业监管体制，但在 1999 年通过了《金融服务现代化法案》，取消了分业经营法案，开始进入混业经营时代。从目前的发展趋势来看，可以预测未来的一段时期内，金融机构的混业经营将成为大势所趋。

二、金融业自律

(一)金融业自律的概念

自律是指同一行业的从业者组织，基于共同利益，制定规定，自我约束，实现本行业内部的自我监管，以保护自身利益并促进本行业的发展。

行业自律，最早出现在封建的行会中。当时的行会组织一般采取自愿结合的方式，组织较为松散，其职责多局限于制定本行业产品的最低价格，以防止出现损害本行业利益的“价格大战”。而经济中的众多同业组织，大多为自我规范监管的本行业非营利性社团法人，其职责一般为制定本行业的行业标准，举办本行业的各种活动，召开本行业的研讨会等。在大多数国家，行业组织多代表本行业同政府交涉，同时亦对本行业成员进行规范并向社会负责。行业组织的存在及其自律行为对行业的稳定发展必不可少，它能够防止过度竞争，减少社会的交易成本，降低政府的监管费用，在保护生产者与消费者的利益方面发挥着积极的作用。

商业银行的行业自律行为，在世界范围内较为普遍。西方各国对商业银行的监管尽管模式有别，但一般对其行业自律都相当重视甚至过于依赖，我国香港地区在这方面尤为典型。香港银行业公会作为香港银行业的同业组织，是由香港政府专门依据《香港银行公会条例》成立的。长期以来，该组织一直很受香港政府的重视，并被单独作为一个层次纳入香港银行业监管体系。香港政府的许多政策意图都通过银行公会组织向社会披露，并将若干事务交由银行公会处理，利用银行公会加强银行业自身调节和自律，从而达到协助监管的目的。香港银行公会的权力相对较大，例如执行利率协议，禁止公会会员银行从事任何非指定业务，为会员银行提供票据清算服务等。

(二)金融业自律组织的功能

金融业自律组织主要为金融行业公会，由于经济发展水平、金融监管体制、金融市场发育程度不尽相同，不同国家金融行业自律的内容也有一定的差异。当前我国银行业、证券业行业协会的功能主要有以下几项。

1. 协调制定同业公约及其他自律规章

这是对金融行业实行自律管理的制度基础。同业协会应根据金融市场的状况和发展趋势，按照国家的法律、路线、方针政策和监管当局的监管要求，制定并适时修订会员共同遵守的同业公约及其他行业规章，包括各种业务标准、行业操守等，规范金融企业的经营行为等。

2. 对会员进行监督检查

同业协会可以依照有关法规及自律规则，在授予的权限范围内，对会员的经营行为进行经常性的监督和检查，督促会员贯彻执行国家的有关金融法规和方针政策，制止违反国家有关法规政策和不计成本、不顾行业公德、不顾职业道德的不正当竞争行为，使会员树立自我约束、自我管理、自我控制的良好意识。对于违反法律法规、自律规则的，依照有关规定坚决予以处分，或建议监管当局给予适当的处罚。

3. 提供行业服务

在加强对会员监督检查的同时，行业协会还应对会员提供多种服务。如组织全体会员共同抵制侵害本行业合法权益的行为；组织会员研究本行业金融创新、发展前景等问题，加强会员沟通，开展行业信息交流和信息发布，通报客户的“黑名单”；调解会员之间、会员与客户之间的业务纠纷；组织会员单位的员工业务培训；通过组织会员间及国家间交流与合作，提高会员的竞争力；等等。

4. 沟通功能

发挥同业协会的桥梁与纽带作用，加强会员与政府有关部门间、会员与监管当局间的沟通与联系，及时反映会员在经营中所遇到的各种困难、问题和要求，争取社会各界对金融企业的支持与理解。在不违反监管原则的前提下，代表同业向政府有关部门及监管当局提出制定或修改相关法规制度的建议。

三、金融机构的内部控制

内部控制是公司企业最高管理层为保证经营目标的充分实现而制定并组织实施的，对内部各部门和人员进行相互制约和相互协调的一系列制度、措施、程序和方法。有效的内部控制的基本要求主要包括以下几方面。

(1) 稳健的经营方针和健全的组织结构。

(2) 恰当的职责分离。

(3) 严格的授权与审批制度。

(4) 独立的会计及核算体制。

(5) 科学高效的管理信息系统。

(6) 有效的内部审计。

金融机构的内部控制是金融监管效果得以实现的基础。一个良好的内部控制制度是确保监管体系得以正常运行的微观金融基础和根本所在。

第三节　金融国际化与金融监管的国际协调

一、金融国际化及其表现

金融国际化是指一国的金融活动超越本国国界，脱离本国政府金融管制，在全球范围内展开经营、寻求融合、求得发展的过程。金融国际化是经济全球化的重要内容，金融国际化推动了经济全球化的发展。

(一)金融国际化的动因

1. 金融自由化政策为金融国际化提供了有利的制度基础

20 世纪 70 年代，发展中国家开始进行一系列的金融体制改革，改变了金融落后状况，在一定程度上推进了金融开放和金融自由化。20 世纪 80 年代初开始，以美国、英国、日本、德国和法国为主的工业化国家相继实施金融自由化措施，放松金融管制、取消利率上限、引入创新金融工具、放宽市场准入和营业限制。自由化政策突破和改变了各国金融抑制或金融管制的各种传统制度，形成了与金融国际化要求相适应的新规则。

2. 信息革命为金融国际化提供了强大的技术手段

现代计算机技术和通信技术的发展，消除了各国市场之间和国际市场之间金融信息传递的时空障碍，提供了高速度、低成本处理大规模金融交易的技术手段。特别是网络技术的发展，使得全球范围的资金流动和交易清算瞬间即可完成。没有信息革命带来的现代技术，真正意义上的金融国际化的形成是绝无可能的。

3. 金融创新为金融国际化提供了多样化的运作载体

金融国际化需要新的制度、新的技术，更需要新的载体。从 20 世纪 60 年代末起，各国金融机构为了规避政府管制，拓展海外市场，掀起了金融创新浪潮。新的金融市场、新的金融机构和新的金融工具，比如离岸金融市场、跨国银行、金融产品证券化和金融衍生工具等不断涌现，成为金融国际化的有效载体。金融国际化的进程实际上就是一个金融创新的过程，金融创新不断为金融国际化的推进和扩展开辟道路。

(二)金融国际化的表现形式

金融国际化主要表现为金融市场国际化、金融交易国际化、金融机构国际化和金融监管国际化。

1. 金融市场国际化

金融市场国际化有两层含义： 一方面指伴随着金融管制的取消或放松和国内金融市场向国际投资者的开放，本国的居民和非居民享受同等的金融市场准入和经营许可待遇；另一方面指离岸金融市场，与国内金融市场即在岸市场相比，离岸市场直接面向境外投资者的国际金融交易，与市场所在国的国内经济几乎无关。

2. 金融交易国际化

金融交易国际化是指交易范围、交易对象、交易活动、交易规范、交易技术的国际化。伴随着外汇管制和其他金融管制的逐步放松，国际金融市场上非中介化趋势日益显现。所

谓非中介化是指银行不再充当借贷双方的中介机构。经银行中介的国际借贷渐遭冷落，国际证券市场开始繁荣，并成为国际融资的主要形式和渠道。证券化筹资工具中除了传统的欧洲债券外，还包括各类融资票据、公司股票的异地上市、存托凭证以及金融衍生品等。证券化融资的国际交易量及其增长，反映了金融国际化的迅猛发展势头。

3. 金融机构国际化

金融机构国际化包括两个方面：一是参与国际金融活动的机构日益增多，国际化范围扩大，这不仅是指跨国银行及其海外分支机构的增加，而且更表现为与证券化趋势相一致的各类直接融资代理机构的扩张。二是金融机构实施跨国经营战略，国际化程度提高。最近十多年中，国际金融市场上的机构投资者以全球化战略为指导，不断提高国外资产的控制额，同时更多地采用同业跨国收购或跨部门兼并的方式直接拓展海外金融市场份额，形成了诸如日本野村证券那样的“全球金融超级市场”、美国美林公司那样的“巨型零售经纪人商店”，以及所罗门公司那样的“全球证券贸易商行”。

4. 金融监管国际化

金融市场和交易的国际化，使银行和非银行金融机构日益摆脱各国政府的监管，国际金融市场上的不平等竞争和经营风险日益加剧。为使银行提高资产效率和规避经营风险，1988 年国际清算银行与 12 个发达国家协商后公布了“巴塞尔协议”，该协议已成为当代全球银行业共同遵守的基本准则。

国际金融监管还在地区层面上展开，如欧盟的银行顾问委员会和监管当局联络组，取得了显著成效。在证券领域，国际证券委员会不仅致力于保障银行业与非银行业之间的公平竞争，而且更关注衍生金融工具的国际风险管理。

二、金融国际化给金融监管带来的挑战

无论金融国际化的程度达到哪一层次，对于一国的金融监管当局而言都是严峻的挑战，主要表现如下。

1. 在金融活动和金融机构的国际化与金融监管的国别化之间的矛盾日益加深

就国际金融监管的角度看，当金融活动的监管还是单个国家政府的事情，金融监管行为还被限制在国家主权地理区域之内的时候，就意味着无法对国际金融活动进行有效的监管，面临监管真空的危险。

2. 金融国际化加大了监管者和被监管者之间的信息差异

一般来讲，监管者与被监管者之间就存在着信息不对称。在金融国际化的过程中，金融机构的组织结构和业务结构日趋复杂，国际经营和交易业务大量以表外业务的形式开展，

监管机构根本无法及时完整地获得信息，从而使得监管者实施有效监管的难度越来越大。

3. 国际金融业务的创新不断突破现有的金融监管框架

表外业务的大量增加，金融衍生工具大量出现，都在很大程度上导致监管部门无法进行及时有效的监管。

4. 金融机构的集团化和业务综合化与金融监管分散化之间的矛盾

金融集团复杂的业务结构和风险结构本身，使得金融监管极为困难。而且很多国家还在实行分业监管。这就使对进入本国的国际金融集团实施有效的监管成为一个棘手的问题。

三、金融监管的溢出效应

宏观经济分析的着眼点在于“森林”而非“树木”。我们强调联系全球经济世界金融市场的经济链环和溢出效应，力图以此来说明部门和国家间相互影响的意义。

金融监管的溢出效应是指任何一国针对本国金融机构所做出的监管决策将影响机构的经营行为，进而会波及该机构在国际金融市场上的经营行为，而各国金融机构在国际市场上的业务联系使得这种行为的调整可能会影响该机构的合作者或交易对手，进而会对他国的金融机构产生影响。金融监管溢出效应使得监管当局做出的监管决策很可能会导致全球范围内的低效金融产出，影响资源配置的有效性。

四、监管竞争和监管套利

与金融机构国际化经营相对存在的是各国金融监管制度的差异。在一个存在金融监管差异的国际市场中，有可能出现两种现象：一是监管竞争；二是监管套利。它们都可能影响监管的有效性。

所谓监管竞争，是指各国监管者之间为了吸引金融资源而进行的放松管制的竞争。这种监管竞争并不会达到产品市场上竞争所带来的均衡。监管竞争和产品竞争的一个最主要区别在于监管竞争的主体，即监管者，并不是竞争成本和收益的直接承担者，而同时却具有强烈的动机：通过竞争吸引更多的金融资源无疑是他的功绩。20世纪80年代，一些发展中国家为了吸引更多的资本流入，竞相对本国金融业实行了自由化，减少金融管制，降低监管标准，确实引进了大量的资本。但进入20世纪90年代，监管放松的恶性影响使他们大部分发生了金融危机。

监管套利是指被监管的金融机构利用监管制度之间的差异获利。如果一个国家金融监管过于严格，该国的金融机构和业务活动会被其他监管宽松的国家所吸引；并将导致本国对金融机构所实施的金融监管失效。同时使本国的金融机构数量达不到理想中的竞争状态，从而影响金融资源的有效配置。

监管竞争和监管套利也有其正面效应，即导致世界范围内一些监管的标准趋于同一水平。

五、金融监管的国际协调与未来发展

金融国际化所带来的金融机构的跨国经营和金融风险的国际传播对国际金融监管的协调提出了迫切的需要。目前，国际社会对金融监管的国际协调已经取得了广泛的认同，概括起来大致认为：①监管者之间的合作和信息交流不应该存在任何障碍；②要保证监管主体之间共享信息的保密性；③监管者对合作必须有一个前瞻性的态度，无论是作为援助和信息的提供者或需求者。

目前金融监管国际协调的形式主要包括：双边的谅解备忘录；多边论坛；以统一的监管标准为基础的协调；统一监管。

金融监管的国际协调是解决国际范围内监管失效和监管空白最有利、最现实的方法。有效的国际金融监管协调可产生两个效应：一是继续推进金融的国际化进程，为金融机构的国际化努力创造良好的金融环境；二是提高全球金融市场监管的有效性，保持金融稳定。

现有的金融监管国际协调组织可分为两类：一类是对成员国没有法律约束力的国际监管组织，如巴塞尔委员会。这类组织主要通过没有法律约束的“君子协议”来推动成员国之间的合作以及国际性监管标准的推广。另一类是以国际法或区域法为基础的监管组织。它们所通过的监管规则对成员国具有法律约束力，例如欧盟和北美自由贸易组织等。

1974 年根据英格兰银行的建议，在国际清算银行的发起和支持下，十国集团中央银行行长建立了银行法规与监管事务委员会，也就是现在所称的巴塞尔银行监管委员会(BCBS)，简称巴塞尔委员会。巴塞尔委员会的成员来自比利时、加拿大、法国、德国、意大利、日本、卢森堡、荷兰、瑞典、瑞士、英国和美国。各成员国在委员会的代表机构为中央银行。

委员会的主要工作原本是为国际银行业提供一个“早期预警”系统。但随着银行业国际化的不断推进，委员会的工作重点转移为堵塞国际监管中的漏洞，提高监管水平，改善全球监管质量方面。

委员会并不具备任何凌驾于国家之上的正式监管特权：其文件从不具备、亦从未试图具备任何法律效力。不过，它制定了广泛的监管标准和指导原则，提倡最佳监管做法，期望各国根据本国的情况通过具体的立法或其他安排予以实施。

信息是实现有效监管的重要前提条件。国际社会对信息交流取得了充分的共识，认为要遵循以下原则来实现信息的交流：①为了实现有效监管，每个监管者都必须获得足够的信息；②监管者对于所需获得的信息及与其他监管者之间的合作，应该有一个前瞻性的态度；③监管者应该及时地向某一金融机构主要的监管者传递正在实施的政策、变动中的信息以及可能的不利状态，同时也包括监管行为和潜在的监管行为；④主要的监管者应该和其他相关的监管者共同分享那些影响被监管者行为的监管信息；⑤监管者应该主动地采取措施同其他监管者签署相关协议，同时在彼此之间建立一种合作和信任的态度。

目前国际上的信息交流机制主要有双边合作和多边合作两种形式。双边合作在两国之间，有谅解备忘录、双边援助协议、非正式的信息交流或信息共享的安排。多边合作主要是通过国际监管组织的监管建议和监管标准来实现。此外，银行业、证券业、保险业之间的信息交流及信息共享也随着金融集团的兴起而得到了国际金融界的重视。

虽然在国际金融监管合作方面取得了很大的进步，但仍然在金融监管国际协调方面面临着许多困难和障碍。第一，在国际关系的处理上，国家行动遵循国家利益至上的原则。如果协调可能引致收益，则积极合作；如果不合作甚至违背合作的承诺能带来更大的收益，则国家也有足够的动机不合作或违约。第二，金融监管的国际协调意味着各国无法根据市场的现实情况来灵活地制定监管政策。如果本国在监管制度安排上的目标和国际协调制度所追求的目标不一致，自主性的丧失将影响本国目标的实现。而统一的监管标准和统一监管将使各国在不同的程度上让渡本国的监管权利。第三，各国金融业的发展水平不同，发展目标不一样，发展的理念也各有差异。尤其是发达国家和发展中国家之间在金融发展上的差异和金融监管上的不同要求，更使得国际协调困难重重。第四，国际三大金融监管协调组织纷纷提出了各自领域内的监管标准。由于各国发展水平不一，国际监管标准的选择往往采取的做法是：最低标准但允许在最低标准之上实施更高的标准。这种选择一方面降低了监管的有效性，另一方面也不能从根本上杜绝监管差异引致的监管竞争和套利。

观察金融监管国际协调的未来发展，有两个视角，不能偏废。其一，随着金融国际化程度的不断推进，加强金融监管国际协调的需求会越来越强烈，现代金融的国际协调和统一化发展趋势将不断加强，监管的标准规则、信息技术以及机构体系的统一化也将得到提升，局部的统一监管局面将继续推进、扩展，全球金融监管则将进入全面协调和统一监管并存的格局。其二，金融监管国际协调的推进不可能脱离国际政治、经济总体的约束。比如，不同的经济发展水平，国家的主权，民族的传统，等等，均不可能使金融监管成为全然超国界的制度安排。由此产生的矛盾将会长期存在。

本章小结

本章主要介绍金融监管的概念与特征、目标与原则、方法及内容，以及主要国家和我国的金融监管体系和模式。

(1) 金融监管是管理当局依法运用各种措施手段，按照既定的标准对金融机构从金融市场准入、业务活动、经营状况、行为规范到市场退出全过程所进行的连续、统一、规范的监督与管理。

(2) 金融监管的目标主要是实现安全性、平等性、一致性和稳定性。即保证金融业经营的安全性、保证金融业竞争的平等性、保证货币金融政策的一致性、保持金融市场的稳定性。

(3) 金融监管须遵照依法监督原则、适度竞争原则、不干涉金融业内部管理原则、综合管理原则、社会经济效益原则和机构一元化原则。

(4) 我国的整体金融监管系统包括金融监管的组织监管系统、金融机构自律监管系统、行业自律监管系统、市场监督系统、行政法制监督系统五个方面的监管系统，形成了对于金融机构的自我约束与外部约束、行政手段监管与法律手段监管相结合的基本框架。

(5) 目前，我国金融监管的模式是分业经营、分业管理。我国已形成了由中国人民银行、中国银行业监督管理委员会、中国证券监督管理委员会、中国保险业监督管理委员会分别对不同领域金融活动进行监管的金融监管组织系统，并以立法的形式授予这些机构法定的监管权限，监管机构对金融机构依法进行监管。

本章习题

1. 简述进行金融监管的必要性。
2. 简述金融监管的目标。
3. 简述金融监管的原则。
4. 简述金融监管的主要内容。
5. 简述金融监管的现场检查分析法。
6. 简述骆驼银行评级体系的具体内容。
7. 试分析我国的金融监管体系。
8. 如何完善我国的金融监管机制？

第十四章　金融创新与发展

【教学目的与要求】

通过本章教学，使得学生能够了解金融创新理论、理解资产证券化的原理、金融工程的基本理论；了解风险投资和二板市场；同时能够联系当前实际理解金融创新对经济的影响。

【重点与难点】

- 金融转化机制下的资金流动过程。
- 金融体系的功能和金融创新问题。
- 金融体系的功能和金融创新推动下的金融体系演变。

【引导案例】

2014 中国十大金融创新案例

用手机微信就能购物，在小卖部也能刷信用卡，呼朋唤友凑钱众筹创业……金融创新，我们越来越能在日常生活中切身感受到。新金融业态流淌的不是钱，而是人的体验。

过去，谈起金融业，联想到的是壁垒森严的准入制度、围墙高企的资本门槛以及严丝合缝的游戏规则。如今，金融就在你的身边。当然，你还需要管中窥豹、见微知著的本领——从一个个鲜活案例中，把握新时代金融演进的脉搏起伏。

榜样的力量是无穷的。在由深圳市政府中国贸促会、深圳市人民政府主办，深圳市金融办、深圳市贸促委、深圳国际商会承办，《快公司》中文版联合承办的2014深圳金博会创新金融论坛现场，组委会共同发布了2014中国十大金融创新案例，该评选已进入第二届，被视为金融未来新动向的“望远镜”。

2014 中国十大金融创新案例名单

钱方 QPOS

来自：北京钱方银通科技有限公司。

钱方QPOS服务的主要服务对象是中国没有安装POS机的小微商户。商户只需将智能手机或平板电脑与他们提供的刷卡器相连，就能将其变成一台移动POS机，随时随地提供刷卡服务。钱方为小商户提供企业级的经营管理工具，解决了商户收款效率的问题。

微信支付

来自：深圳市腾讯计算机系统有限公司。

微信支付是一款在微信平台上的移动支付方式。2014年，以微信公众号+微信支付为基础，“微信智慧生活全行业”解决方案致力于帮助传统行业将原有商业模式“移植”到微信平台，并为亿万网友带来“水和电”一样的智慧生活方式。

众筹网

来自：网信金融集团。

互联网金融的核心是风险控制。众筹网平台上的项目发起人会在项目初期得到一部分预付资金，完成货物的交付，并等用户确认后才能收到其他的款项。这对消费者或者投资人都是很好的保护。如今，风险控制也成为互联网产品体验中的重要一环。

广发银行“24小时智能银行”

来自：广发银行。

作为广发银行自主研发并获得国家设计专利的产品，广发“24小时智能银行”通过应用先进的自助金融服务机具，有效整合远程视频、身份识别、传统自助机具等元素，创造出一种崭新的金融服务模式。实现了从“服务为王”向“体验为王”的升级。

南方创投网

来自：深圳互联网投融资服务平台。

中国首家政府主导的非营利性高科技领域O2O股权债权众筹平台。“南方创投网”凭借深圳高科技创新中心定位与宽松活跃的创投氛围环境，开了国内政府互联网服务O2O的先河。

安心牛

来自：深圳市小牛电子商务有限公司。

在优质的P2P平台上，项目风险可控、收益高，经常一发布即被抢购一空。小牛在线为帮助对流动性有不同需求的理财人获取较高的投资收益，推出了安心牛理财计划。只需操作一次，投资金便会自动投向平台项目，最大限度提高用户的资金使用率。安心牛理财计划帮助理财人摆脱“僧多粥少”的困局，将项目和理财人进行了科学的对接和分配。

招商银行咖啡陪你

来自：招商银行。

招商银行联合韩国咖啡连锁品牌——咖啡陪你Caffebene启动创新合作，在国内推出咖啡银行。该案例再次探索了银行业零售化经营的可能性，并成为股份制银行另一种形式上的网点扩张。从银行业发展的趋势来看，未来银行的“零售化经营”将成为一种全新的尝试。

阿里小额贷款

来自：浙江阿里巴巴小额贷款股份有限公司。

浙江阿里巴巴小额贷款股份有限公司首创了从风险审核到放贷的全程线上模式，向通常无法在传统金融渠道获得贷款的弱势群体批量发放小额贷款。通过阿里巴巴、淘宝等电子商务平台，收集客户积累的信用数据，并进行量化处理。阿里小贷因其独特的平台优势在同类服务中具有不可复制性。

88财富

来自：中科创金融控股集团。

作为引领互联网金融2.0时代的全球资产配置门户网站，88财富网首创B2C+O2O的互联网金融模式，以"固定+浮动"+"纯浮动"收益类产品方式进入资本投资领域，为客户提供全球资产配置的定制理财服务。

橙e网

来自：平安银行股份有限公司。

橙e网要做的，是搭建一个电商云服务平台，让中小企业的订单、运单、收单、融资、仓储等经营性行为都在上面跑，同时引入物流、第三方信息等企业，为企业提供配套服务。纵观银行与互联网金融的融合创新，该平台是银行首次在模式上不再跟随互联网金融，是"不一样"的创新。

(来源：根据央视网朝闻天下整理，http://china.huisou.com/news/2014_11_10/253936_0/)

思考题：日常生活中还有什么金融创新的例子？

第一节　金融创新概述

一、金融创新的概念

从20世纪50年代开始，特别是进入20世纪70年代以后，西方金融领域出现了一系列重大且引人注目的新事物：广泛采用的新技术，不断形成的新市场，层出不穷的新工具、新交易、新服务浪潮般地冲击着金融领域。这不仅革新了传统的业务和经营管理方式，模糊了各类金融机构的界限，加剧了金融业的竞争，打破了金融活动的国界局限，形成了放松管制的强大压力，而且改变了金融总量和结构，对货币政策和宏观调控提出了严峻的挑战。面对这些日新月异的新事物以及带来的世界金融业深刻而全面的变化，一些西方经济学家开始运用创新理论来进行阐释和研究，他们把这些以新型化、自由化、多样化为特征的新事物通称为"金融创新"。

金融创新虽由来已久，但对于金融创新的含义这个基本的理论问题仍存在很大争议，目前国内外尚无统一的解释。美国纽约Barron's Educational Series Inc.出版的《银行辞典》(*Dictionary of Banking Terms*)将金融创新定义为"支付制度促进银行及一般金融机构作为资金供求中介作用的减弱或改变"，并指出金融创新包括四个方面：①技术创新；②风险转移的创新；③产生信用的创新；④产生股权的创新。该定义主要从微观层次，从当代新出现的金融工具、金融服务的角度，从支付制度引起金融中介地位变化这个侧面来阐述金融创新的含义。十国集团中央银行研究小组编写的研究报告《近年来国际银行业的创新》认

为，金融创新就其广义定义而言，包含两种不同的现象，一是金融工具的创新，二是金融创新的三大趋势，二者相互作用。该报告认为，任何金融工具都可以看作若干特性的结合。这些特性有收益性、流动性、价格风险、信用风险、期限长短等。金融创新可以看作是通过对这些特征加以解困和重新配套的过程来创造新的金融工具。至于金融创新的三大趋势，该报告认为，一是证券化以及使银行信用和资本市场的界限变得模糊不清的趋势；二是表外业务越来越重要；三是金融市场全球一体化。从上述观点可知它主要从金融市场出现的新工具和新趋势来规定金融创新的内涵，前者属于微观市场范畴，后者属于整个金融业的宏观变化。金融创新的发展，在我国包括丰富的内容，如金融机构、金融市场、金融工具、金融服务、管理方式、支付制度等多方面的创新。可将其归纳为三个方面：金融观念创新、金融制度创新和金融工具创新。

二、金融创新的原因

金融创新其实就是新的金融产品被生产和消费的过程。可从两个方面来理解金融创新：一是既有对金融创新的需求，又有对金融创新的供给才会形成金融创新；二是金融创新的预期成本低于预期收益才会形成金融创新。总之，金融创新是各经济主体在追求各自利润最大化的共同原则下的博弈结果。

(一)金融创新需求方面的原因

1. 回避风险的需求

由于利率波动频繁，投资主体对其难以把握和预测，这就有可能给投资主体带来风险。以银行在国际市场上融资为例，如果以浮动利率融资，以固定利率运用所筹资金，若该种货币利率上升，银行就会因为融资成本的增加而遭受损失。故银行需对此风险加以回避，从而导致了防范利率风险的新金融工具的出现。除了利率风险，投资主体还要面对汇率风险。国际金融市场上的交易者一般都来自不同的国家，防范汇率风险是普遍的需求，尤其是 20 世纪 70 年代实行浮动汇率制以来，汇率的变动频繁而剧烈，这一因素刺激了防范汇率风险的新金融工具的出现。从信用风险上看，由于银行处于信息不对称的劣势一方，为防止信用风险，银行对资金的运用就会预防，有可能错失盈利机会，而贷出的资金有可能形成呆、坏账，而这都对银行不利，加之 20 世纪 80 年代以来发生的债务违约事件和债务危机使得如何防范和化解信用风险成了金融机构的普遍需求。

2. 金融工具本身的流动性和收益性需求

银行的经营管理追求“三性”(安全性、收益性、流动性)的和谐统一(尽管不同时期侧重点不同)，故其对金融工具的运用就要充分体现这一点。不同的金融工具其三性的侧重点各不相同(有的侧重于流动性，如现金；有的侧重于收益性，如股票)，流动性和收益性很难同时兼顾，但现实中却存在要将二者统一起来的客观需求，这就导致此类金融工具的创新。可转让支付命令账户便是一例。美国 1933 年《银行法》规定：支票存款不许支付利息，储蓄存款可支付利息但不允许开立支票。支票存款的流动性强而收益性弱，储蓄存款的收益性强而流动性弱，而可转让支付命令账户名义上是储蓄账户，可按规定支付利息(收益性得到保障)，但存款人每月可开出若干次的支付命令书(流动性得到保障)，该支付命令书和支票具有同等效力，银行收到命令后办理转账支付。因此，该账户兼顾了支票存款的流动性和储蓄存款的收益性。

(二)金融创新供给方面的原因

1. 技术的进步

金融创新是以技术为依托的，尤其是以计算机和现代先进的通信技术为依托。20 世纪 70 年代，发生了被国外称为“第四次产业革命”的新的科学技术革命，计算机和通信技术得到了长足发展，直接加快了金融创新，从根本上改变了金融业务操作和业务管理的技术环境，在金融业内形成了一次技术革命。计算机和现代先进的通信技术的运用使世界范围的银行传统业务发生彻底改变是逐步实现的。首先，通过计算机的运用使银行业务摆脱了手工操作，提高了系统的效率。传统业务中计算简单、重复性强、核算数据量大的统计、记账、支票业务全部采用计算机处理，使金融系统的资金使用和调度实现了计算机化，提高了效率。其次，计算机对银行的资产、负债、中间三大业务实行联机作业管理。通常是在总行设置主机，在各分行设置分机和终端设备，通过通信线路实现总分行的联机银行业务处理，不仅方便了客户，加强了银行内部的资金营运和管理，而且极大地提高了资金的周转率。再次，计算机使银行各业务部门实现自动化服务。当然其设施主要是自动出纳机，它能 24 小时为客户提供高效、便捷、迅速、安全可靠的高质量服务。最后，采用计算机进行自动转账。这种系统通过计算机网络将银行、企业和个人连成一体，使人们通过计算机终端和其他通信设备即可完成账务的清算了结，极大地降低了社会各方面在资金往来、清算结算、费用交纳等方面的人力耗费，提高了整个社会的运转效率。

计算机和现代先进的通信技术对金融创新的影响如下：第一，计算机和现代先进的通信技术在金融领域的运用使交易成本大幅度下降。新技术的运用使金融机构的支付与信息系统出现新的革命，各种信用卡、记账卡、邮政转账卡不断涌现，尤其是自动清算所、环球银行间金融电信协会、自动出纳机、电子资金转账系统、电子财务管理系统等的应用，一则提高了支付与清算的效率，二则从根本上改变了传统的支付方式和系统，节约了交易费用，降低了资金营运成本。第二，计算机和现代先进通信技术的运用，创造了全球性的金融市场。在新技术的引导下，欧洲货币市场和资本市场进入新的发展阶段。从过去传统的由某国单独管制的市场转变为国际性的有利于资本流动的放松金融管制的市场；从过去范围狭窄、相互分割、局部的金融中心转变为广泛而密切联系的国际离岸中心系统；从过

去单纯的投资者和被投资者的关系转变为错综复杂的投资者、中介人、被投资者以及众多保值者之间的借贷关系。第三，计算机和现代先进通信技术的运用，为技术要求相对复杂的金融创新提供了保证。新技术的运用使金融创新主体能够设计出较为复杂的金融工具并进行合理的定价，也能连续地监控经营创新工具所产生的风险，并为转移这些风险设计相应的套期保值工具。

2. 管制的放松

放松金融管制的根本原因在于世界经济形势的剧变和计算机技术的运用。第一，世界经济形势剧变引起金融机构“非中介化”。战后西方国家奉行凯恩斯的需求理论，以货币的超常供给刺激需求，从而形成制度性的通货膨胀。在这种背景下，投资者出于保值和增值的目的，增加了对实物的投资，从而使金融资产的流动性下降。另外，银行原有的受管制的存款利率不足以吸收更多存款，从而面临存款流失的危险。高通胀引起利率上升，而银行利率又受“Q 条例”对利率上限的限制，两者差距的日益扩大导致大量资金从受管制的金融机构流向其他金融机构，形成银行机构非中介化。管制较为松弛的其他金融机构则利用其不受“Q 条例”限制、不交纳准备金等众多有利条件争取存款，造成存款由银行向非银行金融机构流动。这都严重威胁到金融机构尤其是商业银行系统的生存，迫使各国金融管理当局不得不放松金融管制。第二，计算机和现代先进通信技术为金融机构进行业务创新提供了技术条件，使其规避和突破管制具备可行性。计算机和现代先进通信技术的运用，提高了金融交易的速度，降低了交易的成本。同时使资金借贷双方获取市场信息的速度优于传统金融中介，从而相对削弱了金融中介的重要性，迫使其突破各种规章制度的限制，不断进行业务创新以增强其竞争力。第三，国际金融市场的发展对各国的货币当局进行严格的金融管制提出挑战。金融全球化是不可逆转的趋势，国内的银行纷纷“走出去”，到国外设立分支机构展开国际金融业务的竞争，实现银行业务的国际化；同时也相继开发国内金融市场，允许国外银行在国内设立分支机构。在这种背景下，对国外的分支机构的监管是按“东道国”的条例还是按“母国”的条例，这无疑对金融监管提出了挑战，从而也导致了对现行管制的突破和规避，并进一步迫使金融监管当局放松管制。

3. 竞争的加剧

首先，由于技术的进步降低了各种金融机构的交易成本。如计算机和现代先进通信技术的运用，产生了新的清算系统和支付系统，降低了清算和交易的成本，使得非银行金融机构得以降低自己的交易成本，使其在金融竞争中处于相对有利的地位，这也迫使商业银行通过金融创新来保持自己在竞争中的优势。其次，新的金融工具的出现，在早期，创新主体获益较大，在市场竞争中也处于有利的地位。但随着时间的推移，“后发展优势”得以显现，别的银行可以“跟进”甚至在此基础上进行改善创出新的金融工具，从而导致竞争加剧，利润空间缩小，迫使银行开发新的产品，探索新的业务领域。最后，由于储蓄和投资形式的变化，引起金融市场格局的重新划分，这种变化迫使那些市场不断缩小的金融机构进行两方面的金融创新：一是在传统的业务领域对传统业务进行重新组合，以此获取传统业务市场上更多的市场份额；二是在传统业务领域之外积极开拓新的业务领域。例如，20 世纪 60 年代以前，商业银行市场比较稳定，其业务主要集中在存、放、汇等传统业务方面。20 世纪 70 年代以后，随着“脱媒”现象的出现，商业银行利润下降，并且金融市场由卖方市场转为买方市场，顾客有了更大的选择余地，在此情况下，商业银行不得不在原有的活期存款、储蓄存款的基础上，推出自动转账服务、可转让支付命令账户等创新业务，并将其业务重新转向非传统的业务领域，如国际业务等。

4. 历史的原因

各种金融工具的创新都是以已有金融工具为基础的。有些金融工具如浮动利率票据、存款证、回购协议等在 20 世纪 60、70 年代是新的金融工具，但到了 20 世纪 80 年代不再被视为新的金融工具，而成为传统金融工具了。20 世纪 80 年代新的金融工具就是在这些传统的金融工具身上吸取了一些技术加以改善而创造出来的。一些新的金融工具后来又有许多新的变种，也可能又出现更新的金融工具。可以说，没有先前的创新，后来的创新就变得困难，这就是金融创新的历史因素。

三、金融创新的发展趋势

(一)证券化

证券化是以美国为中心发展起来的新金融产品，它有两方面的含义：一是指“企业融资的证券化”，即企业融资从间接融资转向直接融资；二是指“资产的证券化”，即将商业银行贷款债权、赊款债权等流动性差的资产转让给特别设立的公司，再由该特别公司发行证券，使资产以证券形式发生流动。这里所说的“证券化”是后者，即将无流动性资产转化为有流动性证券的金融技术。资产证券化成为银行寻求分散风险、减少和摆脱债务危机的重要途径。证券化本身就意味着银证的直接融合。

金融市场证券化的原因可归纳为三点。

(1) 信用制度的存在和发展呼唤着信用证券化。信用形式从商业信用发展到银行信用是一大进步，极大地克服了商业信用的局限性。而证券信用比银行信用更具有优越性。证券信用具有投资者与经营者之间的相互选择机制，这无疑会给企业经营者以巨大的压力和动力，同时，证券信用比银行信用具有更高的流动性和效益性。

(2) 股份制度的存在与发展呼唤着金融证券化。股份制从契约式股份制发展到证券化股份制，最大的特点是股权不可返还和股票可以自由转让。前一特点，保证了企业经营的连续性；后一个优点，保证了投资者回避风险的可能性。证券市场的形成进一步推动了金融证券化的发展。

(3) 社会化大生产呼唤着金融证券化。社会化大生产要求有一个稳定而灵活的筹集巨资的方式，以债券和股票作为基本融资工具的金融市场证券化，正是适应了经济发展的客观要求。可以通过发行资本证券迅速把资金集中到股份公司，并立即投入大型项目中。

以上三点可以解释证券化的产生，但如何来理解国际证券化形成的不可阻挡的潮流呢？我们认为，国际证券化潮流之所以经久不衰，且在进一步发展，应归因于以下几点。

(1) 现代经济发展对融资多样化需求和对资源优化配置的要求，极大地促进了证券化。

(2) 以新型化、多样化、电子化为特征的金融创新，改变了传统的金融观念、金融运作与金融结构，金融创新越活跃，证券化程度就越高。

(3) 西方金融体系的革新潮流，尤其是现代电脑技术、远程通信、自动化技术以及系统工程方法对金融领域的渗透，刺激证券化迅速发展和成熟起来。

(4) 国际金融动荡和一些国家出现的呆账危机，导致了国际债券取代银行存款而在国际金融市场上占有主导地位。

(5) 世界范围内的金融管制的放松，金融市场自由化进程的加快，为证券化提供了宽松的环境。

国际资本市场上存在700多种证券，一级市场资金约1600亿美元，二级市场资金约1万亿美元。在市场经济高度发达的国家，证券的总值已大大超过以货币形式存在的金融资产的总规模，占当年GNP和GDP的比重越来越大，证券化程度显著提高。进入20世纪90年代，证券投资已经逐步成为国际资本流动的主要形式。在银行贷款、直接投资、证券投资三者中，证券投资发展最快。已从20世纪70年代末的15%左右上升到20世纪90年代初的75%以上。据美国纽华克证券资料公司的初步统计显示，1997年全球企业发行债券和股票金额达1.74万亿美元，比1996年增长23%，打破了1993年创下的1.52万亿美元的最高纪录。

从国别来看，据世界银行统计，1984年日本直接融资在企业融资总量中的比重为15%、美国为34.6%、英国为11.7%、法国为28.3%。而到1990年，美国的证券资产占该国国民金融储蓄的70.3%、原联邦德国的证券占该国金融资产的49.9%、日本的证券资产占该国金融资产的39.9%。

(二)资产负债表外业务的重要性与日俱增

表外业务是指商业银行从事的，按照通行的会计准则不计入资产负债表内，不影响资产负债总额，但能改变当期损益及营运资金，从而提高资产报酬率的经营活动。根据巴塞尔委员会的权威划分，广义表外业务包括或有债权/债务类和金融服务两大类。前者是指那些虽然不在资产负债中反映，但由于同资产业务和负债业务关系密切，在一定的条件下会转化为资产业务和负债业务，因此需要在表外进行记载以便对其进行反映、核算、控制和管理的业务。这些业务构成了商业银行的或有资产和或有负债，它们在实际发生支付或风险转化为现实时就转为表内业务。后者是指商业银行不运用或较少运用自己的资财，而只是以中介人的身份为客户提供办理支付、进行担保和其他委托事项等金融服务并收取手续费的业务。这类业务具有风险低、收入高等特点。20 世纪 70 年代以来，由于受资本市场发展和金融创新的影响，商业银行的传统业务受到巨大冲击，盈利空间不断萎缩，为进一步增强盈利能力，同时为了规避越来越严的金融监管，西方各国的商业银行都十分重视表外业务的发展。目前，国际上许多商业银行的表外业务收入一般占其总收入的 50%左右，一些著名商业银行甚至达到 70%，不少国外商业银行的表外业务收入已超过利差收入。我国香港地区商业银行的表外业务收入平均也在 30%左右。比较而言，我国商业银行表外业务的发展是十分落后的。基于我国经济金融发展的水平较低，商业银行所提供的金融服务的范围及深度都十分有限，资本市场不发达，利率尚未实现市场化等客观现实，我国商业银行近期表外业务创新的重点是金融服务类表外业务。

(三)金融市场全球一体化

长期以来，各国在政策法规、金融体制、金融资产等方面的差异，造成金融市场相对隔绝的状态。而欧洲货币市场进行各种自由兑换货币的交易，不同货币之间的相互兑换非常方便，实际上就是一个统一的市场。同时欧洲货币市场同各国国内货币市场之间又有密切的联系，如利率的相关性、资金的相互利用等，从而将各国市场有机地联系在一起。目前的国际金融中心不再是局限于少数几个发达国家，而是分散在全世界各个地区。然而由于信息革命在国际金融领域得到迅速普及，形成全球化的信息网络，资金的跨地区调拨可以在瞬间完成，使得各地的金融市场和金融机构紧密联系在一起，形成一个全时区、全方位的一体化国际金融市场。金融市场全球一体化突出表现为证券市场一体化。在主要发达国家的证券交易所，都有大量的外国公司股票债券上市交易，证券跨境交易日益膨胀。更为重要的是，各大证券交易所之间的电子通信系统和自动报价系统也日趋完善。一体化趋势给国际金融市场带来深远的影响：第一，金融资产经营国际化。欧洲货币市场、国际债券市场和全球性股票市场的建立，使人们可以在任何一个市场上经营任何一国货币为面值的金融资产。第二，金融机构跨国化。不仅发达国家在世界各地建立了大批跨国金融机构，形成全球性跨国经营网络，而且发展中国家也越来越多地在境外设立一些金融机构。第三，价格信号趋同化。一体化趋势降低了跨市交易的成本，任何明显的背离利率平价关系的利率和汇率差异，都会迅速导致资金的跨国移动，使全球的金融市场价格趋于一致。

第二节　金融创新的种类

一、金融传统业务创新

对金融传统业务的创新主要是指银行的传统业务创新。历史学家发现，最早的银行出现在两千多年前，当时的“银行家”们坐在小桌子旁或在商业区的商店里，从事钱币兑换

活动，帮助那些来镇上旅行的人把外国货币兑换成当地的货币或进行票据贴现业务，同时为商人提供流动资金，并从中收取手续费。随着社会经济的发展，传统的古代钱币兑换业务逐步发展成为近代高利贷银行传统的存、贷、汇业务。最终形成了现代银行的资产业务、负债业务和中间业务这三大业务。可以说现代银行三大业务的每一步发展在本质上都是属于金融业务创新的一个过程，只是随着时间的推移，这些业务的创新又被更新的创新所掩盖了。自 20 世纪 60 年代以来，这三方面的业务都出现了不少创新。

资产业务是银行运用资本取得盈利的业务，主要包括贷款和投资。具有代表性的银行资产业务创新主要有消费合同、银团贷款(也称辛迪加贷款)、平行贷款、住宅贷款和组合性融资等。负债业务是形成银行资金来源的业务，主要包括活期存款、定期存款和储蓄存款。负债业务的创新主要发生在 20 世纪 60 年代以后。各商业银行通过推出一些新型负债工具，在规避政府管制的同时，也增加了银行的资金来源。主要的负债业务创新工具有：大额可转让定期存单(CD)、可转让支付命令账户(NOW)、自动转账服务(ATS)和货币市场存款账户(MMDA)等。银行的中间业务是银行作为中间人为客户提供的服务。银行中间业务的创新主要表现为 20 世纪 70 年代以来信托业务和租赁业务的充分发展。这使得银行改变了传统的业务结构，增强了竞争力。信托业务创新主要包括证券投资信托、公益信托、动产和不动产信托等。而租赁业务创新主要包括金融租赁、经营租赁和衡平租赁等。

二、金融市场创新

金融市场是指资金融通的市场，它是各种金融商品进行交易的场所，其基本功能是在资金的需求者和资金的供给者之间充当交易中介。自 20 世纪 70 年代尤其是 80 年代以来，金融市场的创新如火如荼、日新月异。新的金融衍生商品、新的金融交易方式、新的金融交易机制、新的金融交易规则层出不穷。为了适应金融管制的放宽或取消以及国际金融市场价格变动发生的新变化，为了在激烈的市场竞争中求得生存和发展，各种金融中介机构纷纷设计和开发新的金融商品、开发和推销新的金融服务，从而推动了金融市场和金融市场创新活动的发展。

金融市场创新一方面指相对于传统的国际金融市场而言的离岸金融市场，另一方面是指相对于商品市场、外汇市场、证券市场和保险市场等基础市场而言的金融衍生商品市场。

1. 离岸金融市场

离岸金融市场又称境外市场，它是一种经营非居民之间国际金融业务且不受市场所在国金融法规和税制管制的新型国际金融市场。它是相对于传统的在岸金融市场而言的。换言之，在该市场中，资金供求双方均非本国居民，经营的货币是在货币发行国境外交易的货币，市场本身也不受市场所在国法律法规的管制和约束，是一个真正意义上的国际金融市场。离岸金融市场萌芽于 20 世纪 50 年代，是东西方冷战的产物，而它的真正兴起和发展开始于20世纪70年代中叶。

离岸金融市场的形成和发展，加速了资本的国际化，促进了国家间资本的快速流动，在对国际收支不平衡发挥调节作用的同时，也对优化资源配置、建立合理高效的国际分工体系起到了推动作用。

目前，世界上大约有30多个离岸金融市场，几乎覆盖了世界各大洲。这些离岸金融市场大致可分为三种类型，即伦敦型、纽约型和避税港型。

1) 伦敦型离岸金融市场

伦敦型离岸金融市场是一种内外混合型的离岸金融市场，即离岸金融业务和在岸金融业务并不分离的市场。典型的伦敦型离岸金融市场以伦敦金融市场和香港金融市场为代表，其次还有卢森堡、摩洛哥等离岸金融市场也属于这种类型。

2) 纽约型离岸金融市场

纽约型离岸金融市场是一种内外业务分离型的离岸金融市场。这种市场是专为非居民交易而人为设置的市场。在该市场上，管理当局对非居民交易给予金融和税收优惠，对境外资金的流入可以豁免预扣税、存款准备金和利率限制。但非居民账户和国内账户严格分离，严禁非居民经营在岸金融业务和国内金融业务。典型的内外分离型离岸金融市场的代表是纽约、东京和新加坡的金融市场。

3) 避税港型离岸金融市场

避税港型离岸金融市场是凭借地理优势和税收优惠来吸引投资者的离岸金融市场。在该市场上，没有金融管制，也免征任何税费，资金供求双方均为非居民。外国金融机构往往仅在那里开设账户，并不进行实际业务的交易。即没有资金的提供和筹集，只是通过簿记来完成非居民间的交易。典型的避税港型离岸金融市场有加勒比海的巴哈马、开曼以及百慕大群岛等。

2. 欧洲货币市场

欧洲货币市场是指在货币发行国国境之外进行该种货币的借贷业务所形成的市场。该种市场起源于20世纪50年代末期的欧洲，并逐步发展到世界各地。这里的“欧洲”一词，意指“非国内的”“境外的”。欧洲货币市场上的经营非常自由，其经营范围不受任何国家的金融法规和税收限制，资金规模庞大，货币种类繁多，并且它还拥有独特的利率结构。这些特点吸引了广大的投资者，并使欧洲货币市场成为离岸金融市场的核心。欧洲货币市场的产生和发展，是金融市场创新的一个重要标志。

3. 金融衍生商品市场

金融衍生商品市场主要是以某些传统的金融商品为基础，衍生出新的金融商品，并融入新的交易技术从而创造出的新市场。20世纪70年代以来国际金融市场上利率、汇率和股价的剧烈波动使国际金融市场风险增大，为给从事国际金融活动的相关主体提供能控制这

些风险的工具和机制，金融衍生商品市场便应运而生。金融衍生商品市场又称为派生市场，它是相对于传统的商品市场、外汇市场、证券市场和保险市场等基础市场而言的。可以说20世纪70年代以来的金融市场创新主要集中在金融衍生商品市场上。金融衍生商品市场主要开展期货、期权、远期和互换等业务。该市场上的金融工具被称为衍生金融工具。伴随着衍生金融工具的不断创新，金融衍生商品市场也得到了不断的发展和完善。金融衍生工具的大量涌现、金融衍生商品市场的规模和范围不断扩大是当代金融市场创新的充分体现。对金融衍生工具的创新将在下面给予详尽的讨论。

三、金融工具创新

金融工具是在信用活动中产生，能够证明金融交易金额、期限、价格的书面文件。金融工具种类很多，自1960年美国花旗银行推出第一张大额可转让定期存单以来，国际金融市场上出现了许多具有各种不同功能的金融创新工具。这些新的金融工具的出现，极大地丰富了国际金融市场上的交易内容，并扩大了国际金融市场规模。进入20世纪80年代，金融创新工具有进一步的发展，除了现货、远期、期货和期权外，一些组合型的新型工具也不断涌现出来。这里主要介绍20世纪80年代以来最具代表性的几种金融创新工具：远期、金融期货、金融期权和互换。

(一)远期

远期合约属于一种比较简单的衍生工具，它指的是一种以固定的价格在将来某个确定的时间买入或卖出一种证券或一种商品的协议。在合约中同意在未来买入的一方，称为持有多头头寸；同意在未来卖出的一方被称为持有空头头寸。合约双方均承担对方不履约的风险。合约的价值将随相关资产市场价格的波动而变化。远期合约交易一般在交易所外部进行。在远期合约创新工具中，发展最快、最重要的一种就是远期利率协议。

远期利率协议是一种利率远期合约，它是指交易的双方同意在未来某一确定的日子，对一笔确定了期限的象征性本金按协定利率支付利息的交易。其目的在于锁定未来利率，以防范未来利率水平的波动给双方带来不利的影响。

作为一种不通过交易所而在场外交易的金融创新工具，远期利率协议的优点在于它能使银行不改变他们的流动性状况而调整其利率风险，并且与运用同业拆借市场的方法相比，远期利率协议对银行资产负债表的规模和信贷的影响更小。因此，远期利率协议自1983年由欧洲货币市场推出以后，便迅速得到了广泛的应用，而且主要是在银行同业间进行。银行与非银行客户所进行的远期利率协议交易则极为少见。银行同业的远期利率协议大多是通过经纪人中介成交。参与该市场的银行主要有美国的一些大银行，英国的商人银行和清算银行等。

(二)金融期货

金融期货是指交易双方按约定的时间、约定的价格买卖某种标准化金融资产的合约。世界上第一份金融期货合约是 1975 年 10 月，由美国芝加哥商品交易所推出的一份以美国政府国民抵押协会证券为基础的利率期货合同。金融期货同商品期货比较，其交易的标的物并非商品，而是诸如外汇、债券、利率、股票价格指数等金融产品。交易的目的主要是为了套期保值和投机。金融期货合约是一种标准化合约，在该期货合约中，交易的品种、规格、数量、期限、交割地点等都已标准化，唯一可变的是价格。这样，合约的流动性就大大增强。在期货合约中，虽然合约双方分别承诺了在到期日供货和付款，但只有不足 5%的合约最终进行实物交割，大多数交易者在到期之前往往就通过购买一份内容相同方向相反的合约来对冲而避免实物交割。在实际交易中，金融期货的种类在不断地发展和丰富，但大体上有以下几种划分。

1. 利率期货

在金融资产中，有许多有息资产。以有息资产为标的物的金融期货就是利率期货。利率期货是利率自由化的产物。利率自由化使得利率出现了频繁而大幅度的变动，使各种金融机构和公司企业对其资产负债管理变得十分不易，并加大了资金市场的风险，影响了金融业的安全性。为防范利率风险，利率期货便作为一种有效的套期保值工具应运而生。利率期货合约发展到现在，其种类已经十分丰富，根据基础证券期限的长短，利率期货合约可以分为两类：短期债券期货合约和中长期债券期货合约。短期债券期货合约是指基础证券的期限不超过一年的利率期货合约；长期债券期货合约是指基础证券的期限超过 10 年的利率期货合约。

2. 外汇期货

外汇期货是最早出现的金融期货品种。外汇期货交易是交易双方约定在将来某一时点上以特定的货币，按照特定的价格、数量和规则进行交易的金融业务。外汇期货合约是其标准化的外汇远期合约。除价格外，在交易单位、交易品种、交易时间、交割时间和地点方面都有统一的规定。目前，在全球各交易所中，提供外汇期货合约的主要有三个：附属于芝加哥交易所的国际货币交易所、新加坡国际商品交易所以及伦敦国际金融货币交易所。其中国际货币交易所的外汇期货合约占全球 90%以上的成交量。

3. 股票价格指数期货

股票价格指数期货是股票的投资者为了规避投资风险而创立的一种金融创新工具。其原理是：根据股票价格指数反映整个股市价格的特点，将股票价格指数转换成一种可供买卖的商品，就可利用这种商品的期货交易来进行保值。

1982 年 2 月，股票价格指数期货在美国问世，它从本质上讲并没有可供交割的实物，即股指期货合约采用的是“现金交割”制度，买卖双方以现金代替以往的商品办理交割。这是股票价格指数期货的重要特点。也就是说，投资者参与了股票市场而不必拥有一份真实的股票，可以避免挑选股票的麻烦，但同样可以取得利润。股票价格指数期货合约的最大吸引力在于它的杠杆作用，因为它所需要的保证金一般只有 10%，远远低于购买股票所需要的资金，这就使它有可能产生异乎寻常的吸引力。正是由于股指期货交易具有较大的投机性，因此各国证券管理部门对其一向采取保留的态度。

(三)金融期权

金融期权是一种权利合约，它是在买方向卖方支付一定的权利金后，赋予买方在规定的时间内按双方事先约定的价格购买或出售一定数量的某种金融资产的权利。最早的金融期权交易始于 1973 年，是从芝加哥交易所的股票期权开始的。

通常我们把金融期权分为两类：看涨期权和看跌期权。看涨期权是指期权的购买者向期权的出售者支付一定金额的期权费后，所拥有的在期权合约有效期内买入某种期权合约的权利，而不承担一定要买的义务。通常情况下，只有当某种金融资产价格上升，或者预期价格将上升，且上升幅度在补偿权利金后仍有盈余时，看涨期权合约的持有者才会按照履约价格向期权出售者买入某一特定数量的金融标的资产。看跌期权与看涨期权刚好相反，它给予期权购买者在期权合约有效期内卖出某种金融标的资产的权利，而不承担一定要卖的义务。通常，只有当金融资产价格下跌或预期要下跌时，人们才会购买看跌期权。

根据期权合约持有者执行期权的具体时间的不同，还可以把金融期权分为欧式期权和美式期权。欧式期权是指期权的购买者只能在期权合约的到期日才能行使其权利的期权。而美式期权则可以在合约有效期内的任何一天行使权利。由于美式期权比欧式期权具有更大的灵活性，因此，目前在全球的期权交易中，绝大多数都是采用美式期权进行交易。

金融期权有其自身独有的特点：一是金融期权交易的对象不是任何一种金融资产实物，而是一种买进或卖出某种金融资产的权利，而非义务。二是金融资产的权利交易具有很强的时间性，它只能在合约的有效期内行使，超过有效期，则权利合约自行失效，期权买卖双方的相关权利与义务随之消失。三是期权合约的购买者与出售者之间所拥有的权利和义务是不对称的。这种不对称除体现在一方行使权利，另一方履行义务外，还体现在风险与收益的不对称上。对期权的购买者来说，它的最大风险是购买期权时所支付的权利金，但一旦他行使期权时，则可能获得最大的收益；而对于期权的出售者来说，他可能获得的最大利润是权利金，而可能承担的风险却是无限的。正是这一点，决定了期权投资以小博大的杠杆效应，并使得期权以及由它衍生出来的相关金融衍生商品成为投资者最好的选择，并得到了最为广泛的应用。

(四)互换

互换也被称为掉期，它是指交易双方依据事先约定的规则，在未来的一段时间内，相互交换一系列现金流量(本金、利息、价差等)的交易。互换实际上可以看作是一系列远期合约的组合。互换双方签订互换协议，体现双方的权利以及约束双方的义务。互换交易的基础主要是比较优势和分享利益。如果一家公司在 A 货币市场上具有比较优势，而在 B 货币市场上却具有比较劣势；而另一家公司在 B 货币市场上具有比较优势，却在 A 货币市场上具有比较劣势，双方就可以商定，在各自拥有比较优势的市场筹措资金，然后互相交换，互换双方可以通过互换更加合理地配置资金，并实现更好的资产负债管理。

1. 货币互换

货币互换是指交易双方按自己事先商定的规则，互相交换不同货币，包括一定金额的本金及利息，到期后再换回本金的交易。货币互换的一般步骤为：首先，期初本金互换，即交易之初双方按照协定的汇率交换两种货币的本金，以便计算应支付的利息。其次，期中利息互换，即双方按交易前的协定利率，以未偿还本金为基础，支付交易利息。最后，期末本金互换，即在合约到期日，交易双方再换回交易开始时所确定的本金。

世界上第一份互换合约就是货币互换合约，它签订于 1981 年，是所罗门兄弟投资公司为世界银行和美国国际商用机器公司安排的一笔货币互换交易。

2. 利率互换

利率互换是指交易双方按事先商定的规则，以同一货币、相同金额的本金，在相同的期限内，相互交换以不同利率计算的资产或负债的利息的支付行为。在利率互换中，并没有实际本金的交换，交易双方只是按照事先商定的名义本金交换利息的支付。利率互换主要有三种形式：第一种是息票互换，即固定利率对浮动利率互换，这是利率互换最基本的交易形式。第二种是基础互换，即以某种利率为参考的浮动利率对浮动利率的互换。第三种是交叉货币利率互换，它是指以不同的货币并按不同的利率基础，如浮动利率对固定利率进行支付的交换。

由于互换具有期限灵活、非标准化交易及操作简便的优点，加之它还省去了由于使用其他金融创新工具带来的对头寸的日常管理的麻烦，所以它从问世伊始就成为一种重要的金融创新工具，并受到投资者和金融机构的青睐。

四、金融制度创新

金融制度是关于资金融通的一个体系或系统，主要包括构筑金融体系的金融组织制度(包括作为高阶结构的中央银行制度和作为基础结构的微观组织安排，如商业性金融机构、政策性金融机构、金融市场等)，以及规范金融秩序的金融监管制度。因此，我们可以把金

融制度的创新定义为在金融组织或金融机构方面所进行的制度性变革或安排。

现代金融制度的产生源于现代市场经济中的金融交易。从金融组织制度的结构层面来看，它是一种宏观与微观相分离的二级金融制度，中央银行与商业银行以及其他金融机构之间，在职能上是完全分离的。中央银行的主要职能是：执行国家货币政策，负责货币发行，实施金融监管和调控。商业银行和其他金融机构则主要从事金融交易活动。这种二级金融结构既使得金融领域充满活力，又能保证经济金融的稳定运行。从金融监管的角度看，规范化的金融监管制度从本质上构成了现代金融制度的有机组成部分。金融监管的效率和质量直接影响着金融体系运行的稳定性。从以上论述出发，可以把金融制度创新分为金融组织制度创新和金融监管制度创新两类。

(一)金融组织制度的创新

现代金融组织制度是一种二级金融制度，其制度创新主要包括三个部分，即中央银行及其相关制度的创新、商业银行的组织结构及其创新、非银行金融机构的发展创新。

1. 中央银行及其相关制度的创新

中央银行及其相关制度是现代社会的重大发明和制度创新的结果，它是金融管理制度上最主要的创新，在本质上构成了现代市场经济体系和现代金融制度结构的一个重要的不可缺少的部分。

中央银行的产生和发展经历了三个阶段：从 1694 年英格兰银行的成立到 19 世纪 70 年代是中央银行的幼年发展阶段，这一阶段的中央银行除了管理银行，还兼营商业银行业务，并不具备现代中央银行的全部职能；从 19 世纪 70 年代到 20 世纪 30 年代，是中央银行的逐步完善阶段。这一阶段的中央银行已经开始摆脱日常的工商信贷业务，将重点转向维持货币与金融业的稳定为主；从 20 世纪 30 年代至今，是中央银行发展的第三个阶段，在这一阶段，中央银行的目的，已从仅仅维持金融业的稳定发展为对一国经济进行宏观调控。

从中央银行的发展中我们可以看到，中央银行制度也在不断地发展和创新，中央银行制度已经成为国民经济中不可缺少的重要组成部分。

2. 商业银行的组织结构及创新

商业银行制度创新的研究包括对其内部组织结构(产权结构)和外部组织结构的分析。前者与金融机构的决策、动力和行为方式息息相关；后者与金融机构的合理配置，金融体系的运行成本、效率息息相关。

商业银行的内部组织结构主要是指其产权结构或内部财产关系。按照现代制度经济学的基本思想，金融企业同其他生产企业一样是一种产权交易的方式或契约安排。商业银行作为一种金融企业，其组织结构的核心仍是产权关系及其安排。产权关系从根本上规定着其行为目标和行为方式，并进一步影响着金融资源的配置和金融机构的运行效率。典型的两种银行业产权结构便是高度计划经济体制下的国有银行与现代市场经济体制下的股份制银行。

商业银行的外部组织结构是指其同外部市场的其他行为主体交易过程中的存在方式及其外部经济状况。外部组织结构与商业银行的成本效益及机构本身的生存发展息息相关，是制度创新的重要内容。商业银行的外部组织结构大致可分为四种形态：单元银行制、分支银行制、集团银行制和连锁银行制。其中，分支银行制在现代金融制度中占有主导地位。

3. 非银行金融机构的发展创新

非银行金融机构的大量涌现是金融制度创新的一个重要标志。20 世纪 50 年代以来，传统的银行业、保险业、证券业开始逐步突破原有的业务分工，逐步走向现代的混业经营。因此在这一阶段中，非银行金融机构得到迅速发展，其机构种类和业务品种都超过了银行。非银行金融机构主要的组织形式有保险公司、养老基金、住宅金融机构、金融公司、信用合作社和投资基金等。这些非银行金融机构的产生和发展相应地引起了金融制度的创新。这些创新带来了交易成本的节约或下降，从而进一步推动了金融交易的空间范围和数量规模的扩展，以及金融机构的相应发展，使二者呈现出一种相互促进的良性循环。

(二)金融监管制度的创新

金融监管是指各国中央银行和金融管理当局对商业银行和各种金融机构的业务经营活动进行监督和管理。金融监管制度形成于 20 世纪 30 年代的经济金融大危机之后，其目的主要是为了经营的安全性和竞争的平等性。

一国政府为了金融业的稳定和经济发展的需要，通过法律、法令对金融机构实行管制是必要的，但银行作为一种金融企业，为了实现收益最大化的目标，也就必须在市场竞争和金融管制的条件下求其生存。金融业为了其生存而逃避金融监管便产生了金融创新。金融创新使得原有的金融监管制度失去效能，于是更严厉的监管制度被制定出来，以约束金融机构的行为。而约束的结果，是更高级的金融创新形式的出现。所以我们说金融监管制度创新与金融创新是一个互动的过程，它们的动态变化使得金融制度得以不断调整和变革。

金融监管和金融创新的互动过程大致分为三个阶段：第一阶段，管制阶段。金融监管当局通过法律或法令对金融业实施管制，允许金融业有限经营，约束不正当竞争行为。第二阶段，金融创新阶段。金融管制的出现限制了金融机构的获利机会，但微观组织的趋利冲动会驱使其绕过管制以获取更大的利润，于是管制之外的金融产品和服务产生，以逃避金融监管，这就是金融创新。第三阶段，再管制阶段。金融业的创新行为部分抵消了金融监管的预期效果，使得管理当局的预期目标无法实现。于是监管部门便调整对策，采用新的监管政策和措施以消除金融创新活动所导致的宏观负效应。于是，“监管—金融创新—再监管—再创新”的循环过程形成。金融监管制度随着每一次新的循环被不断创新，由此推动了金融业的变革和进步。

第三节　金融创新的影响

一、对货币供给的影响

金融创新的迅速扩展对货币供给产生了深远的影响，金融创新通过扩大货币供应主体，影响商业银行、存款者和向银行借款者的行为，使得中央银行对货币供给的控制减弱，致使货币供给越来越受经济体系的内部因素制约。

根据货币供给理论：

$$M=K\times(\mathrm{MB}_n+\mathrm{DL})$$

式中：M——货币供给(通货加支票存款)；

K——货币乘数；

MB_n——非借入基础货币；

DL——从中央银行获得的贴现贷款。

货币供给由两大因素决定：一是基础货币，二是货币乘数。基础货币等于流通中的货币加上银行体系的储备总额，即它是由非借入基础货币和从中央银行处获得的贴现贷款两部分组成的。货币乘数是基础货币每改变一个单位所引起的货币供给额改变的倍数。金融创新通过影响基础货币和货币乘数来影响货币供给，由于基础货币的供给主要由中央银行控制，因此金融创新对货币供给的影响主要是通过货币乘数来发挥作用，即通过加大货币乘数来改变货币供应量。

金融创新通过改变以下影响货币乘数的因素而加大了货币乘数的作用。这些因素一般公认有法定存款准备金、超额准备金、定期存款比率、通货—存款比率。金融创新对这些因素产生了不同程度的影响。

1. 金融创新使法定存款准备金率的实际提缴率下降

虽然法定准备金率是由中央银行确定的，在货币的决定因素中通常被视为外生变量，但它并不受经济体系中的其他因素支配。但是各国中央银行一般都对计提对象采用差别准备金率，活期存款法定准备金率高于定期存款，商业银行法定准备金率高于非银行金融机构。商业银行正是利用了这一政策漏洞，创造出了介于活期存款和定期存款之间或逃避计提法定准备金的新型负债，使货币乘数加大。

2. 金融创新使超额准备金率下降

超额准备金是商业银行保有的全部存款准备金中减去法定准备金的部分。在存款货币创造中与法定准备金具有同样的倍数扩张功能，因而货币乘数和货币供给与超额准备金率是反向变动关系。商业银行持有超额准备金的多少主要是权衡持有超额准备的机会成本与当存款外流时变现资产所带来的损失。金融创新从收益与成本这两个方面影响了商业银行的行为：一是因收益高的投资机会增加，使得持有超额存款准备的机会成本上升；二是金融创新使得短期资金市场十分发达，使得银行可以随时以借入资金来保持其流动性需要，银行保有超额存款准备的必要性下降。因而降低了超额存款准备金比率，使货币乘数变大，货币供给相对增加。

3. 金融创新使得定期存款比率有所变化

定期存款比率是指公众所持有的定期存款与活期存款之间的比率。在金融创新中，非存款性金融工具大量涌现，金融市场发达，证券交易服务日益完善，提高了银行存款以外其他金融资产的安全性、流动性和营利性。根据资产需求理论可知，定期存款就会有一部分被转换为证券类金融资产，从而使得定期存款比率下降，加大了货币乘数。此外，金融创新创造出众多的类似活期存款的信用工具，如付款卡等，也降低了定期存款比率，加大了货币乘数的作用。

4. 金融创新降低了通货—存款比率

通货—存款比率是指公众所持有的通货(现金)与其持有的活期存款的比率，该比例与货币乘数呈反向变动。影响通货—存款比率的主要因素是持有通货的机会成本和金融制度的发达程度。金融创新通过提高通货以外的金融资产的报酬率和流动性增大了持币的机会成本，使公众持有通货量下降；而金融创新所带来的金融电子化和支付制度的革命，改变了社会支付习惯，使公众愿意保有活期存款而减少持有现金。以上两方面的原因使得通货—存款比率下降，从而加大了货币乘数。

二、对货币政策的影响

当代金融创新所引起的金融运作和结构变化，在推动金融发展的过程中，也对货币定义、货币政策的传导机制以及货币政策的有效性产生了影响。

1. 使货币总量边界模糊

在当代信用货币制度下，西方经济学家对货币定义有两种观点：一种是狭义货币说；另一种是广义货币说。所谓狭义货币说就是强调货币所特有的交换媒介职能，把货币定义为能被公众普遍接受的交换媒介，由通货和活期存款构成，在货币层次分类中用 M_1 来表示。广义货币说认为货币除了具有交易媒介的职能外，还具有储藏价值和获取收益的资产功能，从而把货币定义为对经济名义变量有可测性并能为中央银行所控制的流动性资产，按流动性把货币划分为 M_1、M_2、M_3 等层次。

在金融创新产生之前，无论是狭义货币定义还是广义货币定义，其内涵都是比较清楚的，作为交易余额的货币与作为投资手段的金融资产之间的界限清晰、特征明确。金融创

新高潮出现以后，货币与各种金融资产之间的替代性增强。交易账户与投资账户之间、广义货币与狭义货币之间、资产负债表内业务与表外业务之间、本国货币与外国货币之间的界限越来越模糊，导致货币定义和计量也变得日益困难和复杂。再者，金融创新所带来的混业经营趋势加强，使得商业银行业与其他金融机构之间的界限也变得越来越模糊。从事存款业务的金融机构增加，即货币供应主体增加。

随着国内市场国际化，国际市场一体化，投资者可以更加自由地在本币和外币之间、货币和其他收益性金融资产之间转换。这将进一步加剧一国广义货币总量的不稳定性，使货币量作为总量指标的可测性下降，经济含义越来越不明晰，与其他经济总量的关系也越来越不稳定。因此，现在中央银行已经很难确切地解释货币总量变化的真实含义，从而使得货币政策的最终效应减弱。

2. 货币政策的传导机制变异

宏观货币政策的主要目标是保持经济持续增长和物价水平的稳定。中央银行主要通过法定准备金率、贴现率和公开市场业务三大货币政策工具来控制货币供应量，从而影响经济活动，货币当局通过逆风向的货币政策使经济保持稳定增长和物价水平保持稳定。

金融创新对国家宏观货币政策的传导机制产生了重大影响。

首先，创新使货币政策传导机制的客体发生了变化。传统的传导机制理论中，商业银行充当着至关重要的角色，中央银行的“三大法宝”通过商业银行作用于社会。金融创新降低了商业银行在金融业中的地位与作用，而非银行金融机构异军突起，作用迅速上升，商业银行向“非中介化”方向发展，从传统的存贷款业务为主转向多种业务并重。商业银行地位的降低和业务的变化，削弱了其作为货币政策客体的作用。特别是金融创新带来的证券化趋势和金融市场的高度发达，为中央银行通过公开市场业务进行货币政策操作提供了条件，非银行金融机构在货币政策传导机制中的中介角色日益重要。

其次，金融创新削弱了中央银行三大货币政策工具的作用。金融创新减弱了银行法定储备制度的功能：金融创新使得大量资金从银行流向非存款性金融机构和金融市场，绕开了存款准备的约束；银行创造出来的新的金融工具改变了金融机构的负债比例结构，减少甚至逃避了提缴法定准备金；新金融工具使得银行超额准备金弹性增强，以上种种原因使得法定准备金的作用力减弱。金融创新促进了融资渠道的多样化，使融资的成本费用降低，现在银行一般不轻易向中央银行进行贴现和借款，因而贴现率的作用也相应减弱。金融创新所带来的证券化趋势和高度发达的金融市场，十分有利于中央银行开展公开市场业务，从而强化了这一政策工具的作用。

最后，金融创新加大了货币政策传导时滞的不确定性。传导时滞是指从采取货币政策行动到取得最终效果所需要的时间过程。由于货币政策行动要经过金融机构这个传导中介的反应才能最终影响经济变量，其间要受到多个不确定性因素的影响，因而货币政策传导存在时滞且具有不确定性。金融创新的迅猛发展改变了金融机构和公众的行为，引起货币需求构成的变化，降低了货币需求的稳定性，加重了传导时滞的不确定性，使货币政策的易变性很高，从而给实施货币政策带来了困难。

3. 降低了货币政策的有效性

金融创新对货币政策有多方面的影响。金融创新一方面为货币政策的实施提供了新的工具和市场基础，另一方面金融创新也模糊了货币和其他金融资产的界限，降低了货币政策的有效性。因此，金融创新对货币政策的影响既有有利的一面，又有不利的一面。

金融创新对货币政策有效性的负面影响主要表现在以下四点：一是降低了货币中介指标的可靠性，目前可选择的几个中介指标(利率，货币供应量，汇率)在可测性、可控性、相关性等方面都被削弱了，给货币政策的决策、操作和预警系统的运转造成困难。二是减少了可操作工具的选择性，创新削弱了存款准备金率和再贴现率政策的效力，中央银行可选择的一般性政策似乎只有公开市场业务还较为理想。三是加大了政策传导的不完全性，创新使得货币政策传导时滞的不确定性增强，政策效果的判定较为困难。四是货币政策的溢出增加，削弱了中央银行控制国内货币量的能力。金融市场的创新，国际金融一体化的加强，使中央银行执行货币政策的难度加大。例如，当一国实行紧缩性货币政策时，国内金融机构可以通过欧洲货币市场筹措资金，达到信用规模，这就抵消了紧缩效应；当一国实行扩张性的货币政策时，国内金融机构可能将资金转移到欧洲货币市场，回避央行的货币控制。当资本在国家间自由流动时，一国的货币政策效应往往会溢出，尤其对那些开放型小国经济来说，难以执行独立的货币政策，从而影响了货币政策的有效性。

金融创新对货币政策有效性的有利影响主要表现在几个方面：一是金融创新所带来的证券化趋势和金融市场的全球一体化，为中央银行的公开市场业务操作提供了大量可靠的可供买卖的工具，使其吞吐货币的能力加强，增强了这一货币政策工具的作用。二是货币需求的减弱和金融非中介化的发展，减轻了中央银行货币供应的压力和经济中通货膨胀的压力，有利于实现稳定货币的政策目标。三是技术的进步使得当局的管理创新中又涌现出一些更切合实际的新型货币政策工具和操作技术，增强了中央银行处置货币政策的技术能力。四是金融创新通过提高金融资源的开发利用程度和再配置、提高社会投融资的满足度和便利度、增强货币作用效率等效应，提高了金融作用力，扩大了对经济的影响程度。

金融创新对货币政策有效性的影响是利弊并存，中央银行应该顺应潮流，主动利用金融创新的有利条件，增强货币政策应变能力，提高其有效性，同时要加强监管，将金融创新纳入规范轨道，趋利避害，确保金融业的稳定与健康发展。

三、对金融监管的影响

政府为了金融业的稳定和经济的持续增长，通过法律、法规对金融机构实行监管是必要的，所谓金融监管就是各国中央银行和金融监管当局对商业银行及其他各种金融机构的

业务经营活动进行监督管理。金融创新一方面极大地活跃和繁荣了金融业，加速了国际经济一体化的进程，同时金融创新产生的强大影响增强了资产价格和金融市场的波动性，从而影响了金融体制的稳定性。再者，当代金融创新在提高金融微观效率和宏观效率的同时，还增加了金融业的系统风险。最后，金融创新对原有金融监管条件的突破，改变了金融分业经营的格局，使得混业经营趋势不断加强。所有这些对金融监管产生了巨大的影响，主要表现在以下几个方面。

1. 金融创新改变了金融监管的结构

金融创新引起金融结构的重大变化，全能银行制越来越普遍，金融机构向巨型化发展，从而改变了金融监管的结构。伴随金融创新出现的混业经营、全能银行制使原有的分业监管体制不再适应，监管结构必须做出调整，由机构监管转为功能监管，即建立一个综合性的监管机构，以统一对所有金融服务行业的监管。

2. 金融创新使监管制度发生重大变化

大量的金融工具创新和技术创新，使资产流动性增强，加大了投机的冲击力，从而加大了金融创新的系统风险。同时，由于金融机构大量参与金融衍生交易，表外业务比重加大，也使得金融市场上的信息统计变得十分困难，这一切都加大了金融监管的难度，使传统的金融监管制度失去效能，各国监管制度开始出现一些新的变化，如由机构监管过渡到功能监管，由资本充足性监管到风险加权资本监管、行业自律管理等。

3. 金融创新促使监管机构采取新的监管措施

金融创新使得原有的利率管制条件失去效能，监管机构更多的是采取其他措施限制银行的破产风险，如资本充足性要求，增加事后保护措施等。资本要求不仅是减少银行破产风险的需要，也是限制刺激冒险的需要，这样的资本要求确实对经营失败起到了缓冲作用。同时股本越多，破产时股东遭受损失越大，这也为股东加强对银行稳健经营的监督提供了激励。大多数国家规定了一个最低限度的资本要求。此外，许多国家要求保持某个资本比率，即资本与其他全部资产或加权风险资本的比率，如 1988 年的《巴塞尔协议》对于统一资本衡量和资本标准进行了尝试。它特别注意到银行业务的两个因素，一是资产负债表内业务风险的衡量，二是表外业务风险的测度。协议为国际银行确立了 4%的核心资本和 8%的总资本的最低资本比率要求。现在《巴塞尔协议》也被中国作为对国内银行实施监管的标准。同时为了防止金融机构破产而造成动荡，各国加强了金融机构破产的事后性保护措施，如对存款保险制度的扩充和完善，加强了中央银行的最后贷款人职能。

4. 金融创新加强了金融监管的国际合作

金融创新使得金融业务国际化、资本流动国际化、金融市场国际化的趋势加强，使得国际金融更加一体化。产生于一国的金融危机很容易跃出国界，危及其他国家甚至整个金融市场的稳定。各国都认识到以国界为范围的金融监管是有局限性的。客观上需要加强监管的国际合作，提高金融监管的整体水平。各国金融监管的目标、内容和手段逐步趋同，如成立于1975年的巴塞尔委员会专门致力于金融监管的国际性合作。他们制定并推行了具有国际性的监管规定《巴塞尔协议》并使之不断完善。1997年发布了具有标志性的《银行业有效监管的核心原则》，并在其中指出：“无论发展中国家还是发达国家，一国银行体系的弱点可以威胁到该国和国际金融的稳定。强化金融体系的需要已引起越来越多的国际关注。”《核心原则》制定了各国共同认可的最低监管标准，其意义和影响是深远的。

当代金融创新通过提高金融资源的开发利用程度和重新配置已有资源，增加金融机构自身的实力，扩大在投融资过程中的作用，从总体上增加了金融对经济的影响力，大大便利了资本和资金的国家间流动，但由此也带来了潜在的风险和危机。再者，金融业的兼并浪潮在很大程度上改变了金融市场的结构，使金融市场进入垄断竞争时代，维护金融市场的效率成为监管当局的一个紧要任务。所有这些都使得金融监管的作用和地位愈加重要，金融创新对金融监管产生了深远的影响。

四、对经济发展的影响

近年来，世界经济正以前所未有的速度持续向前发展。促进经济发展的因素来源于多个方面，如新的科技革命、生产结构的调整、资源的整合等，这一系列因素发挥作用都离不开金融的发展。而金融发展的动力正是金融创新。金融创新几乎改变了整个金融业的面貌，使得金融机构和金融市场的运作效率提高，金融业的发展能力和金融作用力增强，由此推动了金融发展，并进一步促进经济发展。同时，金融创新也给金融业带来了一些前所未有的不稳定性，给经济造成了一些负面影响。

(一)金融创新提高了金融体系的效率

1. 金融创新提高了金融机构的运作效率

大规模全方位的金融业创新，加上电子银行的扩展，使金融机构提供的金融商品和服务总量增加、范围扩大。同时，创新带来的多元化金融机构并存竞争能够有效地提高各种金融商品与服务的质量。如金融机构将电子计算机引入支付清算系统，创造新型结算工具等创新提高了金融机构的支付清算能力，加快了支付清算速度，也改变了社会的支付清算方式，大大提高了资金周转速度和使用效率，相对减少了货币需求，节约了大量流通费用。而金融工具、交易方式和服务以及金融机构的创新也使得金融业集聚资金的能力增强，信用创造扩大，资产大幅度增长和盈利能力提高。

2. 金融创新提高了金融市场的运作效率

金融创新提高了金融市场的现代化和国际化程度，使金融市场中的价格能够快速对所

有信息做出反应，从而提高价格的合理性和价格机制发挥作用的能力。同时，新型金融工具的大量出现使得多种形式的风险可以得到转移，使参与生产和交易的经济体有了可以锁定风险的手段，增加了投资者的可选择性，使各类投资者很容易实现自己的投资意愿，及时调整投资组合，剔除个别风险。再者，金融创新通过交易清算电子化及市场组织创新等放大了交易量，降低了交易成本和平均成本，使投资收益相对上升，可吸引更多的投融资者，活跃市场交易。

3. 金融创新使金融资源的开发利用程度和配置效率提高

首先，金融创新使得发展中国家的经济货币化程度提高，而发达国家则从经济货币化推进到金融化的高级阶段，金融总量快速增长，扩大了可利用的资源。其次，金融创新增加了许多新的货币性金融资产，加大了货币乘数，增强了金融机构派生存款的创造能力，扩大了货币资金总量。再次，金融创新导致的融资证券化、银行非中介化使得金融资源的配置方式和配置结构都发生了重大变化。从配置方式来看，外部融资的比重上升。在外部融资中，间接融资比重下降而直接融资比重上升。金融资源的配置更多地采取市场化和证券化方式，从而使金融市场的地位和作用上升。从结构上来说，商业银行所支配的金融资源比重下降，其在资源配置中的重要性和作用力也相应下降，而非银行金融机构在资源配置中的地位和作用日益增强，市场化和证券化优化了金融资源的配置。

(二)金融创新便利了社会的投融资，促进了经济的增长

金融创新对投资的影响首先体现在它可以降低企业的资本成本上，这主要表现在两个方面：一是其扩大了社会可利用的金融资源总量，降低了利率，从而使得资本成本下降；二是金融创新所引起的交易量扩大和金融机构的竞争，证券发行费用的降低以及证券的流动性的提高也使得投融资的交易成本下降。其次，金融创新创造的新投融资工具和方式使各类投融资都能进入市场。金融机构和金融市场提供更多更便利的投融资安排，提高了资本的边际收益，改变了资本边际效率和资本成本的对比结果，从而使得投资增加，促进了经济的增长。

(三)金融创新对金融体系的稳定产生潜在影响，从而也影响到经济的稳定

金融创新在提高金融微观效率和宏观效率的同时，也增加了金融业的系统风险。一是加大了原有的系统风险(利率风险、市场风险、信用风险等)；二是产生了新的金融风险，如电子风险、国际风险等。这种系统性风险波及面宽、破坏力大，对金融体系的稳定产生了潜在风险，同时，金融创新中出现的泡沫经济和过度投机也具有很大的破坏性。这些都加大了金融的不稳定性，从而对社会经济的稳定构成较大威胁，产生负面影响。

五、对商业银行的影响

金融创新的迅猛发展对金融业产生了巨大影响，商业银行作为金融业的主要组成部分，更是首当其冲。金融创新对商业银行产生的重要影响主要表现在以下方面。

1. 金融创新对银行的传统业务产生了重要影响

金融创新在扩大银行原有业务的基础上，产生了一批新的资产和负债业务，如周转性贷款、房地产抵押贷款证券化、可调整抵押放款等。这些业务扩大了银行资产业务的范围，使得商业银行的信用创造功能得到发挥，银行的业务能力迅速增强，资产大幅度增长。同时负债业务的创新如大额可转让定期存单、可转让支付命令账户(NOW)、超级可转让支付命令账户(Super NOW)及欧洲美元账户等，在确保原有负债业务的同时开发了新的负债来源，为资产规模的扩大提供了保障。

2. 金融创新推动了表外业务的迅猛发展

所谓表外业务是指银行所从事的按国际会计准则不计入资产负债表但能改变银行损益和营运状况的业务。所有这些业务均影响银行利润，但并不反映在资产负债表上。这些业务主要包括金融期货、期权以及利率套期交易、出售贷款业务、证券担保和支撑性贷款额度业务等。表外业务对银行的重要性日益提高，目前商业银行从表外业务中取得的收入已占银行总收入的10%左右。但是资产负债表外活动的扩大，影响了银行财务报表的准确性，而且使得金融机构难以管理和监督自身的敞口风险、流动性、资本充足性以及银行经营状况，增大了银行面临的风险。如证券担保业务并不出现在资产负债表上，但它仍然使银行面临违约风险，一旦证券发行者违约，银行必须向证券所有者支付本息。因此，监管当局十分关心由表外业务所导致的银行风险增大问题。《巴塞尔协议》规定资本与风险加权资产的最低比率，就是为了限制商业银行过分扩大表外业务活动。

3. 银行的盈利能力增强

金融创新使得商业银行的业务处理能力和经营能力不断提高，经营范围不断扩大，经营活动实现了规模经济，降低了平均成本，使银行的盈利能力大为增强。同时，创新引致的商业银行全能化使得非资产性收益大幅度增加，如信托业务、租赁业务收入和非利息收入在银行总收入中的比重不断上升。

4. 金融创新使得商业银行面临的竞争加剧

金融业务、机构和制度方面的创新导致各国金融业出现了金融自由化和国际化趋势。商业银行纷纷在国外广泛开设分支机构，扩展国际业务，使得一国银行在和本国银行竞争的同时还必须面对国际金融业的竞争。再者，金融创新所导致的新金融机构出现和金融混

业经营趋势的加强也使得银行所面临的竞争加剧，结果却使得银行的重要性相对下降。

5. 金融创新导致了银行经营管理方式的变化

金融创新所导致的新金融工具和金融市场的出现为商业银行经营管理提供了新的手段和方式。商业银行可以通过许多不同种类的资产(短期和长期，政府债券和公司债券)和对许多客户发放多种形式的贷款来实现其资产组合的多样化，从而减小风险。同时，二级市场的活跃提高了银行资产的流动性，如抵押贷款证券化增强了贷款的流动性。另外，可转让存单、回购协议等工具以及银行间同业拆借市场的发展使得负债管理成为可能，商业银行进入资产负债管理时期。信用风险管理和利率风险管理等新的管理方法在风险管理方面得到广泛运用。

第四节　我国的金融创新

一、我国金融创新的历史

我国所进行的金融创新，主要是借鉴西方国家金融创新的做法以及他们先进的金融业务和管理体制而进行的创新。与大多数发展中国家一样，我国的金融创新是整个世界金融创新全过程的一部分，属借鉴性创新。相对于中国金融业原有的经营活动方式和原有的金融业管理体制，这些金融创新具有十分重要的意义。我国金融创新的历史，按照经济体制改革的不同时期，可大致分为以下几个阶段。

第一阶段：1949—1978 年。在这一阶段，中国实行的是高度集中的计划经济管理体制，与此相适应，中国的金融体制沿袭了苏联的大一统模式，金融机构单一，金融体系高度集中，金融管理采用计划和行政手段，金融领域缺乏活力，金融业务范围也极度收缩，金融创新活动基本上处于停滞状态。

第二阶段：1979—1988 年。中国共产党十一届三中全会召开以后，中国的金融业开始走上改革创新的道路，以打破计划经济对金融业发展的束缚。1979 年人民银行同财政部分家，恢复设立农业银行，1980 年又恢复中国银行和中国人民建设银行。1984 年，中国人民银行单独行使中央银行职能，同时将其商业银行业务剥离，新成立中国工商银行。1987 年，经国务院批准又在上海成立了我国第一家股份制银行——交通银行。这样，中国基本上建成了二级银行体系。这是中国金融创新中重要的组织制度创新。同时，在这一阶段还成立了各种非银行金融机构，主要有 1979 年成立的中国国际信托投资公司、1980 年恢复的中国人民保险公司以及一批城乡信用合作社和财务公司等。

在这一时期，金融市场和金融工具创新也有了长足的发展。商业票据业务在中国逐步推行，国库券、金融债券以及企业债券也开始公开发行，与此相适应，同业拆借市场、大额存款单(CD)市场于 20 世纪 80 年代中期开始出现。债券市场和外汇市场也相继建立。

中国金融业在整个 20 世纪 80 年代，金融创新的重点始终集中在金融组织制度的创新方面。新成立的金融组织可以进行适当的竞争，从而形成了中国金融业和金融创新的微观基础。它既是金融创新的重要内容，同时也进一步引致了对金融工具、金融市场以及金融制度的创新。这是这一历史时期我国金融创新的主要特征。

第三阶段：1989—1993 年。20 世纪 80 年代的金融改革创新与金融发展给 20 世纪 90 年代留下了许多亟待解决的问题，主要是指 20 世纪 80 年代后期，金融业呈现新旧体制冲突状态，导致金融秩序出现紊乱，如同业拆借市场的混乱、银行储蓄的滑坡、严重的通货膨胀、资金体制外循环等。因此，这一阶段是中国经济体制和金融改革创新的调整时期。同时，20 世纪 80 年代金融创新的成果在这一阶段也有了巩固和提高，金融创新进一步发展。20 世纪 90 年代初，上海股票交易所和深圳股票交易所相继正式成立，随后全国各地有十多个城市成立了证券交易中心，大批证券服务机构也同时发展起来，证券市场得以迅速成长。1993 年我国证监会正式成立，专门负责对证券市场的监督管理。自 1992 年开始，人民银行开始编制并公布资产负债表和货币金融统计数据，虽然内容还有缺陷，但这毕竟标志着中国朝着现代化金融监管制度迈出了重要一步。

第四阶段：1993 年至今。这一阶段是中国金融制度变革和创新的又一个重要时期，这个阶段的基本目标是建立现代金融体系、金融制度和良好的金融秩序。因此，金融制度的创新便成为我国在这一历史时期金融创新的主要特征。

1996 年，中国人民银行组建了全国间同业拆借市场，统一了原来区域分割的市场。证券市场进一步发展，在结构上初步建立了以承销商为主的一级市场和以沪深两家交易所为核心、各大城市证券交易中心为外围、各券商证券交易网点为基础的二级市场。

1995 年中国颁布了《中国人民银行法》《商业银行法》《保险法》《票据法》等金融大法，次年又颁布了新的《外汇管理条例》和《贷款通则》。这些法律法规奠定了中国金融法规的基础，我国初步形成了相对完善的金融法律体系框架；1998 年人民银行取消信贷规模控制，各商业银行开始实行全面的资产负债管理和风险管理；1996 年至 2002 年连续 8 次利率下调，以及 1998 年存款准备金制度的重大改革，显示了中央银行对金融机构及其业务的监管已经从过去的计划性管制转向市场化的、间接的金融监管；1998 年年底人民银行按经济区划在全国设置九个跨省市的分行，改革了中国几十年来按行政区划设置分支机构的框架。这种金融监管制度创新对于减少行政干预、推动经济和金融发展、加强金融监管有着深远的意义；继证监会后，中国保监会于 1998 年 11 月 18 日正式成立。2003 年 4 月 28 日中国银行业监督管理委员会(简称银监会)正式挂牌成立。银监会将根据授权，统一监督管理银行、资产管理公司、信托投资公司及其他存款类金融机构。由此，银监会、证监会、保监会分别成为监管银行、证券和保险业的专业机构。银监会的设立，意味着沿用了近 50 年的中国人民银行宏观调控和银行监管合一的管理模式正式结束。新的金融监管体系一方面强调了中央银行的独立性，另一方面明晰了银行、保险和证券的分业监管架构。

总之，我国的金融创新在这一时期取得了长足发展，在促进经济发展，实现金融业体

制改革方面发挥了积极的推动作用，实现了金融产业迅猛空前的发展。回顾中国金融创新的历史，展望未来，中国的金融创新必将持续下去，为建立与市场经济相适应的现代化的中国金融业发挥巨大作用。

二、我国金融创新存在的问题

尽管我国的金融创新有了很大的发展，但还存在很多问题，主要表现如下。

1. 金融创新的主体内在动力不足，创新主要靠外部力量来推动

以四大国有商业银行为代表的各种金融机构，尚未成为真正独立自主、自负盈亏的经济实体。当金融机构尚未完全独立，约束奖惩机制没有健全，而且能够靠垄断经营赚取丰厚利润且无倒闭风险时，它是不会去进行金融创新的。迄今为止，我国的金融创新主要是体制转换和改革政策等外部因素推动的，随着市场经济体制的建立和完善，这种来源于体制转换的外部推动力将逐渐减弱，如果不采取措施激活金融机构从事金融创新的内在动力，我国的金融创新就可能会停滞不前。

2. 缺乏金融创新的理想外部条件

金融创新的发生至少需要两个方面的条件：一是金融管制的放松，只有放松才能使金融创新有广阔的发展空间，创新才能有可能。二是公平竞争的市场，垄断是创新的天敌，没有竞争便没有创新的外在压力。我国在这两个方面都不够理想，我国金融体系仍然存在一定程度的垄断，四大国有商业银行无论在机构、人员及负债规模等方面都占有垄断地位，这种垄断的存在使国有商业银行缺乏金融创新的外部压力。尽管经过多年改革，我国的金融管制已大大放松，但同西方相比，还存在着比较严格的金融管制，如我国金融业的分业经营、分业管理，一方面限制了竞争，同时又限制了金融创新种类的扩大。

3. 金融创新活动缺乏科学性、系统性、规范性

由于我国的金融创新多是由外部政策力量推动的，创新的动因更多的是考虑社会稳定，从而出现了无市场流动性，靠强制推销的政策债券，这种在国外作为理想的货币市场工具的创新，在我国却变成了期限长、收益高、流通性差的居民投资工具。由于金融机构的特殊政府背景，金融机构为突出成绩，创新目的更多的是想在无序市场竞争中抢占市场份额，因此出现了不计成本的保值储蓄、有奖储蓄等金融工具创新。金融创新活动的系统性很强，一方面需要各金融机构的努力，另一方面又离不开社会金融力量的配合，只有系统协调，才能充分发挥其作用，金融技术创新在这方面表现得最为突出，金融创新活动缺乏规范性。随着我国加入WTO，我国的金融业必须与国际接轨，无论是原始型创新还是吸收型创新，都必须以通用性为标准，特别是微观层次的金融业务、工具、技术创新更是如此。在我国的金融创新活动中，符合中国国情的能够真正发挥作用的自主型创新太少，而从国外引进

的吸纳型创新较多且缺乏规范性，如 1992 年在条件不成熟的情况下，推出的国债期货就是如此。

4. 负债类业务创新多，资产类业务创新少

目前我国金融机构推出的业务创新和工具创新大部分集中在负债类领域，这与金融机构的“成绩”动机和竞争相对激烈是一致的，他们竞相推出创新工具，拓展创新业务，抢占更多的市场份额，而在贷款领域由于垄断性强，竞争相对较弱，各金融机构缺乏新的内在动力和外在压力，因此创新相对较少。在目前通货紧缩的背景下，随着银行企业地位的确立及巩固，各金融机构的资产类创新将会越来越多。

5. 金融技术创新的潜力还很大

一方面，计算机和通信技术在金融业的运用，可以大大降低金融机构的交易成本，扩大金融交易的范围，突破时间和空间的限制，实现规模经济。另一方面，它又是金融创新的促成因素，新技术的运用决定了金融创新的进程和范围。我国已有的金融创新多为规避管制型创新，技术型金融创新是我国金融创新的薄弱环节。由技术进步引起的创新不仅可以取得高收益，而且不会导致中央银行的管制，对社会经济的推动作用更大。现代计算机技术和通信技术的发展为金融技术创新开辟了广阔空间，在我国新技术的应用程度，由于金融机构内在动力和外部压力的缺乏，还十分有限，潜力巨大。

6. 金融业面临巨大风险，风险防范措施有待加强

我国的金融创新虽有较大发展，但层次较低，在一定程度上增加了金融体系的风险。在我国随着金融管制的放松，金融监管的方式、方法开始转变，但由于金融创新产品的缺乏，使得监管的力度不够充分，如公开市场业务的操作，就受到传统品种、规模的限制。金融监管的制度和人员素质、技术手段已严重落后于金融业发展的需要，如何根据金融创新后变化了的新形势，提高人员素质，扩大监管范围，增加监管力度，防范、化解金融风险是需要我们认真研究的课题。

三、我国金融创新的战略选择

金融创新对金融发展和经济发展有巨大的推动作用，同时金融创新的双刃剑作用十分明显。新经济的出现和我国加入 WTO，使得我国金融业发展机遇与挑战并存。因此，要使创新的积极作用得到最大限度的发挥而负面影响得到事先防范，就必须在创新出现之前确立正确的创新目标与指导原则，选择适当的途径和正确的战略。

1. 金融机构组织管理上的创新

中国金融机构的经营管理水平不高，金融业多元化程度低，垄断性过高是金融机构经

营管理效率低的一个重要原因。这些问题给经济的持续快速增长带来了一定的困难。因此金融机构就必须在组织管理上进行创新。一是所有制形式多元化，推广股份制和合作制金融机构，同时适当引入外商独资或中外合资金融机构。二是组织形式和金融机构种类的多元化创新。如电话银行、网络银行等新型机构的建立。三是经营管理方式和技术的创新。中央银行对金融机构的监管应逐步走向间接管理为主，采取市场化、科学化的手段和措施；商业金融机构内部应采用经济手段为主的管理方式。科学的经济决策机制、有效的经营管理方式和管理技术、严格规范的业务规章制度和操作程序是提高经营管理能力的有效方式。

2. 创造符合我国国情的新型金融工具

我国金融创新受制于经济金融制度、经济发展阶段和技术条件。与西方发达国家相比，经济社会制度不同，经济与金融发展水平有很大差异，创新的背景与技术条件也有差别，因此，中国不能脱离现实国情而完全模仿发达国家的创新成果。我们只能实事求是，以国情的特殊性为切入点，分层次有选择地吸纳和引进西方国家的创新成果为我所用，同时努力创新出更适用于中国的新型金融工具，致力于降低交易成本，提高金融作用力和金融运作效率，满足经济发展的要求。当然这些创新也要以国际通用性为基准，合乎国际惯例和通用规则，既有利于降低创新成本，提高创新收益，也有利于中国金融业稳步走向世界。

3. 利用先进的科技手段提高金融业的效率

中国金融电子化水平及其业务处理能力较差，因此利用先进的科技手段提高金融业运作效率的空间还很大。而要利用新科技手段进行金融创新，就必须加大金融电子化的投资开发力度，充分发挥微电子技术优势，尽早实现全国的资金流转电子化、信息处理电子化和交易活动的电子化，为提高金融机构的运作效率和进一步促进经济发展提供技术条件。在创新过程中，把网络技术、现代通信技术和金融结合在一起的网络银行应成为重中之重。因特网和现代通信技术的发展使得我国的信息化程度加深，网络银行这种全新银行交易方式，给银行业发展带来了前所未有的机遇。网络银行的优势是明显的，它不仅可以克服时空限制，随时供金融服务，而且能够极大地提高工作效率，大幅度降低成本。通过网络和在线服务，银行业务可以以很低的成本迅速扩张。这种技术主导型创新可以发挥我国作为发展中国家的后发优势，保持金融技术上的高起点。但必须注意两点：一是以吸纳性创新为主，这样可以降低成本，同时保证创新成果的高起点；二是注意创新的系统性，创新应兼容已有的创新成果，这样才能确保整个金融业整体效益的提高。

4. 加快金融国际化进程

随着高新技术的发展，尤其是网络技术和通信技术的进步，新经济的出现将使经济增长方式发生根本性的改变，对世界经济金融发展格局产生深远影响，使国际金融一体化趋势加强。加之我国已经加入 WTO，经济开放程度不断扩大，这一切使得加快金融国际化进程成为必然的战略选择。外资金融机构将成为国内金融机构强有力的竞争对手，中国金融业应加快与国际接轨，发挥健全的分支网络优势，积极参与竞争，发挥自己的比较优势。由于受金融体制改革进程、国内金融机构的竞争及中央银行的监管水平等因素的影响，当前我国应当以积极稳妥、循序渐进的方式推动金融业国际化进程。

5. 重塑创新主体，增加创新供给

随着社会主义市场经济的发展，国民经济各部门都会产生各种金融创新需求。现代企业制度的建立将使企业在各个方面对金融业提出全新的要求；在居民收入和消费的增加产生新的金融创新需求的同时，政府投资市场化也将增加创新的需求；经济部门参与国际金融活动也需要新的金融工具和服务。所有这些都要求我们加强金融创新研究，增加创新供给。再者，金融机构的创新活动也将成为中国金融机构在国内国际市场上参与竞争的重要手段，成为金融发展的主要动力，因此我国必须加强金融创新研究，致力于提高金融机构的创新供给能力。而我国已有的金融创新多为经济和金融体制改革的外部推动，微观金融机构的创新动力不足。因此，要增加我国的金融创新供给，必须重塑创新主体，使金融机构成为自主经营、自负盈亏的经济实体，按市场原则和市场规律从事经营活动，处于竞争的环境之下。这样才能最大限度地调动微观金融主体的积极性，激活其内在的创新供给能力与动力，才会增强我国金融创新的研究能力，增加创新供给，促进经济发展。

本章小结

(1) 金融创新虽由来已久，但对于金融创新的含义这个基本理论问题仍存在很大争议，目前国内外尚无统一的解释。美国纽约 Barron’s Educational Series Inc.出版的《银行辞典》(*Dictionary of Banking Terms*)将金融创新定义为“支付制度促进银行及一般金融机构作为资金供求中介作用的减弱或改变”，并指出金融创新包括四个方面：①技术创新；②风险转移的创新；③产生信用的创新；④产生股权的创新。

(2) 金融创新是各经济主体在追求各自利润最大化的共同原则下的博弈结果：一是既有金融创新的需求，又有金融创新的供给才会形成金融创新；二是金融创新的预期成本低于预期收益才会形成金融创新。

(3) 金融市场是指资金融通的市场，它是各种金融商品进行交易的场所，其基本功能是在资金的需求者和资金的供给者之间充当交易中介。金融市场创新一方面是指相对于传统的国际金融市场而言的离岸金融市场；另一方面是指相对于商品市场、外汇市场、证券市场和保险市场等基础市场而言的金融衍生商品市场。

(4) 金融制度是关于资金融通的一个体系或系统，它主要包括构筑金融体系的金融组织制度以及规范金融秩序的金融监管制度。因此，我们可以把金融制度的创新定义为在金融组织或金融机构方面所进行的制度性变革或安排。

(5) 金融创新通过影响法定存款准备金率、超额准备金率、定期存款比率、通货一存

款比率而扩大了货币乘数的作用。金融创新对货币定义、货币政策传导机制以及货币政策有效性产生了影响，使货币定义变得模糊；货币政策传导机制的客体发生变化；中央银行三大政策工具的相对作用发生变化，影响了货币政策的有效性。

(6) 金融创新的发展促使金融监管做出适应性调整，金融监管结构、金融监管制度发生重大变化，国家间的金融监管合作得到加强。

(7) 金融创新一方面提高了金融体系的效率，便利了社会投融资活动，促进了经济增长；另一方面使金融业系统风险加大，影响到经济稳定。

本 章 习 题

1. 什么是金融创新？金融创新包括哪些内容？
2. 金融创新的基本原因是什么？
3. 试述金融创新的发展趋势。
4. 简述金融创新对货币供给、货币政策、金融监管的影响。
5. 你认为我国的金融创新大致可分为几个阶段？
6. 试述我国金融创新中存在的主要问题。
7. 简述我国金融创新的战略选择。
8. 简述金融创新对金融发展的推动作用。
9. 简述计算机和现代先进的通信技术对金融创新的影响。
10. 金融市场证券化的原因有哪些？
11. 西方学者是如何看待金融创新成因的？

主要参考文献

[1] 马克思. 资本论(第一卷、第二卷、第三卷)[M]. 北京：人民出版社，1975.

[2] 托马斯·梅耶，詹姆斯·杜森贝里，罗伯特·阿利伯. 货币、银行与经济[M]. 洪文金，林志军，等译. 上海：上海三联书店，1988.

[3] 小劳埃德·托马斯. 货币、银行与经济[M]. 北京：中国财政经济出版社，1992.

[4] 王国刚，薛军，范从来等. 现代货币银行学概论[M]. 南京：南京大学出版社，1990.

[5] 黄达. 货币银行学[M]. 北京：中国人民大学出版社，2000.

[6] 胡援成. 货币银行学[M]. 北京：中国财政经济出版社，2001.

[7] 曹龙骐. 货币银行学[M]. 北京：高等教育出版社，2004.

[8] 罗剑朝. 货币银行学[M]. 北京：清华大学出版社，2007.

[9] 范立夫. 货币银行学[M]. 北京：经济科学出版社，2005.

[10] 钱荣. 国际金融[M]. 成都：四川人民出版社，2005.

[11] 陈彪如. 国际金融论[M]. 上海：华东师范大学出版社，2008.

[12] 米什金. 货币金融学[M]. 北京：中国人民大学出版社，1998.

[13] 王广谦. 经济发展中金融的贡献与效率[M]. 北京：中国人民大学出版社，1997.

[14] 周升业. 货币银行学[M]. 成都：西南财经大学出版社，2004.

[15] 艾洪德，张贵乐. 货币银行学教程[M]. 大连：东北财经大学出版社，2007.

[16] 兹维·博迪，罗伯特·默顿. 金融学[M]. 北京：中国人民大学出版社，1999.

[17] 王松奇. 金融学[M]. 北京：中国金融出版社，2000.

[18] 李建. 金融创新与发展[M]. 北京：中国经济出版社，1998.

[19] 杨星. 金融创新[M]. 广州：广东经济出版社，2000.

[20] 何德旭. 中国金融创新与发展研究[M]. 北京：经济科学出版社，2001.